金陵法律评论

JINLING LAW REVIEW

（2022年卷）

南京师范大学法学院
《金陵法律评论》编辑部 编

商务印书馆
The Commercial Press

图书在版编目(CIP)数据

金陵法律评论. 2022 年卷 / 南京师范大学法学院
《金陵法律评论》编辑部编. —北京:商务印书馆,2022
ISBN 978-7-100-21747-7

Ⅰ.①金… Ⅱ.①南… Ⅲ.①法律—文集 Ⅳ.
①D9-53

中国版本图书馆 CIP 数据核字(2022)第 201871 号

权利保留,侵权必究。

金陵法律评论(2022 年卷)
南京师范大学法学院《金陵法律评论》编辑部 编

商 务 印 书 馆 出 版
(北京王府井大街36号 邮政编码100710)
商 务 印 书 馆 发 行
北京捷迅佳彩印刷有限公司印刷
ISBN 978-7-100-21747-7

2022 年 12 月第 1 版　　　　开本 710×1000　1/16
2022 年 12 月北京第 1 次印刷　印张 20¾
定价:148.00 元

《金陵法律评论》编委会成员

主　　任：公丕祥
副主任：龚廷泰　李　浩　李　力
委　　员：蔡道通　公丕祥　龚廷泰　黄和新
　　　　　季金华　姜　涛　李　浩　李建明
　　　　　李　力　李玉生　刘　敏　刘旺洪
　　　　　刘　远　庞　正　眭鸿明　孙文恺
　　　　　夏锦文　杨登峰

《金陵法律评论》编辑部

编　　辑：李　洋　刘　涛　李晓亮

序　言

　　呈现在诸位读者面前的《金陵法律评论》，为南京师范大学法学院、法制现代化研究中心主办之学术集刊，"金陵"二字便是其出身古都南京的身份象征。自2001年，《金陵法律评论》即相伴南京师范大学法学院初立及南京师大百年华诞而创刊，最初刊载形式乃是特刊于《南京师范大学学报》，随学报出版而刊行；其后应新时代出版形式的转变而改由法律出版社出版印行。

　　自办刊以来，《金陵法律评论》秉持自主、自律的编辑理念，以规范、创新为编辑的基本追求；坚持马克思主义的学风和文风，贯彻"百花齐放、百家争鸣"的方针；注重内容的科学性、现实性与创新性，注重理论性与政治性、学术性与知识性、严肃性与可读性相统一。

　　自办刊以来，《金陵法律评论》编者始终坚守一个基本信念：法学与法律工作者既应关注法律与学术对社会生活的回应要求，又立足于法律与学术对现实世界的建设性超越的需求，才能在学术的传承基础上，形成反思性的原创性原则，从而真正做到为中国法治而立言。期刊存在的意义便在于承载学术，为学者提供真诚对话的交流平台，有鉴于此，《金陵法律评论》在坚守言之有物的学理探讨的同时，亦聚焦时事的案例剖析、有理有节的学术书评与发人深省的优秀译作，开设"法理探微""译文撷英""专题研讨"及"实务反思"等版块，以收容吸纳名家良作、青年佳作、优秀硕博学子有见地的杰作。既欢迎题目设计新颖、文字言简意赅的成熟力作，也鼓励叙事视野宏大、材料搜罗丰沛的长篇大作；不追求紧跟风尚的"快餐"法学，更偏爱"文火慢煨"的潜心精研。

商务印书馆长期以来关注法学著作、法律期刊的成长，多有如"法学文库""中国法律史学文丛"等系列作品问世，在学界盛名已久。编者亦愿借商务印书馆这一平台，集著者、编者及所有参与者精诚合作、集思广益、持之以恒，以使本刊能够在林林总总的法学集/辑刊中保有年轻本色，亦能为独具慧眼的同道学人所欣赏与鼓励，成为法治现代化历史进程的参与者。

《金陵法律评论》编辑部

目 录

法律史学的新发展

法律史研究中的材料与方法（笔谈）
　　……………………… 史志强　杜军强　侯庆斌　韩　伟 3
习惯的式微与现代国家的崛起——从爱斯嘉拉谈起 ………… 朱明哲 28
清代官员连坐制度研究 ……………………………………… 白　阳 51
民国时期大夏大学法学教育的发展与启示 ………………… 沈　伟 71
民国书商伪造清人判词举隅：以平襟亚改两则刑部
　　驳案为名吏"妙判"为例 ……………………… 张田田　池贝贝 92
必也正名：中国宪法史上的"宪法""宪章"和"约法" ………… 王　栋 112

西方法理经典命题疑义

解读卢梭《社会契约论》的"普遍意志"概念 ………………… 姚禹辉 133
哈特的法律-道德观是自相矛盾的吗？ ……………………… 王威智 162
论刑法规制"道德难题"的原则——以"聚众淫乱"犯罪化
　　之正当性分析为例 ………………………………………… 沈　李 181

部门法的本土与国际视野

我国国际私法中法律规避制度废存问题再思考
　　——法律规避制度能否被"直接适用的法"所取代？ ……… 王怡然 221

论我国民商事群体性纠纷示范诉讼程序再造——基于842份

  示范诉讼裁判文书的实证分析……………… 李丹丹 王晗莉 242

《民法典》流押规范之释评 …………………………………… 李定邦 258

《刑法》第64条"供犯罪所用的本人财物"的教义分析

  ——基于刑罚性后果说的限制解释 ………………………… 徐彬喆 288

浅析扩大解释与类推解释的界限——以近年来部分司法

  解释为讨论范本 …………………………………………… 曹 莉 302

法律史学的新发展

法律史研究中的材料与方法(笔谈)

编者按:2021年11月,南京师范大学法学院承办第十届全国青年法史论坛,论坛特别设置主题为"法律史研究如何利用资料与方法"的圆桌讨论,旨在呈现法律史领域青年学人所专注主题的既往研究心路及前沿洞见。尤陈俊、刘晓林、赖骏楠、侯庆斌、郭淇斌、沈伟、郑鹏、杜军强等法学、历史学学者各抒己见,贡献智识。为赓续学界对此问题的讨论热度,尝试跨越法律史研究中资料与方法运用的困境,对方法和资料进行双向度的突破,专请史志强、杜军强、侯庆斌、韩伟就其研究专长作以笔谈,以飨学林。

清代的司法档案与法律史研究

史志强[*]

史料是历史学研究的基础与对象。傅斯年曾道:"近代的历史学只是史料学,利用自然科学供给我们的一切工具,整理一切可逢着的史料。"[①]近代以来的中国历史学研究,受到兰克实证主义史学传统的影响,重视新史料的发现,强调史料作为立论的依据。其中档案作为官方行政过程中产生的文书,一直被认为是较为可靠的基础史料。明清档案被称为近代古文献的四大发现之一,而诸如刑科题本等史料在20世纪70年代之后逐渐受到

---

[*] 史志强,华东政法大学特聘副研究员。
[①] 傅斯年:《历史语言研究所工作之旨趣》,载《傅斯年全集(三)》,湖南教育出版社2003年版,第3页。

法制史学界的重视，从根本上改变了中国法制史研究的视野与范式。此后又有大量地方档案与民间文献的发现，从而为通过地域研究阐发清代以降法律的多元性质提供了空间与可能。尽管法律史学界已经在比较充分地利用司法档案，但是对于档案的形成过程以及史料性质却还少有关注。韦伯指出，官僚制运行的基础就是书写档案。② 尽管档案对于官僚组织的运作发挥着基础性的作用，然而正如本·卡夫卡（Ben Kafka）所指出的，目前的研究都是"通过"档案而很少关注档案本身。③ 在福柯、德里达等人启发下，伴随着历史学研究的语言学转向，后殖民主义的历史学研究中出现了所谓"档案转向"的潮流。他们将档案视为一种帝国政府的治理技术，提倡"顺着档案的纹理"，通过档案的构成、形式等探讨殖民政治与国家权力的特点。④ 笔者结合斯多勒（Stoler）等人对于档案的研究成果，探讨清代司法档案的生成过程与利用方法。

一、清代司法档案产生的制度环境

清代不仅对于刑事案件设计了繁复的审转程序，以实践其"慎刑"的理念，而且对司法文书的遣词造句和真实准确性也有严格的要求。康熙帝曾经"一一详阅""岁内秋审重案"，指出"此皆人命案件，关系最重，即一字一句不可错误"。⑤ 清政府对于文书的用语也力求专业化、完整化，例如省例中就规定"死后验报伤痕悉依洗冤录字面为准，声叙情节悉依律例字面为

---

② Max Weber, *Economy and Society: An Outline of Interpretive Sociology*, Berkeley: University of California Press, 1978, p. 957. 事实上关于档案本身其内涵也在不断丰富变化之中。参见: Buckland, Michael, What Is a "Document"? *Journal of the American Society for Information Science* 48, no. 9(1997): 804-809; Frohmann, Bernd, Revisiting "What is a Document?", *Journal of Documentation* 65, no. 2(2009): 291-303。
③ Ben Kafka, Paperwork: The State of the Discipline, *Book History*, no. 12(2009): 340-353.
④ Ann Laura Stoler, Colonial Archives and the Arts of Governance, *Archival Science* 2, no. 1 (March 1, 2002): 87-109.
⑤ 《清朝通典》卷 85。

准,毋得戞戞独造"⑥,此外还严格禁止承审官员删改供招。"嗣后一应供招,不许擅自删改,而初取之供,亦宜详载揭帖。若承问官增减原供,臬司依样转详者,各该督抚严查题参,照例议处。"⑦根据谷井的研究,为了确保获得全面的信息,雍正年间还要求府以上的供词和看语都要一并送交刑部。⑧但实际上,这样严格的规定执行起来较为困难,因为严密且高度集权的审转制度实际上存在一些问题。

首先,清代对官员尤其是基层官员的各类惩罚非常严密。正如汪辉祖所言:"州县官如琉璃屏,触手便碎,诚哉斯言也。一部《吏部处分则例》,自罚俸以至革职,各有专条。"⑨清政府对基层官员的控制体现在很多方面,包括清律对州县官的审判活动进行了相当细致的要求,对审限、勘验、审判等都有具体的规定。⑩

其次,各级官员实际上要处理的政务非常繁重,司法也仅仅是其中的一部分。根据王志强的研究,清代各省关于州县官审案的嘉奖规定中,我们基本可以推出,每月审理20件已经成为一件可以夸耀的事情,可见州县官们每月大约能审理10—15件左右。⑪而州县以上,辖区范围更大,事务更忙。为了彰显慎刑的理念,对于进入审转体系的命盗重案而言,除了司法体系自动的复核之外,当事人还可以自行上控。这也进一步加重了官员的负担。因此才会有"万事胚胎皆在州县"的说法,因为"至于府司院皆已定局面,只须核其情节斟酌律例补苴渗漏而已,然其事稍易,而其责更重,

---

⑥ 《江苏省例初编·案牍文字不准杜撰》,载《中国地方法律文献》丙编第十二册,社会科学文献出版社2012年版,第133—134页。
⑦ 《大清会典则例》卷25,四库全书本。
⑧ 谷井陽子:《做招から叙供へ—明清時代における審理記録の形式》,载夫马进编:《中国明清地方档案の研究》,京都大学大学院文学研究科2000年版,第57—86页。
⑨ 汪辉祖:《学治臆说》,载张廷骧编:《入幕须知五种》,文海出版社1968年版,第340页。
⑩ 在清代官吏惩处机制中,州县官是主要的对象。从清代《吏部处分则例》所载的231条内容来看,事涉州县官的就有180余条之多,占总条目的约80%。而其他条例中,也有许多涉及州县官。
⑪ 参见王志强:《法律多元视角下的清代国家法》,北京大学出版社2003年版,第149页。

5

且汇各属之案牍则事绪愈多,检点偶疏,每致舛错可不慎哉"。[12] 由此不难看出清一代官员位轻责重、人手不足的窘况,陈弘谋就曾经指出:"居官莅事,牒诉纷错,日出事生,欲每事躬亲料理,未有不以为苦者。一有厌苦之心,便有不耐之意。或草率了事,或假手他人,或阘茸稽延,或急遽无序。"[13]

而且由于审转制度存在,每一审级都是最终判决的参与者,因此一旦错案发生,审转链条上的所有官员都会受到牵连。然而一方面这种连坐中处罚程度不同,越到上级处罚程度越轻,因此上级并没有足够的激励认真复核案件。而另一方面基层官员本来权轻责重,还要受到严厉的错案追究机制的限制,所以就催生了审转过程中的共谋现象。基层官员在审理过程中就会征求上级官员的意见,"未审之前,要请教口气,以便迟速宽严。既审之后,要请教口气,以便轻重定拟"。[14] 而上级官员审转之后也要受到司法责任的追究,所以也会对审转之后的案件百般回护。"该道府多系本案承审之官,难保其不心存回护,即改委邻封别属,亦不免徇官官相为之私,是以案经司院鞫问成招,该道府率皆迁就完事,是巡录虽有专责而奉行徒属具文。"[15]

二、清代司法档案的生成与修饰

在上述的制度环境中,清代对于司法档案的严格要求很难完全落到实处,审转过程中伴随着对于司法档案的修饰与完善。现在保留下来的清代司法档案,从程序上看,包含当事人递交给官府的诉状、状词,官府审问相关人员形成的供状(当事人最初的供述记录)、草供(制作最终招状前的草稿)、招状(需要当事人画押确认并提交上司审核的正式文件)、叙供(书吏

---

[12] [清]万维瀚:《幕学举要》,载官箴书集成编纂委员会编:《官箴书集成》第四册,黄山书社1997年版,第732页。
[13] [清]陈弘谋辑:《从政遗规》卷上,载官箴书集成编纂委员会编:《官箴书集成》第四册,第244页。
[14] [清]黄六鸿:《福惠全书》卷20,光绪十九年文昌会馆刻本。
[15] 《清朝通典》卷84。

根据当事人供述进行的整理叙述），官府审理案件之后做出的拟判（有些需要提交给上级官员复核）以及各级官府之间往来公文。

  诉状与其他公文书不同，是讼师为了兴讼所作。明清时期大量的讼师在民间活跃，形成了一个庞大的职业群体，他们编纂的讼师秘本记载诉状的写作技巧，教导人们如何打赢官司。讼师等在制作诉状时文字、情节上的修饰夸大不可避免，这一点此前已有很多研究。[16] 当事人提交诉状之后，由衙门书吏制作的公文书开始逐渐产生，其中第一步就是将当事人的口供记录下来成为供状。学界一直以来对此缺乏关注，日本学者唐泽靖彦受杰克·古迪(Jack Goody)[17]的启发指出，庭审中从两造口头供述到作为呈堂证供的口供文本的产生过程本身就反映了背后的权力关系、意识形态和作者意图，唐泽强调将当事人的口述记录为文字的这一过程中不仅去除了方言的影响，而且由于幕学著作、科举应试以及白话小说等的影响，遣词造句上呈现出标准化、统一化等倾向。这种文本构建的过程其实也并非对于口述的客观真实记录。幕友书吏在书写文本的时候还会考虑到未来的读者，也就是审转体系中上级官员的视角和态度而进行有针对性的改变，有意识地将招状修饰得更加前后一致、逻辑自洽。[18] 尽管清代官箴等书籍中有很多关于如何剪裁文书的具体说明，但这种剪裁是受到审转制度约束的。一种流行的观点认为供状即使会对案情进行一些修改，主要也是使案情与

---

[16] 唐澤靖彦：《清代における訴状とその作成者》，载《中国》1998年第13期；唐澤靖彦：《清代告訴状のナラティブ—歴史学におけるテクスト分析》，载《中国》2001年第16期；邓建鹏：《讼师秘本与清代诉状的风格——以"黄岩诉讼档案"为考察中心》，载《浙江社会科学》2005年第4期；徐忠明：《关于明清时期司法档案中的虚构与真实——以〈天启崇祯年间潘氏不平鸣稿〉为中心的考察》，载《法学家》2005年第5期；巴哈提牙尔·米吉提：《黄岩诉讼档案状词真实性研究》，载《社会科学辑刊》2013年第3期。

[17] 古迪指出口述文本两种不同沟通模式对于社会组织的形成发展产生了重要影响。Jacky Goody, *The Logic of Writing and the Organization of Society*, Cambridge University Press, 1986.

[18] 唐澤靖彦：《清代告訴状のナラティブ—歴史学におけるテクスト分析》(シンポジウム作者・読者・テクスト)，载《中国》2001年第16期。在另一篇文章中，用案例具体说明了基于这种叙述策略如何将一些佛教僧侣塑造为坏人。See Between Oral and Written Cultures, in Robert E. Hegel and Katherine Carlitz, *Writing and Law in Late Imperial China: Crime, Conflict, and Judgment*, Seattle: Univ of Washington Press, 2007.

"所欲适用的制定法条文或解释之间,有更多的连接点,是一个将案情格式化的过程"[19]。然而在清代刑事司法研究上,完整的个案材料非常罕见,以刑科题本为代表的死刑案件档案,基本上都是省级官员为中央起草的案件报告,其中虽然包括此前的审转过程,但是无法了解基层各级官员的具体态度和原始文件,因此,囿于材料所限,关于地方官员制作文书的详细过程和具体技术长久以来是一个研究空白。徐忠明通过比较杜凤治日记与刑科题本中对于同一案件的记载,说明刑科题本可能与真实案情相距甚远[20]。在徐文的启发之下,笔者开始关注雍正年间的涂如松杀妻案。涂如松妻子失踪,其被诬杀妻,屈打成招,就在死刑将要执行之际,涂妻突然重现人间。笔者发现,《自警录》一书中收录了案件前后各级官员的判决,从而为我们探讨审转过程中这一虚构的罪行如何被修饰得天衣无缝提供了可能。[21]

三、清代司法档案研究的新方法

回顾了清代司法档案修饰与虚构的相关研究之后,笔者尝试结合学界已有研究谈一谈如何进一步深化清代司法档案的研究。

首先就是转变研究视角,不再将司法档案视为研究材料而是作为研究对象。一直以来,档案多作为一手史料。实际上档案本身也可以并且应当作为研究对象。例如屈文生在对《南京条约》的研究中,敏锐地看到条约中对于元首和国名的"抬头"书写问题。古代文书中经常会采取姓名前加空格或者换行顶格书写的方式以示尊敬。此前研究基本没有予以重视。屈文生比较《南京条约》不同版本之间的抬头书写格式,发现官本条约中尽管中英君主均抬高三格,但中国皇帝总比英君主略高小半格,大清与大英尽

---

[19] 王志强:《清代司法中的法律推理》,载柳立言主编:《中国史新论——法律史分册》,联经出版公司2008年版,第292页。
[20] 徐忠明:《台前与幕后:一起清代命案的真相》,载《法学家》2013年第1期。
[21] 史志强:《冤案何以产生:清代的司法档案与审转制度》,载《清史研究》2021年第1期。

管均抬高两格,但大清总比大英略高半格。这无疑反映出中方虽然迫于压力不再以天朝上国自居,但是仍然暗度陈仓试图维护清朝的尊严与体面。②而对于档案书写的关注还可以扩展到档案如何书写、在哪里书写等具体问题,探明档案产生的具体环境,从而为我们深入理解清代的档案创造了条件。这些问题在传统的制度史料中往往仅有片段记载,需要从大量档案中提取归纳总结信息。例如吴佩林根据南部档案揭示出叙供成为清代堂审记录的主要形式,叙供因案件性质不同分别由县衙下设吏、户、礼等七房制作以及清代叙状结构的变化。③

在处理清代司法档案的过程中,往往会遇到材料同质化的困惑。档案中的内容、反映的问题基本类似,信息量偏少。这一方面是因为未能提炼出具有操作性的问题,另一方面也提示研究者可以利用不同类别的材料进行比对研究。比如笔者对于涂如松案的研究中,其实还在地方志中发现了对这一案件完全不同的一种演绎,如果能够再深入挖掘有关的族谱信息,也许还可以从历史人类学的角度进行新的研究。另外一些清代的地方官任职期间写有日记或者编撰官箴书等著作,而且其所任区域的司法档案也有保存下来。这样我们就有了宝贵的过程史料来深入挖掘档案生成的过程。例如刘衡所著《读律心得》等官箴很早就受到学界重视,刘衡道光年间曾在巴县任职,邓建鹏结合刘衡所著各类官箴以及道光年间巴县档案探讨刘衡对于差役控制的驭使之术。④再如同光年间在广东任州县官的杜凤治留下了 40 余册日记,信息量极大,此前日记识读存在一定困难,学界利用不多。徐忠明通过比照杜凤治日记与刑科题本对于同一案件的不同书写,有力说明了基层官员对于案情的虚构。⑤ 2021 年,中山大学邱捷教授将杜

---

② 参见屈文生、万立:《不平等与不对等:晚清中外旧约章翻译史研究》,商务印书馆 2021 年版,第 44—47 页。
③ 吴佩林:《清代中后期州县衙门"叙供"的文书制作——以〈南部档案〉为中心》,载《历史研究》2017 年第 5 期。
④ 邓建鹏:《清代知县对差役的管控与成效——以循吏刘衡的论说和实践为视角》,载《当代法学》2022 年第 2 期。
⑤ 徐忠明:《台前与幕后:一起清代命案的真相》。

凤治日记点校出版,更加方便学界利用。在滋贺秀三与黄宗智围绕清代民事审判模式的论战中,黄宗智曾指出,他与滋贺观点分歧的重要原因是双方依据不同性质的史料得出结论自然不同,滋贺主要依据官箴书与判牍,而黄宗智则以司法档案为主。如果能将同一时空产生的两类材料结合起来,重新检视这一问题,想必会有新的发现。

此外还应当尽量拓展私文书的应用。清代档案经由统一的程序产生于特定的制度空间之下,格式相对固定。而且档案是经由书吏剪裁而成,其中不乏修饰夸张之处。实际上清代还保留下来数量不少的私人文书,这些史料为我们了解清代司法体系的内部运作与具体机理提供了可能。例如《清臬署珍存档案》中不乏湖北臬司与各府之间往来的私人信函,对我们了解审理过程中上下级之间的关系很有帮助。清代文集中还保留下来不少尺牍,这些史料对我们了解社交网络与司法过程的互动也有帮助。

在司法层级上,目前广泛利用的档案主要是州县与中央两级,对于审转过程,尤其是省一级司法机关的揭示尚显不足。实际上臬司是省一级的专业司法机构,在审转过程中扮演重要角色,笔者曾发现史料证明州县官在初审案件时就曾与臬司幕友通信请教意见。而督抚不仅负责徒刑案件的终审,而且还是死刑案件刑科题本的起草者,同时还颁布了大量的省例作为地区性法规。但学界目前对于臬司以及督抚在司法过程中所发挥作用的认识主要还是围绕会典等制度史料展开。如果能从公私文书中搜集相关史料,就省级司法的运作实态加以研究,将大大加深我们对于清代司法制度的认识。这方面已经有学者进行了尝试。例如康建胜利用樊增祥任陕宁两地藩臬司期间所撰写的《樊山政书》来探讨清末法制变革中省级司法机关的变迁。㉖ 此外还有魏淑民与汪雄涛等人在这方面的论著。㉗

在司法档案的研究中还应当注重新方法的运用。例如微观史学的方

㉖ 康建胜:《新旧之间——〈樊山政书〉中的清末变法与省级司法》,中华书局 2020 年版。
㉗ 魏淑民:《清代乾隆朝省级司法实践研究》,中国人民大学出版社 2013 年版;汪雄涛:《清代司法的中层影像:一个官员的知府与臬司经历》,载《政法论坛》2014 年第 6 期;魏淑民:《清代司法实践中督抚和按察使的差异化行为特征》,载《中州学刊》2015 年第 6 期。

法在档案研究中就很有潜力。在《马丁·盖尔归来》一书中,娜塔莉·戴维斯利用16世纪法国一件离奇案件的审判记录探讨时人的价值观与思维方式,从微观层面重建16世纪农民的法律生活。又如孔飞力在《叫魂》一书中,通过分析乾隆年间谣言造成的恐慌以及清廷的应对,展现了皇权与官僚群体之间的复杂关系。同时也应注意数字人文方法在档案与法律史研究中的应用前景。尽管在中国史领域[28]以及国外的法律史研究[29]中,数字人文的方法开始逐渐流行,蔚为风尚。但目前中国法律史学界尚未见到较为深入的应用。结合本文论及"档案转向"的主题,例如李友仁(Paul Vierthaler)通过计算机抓取WorldCat数据库上所记载的书籍信息,包括书籍的版框大小、出版时期等。他利用收集到的三万多条书籍信息,统计得出18世纪末之后版框较小的书籍数量激增,这也是清代以来小说在社会层面更加普及的结果。[30]笔者看来,数字人文方法在法律书籍的刊刻、社交网络对司法过程的影响等问题上同样具有很大潜力。

中国法律史规范性研究的方式、可能及价值

杜军强[*]

  法律史研究因为涉及法律与历史两方面,其自然而然地受到两种研究进路的引导,即历史学的研究进路与法学的研究进路。不同一般历史学史料或史论结合的研究方法,当下中国法律史尤其是古代法律史的研究必须

---

[28] 如李中清、康文林主导的清代人口史研究,哈佛大学与北京大学等单位推动的中国历代人物传记资料库。

[29] 由于国外法律实证研究基础深厚,成果众多,从历史角度利用实证方法开展研究的论著不在少数,有些甚至刊载在以理工科研究为主的权威期刊上,例如:Sara Klingenstein, Tim Hitchcock, and Simon DeDeo, The Civilizing Process in London's Old Bailey, *Proceedings of the National Academy of Sciences* 111, no. 26 (July 1,2014):9419-9424。

[30] Paul Vierthaler, Analyzing Printing Trends in Late Imperial China Using Large Bibliometric Datasets, *Harvard Journal of Asiatic Studies* 76, no. 1-2 (2016):87-133.

[*] 杜军强,西安交通大学法学院副教授、博士生导师。
本文受到国家社科基金青年项目《清代司法衡平"情理法"的法律方法研究》(18CFX009)资助。

要面对其何以属于当代法学的这一追问。"从来如此"难免是一种略显无力的回答,法律史显然不能仅通过一般历史学意义上的研究作业提供答案,还应当以法学的方式进行思考。由此,中国古代法律史中的智慧才能在当代法学的命题框架中获得重新表达和理解,从而为之后的沟通交流搭建基础平台。

法学的方式思考中国法律史,分为从内在视角展开的规范性研究和从外在视角展开的事实因果性研究。就规范性研究而言,有必要回答三个方面的问题:第一,中国法律史规范性研究所指为何?第二,这一规范性研究是否可能?第三,这一规范性研究有何价值?

一、中国法律史规范性研究所指为何?

首先,从规范性视角展开中国法律史研究,是指借助一种内在于中国古代法律的立场展开观察与分析,即不以后来者所具有的知识与价值立场直接进行后果意义上的分类和评判,但也不是对当代的法学理论充耳不闻,而是在肯定权威性与拘束力的前提下尊重古代法律的诸存在形式,以刻画其在运转适用中的逻辑为核心展开分析与评价的工作。这一分析方式重在揭示中国古代法律在逻辑上究竟如何展开,既强调古代法律在体系的意义上所具有的逻辑关系,又强调规范在适用中与事实所形成的逻辑关系。

在法律理论的规范性研究视角看来,一个规范获得尊重和被适用,主要在于其所具有的权威。这种权威并非来自于基于理性的充分论辩,是基于何者所造而非因何种理由所造形成的形式性理由。所以权威首先要关注的是规范创制对于规范权威的影响,而非规范创制的理由。因此,中国法律史的规范性研究首先要关注的是研究对象的权威性问题,即古代法律何以成为法律的形式性要素,以及该要素赋予当时法律的约束力。显然,即便是在古代,也面临着一个同样重要的问题,即为什么要适用这部法律及其中的某些特定规范而不是其他;反向的追问方式则为,司法适用中对适用结论具有重大影响的要素是否是基于权威性的理由才得以适用。因此,权威性成为解释古代法律适用以及诸多法律规范之间彼此何者优先适用的判准性因素,适用的差异是因为权威性的差异甚至有无所致。而判断已经在司法适用中影响结论的要素究竟为何,权威性也是判断其是否为法律并进一步确定其为何种理由的基础性依据。同时,我们也是在这意义上从拘束力的角度关注不同形式的法律或影响性要素,而不仅是作一个历史资料的观察,只从时间顺序或因果关联的意义上描述或解读。因而,中国法律史的规范性研究所强调的内在观察立场,首先要关注的就是权威及其所赋予的拘束力。

在以权威性作为判准并关注其拘束力的基础上,规范性研究还需要关注司法适用中的规范性要素与事实之间的逻辑关系。基于权威性要素判定为法律者,则为法律的适用;否则,则需要参照法律适用的框架加以推演。但还需要进一步提问的是,适用或影响的方式为何?这就需要关注规范所具有的结构。规范结构的理论可以透视不同规范性要素与事实之间所建立的逻辑联系:如果是结构清晰明确甚至是要素可分解意义上的规范,则以法律规则所具有的适用方式与事实产生关联;如果并不具备清晰的结构而充满指向性、评价性立场,则可能以原则或价值准则的方式与事实产生联系。如果分析对象已经影响到裁判结论却并无明确的权威谱系或拘束力等级,那么就需要结合规范结构与权威等视角进行综合判断。

通过上面的分析可以说,此处所指的法律史的规范性研究可简要理解为从权威性、拘束力、规范结构与适用方式等方面对法律史材料进行规范体系逻辑和司法适用逻辑的分析,即从法律史料分析其适用的逻辑,并通过材料中所适用的规范及其所属的体系来考察司法活动的规范整体所具有的逻辑框架。需要注意的是,这显然是一种史料的切入方式,而不应当视为对待史料的态度问题。

二、中国法律史规范性研究是否可能?

不可避免的是,这样的规范性分析充满了法理学尤其法律方法的意味,其是否能够成为理解、分析中国古代法律史的有效方式?能否借此获得知识上可信赖的结论?可将这一问题拆解为两个方面:第一,作为分析工具的法律方法理论是否具有普遍性?或者说面对特殊的中国古代法律实践,法律方法理论是具有分析这一特殊对象的能力,还是存在囿于自身理论严重切割研究对象的风险?第二,是否存在以现代法律方法理论文饰中国古代法律的风险?第一个问题是关于理论工具普遍性的问题。就此可以说,集中体现规范性立场的法律方法本身虽然有一个很长的西方传统,但不仅仅是附着于西方法律框架的方法性经验,而是经过知识性的反思超越了其原本的生成环境,从而在分析能力上具有普遍性。若无此属性,则迥异环境下生成的异域理论对本身具有鲜明特色的近代与当下中国的法律便不能给予妥当分析,更遑论在此基础上进一步发展中国的法律方法理论。既然不同时空的司法实践都可以从法律方法理论视角进行分析,那么中国古代司法纵然独特,但也尚未独特到不可沟通的程度,也就可以成为分析对象。再者,并不存在完全贴合对象的分析理论,如果存在,那也可能已为分析对象所束缚,其分析结论的有效性恐怕也要打折扣。

第二个问题其实是能否保持中立的研究立场或研究伦理的问题。用法律方法理论来分析中国古代法律,并非是在古代法律所缺之处用法律方法理论强行打补丁,从而对其进行包装性修辞以便再次兜售。法律方法角度的研究是以不同于以往的理论解读框架来展示法律史料所可能具有的意义,以期从另一视角形成认识或反思,从而在利弊互现的意义上加深对古代法律问题的认识。因此,此类研究虽然强调规范性的视角,但却需要减少批判性的立场,主要是在解释上深入推进,即不是针对中国古代法律没有呈现出某种特定状态而加以批评,而是就这一状态的出现进行客观或多视角的解释。

当然,当代研究者在"今非昔比"的语境下以现代方法研究古代问题难免有"以今解古"之忧,但我们的研究不可避免地要从当下尤其是法学领域提出命题和方法去理解、观察、分析中国古代法律。因而更为重要的问题是,必须要有现实关怀与语境意识。现实关怀是指对包括当代法学在内的法律实践中出现的重大或疑难问题的解答需求而展开的历史探索,尤其是在当代绝大部分法律部门教义化以后,重大或疑难问题也多会在这一意义上出现。因而,从法律方法角度展开的历史探索,"必须基于直接相关的现实关怀,否则必然会漫无边际和繁芜不堪"(王志强语)。另外应该注意的是语境意识,即在基于现实关怀而对法律史问题展开探索时,必须具有语境上的相当性即一方面它们在功能上具有相似性,另一方面在各自体系中的地位具有可类比性。如果缺乏语境上的相当性,则难免在研究中以此就彼,甚至出现穿凿附会的问题。

虽然从规范性视角研究中国古代法律史具有可能性条件,但要真正开展这一方面的研究,显然既需要熟悉法律方法理的发展状态,并对其在实践中的难题保持关注,更需要符合历史学科规律地掌握分析对象的史料以防止"黑天鹅"的风险,还需要有现实关怀意识以防止迷失方向,以及语境相当性的警惕以防止穿凿附会。如此才能汲取有效的历史经验,并进一步反思作为我们出发点的命题、分析所用的方法等,形成更进一步的理论提升。

三、中国法律史规范性研究有何价值?

在指出规范性研究的切入方式并明确其何以可能的条件后,还不足以说明以规范性方式展开研究的意义。也就是说,就算把规范性研究的基本关注点以及其分析如何可能与有效的条件逐一检讨之后,还需要回答的是,为何要用这样的方式在法律史领域内作业,其意义价值何在。

众所周知,中国法制近代化的历史其实是固有的价值体系及其规范表征被自清末始的累次法制改革几乎全部代替的历史。而引进的价值体系及其规范表征一旦遇到优越的发展时期,就会大量积累形成法学核心的知识体系,这在当下法学中表现得最为明显。显然,中国法律史学除近代外的很大部分就在研究古代中国的固有法律,有着自身独特的组成与表现方式,因而此类研究除了特定时期的繁荣以外,便越来越明显地面临着一个困境,即中国法律史学的研究无法直接与已累积成法学知识核心体系的当代部门法学进行有效的知识沟通,也就很难在实质意义上进行"古为今用"的借鉴。当然,如果不顾价值体系及其规范表征在法学知识上的巨大差异,直接以较为直观的方式进行输出型借鉴,则很难避开一厢情愿的尴尬。更为严重的是,法律史的研究若疏于关注当代法学关于价值体系及其规范表征的知识,而是与之平行不相交地各自前进,也将面临着"遗世而独立"的学科困境。

另外从法制实践来看,法律史所关注的固有法制及其所承载的价值体系已经基本上得不到当前规范的支持,但其价值体系仍然通过代际传递绵续于当下社会,存储于较为普遍的社会观念之中,因而在特定疑难案件会显现出来,并向当代法律的价值体系及其规范表征提出挑战。不同学科在探寻疑难案件问题答案的同时,对法律史学很明显存在知识上的期待。显而易见的是,不是因为有了疑难案件才对法律史的知识资源有所期待,而是因为存续于社会观念中的价值引发了案件的疑难。但如果看到比如于欢案、张扣扣案等,法律史的研究只是主动去重温一遍历代的复仇故事及其制度做法,则显然既不能在价值体系上也不能在规范表征上满足对法律史学科的这一期待。当然,把法律史的规范性研究当作当代疑难案件的求答之道显然并不现实,但也不能因此放弃去做可能有的贡献。

从法律史发展的学科间知识流动和回应实践上疑难问题解决的双重视角来看,法律史的规范性研究所具有的意义可以得到凸显。从规范性视角展开法律史的研究,可以从逻辑维度总结出中国古代规范及其运行,也可以总结出这种规范运行逻辑中的价值表达或实现的方式,进而实现法理上的反思。基于此,便可以与当代法学的价值体系及其规范表征进行对比性沟通,乃至进行沟通性的批评,才能最终有所借鉴。不同于以事实、因果关联的古今对应为中心视角的法律史研究,不在古代法制的规范性反思意义上展开作业,规范性的法律史研究因为强调规范性立场,能够保留古代法制的特色,但又在规范性逻辑的意义上切入。所以能够与当代法学在同一维度上进行沟通,进而进行对勘性反思与借鉴。法律史与其他法学学科的交流也能借此打开一个很重要的交流通道。

通过规范性的研究,法律史的知识资源因为从价值体系及其规范表征的样态、规范及其运转的逻辑表述这两方面来展开,便能够观察、评价乃至参与当代法治实践中疑难问题的争论。通过规范性的法律史研究,我们能够知道特定价值观念在规范体系的承载方式,也能知道特定规范在运转适用中的逻辑。当特定价值观念即便以连续变形的方式运转于当下社会时,我们仍然可以为当代法治实践提供近乎比较法意义上的经验。而且,相比于域外比较法经验来说,法律史的规范性研究有一个重要的特点,即与当代法治关照的民众共享了不少社会观念,从而针对实践中的法治疑难能参照性地提供同样甚至更为有价值的知识资源。

最后需要保持清醒的是,即便对法律史进行规范性研究有施展的可能性与条件,也存在值得重视的价值,但是,法律史的研究仍然要遵守"论从史出"的宪章,否则,难免陷入完美而虚空的构想当中。同时也要看到,即便占有足够史料,也还要有方法论上的警醒,不以观念组织甚至组装史料,防止以穿凿附会的方式滑向似是而非。

上海会审公廨研究的史料与方法刍议

侯庆斌[*]

上海会审公廨研究的推进离不开史料的拓展,尤其是官方档案、案例汇编和报刊杂志等资料。不过,每一类史料都有其自身的限度,特别需要留意档案信息的遗漏、新闻报道与档案资料不符等问题。此外,在方法和

---

[*] 侯庆斌,上海大学历史学系讲师。
本文得到教育部人文社会科学研究青年基金项目"北伐前后法国对华外交档案搜集、整理、翻译与研究(1925—1931)"及国家社科基金后期资助项目"晚清时期上海法租界会审公廨研究"(项目编码:20FZSB086)的资助。

取向方面,会审公廨研究应尽可能借鉴比较法的视野,重视量化讨论和引入地方视角,从而将会审公廨研究提升到一个新高度。会审公廨是西方列强在华领事裁判权异化的产物,主要受理华人为被告的华洋诉讼以及租界内华人之间的各类诉讼。从1869年起,会审公廨陆续出现在上海、汉口和厦门等地的租界内,其中上海会审公廨出现最早、影响最大。长期以来,无论是法史学界还是城市史学界对会审公廨的关注都比较有限。一方面既有研究中重复性讨论较多,学术增量不足。另一方面上海公共租界会审公廨的研究相对较多,而法租界会审公廨的研究则滞后。笔者不揣浅陋,就会审公廨研究中的史料和方法略陈心得。

  会审公廨研究中最重要的史料是官方档案。清末民初会审公廨大体维持着中外共管的格局,所谓的官方档案包括了司法和外交两类。上海市档案馆保存有编号为Q179的公共租界会审公廨档案全宗,涉及会审公廨的制度演变和中外交涉收回会审公廨等方面的资料,不过会审公廨的判决书极为罕见。学界以往极少留意的英国驻沪领事馆档案,其中不乏与华洋会审相关的外交通信。另外,英国领事馆不时整理"会审公廨报告书",其中也包含一些案例,可以弥补目前公共租界会审公廨官方判决资料的不足。[㉛] 法租界会审公廨的档案资料保存在法国外交部档案馆,包括:法租界会审公廨的权限、人事与内部机构的演变,公共租界会审公廨和法租界会审公廨之间的冲突与合作,1869年以前法国领事主持华洋会审的审判记录以及法租界会审公廨建立之初的司法活动,晚清民国时期法国政府改革会审公廨制度的设想与论争,20世纪初法国领事对通商口岸、租界和租借地司法的评估等材料。除此之外,法国外交部档案馆保存有上海法租界会审公廨判决书,其中绝大部分为华洋民商事诉讼判决书。这部分材料存在一些瑕疵。例如数量不够完整,没有华人民商事纠纷,鲜有华人刑事案件以及华洋刑事案件判决书。如果对比其他资料,诸如法租界公董局董事会会

[㉛] 部分英国驻沪领事馆档案已出版,参见:Robert L. Jarman ed., *Shanghai Political & Economic Reports 1842 - 1943*, Slough: Archive Editions, 2008。

议记录和同一时期中外报刊就会发现,现存的判决书只占所有判决的一小部分。尽管如此,这些审判材料仍然是学界了解法租界会审公廨司法实践的基本史料。

除档案等一手资料外,报刊杂志的重要性不言而喻。晚清民国时期上海中外主流报纸几乎都开辟专栏报道会审公廨的案件审理情况。这些报道贴近民众,内容相当鲜活。以往有关会审公廨司法实践的讨论多关注具有重大影响的政治类案件和商业纠纷,而对与普通民众生活相关的细故琐案和日常犯罪关注不足。报刊资料的发掘,除了弥补档案的不足和缺失之外,还可践行一种眼光向下的研究视角。不过报刊类史料存在几个弊端。首先,中外报纸对绝大部分案件的报道相当简略和零散,无法探究庭审时的诸多细节,限制了这部分史料的利用价值。其次,报纸对案件的报道经常缺乏连续性,导致诸如庭审和判决等关键信息丢失。第三,新闻报道毕竟不是一手史料,其中不乏二次加工的成分,也不乏记者旁听审判时误记漏记,导致同一案件的新闻报道与司法档案中的内容存在出入。研究者需对此高度警惕,尤其在史料电子化的今天,报刊资料的获取异常便利,在使用时须格外小心。第四,上海的英法文报纸如《北华捷报》和《中法新汇报》等虽然对会审公廨处理的案件有所报道,甚至不乏深描,但或许是出于保护当事人隐私的考虑,很多情况下不刊登最终判决,使这部分资料的价值大打折扣。

会审公廨研究的基本对象是制度与实践。以往的研究限于史料,学界多只能从制度层面研究会审公廨的性质。研究者对会审公廨的评价也往往建立在个别案例之上。虽然学界对会审公廨蚕食中国主权、肆意扩张司法权限已经达成共识,但仍缺乏讨论具体案例、判决结果、章约制度和法典成例之间的关系。与公共租界会审公廨相比,法租界会审公廨档案保存了部分判决书,上海的法文报刊中记录了一部分会审公廨的审判信息,这两类史料为深入研究法租界会审公廨的司法实践创造了条件。在厘清会审公廨基本史实的基础上,可以通过引入新视角进一步拓展研究的范围。

首先是比较法的视野。考虑到外国陪审在会审体制中的强势地位,会审公廨的司法实践不可避免地受到西方法律文化的影响。中西法律之间,以及西法之间,构成了比较法视野的两个维度。首先,鉴于上海法租界和公共租界的独立性,研究者有必要厘清大陆法和普通法这两个西方重要法律传统对会审公廨司法实践的影响。19世纪下半叶和20世纪初,大陆法和普通法之间的区别十分明显,如法官和律师之间的关系、纠问式审判和抗辩式审判之间的差别、援引法条的不同方式等。大量案例有助于提炼法租界会审公廨处理民事、刑事和商事纠纷的基本模式,从中揭示大陆法法律文化对法租界会审公廨的影响。通过对比上海公共租界会审公廨和法租界会审公廨在同类型案件中的审判实践,或许可以检讨大陆法与普通法对租界司法实践的影响、限度及其利弊。

第二,重视量化讨论。法律史领域中的个案研究面临的问题或是难以小见大,或是强行以小见大,例如将个案纳入"转型"和"近代化"等具有统摄力的庞大问题意识之中,以掩饰细节上的逻辑跳跃。会审公廨司法实践研究中往往会涉及对法律移植程度和司法判决公正性的评判。单纯的个案研究一方面不足以呈现全貌,另一方面无法应对反例的挑战。因此有必要在传统的定性研究之外,尽可能辅之以定量讨论。大量的案例统计有助于了解中西方法律文化对会审公廨的影响。上海租界司法实践,融合了成文法、习惯法以及法官的自由裁量,混杂着晚清民国时期国家、地方和列强对司法公正的不同理解。通过阅读会审公廨的判决资料,笔者认为在刑事案件中,清代和民国时期的成文法仍然发挥着决定性的作用,而在民事纠纷和商事纠纷中,审判的原则比较模糊,总体对习惯法和判例有所借鉴。若能搜集足够多的案例,统计法官的政学经历、律师出庭情况、判决中的法源类型等信息,或许能更好地呈现西法东渐的过程和实际影响,进而重新审视会审公廨的历史形象和租界司法的公正性等重要问题。

第三是地方视角。会审公廨既是法律史的研究对象,同时又是城市史的研究对象。会审公廨究竟在何种意义上为近代上海的繁荣和稳定提供了法制保障,颇值得深入讨论。这涉及司法实践与城市治理的关系。在这方面,福柯有关"治理"和"治理史"的研究具有一定的借鉴价值。在笔者看来,会审公廨不是一个规训机构,只是在某些方面具有规训的性质。因此可以在一个较低的限度内引入治理的概念,讨论权力、司法和社会之间的有机联系,探索租界社会中法院与城市治理之间的关系。

"治理"概念的提出,可视为规训理论从个体向群体的延伸。租界当局依据西方现代文明制定的违警章程和各类市政条例确立了一套现代城市生活的规范,区分了"文明"和"不文明"两种行为范畴。对华人而言,一旦违反此类法规,会审公廨有权处以劳役或罚款,最高刑罚是监禁或驱逐出境。在刑事司法之中,罪行法定和刑罪对等原则尚未确立。会审公廨在刑事案件中的量刑不完全取决于犯罪行为的社会危害性,而与租界治理的客观需要密切相关。[32] 这种现象恰恰回应了福柯的论断。他认为治理过程中产生的技术手段导致了一系列机构和知识的产生,这些机构和知识又反向服务于社会治理。具体到会审公廨研究之中,一方面,人口增长和经济发展等因素增强了城市治理的难度,对法制提出了更高的要求。城市治理的复杂性迫使法院的职能日渐完善。例如,上海法租界最初面积狭小人口稀少,进入司法程序的华洋纠纷和华人纠纷非常有限,即便会审公廨的制度不健全,也依然能够靠惯性运行。法租界历经数次扩界之后,人口增长、社会流动性增加和经济的高速发展,促使会审公廨的章程制度不断完善。另一方面,会审公廨为租界引入了现代文明观念和西方法律文化。例如相当一部分法租界市政法规都有法国渊源。历次颁布的《公董局警务路政章程》中的绝大部分条款均来自《法国刑法典》与违警罪有关的内容。会审公廨的司法实践和制度演变,很大程度上服务于城市治理的基本目标,即维持秩序的稳定与塑造一个西方意义上的文明社会。

---

[32] 笔者曾以违警司法为例,讨论会审公廨与城市治理的关系,参见侯庆斌:《晚清上海法租界城市治理中的法律移植与司法实践——以违警罪为例》,载《复旦学报(社会科学版)》2018 年第 3 期。

陕甘宁边区法制史研究的回顾、困惑及展望

韩 伟[*]

法律制度在现代国家治理中具有重要作用,也是中国共产党革命根据地政权建设的重要内容,各种法律制度的制定与实施,伴随了中国共产党领导中国革命的始终,也鲜明地反映出其"为民族谋复兴、为人民谋幸福"的初心。从大革命期间的工人组织、农民协会,到苏区、抗日根据地,再到解放战争时期的解放区,都制定和实施了内容多样的法律制度,保障和推进着革命的进程。其中,延安时期陕甘宁边区的法制建设成效尤为卓著。研究以陕甘宁边区为代表的革命根据地法制,不仅有助于理解中国共产党领导革命的理论逻辑、制度逻辑,对于深入学习和阐释马克思主义法治理论中国化的最新成果——习近平法治思想亦不无参考价值。

近七十年来,党史、近现代史及法律史学界从历史学、政治学、法学等不同视角,对陕甘宁边区法律制度作了大量的研究,整理、辑录了数量可观的根据地法律文献,如张希坡、韩延龙、艾绍润等,编著了不同类型的边区法律法规、案例判例等史料汇集,形成了马锡五审判方式、边区高等法院、大众化司法制度、边区民事法律等诸多热点,为后续研究奠定了基础。然而,既有研究仍留下了不少问题。一是研究力量、主题甚为分散,合作交流少。陕甘宁边区法制史的研究,早期主要是由西北政法大学杨永华、方克勤等老一辈学人开创,陆续产出了一批重要研究成果。20世纪90年代以后,相关研究日趋分散化,更多呈现为个人的兴趣,主要以西北政法大学汪世荣、南开大学侯欣一、西北工业大学肖周录为代表,学者之间的合作相对较少(如图1)。当然,客观而言,这种状况的出现,与史料资源、科研评价等均不无关系。

---

[*] 韩伟,西北工业大学法学系副教授,西北政法大学马锡五审判方式研究院特约研究员。

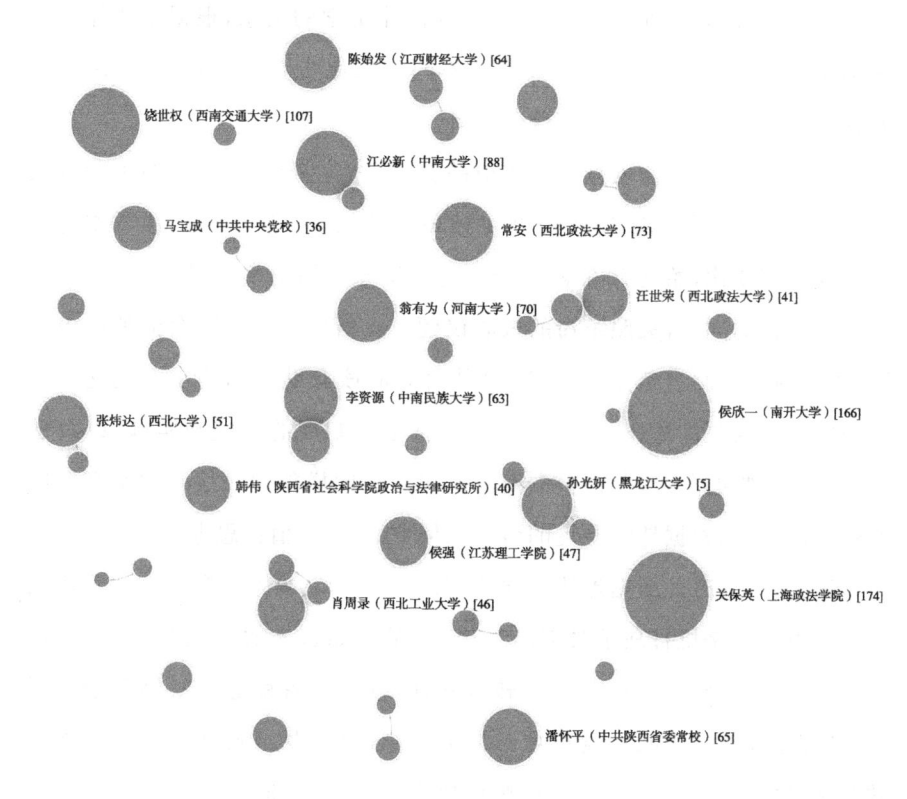

图 1　陕甘宁边区法制研究作者合作网络

(来源:中国知网,括号中数字代表发文数量,截至 2022 年 7 月)

二是存在着简单比附法治热点,历史逻辑、法律学理不强等弊病。桑兵教授认为晚清法制史研究,混淆了比较与比附,套用西方法学概念,然而,"能否用现在所谓法制的观念看待中国历代的律法和及刑名,本身就是未经证实的问题"。[③] 陕甘宁法制史,已经是法制近代化的一部分,简单地比附西学的问题虽不明显,但却存在比附当下的问题,比如边区司法改革、调解研究,以及民事法律的研究,多有比附问题,简单地以当下的法制热词、政策导向作比附,在史料中寻章摘句,未能深刻、全面地体会史料的本意,也未能回归边区法律历史自身的逻辑和语境。

[③]　桑兵:《比较与比附:法制史研究的取径》,上海人民出版社 2021 年版,第 47 页。

与此同时,如何处理党史、革命史与法律史学的关系,根据地法律史的法学化与史学化张力,如何正确平衡不同根据地法制、不同类型法制人物及其思想的关系,又始终困惑着研究者。

第一,党史与革命根据地法律史的关系不容易把握。法制在革命政权建设中只是小部分,侧重从历史的角度解释说明,还是从法律、法学本身的角度梳理其变化,始终存在着争论。党史研究以历史学为基底,侧重在重现历史过程的同时,关照革命的核心议题。在新民主主义革命的整体史之下,根据地的法制当然是一部分,对其研究应该有助于阐明中心问题。法律史的研究则关注法律本身的演变,包括法律制度的制定与实施,以及法治理论与经验的总结,革命根据地法制史研究同样如此。这两种研究取向有较大的差异,根据地法制史的研究如何更好兼顾,值得思考。

第二,不同时代根据地法制演变中的变与不变如何阐释。陕甘宁边区法制建设主要是抗日战争时期,1946年之后开始进入战时状态,1947年胡宗南部队进攻到延安,中共中央转战陕北,基本没有稳定的法制环境。因此,更好地理解中国共产党革命时期的法制,就需要将陕甘宁边区和之前的苏区、之后的解放区法制进行对比研究。然而,不同时期革命根据地的法制变化较大,如何透过"变"的表象,探寻其中不变的部分,又如何理解、评价某些时期的法制"特例",殊非易事。

第三,在"地理大区"视野下,不同革命根据地的区别与联系。应星"地文大区"㉟的视角,强调地理整体上对中共革命史的影响,事实上地理也影响着法律的面貌。延安时期,陕甘宁边区作为中共中央所在地,其法律制度建设自然具有典型性、示范性,但它也不能代表各个革命根据地法制建设的全部,诸如晋察冀、冀鲁豫、山东等根据地,在不同的地理大区,其法制建设均各有特色,特别是在与民俗习惯更紧密的民事法制中。同时,根据地之间又有诸多的互动或者联系,如陕甘宁边区司法领导人中,谢觉哉曾

㉟ 应星、荣思恒:《中共革命及其组织的地理学视角(1921—1945)》,载《中共党史研究》2020年第3期。

由湘鄂西革命根据地至中央苏区工作,雷经天曾在广西右江苏区工作,马锡五是陕甘边苏区的领导人之一;边区高等法院审判员王怀安,抗战后调东北工作,任哈尔滨市人民法院副院长等职,在公安保卫系统,此类人员的流动更为频繁(如表1)。人员的流动,必然带来思想和制度的互通,因此,看到各根据地法制差异的同时,如何探寻其内在的联系与一贯性,仍待深入。

表1　陕甘宁边区与其他地区的司法、公安人员流动(部分)

姓名	边区	调动后	系统	备注
王怀安	高等法院	哈尔滨人民法院	司法	自贡人
张如岗	绥德分区保安处	内蒙古公安厅、人民检察院	公安	佳县人
王如勃	西北政治保卫局	四川省公安厅劳改局	公安	清涧人
赵苍璧	边区保卫处	南京、四川公安厅	公安	清涧人

(注:公安系统部分资料来自陕西榆林公安局陕北警察史博物馆)

第四,不同革命法制人物之间的关系。党史研究偏重党的领导人,如毛泽东、董必武、谢觉哉等,他们影响着根据地法制建设的方向,当然需要重点关注。法律史研究除了研究党政领导人,更侧重有法学背景的人物,朱婴、李木庵、鲁佛民等,但他们在当时看来是少数派,1943年边区司法检讨会议上遭到批判。之后,代表了人民司法路线的雷经天、马锡五成为当时的主流。但是基于现代法治理论,鲁佛民、朱婴等人的法制思想,与当代中国社会主义法制有诸多贯通性,如马克思列宁主义法制理论与中国实际的结合。反观雷经天法律思想,包括马锡五审判方式,在与当代司法的结合中,存在不少困难。回归根据地法制建设的历史情境,既不能仅偏重上层领导人的研究,又不能后见之明地研究某几个法律人物,而是要回到历史的现场,回到当时法律思想的丛林中,尽力把握根据地法律思想的总体脉络。

中国共产党领导的革命与局部政权建设中,法制发挥了不可或缺的作用,但它又不是孤立的存在,是革命动员、政权建设的有机组成部分。继续推进和深化以陕甘宁边区为代表根据地法律制度研究,需要更注重体系性、动态性、反思性、理论性的研究。

首先,应该对边区法制作系统性的研究。边区法律看似零散,亦缺乏成熟的法典,但却是一个主旨和逻辑一致的法律系统,既有的研究侧重于对这个系统各个部分或侧面的研究,而没能对其作整体的、系统的考察,更没能放置入根据地政权建设作总体性考察。所以,创新根据地法制研究,就需要引入革命史、政治史、社会史的多元视角,不仅需要考察其部分,更应该作整体性考察,比如边区早期婚姻法令中"婚姻自由"原则的滥用,就与陕北"搭伙计""找干哥哥"等民间习俗不无关系。[35] 再比如,边区刑事法律的研究,从其立法的思想主旨,到法律内容,再到刑事审判、刑罚执行等具体的运作过程,刑罚中劳役刑的广泛使用,与战时边区劳动力缺乏之紧密关系,都需要作系统性的梳理,加强与党史、革命史的对话,以便对边区法律有全面的理解与认识。

其次,需要对边区法律作动态性的考察。边区处于变动不居的政治环境中,法律制度也因时而变、因地而变。如刑事法律的宗旨和内容随着政治背景的不同而变化,抗战时期以"锄奸反特"为首要任务,兼顾惩治盗匪;抗战胜利后,更注重维护边区社会秩序,以及当事人权利的保障。因此,边区的刑事法既有一以贯之之原则,又是动态发展的过程,在刑事立法以及司法中,都在发展演变。这要求研究不能仅看到边区法律制度发展的静态断面,还要关注法律的特定政治背景,进行不同时段的比较。

其三,需要对边区法制的经验教训予以反思。陕甘宁边区法制实践中,形成了为民、便民、利民的人民司法优良传统,极大地方便了群众诉讼,受到了群众的欢迎。但也应看到,由于边区立法缺失、司法的正规化程度有限,也留下了诸如裁判标准不统一、程序不规范等问题,影响了司法公正的实现。因此,根据地法制史研究应该是总结经验与反思教训并重,这也符合党的实事求是的一贯传统。

---

[35] See Cong Xiaoping, *Marriage, Law and Gender in Revolutionary China*, 1940 – 1960, Cambridge University Press, 2016, p. 74.

最后,需要对边区法律建设作理论性的挖掘。陕甘宁边区法制,虽然是在社会急剧变动的背景下出现的,更多是一些实践经验,但仍然具有其内在的理论特色与逻辑结构,但既有研究对其解读不够。边区法律制度的理论性,就其要者,是马克思列宁主义法治理论,如马克思和恩格斯的《共产党宣言》、考茨基的《阶级斗争》、列宁的《国家与革命》,以及斯大林1936年对社会主义宪法的论述,都是边区法制建设重要的理论资源。边区法制的参与者,将其概括为"革命的法理",认为它体现战时法制的特色,服务于革命的政治伦理,随着特定情势的变化,呈现变动不居的状态。由于战时需要高度组织化,故强调党的一元化领导,战争的严峻环境,又导致"制度建构的灵活性"㊱。在上述因素影响下,边区刑事法律有着特定的任务与面貌,惩罚与管制的内容多些,而权利的保护相对少一些。这就需要突破对革命时期法律制度的一些刻板印象,既关注其历史的真实,又挖掘其蕴含的一般法律原理,分析其合理之处,并在"同情理解"与时代进步的意义上检视其不足,这也是步入和平发展时期,"革命法制"向"建设法制""民主法制"过程中的必要理论准备。

在更加重视红色文化、建设中国特色法治的当下,革命根据地法制研究,确实存在再出发的必要。但只有全面地、整体性地理解和呈现革命法制的内在逻辑,以科学继承和"扬弃"的态度,才能真正有助于党史、革命史的研究,也才会有助于中国特色社会主义法治的建设。

㊱ 王建华:《人民战争对制度成长的多重影响》,载《中共党史研究》2020年第1期。

习惯的式微与现代国家的崛起
——从爱斯嘉拉谈起

朱明哲*

内容摘要：法国法学家爱斯嘉拉长期旅居中国，他对中国法在欧洲的传播发挥了重要的作用。他试图突破欧洲中心主义的窠臼，从整体文化的视角理解中国法律文明，并对中国法传统给予了很高的评价。爱斯嘉拉认为，中国法上发展出了一套迥异于西方法的法律解释与适用方法，而国民政府激进的法制现代化政策最终将导致西化的成文法无法在中国本土落地生根。然而，他所坚持的那种以本土习惯调查材料作为法典编纂基础的立场误解了现代国家的治理逻辑。不同于以家族为核心单位组织起来的传统社会，掌握着至上权力的国家作为公共生活的唯一组织者登上历史舞台，必须有能力以其所选择的规范重新定义社会。在此过程中，以统一的国家法取代地方习惯成了必要的一步。

关键词：爱斯嘉拉　法制现代化　国家治理　现代国家

一、导论

让·埃斯卡拉（Jean Escarra,1885-1955），法国法学家和外交家，是最

---

* 朱明哲，中国政法大学比较法学研究院副教授、钱端升青年学者、博士生导师。
本文是作者所承担的国家社科基金青年项目"中法法律交流档案研究（1877—1958）"（17CFX007）的阶段性研究成果。

早研究中国法律与社会的法国法学家,通译为"爱斯嘉拉",本文从之。1901 年高中毕业后,他进入巴黎法学院学习,并分别于 1904 年取得学士学位、1907 年取得政治经济学和法学博士学位。爱斯嘉拉并没有像那些明星法学家那样,刚毕业就通过教授资格考试。1909 年短暂任教于雷恩法学院后,他直到 1913 年第一次世界大战前夕才再次于格勒诺布尔法学院走上讲台,并一直在此讲授民法和商法。1920 年,35 岁的爱斯嘉拉通过教授资格考试,成为正教授。从 1921 年开始,中国政府聘请他为司法部法官学校教授,为期五年。1922 年,兼任修订法律馆顾问,参与天津、上海等地商事习惯调查,并起草了两编《商法法典草案》。① 1930 年,回到法国的爱斯嘉拉短暂任教于里尔法学院后终于得以回到母校巴黎法学院讲授政治经济学。后来,他又于 1930 和 1936 年分别受国民政府和法国教育部委托来华,参与了《民国民法典》亲属编、继承编和中国破产法的编纂。也正是此次来华期间,他得以与前辈宝道在民法起草委员会中共事。② 1937 年,他取得了巴黎法学院的比较民法教席,但很快又回到中国,并作为中国政府的顾问走访了汉口等地。1939 年,他成了法军军官,战争部长认为军官不应该服务于外国政府,所以他也不再出任国民政府顾问。法国沦陷后,他随戴高乐领导的"自由法国"运动前往伦敦,并在 1941 年 9 月 11 日由戴高乐将军任命成为自由法国在中国的代表。1941 年 12 月 5 日,他抵达重庆,为了让国民党政府承认自由法国而非维希政府而积极奔走。然而事与愿违,他在陪都官员之间的人脉并没有帮他实现戴高乐的诉求。于是,1942 年 7 月,爱斯嘉拉离开中国。③ 1944 年法国解放后,他继续在巴黎法学院任教至 1952 年。④

---

① 陈霓珊:《民国民事立法中的"保守"与"激进"——基于爱斯嘉拉本土化立法方案的考察》,载《近代史研究》2018 年第 3 期。
② 同上。
③ Nicole Bensacq-Tixier, *La France en Chine de Sun Yat-sen à Mao Zedong*, 1918 – 1953, Rennes, Presses universitaires de Rennes, 2019, p. 364 – 390.
④ Dossiers des Fonctionnaires de l'Instruction Publique et des Beaux-Arts(1880 à 1968), Archives Nationales Français(ANF), F/17/27496.

爱斯嘉拉很多关于中国法的议论都体现了世纪之交法国法学的特点，对法律渊源的阐述就是最集中的体现。他大力称赞中国古代的法律智慧，认为习惯才是民事生活的圭臬。相反，民国时期激进的现代化立法因为无视习惯的力量，最终只能面临窒碍难行的窘境。然而，谁掌握了形成法律的权力，谁也就掌握了组织社会的权力。在这个意义上，民国的法典编纂者并不仅仅希望用"现代的"舶来法律规则替代传统的规则，更希望用一种所有权力集中于国家手中的现代政权组织形式取代原本分散化的、为家族和地方豪强留下过多空间的传统社会权力分配机制。甚至爱斯嘉拉本人也寄望于一个强有力的国家去纠正法律和法学中错误的实践与观念。能够完成他所寄托的希望的国家必然是一个具备了一系列现代权力策略的国家，也就是一个至少声称对规范的生产具备垄断权的国家。

二、面对现代国家的习惯法

（一）爱斯嘉拉笔下的中国传统

《中国法》的任何读者都会意识到，爱斯嘉拉尝试突破成文法中心主义的窠臼，从一个整体文化的视角中去理解中国的法律文明及其发展变迁。不过，这样做并不是因为他像今天文化比较法的践行者一样认为文化决定了法律的意义，而是因为他认为文字记载的规则在现实中根本不具有欧洲法律规则那样的约束力。他引用格拉内（葛兰言，Paul Granet）的观点说明抽象、无条件适用的"法律规则"的概念没有在中国发展起来，因为人们把法看作一种模范。[⑤] "作为模范的法律只要求个人尽可能地接近其所表达的理念，却并不要求人们完全遵守其内容，看上去极其严苛残酷的刑法也往往只在理念上或者理论上适用。"[⑥]换言之，如果研究欧洲国家的法律可以主要依赖法典文本的话，研究中国的法律则不行，因为中国的立法文本

---

⑤ Jean Escarra, *Le Droit chinois*, Paris, Vetch, 1936, p.73.

⑥ Ibid., p.74.

记录的并不是人们必须遵守的规则。欧洲意义上的法律规则必须在其他的渊源中寻找。在和欧洲的对比中，中国仍是一种例外。

为了更全面地研究中国法，他援引惹尼在1899年提出的法律渊源学说，主张要从立法、习惯、判例、学说四种材料中呈现中国法的全貌："以下章节中将会展现成文法、习惯、不具备强制力的参照渊源（判例和学说）、传统等不同法律渊源在中国的不同重要性。但是惹尼为这些渊源划定的界限、习惯在补充成文法方面的作用、成文法的技术价值等结论似乎很难应用到中国的现实。一般来说，成文法为人们提供的是以专断形式表现的意志，并且无条件地创造出'无论如何必须得到遵守、没有留下对其正当性基础任何讨论空间的指令'。我们知道中国的法律并不符合这种观念。同样，罗马法和经院法意义上的习惯，对于中国人来说也十分陌生。真实的情况是，习惯在中国仍举足轻重，因为它包含了此前所述之传统法观念中的所有成分。类似的是，对于成文法的解释也和惹尼所观察到的完全不一样。"[7]爱斯嘉拉的当代读者对他这一策略评价甚高，认为是对中国传统法的同情和理解的表现。[8]

尤其值得注意的是，爱斯嘉拉虽然运用了惹尼的框架，但是没有用惹尼的定义。不但中国的立法因为没有严格的适用效力而不符合西方法学的定义，中国的习惯和判例也和西方的习惯与有所不同。两种习惯的区别尤其值得重视。按照他的说法，中国的习惯在实践中举足轻重，那么与此不同的"罗马法和经院法"意义上的习惯便只能居于法律渊源的边缘。实际上，正如我们在下文将要重点谈到的，罗马法和经院法本身对习惯较为轻视。而在其理论渊源惹尼的作品中，习惯具有双重含义。一方面，立法权的行使不应该搅动善良的习惯，所以习惯构成了一种对立法权的限制。[9]另一方面，习惯可以在填补立法漏洞时为解释者提供参照，所以构成了一

---

[7] Jean Escarra, *Le Droit chinois*, p.62.
[8] 陈霓珊：《民国民事立法中的"保守"与"激进"——基于爱斯嘉拉本土化立法方案的考察》。
[9] 参见朱明哲：《法国民法学说演进中对立法者认识的变迁——以惹尼、莱维、里佩尔为例》，载《苏州大学学报（法学版）》2014年第3期。

种对立法的补充。⑩ 惹尼之所以强调习惯在这两方面的作用,主要是为了限制 19 世纪末正变得越来越强势和活跃的立法权。相比之下,爱斯嘉拉眼中的中国习惯则居于所有法律渊源之中心位置,不但为社会生活提供着规范,更蕴含着真正的法律原则。我们在下一节将会看到,这也是一种来自欧洲的观念,只不过是一种 18 世纪的观念。

爱斯嘉拉所反复强调的"习俗""礼教",很大一部分是男女不平等的规定。在爱斯嘉拉阐释"法"与"礼"的对立时,曾援引"一位国民党高官"的话。这名国民党大员说,按照法律规定,他的夫人本来可以继承其岳父的一笔遗产,但是人人都知道她的法定权利无法行使,他也不会允许其夫人提起诉讼,否则便是违背了礼教的要求,公共舆论也会对他们不利。⑪ 在许多其他段落,爱斯嘉拉也表示国民政府男女平等的立法难以实现。对此种观点的标准解释是爱斯嘉拉倾向一种渐进式、相对保守的立法模式。⑫ 确实,从爱斯嘉拉的话语来看,他当然认同"徒法不足以自行"的古训,主张仅凭法律文本内的规定无法改变男女不平等的社会现实。甚至可以说,他担心这种完全不具备社会根基的法律不但无助于改善中国妇女的处境,还可能降低立法的权威。

但是,《中国法》中的段落还有其他读法。爱斯嘉拉的不仅留下了一套关于中国法的话语,而且保留了当时政治和学术精英对法律与社会的看法。从这个角度看,《中国法》还是一本宝贵的人类学田野调查笔记。我们必须进一步探问:爱斯嘉拉使用了什么材料来理解中国传统和习惯?除了众所周知的梁启超的影响之外,各种国学经典当然是最重要的。我们可以从他的注释中找到《左传》《礼记》《书经》《春秋繁露》《明夷待访录》等经典,也有《唐律疏议》《读例存疑》甚至沈家本的著作这样的律学作品。此外,他还引用胡汉民在立法院会议开幕式上的致辞和大量与民国高官的对话录。他有据可考的对话者包括罗文干、汪精卫、胡文炳、胡养蒙等人。这些素材

---

⑩ 参见朱明哲:《服务于法史学的自然法》,载《华东政法大学学报》2017 年第 3 期。
⑪ Jean Escarra, *Le Droit chinois*, op. cit., p.20.
⑫ 陈霓珊:《民国民事立法中的"保守"与"激进"——基于爱斯嘉拉本土化立法方案的考察》。

让爱斯嘉拉实际上从一种知识和政治精英的视角上观察中国的传统和习惯。

既然采取的精英视角,爱斯嘉拉的观察几乎不可避免地引向了一种无异于儒家知识分子的结论:

> 按照中国人的传统观念,法律对他们来说是一种模范、一种理想,而不是一种每个人都必须服从的命令式的秩序。中国发展并维系着一种十分高尚的信念,认为道德和自然法则超越于实证法律之上。如今,不管法典中的条文如何规定,法庭的很多判决都与上述信念密不可分。……在卷帙浩繁的立法文本中,不乏与最抽象意义上的理想事物发展状态相符者,却无一条能够与活生生的现实相对应。……当前中国立法的起草者应当曾设想他们呕心沥血起草的法律在未来能够发挥作用。但是在这堵立法高墙背后,过去数个世纪形成的社会生活与其信念、传统、习惯一起延续,未受打扰。[13]

古老的习惯不但在社会中延续,不受立法者的打扰,更让爱斯嘉拉发展出了一种永恒不变的历史观。在他笔下的中国习惯从来未曾改变,也不会向前发展:"古老的理论如今仍生机勃勃,正如千百年前一样。法律的动力学在中国人的传统思维中几乎不存在。"[14]"至今,大部分的中国思想家仍在法与律之关系的问题上保持和儒家经典一致的态度。我们应该欣赏这种观念的美丽与伟大,并认为中国传统的法律体系应该值得更多的赞美而不是批判。毕竟它在如此漫长的历史时间内,以最小的成本维持了巨量人口的社会秩序。下接人类生活的经验,上承伟大的理想,以既宽柔又深邃的法律技术建构呈现于规范之中,中国法实在光耀整个亚洲。"[15]于是借助中国知识与政治精英的视角,爱斯嘉拉勾勒出了一种折射着儒家思想光华的习惯,而且为它赋予了不朽、永恒的色彩。

---

[13] Jean Escarra, *Le Droit chinois*, op. cit., p. 441.
[14] Ibid., p. 78.
[15] Ibid., p. 79.

(二)法典化时代的习惯

习惯在欧洲法律史上确实也发挥着两种作用,只不过与惹尼理论化的结果不尽相同。一方面,经由地方习惯编纂和整理而最终形成的"全国习惯法"在17世纪民族国家出现的黎明中为民族一体性提供了法律上的证据,并因此可以堂而皇之地主张民族国家的法典编纂应当以此为基础。另一方面,在法典完成后,习惯继续作为补充性的渊源出现,时刻准备着在立法不清晰、不完备时再次作为补充立法漏洞的材料出场。

在古典罗马法的时代,习惯并不是法律渊源的一种。我们只需要举出收录在《学说汇纂》之中彭波尼(Pomponius)《教科书》(*Enchiridion*)中的片段就可以说明:"这样在我们的城邦中,人们借以制定规范的或者是成文法——即法律,或者是原本意义上的市民法——即由法学家的解释所构成的不成文法,或者通过包含诉讼种类的法律诉讼,或者是未经贵族元老们许可的平民会决议,或者是执法官的告示以及由此产生的荣誉法,或者是在没有法律的情况下仅由元老院制定的元老院决议,或是君主的谕令。"(D.1.2.2.12)[16]只有在西哥特人在476年攻占罗马城、西罗马帝国灭亡后,西欧各国民众才从罗马法和法律博士们的支配下走出,并开始在成文法缺失的情况下,通过习惯探索共同生活之道。习惯此时才开始成为法律的主要表达形式。12世纪的罗马法复兴让学者法和法律博士重新回到历史舞台,但习惯仍是最重要的法律渊源。至于封建君主,他们既是良好风俗的守护者——所以必须尊重习惯法,又是不良习惯的审查者。在法国大革命以及随后民族国家建立的潮流到来前,习惯、学者法、教会法、巴列门的判例法和有限的君主立法分庭抗礼,各种法律渊源之间的关系和边界并不清晰,而且始终处于变动中。

正是在欧洲国家试图从中世纪犬牙交错的管辖权和法律多元状态中

---

[16] 参见《学说汇纂》,罗智敏译,中国政法大学出版社2008年版,第29页。此处引文在句读和表达上有少许改动。

走出时,法学家开始整理各地的习惯,并试图从中归纳出适用于全国的习惯法。中世纪早期的法律博士主要关心的是书本上的内容,毕竟罗马法残篇的整理和解析才是当务之急。12世纪,意大利北部、法国南部和中欧的国王、诸侯和自治的市镇尝试着集中把地方习惯成文化。但是大学在这些经济繁荣地区的影响力很快让罗马法成了支配性的力量。从13世纪开始,开始出现了由商人或者其他没有受过法学专业训练的人完成的地方习惯汇编。法律博士当时并不是很在意这些新的素材,习惯汇编的质量也参差不齐。涵盖某个省或者其他较大地域范围的编纂往往会把中心城市的习惯过度一般化,限定在更小范围的编纂虽然能更忠实地反映实践,但是对区域外的读者而言价值不大。1454年的《蒙蒂-勒-图尔敕令》(Ordonnance de Montils-Lès-Tours)在法国启动了官方的习惯编纂。由国王主导的习惯编纂让一种不同于罗马法的规范得以在本国领土上形成,所以事实上增强了封建君主相对于教会和独立的大学的权力,有利于王权的强化。所以,到了16世纪,各地的封建君主都开始仔细调查汇编其领地上的习惯。此时,法学家才重视起这些官方文件来。

在法国,习惯法编纂意味着以巴黎为中心的北部地区在规范创造上取得了可以与南部罗马法地区竞争的地位。从整理并评论巴黎地方习惯开始的迪穆兰(Charles Dumoulin)就认为全法国共同法的基础不应该是罗马法,而应该是全国的习惯法。他和他的同道致力于发现共同的习惯法规则,也因此首次创造出了历史法学或者民族主义法学的先声,与罗马法和教会法背后的普世主义决裂。此时的习惯编纂已经表达了"同一个民族、同一部法律"的现代主张。而且这种共同法应该由其自身的历史而非罗马法的遗产来塑造。随后,萨维尼所彰显的历史法学派更是把这种一国法律与民族特性之联系发挥到了极致:所有的法律都应该从习惯法而非制定法中产生。但是法学家要作为整个民族的代表,以技术要素赋予法律以科学生命。[17]

---

[17] 参见舒国滢:《法学的知识谱系》,商务印书馆2020年版,第877—879页。

然而，也就是在这一时刻，法学家为习惯签署了死亡证明。首先，统一全国习惯的野心让巴黎文化圈的法学家在"王国之总体习惯"的名义下有意夸大了各地习惯的共性、忽视了差异，并且不可避免地把巴黎的习惯当作范本。更何况了解了各地习惯之后的封建君主也同时学会了运用立法重整法律体系的技术，并从 18 世纪早期开始用法令侵蚀传统上属于习惯法的民事领域。其次，当法学博士用罗马法的术语、技术、体系整合习惯法规则时，习惯便失去了与生机勃勃的实践之间的联系，也失去了自己的语言和对世界的独特认识。此后，习惯法的规则成了学者法的附庸，成了用来重新填充罗马法抽象观念的材料，却不再有独立规范社会的力量，也不再可以持续从非专业人士日常的交往中更新。那些心照不宣的动机也很好理解：对于在整个王国中服务的官员而言，习惯隐藏在他们的知识视野以外，在他们所行使的司法权之表面之下继续发挥着社会组织的功能。而且，习惯不断挑战着法学家完全从大学中得来的法学知识的优越性。习惯属于那个由基层社会在日常交往中形成的世界，法学家不得其门而入。当法学博士充满热情地把不断变化和发展的习惯变成亘古不变的传统，又用一套早已与其所产生之社会脱节的法律技术编纂和记载习惯时，习惯的时代也就结束了。

"法律的生命不在逻辑，而在经验。"这句人们常常带着误解引用的话用在习惯上最合适不过。研究法律并不一定要超越规则和原则构成的体系，但是作为整体的"法律"往往不仅仅包括规范，还包括了一系列思维方式、言谈方式和行事方式。法律有生命，意味着构成法律的规范和这些思维与言谈举止方式紧密结合，构成一个有机体，更意味着这个有机体会不断地成长、发展、成熟、衰老，最后消亡，让位于新的有机体。构成法律这一有机体之生活史的正是生于斯、长于斯的人们的交往、交易、合作、纷争、和解和斗争所形成的经验，以及某一群体的经验与其他群体的经验之间存在的永无休止的交流。在爱斯嘉拉谈论中国的习惯时，他仿佛在讨论一套从未改变、不存在地域差别的规范、思想、精神，而他所有对习惯的知识，都来源于文化或者政治精英的转述。这种对于习惯的认知承认时间却否认其流逝,承认空间却否定其范围,承认阶级却否认其区隔。他把习惯的标本当作了习惯本身,就像把某人的蜡像当作其真人。于是,习惯离开了为其赋予生命的社会生活经验,也就失去了生命。就算爱斯嘉拉并没有用形式逻辑和抽象概念整合概念,其所作所为却足以扼杀习惯。当然,20世纪中国各地的民商事习惯不会因为一名外国顾问的学术作品就停止发展,正如生活在这片热土上的从不停止交往、交易、合作、纷争、和解、斗争。但是,爱斯嘉拉、他所参阅的那些高度抽象哲学著作的作者和他们的西方同道一样,在认识和记录习惯的同时,也消除了习惯。

随着1789年法国大革命的爆发,民族国家这种政治组织形式开始坚定地迈向人类历史舞台的中心。而其法律形式直到1804年《法国民法典》颁行才正式确定。作为现代国家形成过程中举足轻重的要素,习惯至少也在名义上进入了先贤祠,位列仙班。作为起草委员会的代表,波塔利斯明确提出民法典编纂应该保留传统和习惯:"立法为了满足人而创造,人却不是为了满足立法而创造。"所以,"立法必须适应它们所服务的人民的特点、习俗和社会情况"。[18] 而让立法适应人民的最佳方式,就是尊重和保全他们的习惯。大革命摧毁了旧制度,却并不意味着一定要改变所有的习惯,因为"习惯当然有些早期野蛮时代的印记,但也有那些前辈智慧的光荣遗产,塑造了民族特性,应当得以保存"。[19]

但是在法典化的时代,习惯的功能仅是辅助性的甚至是装饰性的。它只能在法典静默或不完整时作为补充材料出现。最大限度保留和继承旧制度下优秀民法成果的法典也只能在内容上保证尽可能的完善,却无法做到完美,更无法一劳永逸地解决所有可能出现的争议。波塔利斯很严肃地提出了这一点:"认为可以存在一系列提前预知所有可能案件的法律体系,哪怕仅涉及一小部分公民,这种想法也是错误的。"[20] 既然立法无法提前安

---

[18] Jean-Etienne-Marie Portalis, Discours préliminaire prononcé par Portalis, le 24 thermidor an VI-II, lors de la présentation du projet arrêté par la commission du gouvernement, in *Recueil complet des travaux préparatoires du Code civil*, Paris, Videcoq, 1836, vol. I, p. 466.

[19] Ibid., p. 481.

[20] Ibid., p. 471.

排好一切,而法官又不能拒绝裁判,那么必然存在并未包含在法典之中的规范,有待法官发现。对波塔利斯而言,这是法典化时代最大的挑战:要么是立法规定得过于细致和琐碎、自命无所不包,以致法官只能在出现无法预料的情况时牵强附会;要么是立法没有给法官足够的指引,以致法官恣意妄为。所幸,这两种情况《法国民法典》都可以避免。他以三个气势磅礴的排比段分别列出了令沐浴在法典化曙光中的法国如此幸运的原因:

> 在我们的社会,幸运的是法学成了一种人们可以奉献智慧、满足自尊、激发斗志的科学。……幸运的是有那么多汇编,有通过习俗、公理和规则建立起来的传统,让我们可以在今天如昨日一样裁判。……幸运的是当法官有必要调查、研究、深入了解他所需要裁判的案件时,他必须牢记不能放任自己的恣意和意志。[21]

法学家的学说和对习惯和判例的汇编恰如其分地成了立法的补充和法官裁判的指引。于是,立法只要以一般性的、适用于所有情况的规则指引法官即可,法官在遇到立法未加规定的情况时完全有能力借助判例、习惯和学说裁判。

三、司法对成文法的适用与造法

爱斯嘉拉还认为中国法上发展出了一套迥异于西方法的法律解释与适用方法。这种方法追求实质正义,排斥清晰定义的概念和形式逻辑。爱斯嘉拉认为其根源在于根据中国的传统观念,法律与道德无法分离,只是道德的实施而已。只有在通常用来规范社会关系的礼无法约束人们行为的时候,压迫性的肉刑才有适用的余地。进而,他又引用里佩尔的观点做了一个中西对比:"如果说在其他的地方,道德规则只用来补充法律的力量,在中国情况则

---

[21] Jean-Etienne-Marie Portalis, Discours préliminaire prononcé par Portalis, le 24 thermidor an VIII, lors de la présentation du projet arrêté par la commission du gouvernement, in *Recueil complet des travaux préparatoires du Code civil*, Paris, Videcoq, 1836, vol. I, p. 471 – 472. 为了行文简洁,我们只能引用每一段的第一句。

恰好相反,法律是用来补充道德规则之力量的。"[22]司法也不再立足于严格法律术语和规定的解释,而是致力于实现社会等级秩序、正义和公正的理念,其程式自然也更加柔性,为让步、和解、法律之外的安排留下了大量空间。[23]

萨维尼所说的那种法律的"技术要素",在爱斯嘉拉看来很难在中国生根发芽。因为中国的传统法学方法"无视因果律和矛盾律的基本原则,很少使用三段论的逻辑形式,惯常于借助礼仪,严重依赖比附而不是其他的推理方法"。他认为这些特点能解释中国实证法之中那些对西方人而言奇异而陌生的方面。进而他主张:"中国法的推理形式尤为适应于反对抽象概念、偏好具体对象的心灵特质。这种程式让中国人所特别敏感的权衡、节奏、对称、韵律和谐等文学美感可以保留,但是却无法与作为西方法基础的概念建构工作相兼容。同样,对争端解决的实质特征的斤斤计较也是普遍化和分析到最基本概念的障碍。"[24]无独有偶,战后法国比较法的奠基人、爱斯嘉拉在巴黎法学院的同事达维德对中国法也持相似的观点,认为中国法重实质分配结果而轻视逻辑。所以,爱斯嘉拉有理由怀疑,充满了西方概念的各种现代法典本身就与中国现实脱节,加上中国的法官或者其他法律的解释者在思维方式上就排斥概念的推演,更难以指望他们实现立法者的愿望,让法典中的规则在实践中令行禁止。

正因为缺乏概念法学的浸染,中国试图建立现代司法体系的努力也恐怕必将失败:

> 一名国民政府的高官曾满怀自信地跟我说,得益于现代司法组织的建立,像偷一只鸡这样最轻微的违法也会启动长达两年的诉讼程序,甚至一直上诉到最高法院。而在县知事父母官治理的古代,乡村耆老引用儒家经义,只要五分钟就可以得出给小偷打几下竹杖以儆效尤的裁决。……有些理论家称之为进步,还认为一个真正的现代国家必须通过高度复杂的司法给予诉讼当事人全面的司法保障。而我觉

---

[22] Jean Escarra, *Le Droit chinois*, op. cit., p. 70.
[23] Ibid., p. 76.
[24] Ibid., p. 56.

得这是那些抽象概念可能给中国带来的危害,虽然人们抱着善良的初衷引进它们。中国人民大部分都是农民,哪怕在这个由礼治理的国家,农民也总有斤斤计较的倾向。所以,正确的思路应该是首先考虑当事人之间的和解、为那些乡村频发的琐碎争议提供直接便捷的解决方案。一旦向乡民提供那些让他们满足自己为细故争讼之欲望的途径,诉讼将永无休止。我可不认为这是一种进步。"[25]

站在一个恨不得摇身一变,立刻进入现代社会的国家,爱斯嘉拉却大谈传统民间纠纷解决方式的好处,看上去不但有些不合时宜,甚至让人几乎可以肯定他以一种过度理想化的方式为中国法的历史抹上了一层怀旧的玫瑰色。就像王蒙所说"坚硬的稀粥",轻易用原则取代规则、为了实现法官心中的实质正义要求可以轻易超越法律文义的方法仍将在中国司法中延续。为了说明传统仁义观念的延续,他举了一个发生在上海的例子:租客因为家贫和一系列不幸而非主观上的恶意付不起房租,按照法律的规定,房东可以驱逐租户,然而法院却判令房东降低日后的租金,使租户有能力支付并继续租住在此,而不是必须流落街头。[26] 从立法的文义看,这种解释方法毫无疑问缺乏立法基础。但是爱斯嘉拉认为,这种仰赖传统法律方法的司法适用可以从脱离中国社会的立法文本素材中创造出真正能在社会中落地生根的规范:"北京的大理院和南京的最高法院已经为立法的施行建立起了坚实的基础。……在中国法上所有能找到的活生生的、属于人世生活的成分都来自司法判决。无论是对于外国人还是对于大部分中国人而言,这都是他们所不了解的实情。特别是那些年轻的中国人,因为身边的法律和法典而忽视了司法。"[27]

爱斯嘉拉留意到,中国的最高司法机关除了欧洲法院也会生产的判例以外,还大量生产解释例:"在法国,当一系列判决都在某一种类似的案件中做出了相同的裁断,那么它们可以形成新的规则,在立法之外,但是也只

---

[25] Jean Escarra, *Le Droit chinois*, op. cit., p. 451.
[26] Ibid., p. 68.
[27] Ibid., p. 449.

能在边缘、不那么重要的领域。……在中国,司法判例的发展似乎和法国类似,但是就争议本身做出的判例作用似乎远不如解释例重要。"[28]为了理解这一现象,他再次回到中国的历史之中,却发现司法判例和解释例的历史渊源并不相同。他认为判例一直存在于中国司法实践中,就是"律例"中"例"的当代形式:"最高司法机关的决定也最重要,尤其是刑部的判决,它们最终会在王朝法典五年一次的修订中进入法典,成为'例'。所以,可以认为在帝制中国一直存在着大量用以阐明律条文义的先例,确实可以和西方法庭先例的作用相提并论。"[29]

相比之下,"解释例"起源于《春秋繁露》《春秋决狱考》等儒家经典中的事例。他认为研究春秋决狱不仅有助于我们了解儒家思想对中国法律传统的印象,更能够帮助我们理解中国法律技术与解释方法。[30] 从法律技术的角度说,爱斯嘉拉发现这些解释例不同于判例的重要之处在于始终以极为抽象的方式提出规则。[31] "推理往往十分细致。方法自然是与五经和《春秋》中的例子进行比较和类推。"[32]而且,他认为当代司法能够推动适合中国社会的规则形成,端赖解释例的使用:"我们可以说,除了法典之外,中国法创造出了解释例,并以此为自己发展变迁的手段。……正是以为有这一方法,人们可以期待中国法以较为缓慢但是更加稳健的方式形成一个真正能反映其自身优势的法律体系。"[33]

四、现代国家的曙光

(一)通过法典实现的现代性

以德国社会学家乌尔里希·贝克为首的研究人员曾经用六项前提假

---

[28] Jean Escarra, *Le Droit chinois*, op. cit., p. 267.
[29] Ibid., p. 271.
[30] Ibid., p. 279.
[31] Ibid.
[32] Ibid.
[33] Ibid., p. 288.

设概括"第一次现代社会":(1)由领土边界确定的民族国家作为其基本的政治组织形式,社会关系限制在国界之内,大部分的社会机构也嵌入民族国家的体制;(2)社会中的个体理论上是自由和平等的,他们自愿建立社会联系,但是在许多方面受到社会机构强制性的限制;(3)产业劳动对社会机构意义重大,个人的地位、消费、社会照顾都取决于其在经济中的参与;反过来说,取得生业的机会必须向所有人开放;(4)社会与自然截然二分,社会视自然为一种中立的资源,可以无限制地开发利用,经济的无限增长才是常态;(5)强调对外部世界的工具性控制的科学理性占据上风,认为科学化可以让对自然的控制趋向完美;(6)功能区分是理解和掌握现代社会发展的指导原则,人们认为专业化、复杂化的社会分工也将带来对目的-手段关系的更精确计算。[34]诚然,他们提炼出第一次现代性的这些属性是为了对照着揭示所谓"第二次现代性"的不同之处。但我们也不妨以此为分析框架,理解国民政府在20世纪初所追求之现代化具体制造了哪些现实。

从社会关系的角度看,社会变革无非是用一套新的社会关系取代旧的社会关系。传统中国社会中,社会组织单位的基础是家族,国家只是作为家族的扩大形式出现在公共生活之中。[35]受家族制度影响甚大的古代法律制度自然也为家族本身的组织和个人在家族之内的身份属性保留了重要的位置。前者主要体现为民间争议往往在家族内部以族法家规解决,国家的正式司法机关对此听之任之。后者则主要体现在传统法制中各种身份本位的制度。在现代国家的眼中,这种家族本位、伦理本位、身份本位的社会形态当然与现代性对个人自由平等的承诺相抵牾。然而,更重要的或许是家族基于血缘对家人所行使的准司法性权威和所提供的生存照顾形成了与国家机构分庭抗礼的权力机制。所以现代化必然首先意味着家族关

---

[34] Ulrich Beck, Wolfgang Bonss, et Christoph Lau, The Theory of Reflexive Modernization: Problematic, Hypotheses and Research Programme, Theory, Culture & Society, 30 Juin 2016, vol. 20, n° 2, pp. 4-5.

[35] 黄源盛:《中国法史导论》,广西师范大学出版社2014年版,第90页。

系的瓦解。国民党对此心知肚明,爱斯嘉拉也洞若观火:"家庭法和继承法的改革是国民党政治与社会重组方案中的重要一环。党内决心贯彻孙中山总统的遗志,'用包括了所有家族的人民一体性取代家族一体性的原始观念'。无论是在家庭关系的解除、对个人法律人格的推崇、打压有利于任人唯亲的家族关系,还是性别平等,法典中的规定都与这一中心思想紧密相连。"㊱在新时代的曙光初现时,掌握着至上权力的国家作为公共生活的唯一组织者登上历史舞台,家族必须黯然退场。

爱斯嘉拉真正的疑问是这种社会权力的交接仪式能否通过法律推动。在他看来,国家的命令能得到服从,并不是因为它们与已经建立起的政治权威相连,而是因为它们和人民对良好社会秩序的期待相符。㊲ 不管他对中国传统民商事习惯的了解是否准确,爱斯嘉拉多少带着欣赏的目光看待中国传统社会,也意识到了自诩为现代性之代表的国民政府已经立志在建立一个新秩序之前先破坏那个旧秩序。作为新秩序之思想基础的"三民主义",虽然和儒家、法家等传统思想有相通之处,却最终是一个政治性的概念。在此理念驱使下的立法工程虽然从1928年以来不断推进,但是"主权者的法律"在整个国家的社会生活中并未有明显的影响。"现代中国法学家仍然拒绝把法律规则视为法家或欧洲法所想象的那种严格的抽象体系。他们发现,在最近二十年世界法律实践的发展中,有太多的例子让人怀疑法律并不具有独立维持国际与国内秩序的内在价值。……真的可以有一种法律与司法体制,在不考虑道德价值感和公平的情况下存在吗?"㊳面对立法者对良好社会秩序的想象与社会成员对良法善治的集体想象之间的巨大鸿沟,爱斯嘉拉显然无法像他的雇主那样乐观。

相反,国民政府则踌躇满志,试图用法典为现代性披荆斩棘。国民政府在理解现代性时未必有社会学家那样的理论洞察力,也未必能准确阐述现代化口号下的政治动员和社会改造的目标。但无论如何,社会的领土

㊱ Jean Escarra, *Le Droit chinois*, op. cit., pp. 182 – 183.
㊲ Ibid., pp. 80 – 81.
㊳ Ibid., p. 80.

化、个体化、产业化、增长性、理性化和功能分化是任何现代化议程都会以不同程度和样态实现的结果。创造现代性无非意味着创造出适合这些假设的社会关系。无论是在20世纪初的中国,19世纪末的日本和俄国,还是18世纪的法国和17世纪的英国,这项计划都意味着消除旧有的社会关系,并以新的社会关系取而代之。为了实现现代性的计划,一个强大的国家必不可少。关于此点,贝克和他的社会学家语焉不详,正在实现法典编纂的国民政府则了然于胸。包括《民法典》在内的法律和法学也就成了诸多可以动员的手段之一。于是,在《民法典》编纂过程中,国民党中央为起草委员会提出了一系列立法指导原则。针对《中华民国民法典》的五编,国民党分别给了19条、15条、15条、10条、9条指导原则。就连民商一体的立法体例,也来自政治考虑——为了统一广袤的共和国,在人民之间创造更强的社会连带,国民党认为不应该再创造一个原来不存在于中国的独立商人阶级。[39]

所以,民国时期的法典编纂进程自始至终掌握在政府手中,体现的是国家的权力意志而非社会的自生自发秩序。它并不像历史法学所构想的那样,由法学家提炼民族精神的要求,并用来自于罗马法的形式技术将其整理成精确表达的法律规范。[40] 一旦法典编纂脱离了法学家的全面掌握,以潘德克吞式方法提取公因式形成总则、统率各编的理想就只是痴人说梦了,其结果也自然很难确保内容协调一致、结构严谨科学。[41] 虽然经过了长达三十多年的旧惯调查,但是民国法典编纂的经历仍然如世界主要法典编纂时所发生的一样,展现为不同政治立场相互竞争,最终实现现代成文法对传统习惯法全面替代的过程。亲法的"断行派"和亲德的"延期派"之间的纷争支配了《日本民法典》的编纂,[42]巴伐利亚和普鲁士之间、自由的工商

---

[39] Jean Escarra, *Le Droit chinois*, op. cit., p. 175.
[40] 关于历史法学的法典编纂方案,参见舒国滢:《法学的知识谱系》,第785—886页。
[41] 对法典体系化的思考,参见苏永钦:《体系为钢,总分相宜——从民法典理论看大陆新制定的〈民法总则〉》,载《中国法律评论》2017年第3期。
[42] 〔日〕荻野奈绪:《法国法对日本民法的影响》,朱明哲译,载许章润、翟志勇主编:《历史法学(第十卷)》,法律出版社2015年版,第373—389页。

业和保守的教会之间的争论把《德国民法典》变成了一个"浇铸不匀的、无法宣告新世纪到来的钟",[43]更不用说拿破仑对《法国民法典》那早已人尽皆知的重要影响了。

然而,爱斯嘉拉和他同时代人所不知道的是,一个秩序是否"自生自发"形成对于讨论这个秩序本身并无助益。法律秩序不可能仅仅因为"从真理中推导出的神秘力量推动下缓慢而确定地形成,似乎不需要经历斗争的痛苦,就连寻找的努力都不需要"。[44] 萨维尼犯下了双重的错误,因为不但法律无法在不经历斗争的痛苦下形成,就连语言也往往是斗争的产物。一切社会制度都是给定时空中的行动者交流、互动、合作、斗争、妥协的产物,并为进一步的交流、互动、合作、斗争、妥协创造了新的条件。在这种持续和普遍的互动的意义上,每个个体必须适应由外在于它的所有事物构成的生态系统方得生存;与此同时,每个个体又作为其他个体所面对的生态系统的一部分,要求其他个体适应它的存在。任何一个行动者当然可以根据其自身的需要、意志、利益去有意识地改变环境,但是改变的结果不一定如其所愿。所以,每一种秩序同时是自发形成的,又不是自发形成的。作为行动者之一,国家在改造环境、要求生活在其领土上的人适应这一新环境的能力,显然不是其他的行动者可以媲美的。

对此,没有谁比福柯说得更清楚。他用"生物权力"(bio-pouvoir)指向把人作为一个物种的基本生物特征变成政治策略之客体的一系列机制。[45]国家成了环境(milieu)的最主要改造者,并因此要求作为物种的人——人口——适应其政治策略。为此,18 世纪以来的现代国家创造出了新的领土,"规训作用于一个空洞的、人造的、完全建构出来的空间中"。[46] 这样的

---

[43] Franz Wieacker, *Privatrechtsgeschichte der Neuzeit: unter besonderer Berücksichtigung der deutschen Entwicklung*, Göttingen, Vandenhoeck & Ruprecht, 1996, S. 482.

[44] Rudolf von Jhering, *Le combat pour le droit*, traduit par Alexandre François Meydieu, Vienn, G. J. Manz, 1875, p. 4.

[45] Michel Foucault, *Sécurité, Territoire, Population - Cours au collège de France. 1977 - 1978*, Paris, Le Seuil, 2004, p. 3.

[46] Ibid., p. 23.

空间当然不可能现成存在于任何地方。每一片土地上都有在此生产和生活的人，以及他们在交往中形成的独特社会关系。现代国家的建设意味着创造出一种关于均质国土的想象，让每一片领土变得空洞，前提就是消灭或无视当地原有的多样性和个性。除了均质的领土以外，19世纪的法典化进程还创造出了空洞的时间、抽象的人、中立的行为。在这一系列建构之下，一切有机的社会连带最终消失于无形，每个人都必须仰赖于一个地上无人比它更有权势的国家——霍布斯意义上的利维坦，以期获得安宁和防卫。

（二）面对国家理性的传统

任何法律移植想要成功，必须同时移植法律制度赖以良好运行的社会关系。当民国政府模仿欧洲现代立法例编纂制定一系列法典时，它也必须同时移植19世纪欧洲法的一系列想象。在19世纪的法学想象中，平等而独立的个人孤独地面对荒芜的大地，时间流逝却不会带来变化，千里之外和咫尺之遥的风景一般无二，无限的自然预示着无限的增长。至于这样的现代化方案是否会变成新瓶装旧酒，非无疑问。爱斯嘉拉也意识到中国的法官喜欢羁押当事人的做法本身也植根于传统文化中认为诉讼破坏了自然秩序的观念。[47] 从我们的后见之明来看，中国社会的现代化当然还需要几十年的光景，而且也并未一五一十地展现出西方社会理论家所建构出的理想类型。[48] 无论如何，民国时的民法典编纂和其他政治运动一样，不失为现代国家的啼声初试。一个就要摧毁各种社会中间组织，把个体公民从他无法选择的等级秩序、身份关系中解放出来的国家正在出现。一个同时作为守夜人、解放者、保护者的现代国家正在走上历史的舞台。

爱斯嘉拉有时也表达出了对这种现代化背后之动力的不解：

有些人告诉我，国家接受一种罗马式的法律概念是列强废除他们

---

[47] Jean Escarra, *Le Droit chinois*, op. cit., p. 453.
[48] 从法律视角展开的长时段探讨，参见王人博：《1840年以来的中国》，九州出版社2020年版。

赖以牟利之治外法权的必要条件。可在我看来，治外法权只是一个无关紧要的问题，为了解决它而彻底改变中国的法概念非常危险。"条约列强"总能以最符合其自身利益的方式行事。对于在司法领域肩负重塑中国之重担的人物而言，他们必须了解彻底抛弃儒家思想是否真的可能、真的值得，以及欧洲的法律概念在新的制度所处的位置。㊾

一方面，中国的法律精英用治外法权之撤废为法律的全盘西化背书；另一方面，爱斯嘉拉担心鼎革儒家传统可能让新的法律无法实行。其实，虽然开启现代化进程的因素可能来自外部，然而一旦齿轮开始运转，生物权力的效应必将随着时间的流逝创造出适应新社会的新人。

或许正是在爱斯嘉拉这名中国传统的现代仰慕者笔下，现代国家的理性得到了最为清晰的展示。他虽然认为习惯和传统文化对于法律的实践至关重要，却时时寄望一个强大的国家纠正那些他眼中的错误。比如他认为中国法学院的分布极不平衡，一些大城市中有多个相互竞争的学校，另一些地区则一所学校也没有。这种安排不利于为政府提供智力支持，所以国民政府应该采取措施重新安排公立法学院的地理分布。㊿ 至于私立法学院，政府则要颁订严格的评估审查措施，并且采取严厉的措施关闭那些不合格的学校。[51] 爱斯嘉拉还提议国民政府效仿法国建立统一的教授资格考试体制，换言之由政府完全主宰对学术资格的考核。[52] 而且还必须禁止同一个教授在多个高校教课的做法。[53] 在课程安排上，爱斯嘉拉主张只讲授那些已经形成严格体系的部门法知识，开设宪法、国际公法、政治经济学和社会科学的课程时要尤为小心，因为学生把时间浪费在这些课程上却学不到什么关于法律的知识。[54] 相反，历史类的课程却非常必要。在他看来，中国法学院大量使用外国教科书、讲授外国法只会让学生对本国法律与社会

㊾ Jean Escarra, *Le Droit chinois*, op. cit., p. 84.
㊿ Ibid., p. 458.
[51] Ibid., p. 459.
[52] Ibid.
[53] Ibid., p. 460.
[54] Ibid.

的发展一无所知。所以,他认为必须加强法制史和关于中国古代文明的教学,让学生了解到古代法律与法学的发展历程。[55]而且国家只应该派那些深入了解中国古今法律和法文化的学生、学者出国进修。[56]

易言之,国家必须有能力垄断法学教育,乃至法学本身。爱斯嘉拉认为中国传统法律中重视情理之平的实质因素仍远远多于技术性的建构:"在中国的法律体系中,不同形式的现实在数量上远远超过法学家的建构。如果说从世界法学的发展来看,由人的意志所创造的建构概念日渐增加以至于与现实的因素等量齐观,这一现象在中国仍非常有限。"[57]然而在他的法学教育规划中,很难说明为何法学院不能通过统一的教学安排传授技术建构占据支配地位的西方法学。特别考虑到国民政府当时的需要,似乎更合理的推测是法学教育的集中和同一只会让法学更具有抽象的色彩,成为改造而非适应社会生活的力量。

受爱斯嘉拉大力推崇的民事习惯调查则更能揭示现代国家对知识的渴望。爱斯嘉拉认为民法典编纂必须以习惯法汇编为基础:"民法使得收集习惯的必要性显现出来。按西方模式编撰民法和将习惯视为排在法律之后的法的辅助性渊源,两者同时发生。因为民法本身被视为教育工具,所以习惯的汇编作为此种法学教育的实践成果而出现。"[58]然而在实践中,东亚的民事习惯调查恰恰和西欧的习惯法整理编纂一样,取消而不是增益了习惯的力量。根据巩涛的考证,中国和日本关于法律和习惯之间关系的表达最早由穗积陈重从德国引入,特别得益于他1878年的第一部著作《习惯和法律》。这部作品以历史法学为依托,把潘德克吞学派关于欧洲法律进化的一套观念以非常抽象和晦涩的方式引入日本,并按照日本帝国的政治需要量体裁衣,指明了日本自古代就处于统治地位的神权朝代之正统性,并由此构建出了现代日本作为一个民族国家与其传统的延续性。他接

---

[55] Jean Escarra, *Le Droit chinois*, op. cit., p. 462.
[56] Ibid., p. 463.
[57] Ibid., p. 70.
[58] Jérôme Bourgon, Le droit coutumier comme phénomène d'acculturation bureaucratique au Japon et en Chine, *Extrême-Orient*, *Extrême-Occident*, 2001, vol. 23, n° 23, pp. 125 – 143.

受了历史法学派关于法律是人民历史之产物的说法,把法表达为存活于法学家必须加以理解和表达的"信念"和"人民的精神"中的产物。因而,法律在本质上是习惯性的,习惯同时构成了它的来源和它的活力源泉。[59] 随后,在黄遵宪和梁启超等旅日学者的传播下,日本式对"习惯法"的理解开始在中国的知识精英中传播。[60] 20 世纪初,在刑部受过训练并或多或少有过留日经验的年轻官员接过起草新法律的重担后,他们在日本法学教授的建议和指导下开始了工作,一边起草法典,一边开展习惯收集的工作。

巩涛进而提出了一个问题:为何仓促进入现代化进程的国家投入如此多的时间和资源去做必将无法成为现代法治一部分的习惯调查?他从官僚机构的建立和知识共同体的形成两方面作答。从前一个角度说,在满足西方导师之预期的表面之下,习惯调查其实以国家现代化工程的方式展开,把人口普查、登记、土地的测定及估价、关于民众生活质量和卫生状况的统计等曾经处于前现代国家行政官理范畴之外的知识纳入视野,于是一个新兴国家的统治轮廓也就逐渐呈现。"习惯法是行政知识之欲的旗帜,标志了探索现代国家形式的第一次的冲动。"[61]而从第二个角度说,在西方受教育的新式精英和接受传统律学训练的旧式精英通过习惯调查实现和解。在新式精英主导的历史法学派方案下,习惯成了建设民族国家的基础,也成了法律应当表达的实质内容,根据新观念的蓝图组织旧的要素也就成了现代国家法学知识的构成方式。[62]

五、结论

自 18 世纪以来,习惯一直是关于法典的讨论中一个重要议题。可以

---

[59] Jérôme Bourgon, Le droit coutumier comme phénomène d'acculturation bureaucratique au Japon et en Chine, *Extrême-Orient, Extrême-Occident*, 2001, vol. 23, nº 23, pp. 125 – 143.

[60] Jérôme Bourgon, La coutume et le droit en Chine à la fin de l'Empire, *Annales*, 1999, vol. 54, nº 5, pp. 1073 – 1107.

[61] Jérôme Bourgon, Le droit coutumier comme phénomène d'acculturation bureaucratique au Japon et en Chine, op. cit.

[62] Ibid.

说法典编纂的工作恰恰始于对习惯法的整理。罗马法的形式理性和构造技术为当代法典提供了工具和外观，而习惯法则为第一批法典提供了质料。正如我们在关于宝道的篇章中也可以看到的那样，这种法典编纂的步骤和模式也成了一种普遍的范式，由那些肩负各国法制现代化使命的欧洲学者带到世界各地。所以，我们应该不难理解，为何爱斯嘉拉对中国的法律传统赞誉有加。然而，爱斯嘉拉对中国传统法的理解是否精准暂且不论，他对习惯与法典编纂之间关系的理解过于简单和浪漫了。在世界的各个角落，法典的出生证明也是习惯的死亡证明。写入庄严法典的习惯法规则从此丧失了与一个具体地域、一群特定人口的联系，也丧失了在活色生香的社会实践中不断发展的动力。它同时失去了赖以存在的空间、时间和人群，从山中的野百合变成了殿堂里的标本。在习惯的废墟之上，崛起了无所不能、无所不知的现代国家。现代化在把个人从传统和等级秩序中解放的同时，也切断了通过更小的共同体提供安宁、和平、生存照顾所必不可少的社会连带。一套新的生物权力技术就此改造了人这一物种所生存的生态环境。物竞天择，适者生存。那些不能适应现代国家治理的人最终与习惯一样，只能在博物馆的展柜中找到一席之地。

　　习惯已死。习惯万岁。

清代官员连坐制度研究

白　阳[*]

内容摘要：清代官员连坐制度呈现出逐渐减轻、上下级连坐、结果归责等特点，这导致了"共谋行为"的产生，使制度运行陷入困境。通过对相关制度历史演变过程的分析可知，清代官员连坐制度之所以形成上述特点，既与历史渊源紧密相关，又基于清代特定的制度背景。而清廷为了克服官员连坐制度运行中的缺陷，不断采取颁布《吏部处分则例》、适用议抵、调整连坐适用范围等多种措施，调整官员连坐的处罚力度保证该制度的顺利运行。

关键词：官员连坐　结果归责　共谋行为

引言

连坐制度由来已久，自秦汉时期就多有记载，并一直存续至清朝灭亡，对中国社会产生了深远的影响。其大致可以分为如下三类：基于地域的保甲（什伍）连坐，基于血缘的家族（亲属）连坐，以及官员连坐。

对于中国传统社会中的连坐制度，已有不少学者展开了研究。如有的学者在宏观上梳理了中国古代的连坐制度，并侧重论述了亲属连坐与官员

---

[*] 白阳，上海政法学院法律学院讲师。

的职务连坐;[1]有的学者则立足于某一朝代,对该朝代的连坐制度予以分析;[2]而更多的学者针对某一朝代中的亲属连坐或官员职务连坐的问题进行了阐述。[3]其中较有代表性的研究为《信息、激励与连带责任——对中国古代连坐、保甲制度的法和经济学解释》一文。该文指出,以保甲和连坐为内容的连带责任之所以在中国古代长期存在,是因为其是小政府在有限的信息约束下控制大国的有效手段,起到了激励作用。具体而言,基于乡土社会信息的高度内部共享特性,保甲制度可以节约信息的收集成本和监督成本。而基于扩大处罚范围、加强威慑作用的目的,我国古代统治者采取了家族连带。当个体信息获取困难时,行为后果具有团体生产特征,可实施集体性激励(惩罚),故采取官员的职务连带。[4]

诚然,已有研究对中国古代连坐制度的基本规范及存续原因进行了初步探究,并取得了一定成果。对于家族连坐与保甲连坐问题,学界的观点趋于一致,即基于血缘或地域的原因,此种连坐制度便于获得信息,在民间

---

[1] 参见方式:《试论中国古代的连坐制度及其影响》,载《市场周刊(管理探索)》2005 年 6 月刊;窦竹君:《连坐:中国传统社会治理的制度基础——关于连坐与社会治理的思考》,载《河北法学》2010 年第 6 期;张建国:《夷三族解析》,载《法学研究》1998 年第 6 期;陈玺、姜舟:《中国古代缘坐制度考辨》,载《贵州工业大学学报(社会科学版)》2004 年第 3 期;景风华:《家族与从属:魏晋南北朝时期缘坐范围的重构》,载《南京大学法律评论》2015 年秋季卷;卢华斌:《职务连坐制度及其普世价值》,载《学理论》2012 年第 24 期;曾纪雄、杜立聪:《我国古代的保举连坐制度初探》,载《内江师范学院学报》2003 年第 5 期。

[2] 参见孙英民:《从云梦秦简看秦律"连坐"法》,载《中原文物》1986 年第 2 期;陈乃华:《关于秦汉刑事连坐的若干问题》,载《山东师大学报(社会科学版)》1987 年第 6 期;吴益中:《秦什伍连坐制度初探》,载《北京师院学报(社会科学版)》1988 年第 2 期;张德美:《清代保甲制度的困境》,载《政法论坛》2010 年第 6 期;戴羽:《〈天盛律令〉中的连坐制度探析》,载《学术探索》2013 年第 11 期;吕丽:《连坐、收及家长制家庭的遗迹——〈二年律令·收律〉研究》,载《枣庄学院学报》2014 年第 4 期。

[3] 张仁玺:《秦汉家族成员连坐考略》,载《思想战线》2003 年第 6 期;彭炳金:《论唐代官吏职务连坐制度》,载《人文杂志》2004 年第 5 期;胡高飞:《实践与制度的契合与背离——以唐代亲属连坐适用范围为例》,载《贵州社会科学》2008 年第 10 期;裴永亮:《〈云梦睡虎地秦简〉见秦地方官职务连坐》,载《青海师范大学学报(哲学社会科学版)》2016 年第 1 期;靳腾飞:《秦汉时期基层官吏职务连坐新探——基于秦汉简牍的考察》,载《湖北社会科学》2016 年第 6 期;邱滨泽:《唐律监临官吏连坐制度今析》,载《研究生法学》2017 年第 1 期。

[4] 张维迎、邓峰:《信息、激励与连带责任——对中国古代连坐、保甲制度的法和经济学解释》,载《中国社会科学》2003 年第 3 期。

社会形成相互的监督体系,使犯罪行为在预备阶段就得以终止,或使当事人因害怕牵连的不利后果而放弃作出不当行为的意图,从而在政府投入最小化的情形下,实现防患于未然的效果。

然而,对于官员之间的连坐制度,相关解释似不充分。官员之间,特别是上下级官员间既无血缘的牵绊,又无处于同一地域而获得信息的便利,那为何要设置此种连坐制度?如果将官员群体视为一个团队,以"基于行为的连带责任"予以解释,[5]官员连坐的设置旨在督促各级官员切实履行职责,并减少获取信息的成本,但由于上下级官员间缺乏实现有效监督的手段,其集体性激励(惩罚)的方式往往难以起到督促的效果,反而容易导致官员上下勾结、官官相护,形成裙带关系,构成"共谋"利益。

那么,此种制度设计的初衷究竟是什么?如果在运行中存在诸多不利后果,为何其仍能在中国传统社会长期存续?基于此,本文拟以清代的官员连坐为切入点,并结合官员连坐制度在历史上的变迁,对该制度予以进一步的探究。

一、官员连坐的概念界定

对于官员连坐的概念,目前学界尚无统一的标准,因而在文章中所指代的范围各有不同。有的学者根据所连坐的对象不同,将官员连坐分为上级官员坐部属、部属坐主管官吏、基层官吏坐所辖人民、平级或非领属官员间的连坐几类。[6]有的学者根据条文规范的不同,指出官员职务连坐包括同职公罪连坐、举官连坐与赃罪连坐。[7]还有的学者则将官员连坐总结为同职连坐、保举连坐、疏忽和包庇连坐、军人什伍连坐,而此处的同职连坐既包括同一官府内,有一人犯公罪,其余官僚受到牵连的情形,也包括因其经手

---

[5] 张维迎、邓峰:《信息、激励与连带责任——对中国古代连坐、保甲制度的法和经济学解释》。
[6] 陈乃华:《关于秦汉刑事连坐的若干问题》。
[7] 彭炳金:《论唐代官吏职务连坐制度》。

共同业务而引发的上下级官员的共同连带责任。⑧而针对上述不同的分类，有学者指出使用"职务连坐"一词不恰当，应借鉴行政法的相关概念，将其称为行政连带责任，并与保举连坐相区分。⑨

笔者认为，既然官员连坐属于连坐制度的一种，则其首先应具备某种共性，即官员因监督不力而受到牵连，承担责任。因此，对于因个人未积极履行非监督职责而承担责任的情形，如举荐不当的保举责任、察觉到犯罪"见知不举"的行为、未妥善管理所辖百姓而应自负责任等，不应认定为官员连坐的范围。同时，军人什伍连坐也因其基于共同的地域而应归于保甲（什伍）连坐，而不能因其涉及军队的职务而纳入官员连坐。

综上，本文所讨论的官员连坐是指，官员因监督不力而在其他官员受到处罚时受到牵连的制度。其主要包括两类：同职内部连坐，即同一衙门内部不同官员间的连坐，以及上下级机关间的官员连坐。

二、清代官员连坐制度的特点与困境

官员连坐制度尽管不断地发展完善，至清代已形成相当全面且系统化的规范。本文即以清代官员连坐的相关法律规范为例，分析官员连坐制度的基本特点及其实践中的困境。

《大清律例》"同僚犯公罪"条从原则上规定了官员连坐的基本内容：

> 凡同僚犯公罪者，[谓同僚官吏连署文案，判断公事差错，而无私曲者。]并以吏典为首，首领官减吏典一等，佐贰官减首领官一等，长官减佐贰官一等。[官内如有缺员，亦依四等递减科罪。本衙门所设官吏无四等者，止准见设员数递减。]若同僚官一人有私，自依故出入人罪[私罪]论，其余不知情者，止依失出入人罪[公罪]论。[谓如同僚连署文案，官吏五人，若一人有私，自依故出入人罪论。其余四人虽连署

---

⑧ 卢华斌：《职务连坐制度及其普世价值》。
⑨ 靳腾飞：《秦汉时期基层官吏职务连坐新探——基于秦汉简牍的考察》。

文案,不知有私者,止依失出入人罪论,仍依四等递减科罪。]

若[下司]申上司,[事由差误,上司]不觉失错准行者,各减下司官吏罪二等。[谓如县申州,州申府,府申布政司之类。]若上司行下,[事有差误,]而所属依错施行者,各递减上司官吏罪三等。[谓如布政司行府,府行州,州行县之类。]亦各以吏典为首。[首领、佐贰、长官,依上减之。]

该律文清晰地表明,清代官员的连坐主要包括了衙门内部的同职连坐与上下级衙门间的官员连坐,而其基本处罚模式为,以第一经办人为首,逐级减轻处罚。

当然,清代有关惩处官员的规范主要体现在以《吏部处分则例》为代表的单行法规之中。而则例中的相关内容则更为充分地显示了清代全方位、体系化的官员连坐制度。以乾隆朝《吏部处分则例》为例,其中明确涉及官员连坐的条文就超过 70 条。⑩

通过对律例、则例条文的整理和分析,笔者认为清代的官员连坐制度存在以下两个特征。

其一,清代官员因连坐而受到的处分逐级减轻,且以上下级连坐为主。正如前文中清律所规定的那样,不论是同僚官吏间还是上下级官员间的连坐,都呈现出逐渐减等处罚的特征。同样,《吏部处分则例》中的规范也表现为由基层官员承担主要责任,地方各级官员自下而上逐渐减轻处罚的模式。如对于需要秋审的重犯,官员未及时解送,导致耽误秋审的,"府州县

---

⑩ 具有代表性的条文主要包括:查取捐纳等官文册、赴选人员声明祖籍寄籍、贡监考职稽查顶冒代倩、上司不揭参劣员分别议处、误揭属员、官员交代、归旗违限地方官容留、容留提镇等官任所入籍置产、都察院行查外省案件、移驻规避、官员回籍侍养、外官告病委验取结声明居官、开垦荒地、隐匿入官田产、投充人作民、被灾蠲免、捕蝗不力、地丁钱粮初参、谎称民欠、兵饷协饷定限、采买米豆草束、乾没侵欺、承追不及千两赃罚银两、官卷不许冒顶、绅衿抗粮另册详报、领票买马、补充兵丁、贩卖军器、通缉叛犯、失报投诚官脱逃、失察汉奸棍徒滋事、苗疆兵役生事、捏报土司并无子嗣幼小、捕役诬良、捕役豢窃、苦累事主、讳盗、失察逃人、讳б、容留发遣人犯、人犯辱官诈财、缉拿重犯、承审案件分别展限、军流徒犯捏报留养、遇赦不拟、盗案照例改口供、印官徇情批发词讼、佐杂擅受民词印官滥批词讼致毙人命、擅用非刑、秋重犯解送迟延、未定罪名人犯越狱、遇赦滥禁、禁止邪教、混行修例船只等。参见《钦定吏部处分则例》,乾隆朝,蝠池书院出版有限公司 2004 年版。

官降一级调用,司道罚俸一年,督抚罚俸六个月"。⑪又如,若官员未查出通缉反叛首犯藏匿在其所管辖地区,在其向上级申报并无藏匿情形后被发觉首犯藏匿的,"将州县官革职,知府降四级调用,司道降二级调用,督抚降一级留任"。⑫再如,官员在审理不同案件时,若未能审出实情,则从州县、知府到总督、巡抚也都要承担连带责任,具体条文如下:

> 官员承审反叛人犯,未经审出实情,后经别官审出者,将未经审出各官革职,转详之司道降四级调用,未经查出之督抚降一级调用;如将应取紧要口供不行取供者,承问官降二级调用,转详之司道降一级调用,督抚罚俸一年。如将斩绞人犯未经审出实情,后经别官审出者,将未经审出各官降一级调用,转详之司道罚俸一年,未经察出之督抚罚俸六个月;如将应取紧要口供不行取供者,承问官罚俸一年,司道罚俸六个月,督抚罚俸三个月。如将军流等犯未经审出实情,后经别官审出者,将未经审出各官罚俸一年,司道罚俸六个月,督抚罚俸三个月;如将应取紧要口供不行取供者,承问官罚俸六个月,司道罚俸三个月。⑬

类似的条文还有很多,均是由基层官员承担主要责任,上级官员受其连坐而受到相应处分,而处分的强度则随着官员级别的提高而逐渐减轻。

同时,尽管清律"同僚犯公罪"中体现了同一官府内部吏典、首领官、佐贰官、长官的四级连坐关系,但《吏部处分则例》中并未有所体现,目前可见的规范基本都是以上下级官员为主,如州县官——知府——司道——督抚,或者承办官——转详或转报上司——督抚。由于清代对于官员的行政性处分主要是依照《吏部处分则例》来实行的,因此律文中的同职内部连坐也就成为了具文。

其二,清代官员连坐制度呈现为一旦出现律例条文中规定的不利后果,则上下级官员连带追责的态势,笔者称其为"结果归责"。在对清代错

---

⑪ 《钦定吏部处分则例》,乾隆朝,卷四十三,用刑·秋审重犯解送迟延,第503页。
⑫ 《钦定吏部处分则例》,乾隆朝,卷三十五,叛案·通缉叛犯,第367页。
⑬ 《钦定吏部处分则例》,乾隆朝,卷四十二,审断·不审出实情口供,第479页。

案追责的研究中，笔者曾经分析过这一现象，即只要官员承审或核转的案件最终被认定存在错误而其之前未被发现或改正，那么从州县官员到督抚的各级官员就需要承担连带责任。而有关故意或过失的主观因素，仅是错案追责开始之后处分程度的考量因素，并不影响各级官员受到连坐的后果。[14]而有关官员连坐的其他条文也体现出了相同的"结果归责"特征。例如，只要州县官没有察觉所辖地方有人不持票证私贩马匹，其就被罚俸一年，其上级官员，包括知府、同知和道员则予以连坐，罚俸六个月，而督抚也需连坐，被罚俸三个月。[15]又如，若少数民族聚居地区有汉奸流棍混入滋事，而州县官员未及时发现，"将失察之地方印捕各官降三级调用，兼辖知府、直隶州知州等官降一级留任，道员、按察使罚俸一年，统辖之督抚罚俸六个月"。[16]再如，州县官对其所辖地区的强盗案件隐瞒不报或将强盗案件故意报告为窃盗案件的，其上级只要没有发现其隐瞒的行为，就要受到连坐，若府道官员遇州县官员同城，则其降二级调用；若府道官员不与州县官员同城，但在百里以内的，降一级调用；即便远在百里之外的府道官员也要连坐，受到降一级留任的处分；至于督抚长官，则罚俸一年。[17]

这种"结果归责"的官员连坐制度无疑使官员承受着巨大的压力，而上级官员为了免受连坐的威胁，必然会产生庇护下属、规避责任的情形。换言之，这种制度设计会使得地方各级官员结成了紧密的利益共同体，共同实施应对策略，对抗官员连坐制度，从而激化了"共谋行为"的产生。这也恰恰是清代官员连坐制度的最大困境。

所谓"共谋行为"是指："基层政府与它的直接上级政府相互配合，采取各种策略应对来自更上级政府的政策法令和检查监督。"[18]就本文而言，其则是特指在面对官员连坐时的地方各级官员结成利益共同体，通过各种方

---

[14] 参见白阳：《清代错案追责制度运行中的困境及原因探析》，载《浙江社会科学》2019年第7期。
[15] 《钦定吏部处分则例》，乾隆朝，卷三十三，马政·领票买马，第358页。
[16] 《钦定吏部处分则例》，乾隆朝，卷三十七，边裔·失察汉奸流棍滋事，第384页。
[17] 《钦定吏部处分则例》，乾隆朝，卷三十八，盗贼上·讳盗，第406页。
[18] 周雪光：《基层政府间的"共谋现象"——一个政府行为的制度逻辑》，载《社会学研究》2008年第6期。

式来规避风险、逃避连坐的现象。

周雪光在分析"共谋行为"时指出:"由于某些激励机制的设计与实际组织运行逻辑不符,导致了相互间不兼容甚至冲突;而这些矛盾冲突造就了与中央政策相悖的利益共同体,为基层政府间共谋行为提供了利益基础。"[19]与此同时,正是基于激励机制与实际运行中的偏差,官员往往面临无法完成的目标和巨大的惩罚压力,这促使其只能通过共谋行为来予以应对。而当激励(惩罚)强度加大,则意味着问题暴露后官员将面临更加严厉的处罚,这无疑会进一步增强了其通过共谋行为来规避风险的冲动。换言之,"在激励与组织目标不一致的情况下,正式激励机制力度越大,目标替代的现象越严重,共谋行为的驱动力便越强"。[20]

从前文所列举的条文中可知,上级官员往往由于对基层地方出现的各种恶性事件或不利后果失于查察,因而需要受到连坐,承担相应的处分。然而,上下级官员间缺乏保甲(什伍)连坐所基于的地域优势,因而不能够时刻监督下级官员的一举一动,也就不能起到及时收集信息、避免事故发生的效果;同时,上下级官员间也无血缘纽带,下级官员自然不会如家族(亲属)连坐中因顾虑他人被连坐的后果而放弃不法行为。这样一来,官员连坐似乎缺乏发挥效用的基础,而上级官员却时刻处于受到连坐的恐惧之中,即便其花费所有精力去督促和监察下属各级官员,也似乎不能确保下级官员的行为不出差错或基层地方不出事故。面对以"结果归责"为特征的官员连坐制度,上级官员似乎处于活火山山口,稍有不慎便会引火烧身。

再以官员的错案追责条文为例,其是典型以"结果归责"为特征的官员连坐制度,即只要拟罪结果与最终判决结果出现偏差,未能实现情罪相符的最优结果,就形成错案,追责制度便随之启动。进而,之前审理过此案而未予以改正的地方各级官员便予以连坐,承担相应的处分。然而,错案的产生可能与案件本身的复杂性、外界环境的影响、制度本身的局限性等一

---

[19] 周雪光:《基层政府间的"共谋现象"——一个政府行为的制度逻辑》。
[20] 同上。

系列因素有关,故而彻底消灭错案的目标在现实状态下是无法实现的。由于清廷的这种制度设计与既定目标之间发生了偏离与不协,故而不论官员连带制度如何完善与强化,不管官员多么努力与勤勉,都无法免于受到连坐的威胁,因此,相关激励机制越强化,即相关规定越严苛、力度越强,其产生的反作用也就越大,官员选择规避的可能性也就越高。面对无法完成的目标与日趋严厉的处罚,官员不得不结成利益共同体,对连坐制度予以抵制、规避。[21]

三、官员连坐制度之历史演变

既然上述官员连坐制度存在诸多弊端,无法发挥获取信息、防患未然之作用,反而易导致官员共谋,形成利益共同体予以对抗,那么何以该制度长期存在呢？显然,统治者设置官员连坐时有其初衷,而该制度在一定时期、一定条件下也发挥了相应的作用,但随着历史变迁,相应的社会环境发生变化,使该制度逐渐丧失了合理性基础,进而导致弊病丛生。因此,需要梳理官员连坐制度在历史上的变化,从中探究该制度在清代产生困境的原因。

(一)秦汉时期的官员连坐

根据已有材料可知,秦汉时期的法律中已规定了官员连坐的内容。如《秦律十八种》中规定,官员不加讯问而将百姓长期加以拘禁,则"大啬夫、丞及官啬夫有罪",需承担连带责任。[22]又如对于违反法令,导致谷物遗失、损害、失火的,"官吏有重罪,大啬夫、丞任之",即主管官吏需承担主要责任,而大啬夫和丞也要被追责。[23]那么,这种官员连带责任是如何承担的呢？

---

[21] 笔者曾以清代错案追责制度为例,分析了因"结果归责"而引发的共谋现象及其危害。参见白阳：《清代错案追责制度运行中的困境及原因探析》。
[22] 参见睡虎地秦墓竹简整理小组：《睡虎地秦墓竹简》,文物出版社1990年版,第51页。
[23] 参见同上书,第64页。

《效律》中的条文体现了官员连坐的基本原则:

> 计用律不审而赢、不备,以效赢、不备之律赀之,而勿令赏(偿)。
>
> 官啬夫赀二甲,令、丞赀一甲;官啬夫赀一甲,令、丞赀一盾。其吏主者坐以赀,谇如官啬夫。其它冗吏、令史掾计者,及都仓、库、田、亭啬夫坐其离官属于乡者,如令、丞。㉔

尽管该律文是针对在上计程序中,会计出现错误时官员所承担责任的规定,但其清晰地表明,秦朝时官员连坐已经呈现逐级减等处罚的特点,即当官啬夫赀二甲时,令和丞减等赀一甲;当官啬夫赀一甲时,令和丞仅赀一盾。这种逐级减等的官员连坐方式在已有研究中有所涉及,㉕在《秦律杂抄》中也可以得到印证,具体简文详见表1。㉖

表1 《秦律杂抄》中有关官员连坐的主要条文

犯法者	连坐者	简文
县司马	令、丞	驀马五尺八寸以上,不胜任,奔挚(蛰)不如令,县司马赀二甲,令、丞各一甲。
啬夫	令、丞	臧(藏)皮革囊(蠹)突,赀啬夫一甲,令、丞一盾。
工师	丞、曹长	省殿,赀工师一甲,丞及曹长一盾,徒络组廿给。省三岁比殿,赀工师二甲,丞、曹长一甲,徒络组五十给。
啬夫	县啬夫、丞、吏、曹长	县工新献,殿,赀啬夫一甲,县啬夫、丞、吏、曹长各一盾。
啬夫	令、丞	漆园殿,赀啬夫一甲,令、丞及佐各一盾,徒络组各廿给。漆园三岁比殿,赀啬夫二甲而法(废),令、丞各一甲。
啬夫	佐	采山重殿,赀啬夫一甲,佐一盾。
厩啬夫	令、丞、佐、史	马劳课殿,赀厩啬夫一甲,令、丞、佐、史各一盾。

汉承秦制,有关官员连坐的制度大抵不会发生重大变化。虽然相关记载不多,但从《张家山汉墓竹简》的零星条文中也可略见一斑。如《捕律》中规定:"盗贼发,士吏、求盗部者,及令、丞、尉弗觉智(知),士吏、求盗皆以卒

㉔ 睡虎地秦墓竹简整理小组:《睡虎地秦墓竹简》,第75页。
㉕ 参见陈乃华:《关于秦汉刑事连坐的若干问题》;吴方基:《秦代地方日常行政的权责关系——以县令丞行政权责为中心的考察》,载《求索》2017年第4期。
㉖ 参见睡虎地秦墓竹简整理小组:《睡虎地秦墓竹简》,第81—86页。

戍边二岁,令、丞、尉罚金各四两。""……发及斗杀人而不得,官啬夫、士吏、吏部主者,罚金各二两,尉、尉史各一两。"㉗

从上述条文可知,秦汉时期已经形成了官员连坐制度,且其处罚模式已有明显的逐渐减轻处罚之特征。然而,此时官员连坐的主要形式为同职内部连坐,即相关啬夫犯错,同一衙门内的县令、县丞、曹长等上级主管官员被连坐。由于其处于同一衙门内,共同负责完成相关工作,亦即其因职务原因居于同一区域内,能够及时发现问题、获取信息,因此此时的官员连坐制度与什伍连坐设置的初衷一致,均是为了克服小政府在信息缺乏的情况下统治大国家的这一困难。

具体而言,相较于上级衙门或民间百姓,处于同一衙门内的官吏能够较容易地获取该衙门内的信息,具有信息优势;而让该衙门内的主管官员对其下属的行为承担连带责任,其就获得了监督下属的激励和权力。通过株连的方式,统治者使同一衙门的官员间相互监督,促使主管官员为避免自身受到牵连而积极、主动地去关心、收集下属官员的行为信息,及时纠正错误,从而大大节约了获得信息的成本,起到了防患于未然的效果。与此同时,将官员连坐的重点放在同职内部,其目的是确定一定的范围,以防止其激励作用失灵。换言之,若被连坐的官员范围过大,而上级官员因地域较远不能有效地获得相应的信息,则非但不能起到监督的作用,反而容易导致官员为了逃避连坐而欺上瞒下,亦即发生前文所提及的共谋现象。上述特征恰恰与基于地域便利、以最小成本获取信息而设置的什伍连坐有异曲同工之妙。

此外,从条文的表述也能看出官员连坐与什伍(保甲)连坐间的相似性。《法律杂抄》中记载了如下条文:"百姓不当老,至老时不用请,敢为酢(诈)伪者,赀二甲;典、老弗告,赀各一甲;伍人,户一盾,皆迁之。""军新论攻城,城陷,尚有栖未到战所,告曰战围以折亡,叚(假)者,耐;敦(屯)长、什

㉗ 张家山二四七号汉墓竹简整理小组:《张家山汉墓竹简(二四七号墓)》,文物出版社2001年版,第153页。

伍智(知)弗告,赀一甲;稟伍二甲。"㉓从这些什伍(保甲)连坐的条文中可以看出,其也同样以减等处罚的方式施行连坐,只是其限于什伍的范围内,使生活在一定区域内的百姓和军士相互监督;而当时官员连坐则主要限于同职衙门内部,使处于同一衙门里的官员实现监督。

(二)唐朝时期的官员连坐

《唐律疏议》名例律中"同职犯公坐"条展现了唐代有关官员连坐的基本规范。

> 诸同职犯公坐者,长官为一等,通判官为一等,判官为一等,主典为一等,各以所由为首;(若通判官以上异判有失者,止坐异判以上之官)。其阙无所承之官,亦依次四等官为法。即无四等官者,止准见官为罪。若同职有私,连坐之官不知情者,以失论。即余官及上官案省不觉者,各递减一等;下官不觉者,又递减一等。亦各以所由为首。(减,谓首减首,从减从。)检、勾之官,同下从之罪。应奏之事有失,勘读及省审之官不驳正者,减下从一等。若辞状隐伏,无以验知者,勿论。㉔

从唐律的条文中可以看出,当时的官员连坐包含了同一衙门内的同职连坐和上下级连坐。具体而言,对同一衙门中连署官员的连坐,其以主典、判官、通判官、长官四等为标准,以犯错者为起点进行减等处罚,如主典有错,判官未发觉,则在主典应承担的处罚基础上减一等处罚,通判官减二等,长官减三等。如判官有错,则未察觉的通判官减一等处罚,长官减二等,主典减三等,以此类推。而各级机关之间也会因未察觉错误而导致官员被连坐,即上下级机关间的官员连坐。如果上级未发觉下级的错误,减一等处罚;下级未发觉上级的错误,减二等处罚。由于各级政府内部都有不同级别的官员,因此其仍按照同职连坐中主典、判官、通判官、长官四等

㉓ 睡虎地秦墓竹简整理小组:《睡虎地秦墓竹简》,第87—88页。
㉔ 刘俊文:《唐律疏议笺解》,中华书局1996年版,第396—399页。

标准来减等处罚。例如,县向州报送的文件里有错误而州未察觉,若该工作均是由主典首先负责的,则州的主典在县主典所受处罚的基础上减一等处罚,州的判官减二等,州的通判官减三等,州的长官减四等。这就是所谓"首减首,从减从"。

唐代延续了秦汉时期同职连坐的做法,只是由于隋唐时期官吏分途,使得官员连坐制度仅针对有品级的官员,而排除了胥吏。同时,唐代开始广泛地运用上下级机关间的官员连坐,以期实现官员的互相监督。这里需注意的是,此时不同衙门间的官员虽存在地域的差异,从而导致无法直接监控上下级官员行为的困难,但律文最后的"但书"部分仍展现了统治者考虑到信息获得的可能性,以避免因信息不可得而使上下级官员连坐出现弊端。律文最后提到:"若辞状隐伏,无以验知者,勿论。"疏文中解释为:"辞状隐伏者,谓脱错文字,增减事情,辞状隐微,案覆难觉者。自余官以下,案省不觉,并得免罪,故云'勿论'。"这也就说明,如果某级政府机关出现错误,而该错误难以被该衙门以外的上下级机关所察觉,则"上司、下司或比司虽承误不觉,亦不连坐"。[30]由此可见,尽管唐代将官员连坐广泛运用于上下级机关的官员之间,但仍遵循了连坐制度的基本精神,即考虑被连坐对象能够监督的范围,通过在可监控范围内设置连坐来督促相关人员积极实现监督职责,及时提供信息、纠正错误。因此,其处罚的是能够掌握相关信息却过失不察或已经掌握相关信息却知情不举的情形,从而避免在客观条件下无法实现监督而导致上下级官员承担不合理或过重的处罚。

(三)明清时期的官员连坐

明清时期,官员连坐制度得以延续,律条继承了唐律中的主要内容,仍包括同职内部连坐和上下级机关的官员连坐。然而,随着社会背景及相关制度的变迁,官员连坐制度也悄然发生着变化。

其一,唐律中"同职犯公坐"条的"但书"部分已不见诸明清律中,这也

---

[30] 参见刘俊文:《唐律疏议笺解》,第410页。

就意味着不论上下级官员是否有能力发现原经办衙门的错误,只要未予察觉,就会受到连坐,这便是前文所提及的清代官员连坐"结果归责"的特征。这样显然增强了官员的连坐责任,以便迫使上级官员切实履行监督职责。但造成的另一后果则是,即便官员小心谨慎、兢兢业业地对上下级官员经办的事务进行监督,仍不能保证完全不出差错,因为其在地域上并非同处一衙,无法有效获取该衙门内部信息,而原衙门在文书中某些增减情节、隐匿信息也难以发觉,使得必然有某些事务是在上下级官员的监控范围之外的。若此种情形下仍对官员进行连坐,久而久之,官员们为了规避这种连坐风险,则自然会结成利益共同体,对抗连坐制度,即形成"共谋行为"。

  至于为何明清时期出现上述变化,则很大程度上与朝廷试图加强监督,从而保证官员连坐制度能够发挥积极效应的努力有关。唐律中的"但书"部分虽然考虑到了信息获得的可能性,限制了官员连坐的适用范围,但也可能成为上级官员逃避责任、怠职懒政的借口。为了修正这一弊端,则朝廷采取矫枉过正的方式加强官员连坐也在情理之中。这样的例子并不鲜见。以清代错案责任适用范围的条款为例,其大致经历了这样的变化:清朝初期,则例规定仅对于故出故入以及对过失造成的错案不予改正的情形予以处罚。乾隆三十八年(1773)之后,清廷扩大了对过失导致错案的责任适用范围,将涉及死罪审拟错误的案件纳入了追责;继而全面地规定,凡是审拟错误的案件,尽管部驳后得以改正,州县官和知府仍需要根据不同的过错情形承担相应责任。

  例文之所以经历这样的调整,是由于随着错案追责制度的运行,基于适用范围而引发的一些问题逐渐暴露出来。乾隆三十八年,富尔敏在上奏中指出,若承审的州县官员以及核转的知府对于应判处迟或斩、绞立决的要犯"不能悉心推鞫,至以徒杖问拟,则罪名轻重悬殊,即非有心故纵,而入死出生所系匪浅",不应予以宽免。其进而指出:"既已草率于前,复得幸免于后,庸劣之员恃有此例,一切听断皆以轻心掉之,吏治尚可问乎?"[31]为了

---

[31] 《清实录》,第 20 册(乾隆朝)卷 933,中华书局 1985 年版,第 562—563 页。

防止官员仗凭错案责任适用范围中免责的条文而有恃无恐,怠于履行审判职责,皇帝才对"部驳改正例"进行了修正,加强了处罚力度。嘉庆年间,清廷对该条例又进行了重大修改,进一步扩大了错案追责的范围,加强了惩处力度,这同样是由于原有规范无法充分发挥上级官员的监督作用,因此清廷试图继续调整例文来避免制度运行中的问题。由此可见,中央政府会通过调整管控强度的手段来实现其统治目的。

其二,同职内部连坐缺失,各级长官直接承担连坐责任,处分力度增大。如前文所述,虽然律文中仍详细阐述了同职内部官员的连坐责任,但由于对官员的行政管理首先需依照《吏部处分则例》来施行,而则例中的规定并无同职内部连坐的条文,均是各级政府的长官,如知县、知州、知府等长官来直接承担责任,因而律文中同职内部连坐的内容也就成了具文。之所以缺少同一官衙内部的同职连坐规定,很大程度上与清代地方的"一人政府"特征有关。清代以降,虽然各级政府中存在大量的衙役、长随、书吏,但这些胥吏并无品级,不被纳入正式的官员管控制度之中。而在清代的基层政府中,除了州县官外,佐贰、首领官和杂职等相应的僚属官员仅占非常次要的地位。正如瞿同祖先生所指出的,这不仅表现为各地僚属官设置较少,其所扮演的角色也十分卑微,无法发挥重要功能,处于闲置状态,而主要的工作是经由州县官来完成的。因此,州县官成为"一人政府",凡事躬亲,承担主要责任。[32]在这种官职安排、结构设置背景下,原本衙门中存在的各级官员共同处理政务的情形消失了,取而代之的是由长官一人负责所有政务,因而连坐时也自然由其本人来承担相应责任了。缺少同职内部连坐设置的直接后果是,各级衙门的长官被连坐时将直面处罚,而不能在同一衙门内部其他官员的处分基础上逐级减等了,这显然加重了对官员的处分力度。如果官员一直面对巨大的处罚压力,不仅会打击其工作的积极性,还会使其结成利益共同体来规避风险,同样造成共谋行为。

综上,通过对官员连坐制度历史演变的分析可知,官员连坐制度设置

---

[32] 参见瞿同祖:《清代地方政府》,范忠信、何鹏、晏锋译,法律出版社2011年版,第17—25页。

的初衷与什伍(保甲)连坐的相同,均是在可以监控的一定范围内,以最小的成本实现互相监督,从而获得信息,并及时避免、纠正错误与危险,因而其最开始侧重于同一衙门内部的官吏连坐。其后,官员连坐逐渐扩展到上下级政府的官员之间,但仍注重其监控范围的可能性,故而保持了官员连坐制度存在的合理性基础。但清代以降,随着免责条文的消失,只要出现了错误或疏失,不论监控难度如何,未察觉的上下级官员都要受到连坐,亦即显示为"结果归责"的特征;同时,又由于"一人政府"背景下同职内部连坐的失效,各级长官直接构成上下级官员连坐的唯一对象,使其所面临的处分力度大大增加。上述两种因素结合,则导致了清代的官员连坐制度似乎失去了发生效用的合理性基础,反而促使地方各级官员结成利益共同体来对抗该制度,形成共谋行为,从而产生一系列弊端。

四、清代官员连坐制度的调整

为了避免官员连坐制度对官员处罚过重,进而导致官员在巨大压力下结成利益共同体欺上瞒下,不仅使官员连坐制度失去效力,还生出诸多弊端,清廷采取了相应的举措来缓和制度本身的矛盾和不恰之处,以减轻官员对连坐制度的消极抵触状态,保证该制度能够继续发挥一定的监控、督促作用。

首先,由于"一人政府"模式的形成,清代的官员连坐制度与唐律的规定相比,较少存在同职内部连坐的情形,这导致一旦公务失错,各级政府的最高长官将独自承担连坐的相应处分,不再享有在同一衙门内各级官员的处分基础上逐级减等的待遇。如唐代办理公务首先由主典负责,出现错误而其他官员未察觉的,该衙门的判官减一等处罚,通判官减二等,该衙门的最高长官则可减三等处分;而清代则直接由该管最高长官,如知县、知州、知府等官员直接承担责任,这显然是加重了对其的处罚力度。

与此同时,和唐代相比,明清时期官员优礼制度的适用越来越受到限制,甚至成为具文或被废除。唐代官员在被连坐时虽直面刑罚,但可适用八议、上请、减、赎、官当等一系列优礼条款予以减免。但明清时期,"官当"的规范已不见诸《大明律》与《大清律例》,犯徒流之罪的官员也就不再能够以官抵刑。尽管存在"文武官犯公罪""文武官犯私罪"条,规定了官员因公、私行为而犯罪时应受到的"行政处分",但因私罪而应杖一百者就需革职不叙,故并不适用于徒流案件。且明律中的规定原本并非是为了抵消刑罚,而是在官员根据相应刑罚予以赎罪后,对官员任职的重新处理。㉝这种在官员收赎的基础上附加"行政处分"从而加重追责力度的方式,自然无法与唐宋时期的"官当"制度相提并论。与此同时,"八议"也蜕变为抽象的原则,较少被援引适用,即使适用也只包括"亲""贵"两类人。㉞这种减少官员优礼待遇的行为无疑表明,官员被连坐时将失去相应的保障,从而必然增加了处罚的力度。

基于上述情形,为了避免处罚过重而带来的不良后果,尽可能使官员免于直面刑罚,保证轻重适当,清廷制定了《吏部处分则例》,以此作为处罚官员的标准。依据则例中的条文,官员因公罪受到处分时一般被施以罚俸、降级、革职等行政性处罚方式,从而适当减轻了因律典中优礼条文的调整所带来的处罚过于严苛之趋势,使其基本上免于直面刑罚制裁。㉟

其次,官员因过失导致错误,以及上级官员因疏忽失察而被连坐时,可以通过议抵的方式来减免处罚。所谓议抵是指官员以其所获得的加级纪录来抵销相应的处罚。以官员的错案责任为例,乾隆五十八年的一件案件中,审理案件的各级官员将罪犯错拟流罪被刑部查出,因此根据《吏部处分则例》的相关条文,承审的知县、知府受到降一级调用的处分,上级审转的按察使及巡抚被连坐,分别应当罚俸一年和罚俸六个月。但由于各级官员

㉝ 参见[明]应槚:《大明律释义》,卷一"名例","文武官犯公罪""文武官犯私罪"条,《中国律学文献》(第二辑第一册),第259—264页。

㉞ 有关"八议"制度在明清时期的适用情况,参见苏亦工:《明清律典与条例》,中国政法大学出版社2000年版,第249—283页。

㉟ 对明清优礼与管控之间的关系,笔者曾以错案责任制度为例予以分析,参见白阳:《优礼与管控之间:清代错案责任"双轨制"之形成及其原因探析》,载《交大法学》2020年第3期。

均有加级纪录,因此只需销去加级纪录一级便可抵销此次处罚。㊱由此可知,官员即便因连坐而受到处分,仍有减免的途径,这无形中也减轻了官员所面临的压力。

再次,清廷在条文设置中对官员连坐的适用范围不断进行调整。以"徇庇容隐"条为例。早在康熙九年,清廷就规定,各地官员如果有贪婪行为,"司道府等不行揭报,被督抚访实题参,将同城之司道府各降三级调用,不同城者各降一级留任"。㊲到了雍正六年,对于这一规定予以进一步的完善:

> 凡方面以下大小官员贪婪之处,劣迹昭著,该管各官不行揭报,被督抚访察题参者,同城之知府降三级调用,司道降二级调用,不同城之知府降一级留任,司道罚俸一年;其因事受财、劣迹未著,同城之知府失于觉察,降一级留任,司道罚俸一年,其不同城在百里以内之知府罚俸一年,司道罚俸九月,百里以外之知府罚俸九月,司道罚俸六月……㊳

从该规定可以看出,清廷不仅将知府纳入处罚对象,形成逐级减等处罚的模式,还区分了"劣迹昭著"与"劣迹未著"两种情形,从而在一定程度上考虑了上级官员的监督难度,适度减轻了连坐处罚的程度。其后,在乾隆十年,清廷又进一步规定,对于不同城的上司以及到任不到一月的上级官员,清廷免除其连坐处罚;换言之,这些官员由于地域因素或时间因素无法及时掌握下级官员的信息,因而无须因下级官员有贪劣行为而受到连坐。道光四年,清廷对此规定又进行了修订,加入了直隶州知州的连坐责任,并减轻了处罚力度:"属员犯有贪婪劣迹,该管上司失察不行揭报,经该督抚先行查出参奏,同城之知府、直隶州知州降二级调用,司道降一级留任;不同城之知府、直隶州知州降一级留任,司道罚俸一年;到任未及一月

㊱ 参见《驳案新编》,卷五,山东司"一起为报门事"。
㊲ 《清会典事例·吏部·处分例》(光绪朝)卷八十二,"徇庇容隐"。
㊳ 同上。

者免议。"㉝

通过上述措施,清廷不断调整官员连坐的处罚力度,保证官员连坐制度继续得以运行,并呈现前文所描述的处分逐级减轻、以上下级连坐为主,以及"结果归责"的特点。

五、结语

清代的官员连坐制度的特征为:其一,官员因连坐而受到的处分逐级减轻,且以上下级连坐为主;其二,以"结果归责"为基本原则,即不论地域远近、监控难易,只要未及时发现并纠正条文规定的错误,上级官员就会被连坐。而"结果归责"这一特征又使官员承受过大的压力,为了规避责任、免受连坐的威胁,官员结成利益共同体,共同实施应对策略,对抗官员连坐制度,亦即促使了共谋行为的产生,形成了清代官员连坐制度运行的最大困境。

通过对官员连坐制度历史演变的考察可知,清代官员连坐制度既有其历史渊源,又在当时某些特殊因素的共同作用下形成了自身的特点与困境。首先,自秦汉以来的官员连坐制度便确立了逐渐减轻的处罚模式,直到清代仍予以继承。

其次,连坐对象逐渐从秦汉时期的同职内部连坐为主扩展到上下级机构之间的连坐,至明清则因"一人政府"模式的发展,使官员连坐主要发生在上下级官员之间。

再次,从秦汉时期将官员连坐范围控制在同一衙门之内的设置可以看出,其初衷与什伍(保甲)连坐大致相同,均是在可以监控的一定范围内,以最小的成本实现互相监督,从而获得信息,并及时避免、纠正错误与危险。唐代虽然将官员连坐的范围扩大到了上下级之间,但仍注重监督的可行性,对于难以发现的情形则免于连坐。而清廷却不再考虑获得信息的可能

㉝ 《清会典事例·吏部·处分例》(光绪朝)卷八十二,"徇庇容隐"。

性及监控的难易程度,只要出现了错误或疏失而上级官员未及时查察纠正就受到连坐,制度中的"结果归责"特征凸显,其合理性基础受到质疑,使官员更倾向于结成利益共同体予以对抗;又因同职内部连坐缺失,各级长官直接承担连坐责任,导致处分力度增大,进一步激化了共谋行为的产生,形成制度运行中的困境。

最后,清廷为了解决官员连坐制度运行中出现的诸多弊端,进行了一定的调整,以保证该制度仍然能发挥一定作用。但显然,清代官员连坐制度的作用与秦汉时期的设置初衷已大相径庭,其便于获取基层信息、督促官员积极监督,从而防患于未然的"监控器"作用已大打折扣,取而代之的是以发现错误为契机,对涉及的各级官员予以警示和惩戒,防止官官相护、结党营私,从而成为整顿官员的"警报器"。殊不知此种变化却加剧了官员共谋现象的产生,形成恶性循环。当然,有关官员连坐制度具体的运行状态仍值得进一步探究,其发挥的实际作用及角色的转变也有待更多学人予以关注。

民国时期大夏大学法学教育的发展与启示

沈 伟[*]

内容摘要：民国时期，私立大夏大学有别于同时期的其他法学院校。筚路蓝缕的建校历程，形塑了这所学校的优良学风，师生发扬"三苦精神"，通过深入交流与合作，共同推动了该校办学水平的提升，因而博得了"东方的哥伦比亚大学"的美誉。大夏大学法学教育在教育思想、形式和内容等方面，不仅体现了近代上海的法学教育特色，还充分展现出了法学教育专业化及本土化的具体细节，重新梳理该校法学教育的成长历程也为完善新时期我国法学教育提供了启示。

关键词：大夏大学 法学教育 比较法

近代上海出现了多所享誉全国的私立法校院校，有可与朝阳大学法学院相媲美的东吴大学法学院，有以教授法国法为特色的震旦大学法学院，还有其他社会名流创立的本土法学院校，如何世桢兄弟创办的持志大学，以及郑毓秀、沈钧儒主持的上海法政大学、上海法科大学等。尽管这些学校取得了不错的成绩，但在彼时却多获非议，"尤以私立学校校长，或来自政界，以办学作栖息，或家多金钱，以办学为沽誉，或视学校为眷养党徒之所，或以开店作渔利之渊薮，或奉上帝之命，为耶稣而传教"。[①]

---

[*] 沈伟，中共上海市委党校副教授。
本文系上海哲学社会科学规划青年课题《继承与超越：新时代"海派"法学教育模式探究》(2018EFX012)阶段性研究成果。
[①] 明史公：《上海各私立大学校长别传（一）》，载《福尔摩斯》1932年7月17日，第2版。

在上述法学院校中,唯独大夏大学最为"特殊"。它并非由失意政客或传教士创办,也没有学店行迹,而是由一批从厦门大学出走的师生建立;它并不宣传各种主义和思潮,主张学术自由。它是我国最早实施导师制的高校,②也是1920年代最早一批传授法律知识的学校之一,还是最早被北洋政府教育部认可的学校之一,"时上海私立大学被认可者,仅复旦一校,其他如南方、法政学校,皆办理数年,只准试办。吾校仅有一年历史,得此结果,亦不落人后"。③ 大夏大学也因优秀的办学成绩,而被社会各界誉为"东方的哥伦比亚大学"。④

近年,学界陆续出现了一些关于大夏大学的研究成果,深入阐述了大夏大学办学模式、教育思想及各科系如教育学、史学、广告学等系的发展,⑤关于该校法学教育的研究付之阙如。有鉴于此,本文将研究视角聚焦于这所近代著名的私立大学,围绕大夏大学教育精神的形塑,讨论其法学教育的专业化与本土化,进而通过对该校法学教育发展的梳理,归纳古为今用的相关启示,达到镜鉴当下法学教育的目标。

一、从厦大到大夏

大夏大学的创校史颇具传奇色彩,逆境重重,始立基业,恰如该校宣传的:"受一度之摧残即增一度建设,遇一层之压迫即多一层团结。"但其校史却描写得较为简略:"民国十三年夏,厦门大学学生三百余人,因当局之措

---

② 参见喻永庆:《民国时期大夏大学导师制实施考察》,载《高教探索》2018年第10期。
③ 孙亢曾:《大夏初期史中之鳞片》,载《大夏周报》1937年第26期。
④ 张振玉:《论自强不息与大夏》,载《大夏周报》1947年第4期。
⑤ 有关大夏大学办学模式的代表性研究有:喻永庆:《民国时期大夏大学导师制实施考察》,载《高教探索》2018年第10期;韩戎:《抗战时期的部校之争与政学关系——以私立大夏大学改国立风波为中心的研究》,载《近代史研究》2016年第1期;李慧:《抗战时期大夏大学招生规模结构探析》,载《考试研究》2017年第3期。有关大夏大学教育思想的代表性研究如:李福春:《欧元怀大学创造思想要义》,载《高等教育管理》2009年第4期。有关大夏大学各科系的代表性成果有:侯怀银、李艳莉:《大夏大学教育系科的发展及启示》,载《华东师范大学学报(教育科学版)》2011年第3期;路鹏程:《民国时期上海大夏大学广告学系考述》,载《国际新闻界》2011年第3期;尚越:《大夏大学史学系述论》,华东师范大学2019年硕士学位论文。

施无状,呼吁力竭,全体宣誓离校,抵沪后恐中途失学,转违初志,于是请前厦大教授欧元怀、王毓祥……组立新校,使获读书之所。"⑥鉴于了解该校的历史,有助于理解其办学精神和校风的形成,因此有必要在此叙述。

(一)筚路蓝缕的创校历程

1924年,厦门大学尚在合约期内的教育科主任欧元怀、商科主任王毓祥、注册科主任傅式说,突遭校长林文庆解职,学生群起抗议,遂酿成举国震惊的厦大学潮。⑦ 起初,学生以罢课作抗争,"林文庆不学无术,寡廉鲜耻,近更倒行逆施,无辜辞退学识兼优之主任四人。学生等忍无可忍,不得以自即日起全体罢课,与林氏誓不两立"。⑧ 不久之后,风潮又演变成为流血事件,即著名的"六一"惨案。⑨

引起这一风潮的起因,传闻与人事纠葛,派系争斗有关。⑩ 但最终酿成了厦大师生与校方的决裂,"林文庆自工人学生冲突后,知风潮难以收拾,即布告提前暑假,限生五日离校"。⑪ 一部分厦大学生被迫离开学校,分赴各地组成团体,"厦门大学此次因解除四主任,激起学生反动。全体离校后,特组织离校学生团,推举代表来沪组织总部,并往内地组织分部"。⑫ 远在上海的学生自知改革无望,又恐流离失学,于是请求前厦大教员另组新校:

学生等受三百同学之委托,合痛来沪,知改革厦大,一时已难为力。而此次经运动,原为读书奋斗,谋贯彻初衷计,不能不急图善后。念彼黑氛弥漫之厦大,已驱人于千里之外,而主持公理正义之辖神,终须昭垂于永世,辗转愁思,非于沪上自筹大学,固难以救济数百求学无

---

⑥ 大夏大学编:《大夏大学简章》,大夏大学出版1924年版,第1页。
⑦ 参见《函电》,载《申报》1924年5月28日,第6版。
⑧ 《电讯》,载《民国日报》1924年5月31日,第2版。
⑨ 蜀生:《厦大学潮益形扩大》,载《申报》1924年6月6日,第10版。
⑩ 蜀生:《厦大学潮之双方理由》,载《申报》1924年6月9日,第7版。蜀生:《厦大之罢课风潮》,载《申报》1924年6月2日,第10版。
⑪ 蜀生:《厦大学潮之尾声》,载《申报》1924年6月17日,第10版。
⑫ 《厦门大学代表团来沪》,载《申报》1924年6月18日,第14版。

门有志未竟之青年。况正义所在,人有同情,赞助匡扶,复易为计,惟事艰于图始,时不可措施。生等识浅力绵,难谋大计,瞻仰吾侪爱戴之良师,既学博而道纯,复循循而善诱。而此次仗义辞职,尤可振颓风而挽末俗,万愿本乐育之热诚,谋正义之胜利,作良固之团结,体念学生等求学之苦衷,屈为主持,将大学早日办成则学生等幸甚,中国教育前途幸甚。⑬

诸位教授眼见如此情形,"悯青年学子失学之堪虞",慨然允诺组建新大学,"同人等深觉兹事体大,绵薄难胜,惟念诸君求学心切,返厦无门,舍另创大学外,实无善后之方"。⑭

于是,厦大留沪师生众志成城,团结一致,马上开会筹备新大学:

下午邀留沪四先生至钜兴里本部开会,议决要案四项:(一)俟内部组织稍行就绪后,大夏即正式宣布成立。(二)由王傅两先生明日亲往校舍房董处签订租约。(三)俟欧余林三先生到后,即行编订大夏组织大纲章程及招生简章。(四)经费视各方情形,再定募捐办法。⑮

师生们先借上海贝禘鏖路美仁里24号为筹备处。⑯ 定校名为大夏大学(The Great China University),取光大华夏之义,"盖借以志嬗蜕之由来,且以吾华夏文化有急须光大者,宏我汉京亦将于是乎在焉"。⑰ 接着又聘吴敬恒、叶楚伧、马君武、汪精卫、陈树霖、林支宇、邵仲辉、邓萃英等社会名流为董事,借上海小沙渡路201号为临时校舍,于1924年9月22日正式开学。首批学生分文科、理科、教育科、商科、预科五科,由厦门大学及其他大学转学并新招学生共255人组成。同年11月20日学校董事会推定马君武博士为校长,王伯群为董事主席。1925年3月10日,北京政府派员视察该校,认为大夏大学管教认真,准予立案试办,同年9月5日,胶州路新校舍落

---

⑬ 《厦大离校学生团宣言》,载《申报》1924年6月24日,第14版。
⑭ 《总部到沪后纪事(续)》,载《血泪》1924年第5期。
⑮ 毓:《总部到沪后纪事(续)》,载《血泪》1924年第5期。
⑯ 《大夏大学临时筹备处成立通告》,载《申报》1924年7月8日,第3版。
⑰ 大夏大学编:《大夏大学简章》,大夏大学出版1924年版,第1页。

成,并增设高等师范专修科及附属中学,合新旧学生达700余人。1927年2月马君武辞去校长职务,改校长制为委员制,由董事会推定王伯群为主席董事兼大学委员会委员长,欧元怀为副委员长。1928年又将委员制改回校长制,改主席董事为董事长,推王伯群为董事长兼校长,欧元怀为副校长,至此学校管理方式遂定型,校务亦随之蒸蒸日上。[18] 1929年5月,大夏大学获南京国民政府教育部核准立案,"当经派员前往视察,兹据该员等呈报视察情形,核与私立大学及专门学校立案条例第三第四两条,尚无不合,应即准予立案"。[19]

(二)"三苦精神"与师生合作

大夏大学作为一所私立大学,收费不免较公立学校多,如1926年该校报名费就须缴纳2元,本科生学费每年需80元,且书籍由学生自备(每学期约20元),此外还须缴纳基金、书报费、汤水费等各色杂费。[20] 但该校又有别于其他追求营利的"学店",如大夏大学校方会根据物价,相应减少收费,并予以退还多收部分,"现因米价减廉,议决每月每人暂减半元,缴费依旧,候学期终结时退还"。[21] 此外,大夏大学也不同于一些政客设立的学校,它的教学独立于各种政党与各种主义之外,"大夏大学为纯粹研究学术机关,对于各种政党各种主义取超然态度,对于个人信仰绝对自由,但不许在学校内做宣传工作,致扰乱学校之秩序"。[22]

大夏大学创办之后,所处的办学环境十分复杂,当时上海高等教育秩序混乱,且学潮不断,一些学校甚至朝开暮闭,"比年以来,黉序鼎沸,社会一般心理闻学潮二字,则谈虎色变,而在同时期内,揣时投机,拥瘫拳曲之大学,又如春芽怒发层出不穷"。[23] 大夏大学能够居淤泥而不染,兢兢业业

---

[18] 上海市档案馆藏:Q235-1-626,《上海市教育局关于私立大夏大学立案问题》。
[19] 《立案部令已到》,载《大夏周刊》1929年第64期。
[20] 大夏大学编:《大夏大学一览》,大夏大学出版1926年版,第36页。
[21] 《第廿三次校务会议议事摘录》,载《大夏周刊》1928年第57期。
[22] 《大夏大学发生风潮》,载《申报》1926年1月13日,第10版。
[23] 大夏大学编:《大夏大学一览》,大夏大学出版1926年版,第1页。

办学,殊为难得。

> 当是也,上海国立私立各校因内部外部之各种原因土崩瓦解者,前后相继,大夏大学独能上鸳无惊,弦歌依旧,师生合作之精神乃愈颠扑而不可破,综观大夏发达之经过,受一度之摧残即增一度建设,遇一层之压迫即多一层团结,因此社会一般之观察,咸谓大夏富于抵抗、建设及牺牲三特性,故能冲破财阀军阀学阀之罗网,自创最高学府,屹然峥嵘而不拔。[24]

值此之际,校内师生众志成城,一心办学,渐渐树立起了大夏大学优良的校风。校长马君武在建校之初以"自强不息"为校训,提出了"三苦精神":"新校创建伊始,筚路蓝缕,谈不上高楼大厦和优厚待遇,端赖教师苦教,学生苦学,职工苦干。我们认为全体师生如能通力合作支持学校,并发扬艰苦朴素、钻研学问的精神,便可达到'读书救国'的目的。"[25]其中,所谓"三苦",即"教师苦教,学生苦学,职工苦干",具体而言是指:

> 教授要苦教:要以教育为重,认真教学,不计较待遇之多寡。职员要苦干:要以校务为重,切实办理,不能因经费缺少即敷衍了事。同学要苦读:要以学问为重,认真求学,不能有缺课等情事之发生。[26]

这种精神体现在该校办学的方方面面,如校友回忆当时的教学情形,大夏大学各科所聘教授皆是沪上著名学者,教员讲课大多不用课本,逐字逐句口授笔记;同学听课聚精会神,认真做笔记,或提出问题,请教授解答;或购参考书,请教授指示,增进学业。[27] 值得一提的是,马君武之后的继任者,仍旧秉持这一办学精神,故而校方自己也坦言历年取得的成绩应当归功于其一贯而之的坚持"三苦精神":"本校的历史仅有六年,以这很短时间

---

[24] 大夏大学编:《大夏大学一览》,大夏大学出版1927年版,第2—3页。
[25] 欧元怀:《大夏大学校史纪要》,载中国人民政治协商会议上海市委员会文史资料工作委员会:《解放前上海的学校第59辑》,上海人民出版社1988年版,第144页。
[26] 卢绍稷:《追念大夏首任校长马君武博士》,载陈明章编:《学府纪闻·私立大夏大学》,南京出版有限公司1982年版,第36—37页。
[27] 参见卢绍稷:《追念大夏首任校长马君武博士》,载陈明章编:《学府纪闻·私立大夏大学》,第36—37页。

而得到这很快的进展,在他人以为奇异,其实这是我们师生合作必然的结果。假若没有办人苦做,教师苦教,学生苦读的'三苦精神',决不会有今日的发展。"㉘

大夏大学发轫于学生团体,学生亦常参与到学校的实际运作中。因此,除了上述"三苦精神"外,大夏大学还坚持"师生合作"的办学方针,"在建校时期,我们提出三个口号:一曰'三苦精神'即(苦教、苦学、苦干),二曰'师生合作',三曰'读书救国'……这些口号在当时是砥砺全体师生员工的座右铭,发挥了一定的作用。"㉙1924年11月11日,大夏大学创立后不久,代表学生利益的大夏学生会即告成立,㉚"学生会代表学生意见及谋利益"㉛。此后,学生会充当了学生与校方联系的桥梁,如"向校务会议请学校从速立案",㉜还设立投稿箱将学生意见及时反映给校方,"学生会为集思广益起见,特设意见投稿箱一具,以便同学随时有发表意见之机会"。㉝ 同时,大夏大学群育委员会也设立了集思箱,"以收群策群力共谋进展之效",教师和同学有所建议,随时可书具理由及具体改进方法投入箱中。㉞

1927年大夏大学实行委员制,继续坚持师生合作的办学方针,"学生代表得出席于委员会议,以贯彻师生合作之精神"。㉟ 即使变校长制后,仍不改这一办学初衷,"欢迎新旧师生并希望以后师生间能永久保持合作之精神"㊱。校方甚至还希望学生提出意见时不要客气:"我们希望学生会,对学校当局不要存一点客气,学生会本是替同学谋利益的,学校当局在可能范围内,当然要尽量容纳学生会的意见。"㊲乃至学校的日常校务会议也会邀

㉘ 又裴:《大夏师生谈话会》,载《申报》1930年12月4日,第22版。
㉙ 欧元怀:《大夏大学校史纪要》,第144页。
㉚ 《大夏大学学生会成立》,载《申报》1924年11月13日,第11版。
㉛ 《大夏学生会新职员就职》,载《申报》1927年10月8日,第7版。
㉜ 《学生会执委会第七次会议记录》,载《大夏周刊》1928年五月运动特号。
㉝ 《学生会设置意见箱》,载《大夏周刊》1926年第28期。
㉞ 《群育委员会设集思箱》,载《大夏周报》1930年第5期。
㉟ 《大夏大学改委员制后之进行计划》,载《申报》1927年3月3日,第17版。
㊱ 《大夏大学昨行开学式》,载《申报》1927年9月14日,第7版。
㊲ 《各院科代表大会纪盛》,载《大夏周报》1930年第77期。

请学生代表列席参加,发表意见:"校务会议为融洽师生情感,促进校务发展期间,曾经规定,每月召集学生会代表开谈话会一次,借便交换各种意见。"[38]

与这一精神相契合的是,因师生之间接触机会少,且"鉴于社会事变繁难,青年入世应付之难",1929 年大夏大学开始模仿欧美,推行导师制,以增进师生情谊:

> 本校年来学生与学程之数,均逐渐增加,各教授在教室上课而外,与学生接触机会颇少。各科各系主任忙于琐碎教务,亦鲜有暇晷与学生交谈。同人等感于教育责任之重,并鉴于社会事变繁难,青年入世应付之难,因采欧美导师制,欲于课外勉尽指导之责,俾学生于修业之余,兼能研立身处世之道。[39]

为此,学校还专门制定了《导师制施行细则》,这也是彼时国内第一次施行该制度,"为全国学校中所未有者,为国内之特色,为他校之圭臬"。大致而言,每位导师负责学生 4 至 12 人不等,分全体集会与个人谈话两种会晤方式,集会的方法有茶话会、聚餐会、园游会等,谈话内容则涉及各种问题,尤关注学以致用及毕业后的职业问题。[40] 在该制度的实施过程中,教师们还围绕如何进一步完善这项制度发表了一系列如《欧美大学之导师制》[41]《导师制之研究》[42]《哈佛大学的'总考和导师制'的沿革》[43]等专题文章。

得益于一以贯之的坚持以上办学精神与举措,大夏大学的师生群体拥有很强的凝聚力,该校也成为了当时最早设立校友会,借助校友的力量来推动学校发展的高校之一。[44] 在师生通力合作下,大夏大学从一所长期资金拮据的私立大学,成为拥有校田 300 多亩,以及群育堂、群策斋、图书馆、

---

[38] 《校务会议召集学生会代表谈话》,载《大夏周报》1930 年第 86 期。
[39] 《本校施行导师制之经过》,载《大夏周报》1929 年第 65 期。
[40] 参见李博达:《大夏大学之导师制》,载《大夏周报》1931 年第 104 期。
[41] 鲁继曾:《欧美大学之导师制》,载《大夏周报》1929 年第 65 期。
[42] 梅光道:《导师制之研究》,载《大夏周报》1932 年第 10 期。
[43] 鲁继曾:《哈佛大学的'总考和导师制'的沿革》,载《大夏周报》1930 年第 86 期。
[44] 参见喻永庆:《民国时期大夏大学导师制实施考察》,载《高教探索》2018 年第 10 期。

大礼堂、体育馆、科学馆等十余所建筑,能够凌驾于当时国内一般私立大学之上,并赢得了"东方的牛津""东方的哥伦比亚大学"的社会赞誉。

二、大夏大学法学教育的建构

(一)法学教育专业化之路

大夏大学很早便开始教授法律知识,1924年该校成立时,虽然学校设文科、理科、教育科、商科、预科五科,并没有开设法科。但在其文科第三门社会科学之下却设有历史学系、法政学系、经济学系。"本大学文科以研究文学、哲学、历史、政治、经济、美术等学科为宗旨。文科分为三门:(一)文学门;(二)哲学门;(三)社会科学门。"㊽并且法政学系的授课内容十分充实,涵盖了主要的法律课程:

> 法学通论,政治学,西洋政治,东洋政治,政治学史,宪法学,行政法学,刑法总论,民法总论,商法总论,法制史,国际史,社会政策,经济政策。㊻

按大夏大学学制,"凡文科学生认定学习何门何系后,至少须于该系中选习三十绩点,此为主课课程"。㊼这一规定也表明法政学系的开设并非仅是修饰而已。不久之后,在校方对外刊布的《大夏大学一览》中,将"法政学系"改为"法律学系",且进一步升级了授课内容,由此可见,该校逐渐对法学教育加以重视:

> 法学通论,法制史(本国及外国),宪法,比较宪法,行政法总论各论,国际法,刑法总论各论,民法总论,民法物权,民法债权,民法亲属,民法继承,商法总论,商法商行为,公司律,票据法,破产法,法院编制法,刑事诉讼法,民事诉讼法,特别诉讼法,罗马法,法律哲学,法医学,

---

㊽ 大夏大学编:《大夏大学简章》,大夏大学出版1924年版,第17页。
㊻ 同上。
㊼ 大夏大学编:《大夏大学一览》,大夏大学出版1926年版,第10页。

刑事政策,监狱学,公司程式,诉讼实习,辩护实习。[48]

1926年,大夏大学虽仍未单独开设法科,但其法学教育愈加专业化,法律学正式从政治学脱离,正式成立了专门的法律学系,"第三学门设历史学系、法律学系、政治学系、经济学系、社会学系"。[49] 同年,大夏大学也对外开设了暑期学校,普及法律知识,"以利用暑假时期,推广教育辅助学业为宗旨",在其课程中也特别设置了法律精理一课,"内容分上下二编,上编说明法律之重要原则,下编说明六法之精意"。[50]

虽然,大夏大学将法律学与政治学分离,但是法律学系仍隶属于社会科学门及文科之下,故而学生毕业之后授予的仍是文学学士学位,而非法学学士学位,这也为其毕业生带来了一些困扰。1931年,大夏大学1928年文科毕业生张鑫长呈请加入律师公会,上海律师公会在审查其毕业文凭时,发现他在大夏大学所修课程属于文科而非法科,故而函询校方,"该律师所交毕业文凭系于民国十七年六月九日,在贵校文科政治法律系毕业者,当因政治法律之学,向不属文科范围,应函询原毕业学校以明实在"。大夏大学明确答复,文学院政治法律系所授科目与法学院无异:

> 大函具悉,一是查敝校学生张鑫长,确于民国十七年夏在文学院政治法律系毕业,十八年敝校根据教育部颁布大学组织法,该系始改属法学院,各项学程并无差异。[51]

由此可见,早期大夏大学的法律教育虽然呈现出专门化的趋势,但仍处于起步阶段,法律课程仅作为一门普通知识来教授,这一点我们可以从其毕业生的择业中得到印证。自1926年第1届至1929年,文科毕业生总计95人,[52] 除去一部分毕业工作未详外,其余学生毕业后从事与法律相关工作的,仅有3人,分别是第1届的蒋子英(大夏大学法学院教授),1928年毕业的钟奇端(安徽高等法院任职),1929年毕业的黄宗泽(毕业后在大夏大学

---

[48] 大夏大学编:《大夏大学一览》,大夏大学出版1924年版,第35—37页。
[49] 大夏大学编:《大夏大学一览》,大夏大学出版1926年版,第43页。
[50] 大夏大学编:《大夏大学暑期学校简章》,大夏大学出版1926年版,第1页。
[51] 《致大夏大学函》,载《上海律师公会报告书》1932年第30期。
[52] 大夏大学编:《大夏大学同学录》,大夏大学出版1929年版,第263页。

研究法律)。㊼ 这说明隶属于文科下的法律学并没有在师生间形成职业化的共鸣。当然这一点也受制于彼时律师与司法官资格的法律要求,但法律行业并不仅限于律师和推事,毕业生中仅 3% 从事与法律有关的工作,恰恰也反映了早期大夏大学是将法律作为一门普通知识教授的,其与同科的历史、哲学、文学,在性质上并无二致。

1927 年 10 月 18 日,大夏大学委员会议决次年春季添办法科,聘美国芝加哥大学法学博士姚永励为法科主任,明确法科"以造就法律专门人材,应社会需要为宗旨",修业期限定为 4 年,课程共计 150 绩点,最后一年作论文一篇,经本科教授会审查及格后准予毕业,授予法学学士学位。法科课程分普通必修学程和专门必修学程,此外学生还可任意选修其他科系课程:

普通必修学程:国文,英文,经济学,社会学,政治学,历史,心理学,哲学概论,论理学,伦理学,体育及军事训练。

专门必修学程,第一年级:法学通论,法院编制法,民法总则,民法债权,民法物权,刑法总则分则;第二年级:民事诉讼法,宪法,民法亲属,刑事诉讼法,民法继承,商法总论,商人通例,公司条例;第三年级:罗马法,中国法制史,英美法大意,行政法总论各论,商标法,破产法,票据法,强制执行法,证据法,国际公法,大陆法大意;第四年级:劳动法,海商法,国际私法,监狱学,比较宪法,刑事政策,新旧刑律比较,法律哲学,律师道德,诉讼实习,特种问题研究。㊾

1928 年秋,姚永励因执行律务不能兼顾院务,校方遂改聘美国芝加哥大学法学博士孙浩烜为法科主任。㊿ 同时增聘多位著名法学教授,如有美国密西根大学硕士张海泉,美国纽约大学法学博士端木恺,前任北京大理院首席推事林鼎章,法国巴黎大学政治学博士、国立暨南大学政治系主任翟俊

㊼ 大夏大学编:《大夏大学毕业同学录》,大夏大学出版 1935 年版,第 1—33 页。
㊾ 大夏大学编:《大夏大学一览》,大夏大学出版 1928 年版,第 2 页。
㊿ 大夏大学编:《私立大夏大学法学院一览》,大夏大学出版 1937 年版,第 1 页。

千,前四川民政司民治科长、湖南高等审判厅推事康焕栋等。[56] 由此,大夏大学法科组建起了一支颇为强大的教学队伍。

1930年5月,大夏大学校务会议决定遵照新学制,将原属文科的政治、经济两系与法科合并,单独设立法学院,下分法律、政治及经济三系,续聘孙浩烜博士为法学院院长。[57] 大夏大学法学教育的专业化至此完成,法学院的规模也因此进一步壮大,从1929年第1届仅3名毕业生,第2届时增至46人毕业,到1935年已有83人之多,而在1937年春时,仅法律系的在校人数便已达129人。[58] 1931年,大夏大学法学院也因办学优良获得了司法院的认可,获准特许设立,"该大学法学院法律学系,所定分年课程表及各项设备,尚属完善,应予特许设立"。[59]

(二)地方法律特色的融入

大夏大学的法律教育不仅开始得早,而且融入了上海的地方特色,即重视比较法的教学。1927年之前,由于上海租界内不仅有会审公廨,还有签约国领事法庭存在,出现了多种法律体系汇聚于一地的局面。外籍律师阿乐满(N. F. Allman)就曾谈道:"既会中英双语,且掌握英美法和中国法的法律人,在现实中极其罕见,也是当时上海各大律所梦寐以求的人才。"[60] 因此,比较法教育成为了当时各所法学院校的主要教学形式。

早在1924年,大夏大学法政学系便开设的比较宪法一课,是"将东西洋各国宪法之组织比较讲述,而批评其长短得失",法制史的课程则是"分本国及外国二部,说明各种法制之起源与演进"。[61] 此后,大夏大学对比较法教育的重视愈发明显,特别开设了英美法大意和大陆法大意,[62]这两门课

---

[56] 大夏大学编:《大夏大学一览》,大夏大学出版1928年版,第4页。

[57] 大夏大学编:《私立大夏大学法学院一览》,大夏大学出版1937年版,第5页。

[58] 大夏大学编:《大夏大学同学录》,大夏大学出版1937年版,第35—137页。

[59] 《令私立大夏大学董事会呈送该校法学院各项文件请转送司法院审核准予特许设立由》,载《教育公报》1931年第3卷第15期。

[60] See Norwood F. Allman, *Shanghai Lawyer*, Whittlesey House, 1943, p. 118.

[61] 大夏大学编:《大夏大学一览》,大夏大学出版1924年版,第49页。

[62] 大夏大学编:《大夏大学一览》,大夏大学出版1928年版,第2页。

程充分体现出了比较法教育的精神,如前者"讨论英美法大意及其特点作比较研究",后者"讨论法德瑞士法典之大意及特点,作比较之研究"。[63]

1928年后,随着南京国民政府对高等教育管控体制的逐步建立,大夏大学作为一所私立大学不得不接受教育部的指导,党化教育逐渐渗透,这也反映到了学校的发展计划中:

> 属精神方面:甲,提倡三民主义教育,使全校一切设施皆为主义化;乙,提倡群育及军事教育,使全校纪律化;丙,提倡读书救国主义,使学生救国先读书。属学术方面:各科分设专系,聘专门学者担任各系主任;联络外国各大学,凡本校毕业生得直接升入各该大学毕业院;力求吾国学术独立,各种科学皆求逐渐能中国化。[64]

大夏大学也聘任了专门讲授国民党党义及组织一课的教授。[65] 值得一提的是,"使全校一切设施皆为主义化"的计划,与创校之初的设想背道而驰,与大夏大学始终坚持的"大学为研究学术,培养德性机关,非政党活动之地"的理想截然相反,因此引来了教授们的集体反对:

> 大学为研究学术,培养德性机关,非政党活动之地,同人等以为在大学中无论师生对于各种主义,尽可自由研究,不应借作宣传及活动之地盘,同人等掌教大夏大学,对于本校读书运动,众志成城之宗旨,始终不渝,如有妨害本校名誉,扰乱本校秩序者,即视为非吾人之同志,不与合作,谨此宣言。[66]

1929年,《大学规程》及《司法院监督国立大学法律科规程》颁布,大夏大学不得不把修业年限从原来的5年降格为4年,"本校法学院之毕业期限,前定五学年,兹经第六十二次校务会议决改为四学年,以符部章,至应修绩点,则大致仍旧"。[67] 同时,法科的课程也发生了相应改变,除党义、军

---

[63] 大夏大学编:《私立大夏大学一览》,大夏大学出版1929年版,第186页。
[64] 《大夏大学发展计划》,载《大夏大学四周年纪念刊:历史、现狀、计划》,大夏大学出版1928年版,第13页。
[65] 大夏大学编:《大夏大学一览》,大夏大学出版1928年版,第4页。
[66] 大夏大学编:《大夏大学一览》,大夏大学出版1926年版,第26页。
[67] 《法学院改为四年毕业》,载《大夏周报》1929年第69期。

事训练等课程正式添入必修学程外,原课程如英美法大意、大陆法大意、比较宪法等一律改为选修课,专门必修课程中除了罗马法一课外,基本实现了"各种科学皆求逐渐能中国化"的设想:

  共同必修课程:国文,英文,第二外国语,自然科学,党义,哲学概论,社会学,经济学,心理学,统计学,论理学,政治学,军事训练。

  专门必修学程:法学通论,民法总则,民法债权,民法物权,民法亲属,民法继承,刑法总则,刑法分则,商人通例,公司法,票据法,保险法,海商法,破产法,劳动法,法院编制法,民事诉讼法,刑事诉讼法,强制执行法,中国法制史,罗马法,行政法,国际公法,国际私法。

  专门选修课程:中国外交史,中国宪法史,比较宪法,国际公法名家研究,立法学,欧洲大陆法大意,英美法大意,商标法,航空法,罪犯学,监狱学,法理学,法律哲学及思想史,诉讼实习,律师道德,特种问题研究。[68]

这一系列改变也与彼时的法制环境变化有关,随着会审公廨废止,临时法院建立,六法体系渐趋完备,现行中国法逐渐成为法学院的授课重心。诚如大夏大学法科主任孙浩炬强调的,法学教育需注重实用之主义,凡是不切合社会实际需要的课程均不予采纳,必须力矫其他法校盲从外国法律学校的风气:

  习法律欲以其所得之智识及训练服务社会,故法律学校首重实用。而实用效能之大小,视课程,教授,及教授方法而定。……一切课程教材,当以适合社会之需要为准则。积极方面,凡足以养成服务社会之法律专门人才者,必使应有尽有,力求完备。消极方面,凡不切吾国今日社会实际需要者,均不宜采纳。国内法律学校课程教材之选择,往往有盲从外国法律学校者,本科当力矫斯敝。[69]

不过,尽管大夏大学法科逐渐削减外国法课程的比重,但比较法的教学却

---

[68] 大夏大学编:《私立大夏大学一览》,大夏大学出版 1929 年版,第 177—181 页。
[69] 孙浩炬:《法科发展计划》,载《大夏周刊》1929 年第 64 期。

得到了保留,如商人通例一课是"依现行商人通例讨论外并及商法性质、简史及各国商法系统作商法各学程之引导"。以及公司法一课"除讨论现行公司法外,复提出种种问题作较详细或与各国公司法比较之研究"。⑦ 两门课程均谈到了需要以比较方法研究法律,由此亦可见大夏大学对比较法教育仍较为重视。

值得一提的是,近代上海的法学院校青睐培养律师,重视法律实习,亦是彼时的一大地方特色。各所法学院校相继开设了与培养律师相关的课程。例如,持志学院开设了律师实践一课,"本学程除阐明律师之地位职权,与责任外,尤重于律师执行职务之一切手续,如接见当事人,讨论案情,准备书状,代表出庭,以及诉讼上各种程序等等,均详予说明,使俾有实用。他如律师道德与律师惩戒处分等等,亦附带论及"。⑦ 东吴大学法学院开设了法律伦理学,通过学习这门课程,副教务长孙晓楼期望学生能了解执业律师对社会所负的使命:"读了法律伦理学至少可以使学生知道些他们将来做律师时对于社会所负的使命,不致盲人瞎马,去害了人,还要害自己。"⑫ 为此,各所法校还专门开设了"型式法庭"一类的课程,使学生熟悉诉讼程序,如持志大学的"诉讼实习",⑬ 上海法学院的"法庭实习"课程。⑭

在此环境下,大夏大学同样侧重培养律师,并且很早就注意到了法律实习的重要性。1924 年,法政学系开设了诉讼实习和辩护实习的课程,⑮ 1928 年,更是专门添设了律师道德一课,⑯ "律师保障人权,执行职务贵重道德,故专设学程以资提倡"。⑰ 在法科改组法学院后,校方进一步增加了实习一类的课程,如开设了诉讼实习,围绕"诉讼书状、手续、辩论、判断等之

---

⑦ 大夏大学编:《私立大夏大学一览》,1929 年版,第 182 页。
⑦ 《持志学院一览》,1937 年版,第 86 页。
⑫ 孙晓楼:《法律教育》,商务印书馆 1935 年版,第 33 页。
⑬ 《私立持志学院一览》,1937 年版,第 32 页。
⑭ 参见上海法学院编:《上海法学院一览》,1933 年版,第 34 页。
⑮ 大夏大学编:《大夏大学一览》,1924 年版,第 35—37 页。
⑯ 大夏大学编:《大夏大学一览》,大夏大学出版 1928 年版,第 2 页。
⑰ 大夏大学编:《私立大夏大学一览》,1931 年版,第 217 页。

实习,除实地参观外,尚有假法庭之组织以资练习"。[78]以及议会法及实习一课,是"研究各种集会所应有之规则,并加以实习"。[79]这类课程均取得了不错的效果,"本学期法学院,自举行假法庭诉讼实习,并聘江镇三先生为指导后,同学无不兴奋从事,各尽厥职。所撰诉状,所举证据,均极勾心斗角之能事,处处均能独出心裁,而又不反诉讼法之规定"。[80]除了重视实习课目外,大夏大学还会安排法科学生参观法院、监狱等法律实践场所,"本校法科同学,于十一月十七日下午二时,举行参观地方法院。由赖锟先生率领,分乘汽车四辆,至法院后,有韦推事出而招待。延入会客室中少憩,寒暄未久,同学即请其报告法院之编制组织"。[81]

三、大夏大学法学教育发展的启示

大夏大学法学教育的发展历程,区别于民国时期其他私立大学,它没有宗教的外衣,没有政客的谋利,没有学店的伎俩。在教育思想方面,有着师生合作与"三苦精神"的教育内核;在教育方式方面,始终秉持兼容并蓄的比较法教育;在教育内容方面,青睐培养律师,注重理论知识与实践的结合。归因于该校始终执着且认真的办学,大夏大学赢得了非常高的社会声誉。如今,重新梳理该校法学教育的发展,有助于为我国当下法学教育的进一步完善提供启示。

(一)大夏大学导师制的现代性转化

大夏大学的导师制以毕业级学生为主体,每一名导师除个别指导外,"每二星期开分组集会一次,讨论学术上及个人立身处世问题,一方研究学问,一方联络情感"。通过这种方式,达到"教授知学生之需要,学生知学校

---

[78] 大夏大学编:《私立大夏大学一览》,1929年版,第187页。
[79] 大夏大学编:《私立大夏大学一览》,1931年版,第212页。
[80] 《法学院假法庭诉讼实习》,载《大夏周报》1930年第82期。
[81] 《法科同学参观地方法院记》,载《大夏周刊》1928年第60期。

之详情,打消一切隔阂"的效果。㉜ 因其取得的良好成效,引来了当时国内其他大学纷纷学习、借鉴与践行,并且对民国时期导师制的施行产生了深远影响,该项制度不仅提高了学生学习的针对性与有效性,而且还提升了学校的教学水平与办学质量,使得大夏大学成为当时私立大学中的翘楚。

新中国成立后,20世纪80年代曾有部分高校施行本科生导师制,但随着本科生招生人数的增多,专业班导师制逐渐消失,导师制渐渐仅适用于研究生教育。㉝ 近几年,尽管各所院校陆续在不同程度的恢复推行本科生导师制,但是根据专题调研可以发现,不少导师和学生见面的次数较少,现场交流、集中辅导、专题培训明显不足,在人生规划、学业规划、科研规划方面不能很好地兼顾学生的个性化和差异化,致使指导内容过于空泛,缺乏针对性。㉞ 因此,以史为鉴,当前导师制度的设计可以从大夏大学的办学中汲取不少经验。一则,在导师选聘上,为了保障导师制更好地实施,大夏大学十分重视导师的选择,基本上每一学期根据导师的实际指导情况,选择优秀的教师作为学生指导老师,由此保障了导师的教育质量。二则,在实施范围上,大夏大学会根据学生的需要及实施效果,安排最需要指导的年级与学生加入到导师制中,选择最优秀的老师指导最需要指导的学生,施行的是一种针对性的指导模式,㉟"只求实际有益学生之身心,初不受一定形式之拘束也"。㊱

是故,当下可以针对法学本科学生招生规模大小、双师型教师占比高低、专职教师教学与科研侧重不同的特点,在本科生中推行全员参与、双向选择的导师制制度。一方面,整体实施中应尽量降低导师制中的师生比例,让导师更有充足的精力去了解学生、带动学生,增强双方的主动性。同时,根据专业与学生的特点,遵循以个别指导为主、个别指导与集体指导相

㉜ 《大夏大学之导师制》,载《申报》1929年6月29日,第11版。
㉝ 白小平:《法学本科教育的矛盾与教育教学方法改革——以本科生导师制实践为例》,载《高教论坛》2018年第8期。
㉞ 参见万宗瓒:《学分制背景下法学专业本科生导师的实践与思考》,载《高教学刊》2019年第6期。
㉟ 参见喻永庆:《民国时期大夏大学导师制实施考察》,载《高教探索》2018年第10期。
㊱ 雷国能:《大夏大学之导师制》,载《大夏周报》1933年第28期。

结合的方式,因材施教的同时,开展定期的、有针对性的、轮流形式的指导活动,合理利用教育资源,发挥学生的潜能。另一方面,在遴选导师时不仅应注重专业水平,还需兼顾政治素质与道德修养,并建立健全导师考核机制和合理评价体系。导师的选聘、指导列入导师考核之中,对参与指导的校内导师,给予科研经费或绩效考核方面的优惠措施,对成绩突出的导师给予适当的物质奖励,对不能履行职责或考核不合格的导师予以解聘。

(二)在法学教育中深化师生合作精神

欧元怀曾立志要将大夏大学塑造为东方的最高学府,他认为达到这一目标的唯一方法,便是师生合作,"我们的话,虽大而非夸。我们的理想,不是空中楼阁。我们所采取以达到吾们理想的方法,仍旧是向来用惯的一个老法子——师生合作,再没有什么更新鲜更高妙的终南捷径"。[37] 事实也确实如此,大夏大学取得的成绩正是基于一如既往的坚持与践行师生合作的精神,"始终抱定'师生合作'的精神而办学的,只有我们大夏大学。十二年来,学校当局都是坚持这一贯的精神而求'大夏'的发展的"。[38] 故而,其师生也自诩:"师生合作不是口头的叫喊,而在实际的工作,我们不自夸,而敢大胆地说,我们大夏是真实的师生合作者,是师生合作的成功者。"[39]

大学精神是大学师生的价值追求和精神家园,是大学办学宗旨和办学特色的最直接体现,是凝聚全校师生最深沉的精神力量,是联结海内外校友最紧密的精神纽带。[40] 大夏大学无论是在初创时期,还是在抗战时期,都充分体现出了师生合作的精神,凝练成为"教师苦教,学生苦学,职工苦干",正是在这种精神的激励下,即使受日寇环伺仍能弦歌不辍继续开课教学。大夏大学的师生合作精神并无复杂的内涵及操作方式,正如其总结的,不过是:师生彼此都抱着"有为学校谋发展"的精神,同心合力地向前;

---

[37] 欧元怀:《师生合作!继续努力!》,载《大夏周报》1930年第74期。
[38] 周乐山:《师生合作》,载《大夏周报》1936年第18期。
[39] 钱叙之:《高举我们的旗帜》,载《大夏周报》1930年第89期。
[40] 参见苏国辉:《大学精神与文化特质的凝练、创新与培育》,载《中国高等教育》2019年第22期。

虽有个人一部分或全部分的牺牲,为顾全大局起见,仍秉持先公后私,打消个人的私见;师生共同生活,把学校组织得像家庭一般,师生双方诚意的结合。[51]此外,在日常办学中,大夏大学的教师会根据学科特点,以远足会、游园会、圆桌会等形式进行尽职的指导,拉近师生之间的感情,深化师生合作精神。

当代大学作为学术共同体,具有价值多元性、目标多样性、组织松散性等特点,法学院校尤是如此,而法学学科又是实践性很强的学科,法学教育需要处理好知识教学和实践教学的关系,这也为践行师生合作提供了契机与挑战。一方面,从法学教师的立场出发,法学教师可以根据自己的工作计划,结合学生的专业特长、学习兴趣、性格倾向、家庭经济状况等情况,制订切实可行的培养计划。组织学生进行文献阅读、选题和课题立项研讨,吸纳优秀学生担任科研助手,开展课题研究与调研。同时,配合教育管理者做好对学生学习生活、为人处世等方面的指导工作,在课堂外灵活组织参与相关活动,如个别约谈、小组会谈、学术沙龙、社会调查等,鼓励和指导学生在校期间发表论文、参加大学生创新创业项目训练,通过这些方式实现师生合作的目标。另一方面,从法学生的视角出发,法学院校可以结合"互联网+"的理念,积极探索多种渠道的学生意见反馈,建立信息互通、家校联合的互动交流机制,并通过组织围绕凝聚师生关系的项目活动,如定期电话家访,组织导师到困难学生的家庭家访等,增强师生联系的紧密度。同时,在校内赋予学生更大的管理权责,使学生成为学生事务、学生活动、学生社团的重要组织者,并使教师成为重要的参与者,[52]进一步拉近师生之间的情感距离,营造新型的师徒文化。

(三)办学灵活性与法学教育特色的形塑

大夏大学取得的优秀成绩还得益于其办学的灵活性,当然这背后也离

---

[51] 马雪瑞:《谭谭师生的情谊与合作》,载《大夏周刊》1928年第53期。
[52] 参见吴朝晖:《新时代中国一流大学精神建构研究》,载《中国高教研究》2019年第10期。

不开校长欧元怀的执着,他认为:"大学为创造高等文化之摇篮,其本身不是政治的尾巴,尤以校长的人选应超脱党派之争。而学术研究的结果,应与人民生活发生密切的联系,以求文物制度的发展,理性生活的增进,所以大学教育为学术独立,应争取研究自由,为发挥研究的建设性,应以人民大众的生活为出发点,大学教育才不是新式士大夫的教育。"[33]因此,欧元怀毕生都在追求一种适应性与创造性兼具的大学文化。[34]

在实践中,大夏大学的灵活办学演化出了该校法学教育专业化与本土化的融合。从其教学内容的演变可见,尽管民国时期教育部与司法院出台了一系列规范法学院课程的法令,但大夏大学却始终坚持比较法教学,跳脱出国民政府规定的教育模板,充分发挥其办学的自主性与灵活性,进而保证了大夏大学法学教育始终能与近代上海的现实法制环境相适应。即使是在抗战内迁贵州时期,大夏大学仍继续根据自身条件及时局变化情形,增设不同专业。1942年,大夏大学受贵州高等法院委托增设了法律专修科,还受财政部盐务局委托开办了盐务专修科,系统多样的招生专业和灵活增设的招生项目,能够满足当地对法治人才的需求。

当下,从宏观方向而言,实证研究已经证明,灵活的特色的办学会对高校组织绩效有显著影响,这要求高等院校的法学教育能够在不断变化的发展环境中捕捉机会,同时具有围绕特色办学进行变革的能力,增强组织运作、财政和结构上的灵活性。[35]从微观实践而言,一方面,法学院校可以通过加强与地方各部门及校企之间的合作,建设多元化的法学教育实践平台。例如,积极与县区基层法院联合举办模拟法庭,与地方律师事务所联合开办诊所式法律教育,与地方企业或其他单位联合建立实习基地等,使学生能够深入了解当地法治环境。另一方面,组建有地方特色的师资队伍,通过制度建设促使现有教师积极参与司法实践,加强法学教师到司

---

[33] 欧元怀:《春季开学感言》,载《大夏周报》1948年第10期。
[34] 参见李福春:《欧元怀大学创造思想要义》,载《高等教育管理》2009年第4期。
[35] 参见王占军:《大学特色办学战略与组织绩效关系实证研究》,载《清华大学教育研究》2016年第5期。

实务部门挂职锻炼,增聘实务界的相关人士来校兼职授课,通过讲座、培训、合作讲学等形式多样的交流机制,建设一支熟悉当地实际法治需求、教学经验丰富、专兼职结合的高水平教师队伍。

总之,地方法学院校可以在合理定位的基础上,立足社会需求,将自身优势和外在条件进行最优组合,及时开设满足当地社会发展新需求的专业,凸出创新型和应用型人才的培养。[95] 在教学中,灵活调整课程设置、授课内容与教学方式,结合本土法治环境,丰富法律实践教育,最终形塑成既适合当地社会,又适应我国国情,还能接轨国际水准的法学教育模式。

---

[95] 参见李慧:《抗战时期大夏大学招生规模结构探析》,载《考试研究》2017年第3期。

民国书商伪造清人判词举隅：以平襟亚改两则刑部驳案为名吏"妙判"为例

张田田　池贝贝[*]

内容摘要：民国书商平襟亚出版的"清代名吏判牍"系列中的部分内容可疑，其中两则"妙判"均改编自乾隆朝刑部驳案。平襟亚改《驳案续编·刨坟掘棺偷窃二次》为《曾国荃判牍·开棺见尸之妙判》，通过改变原案情节和审级，将本系从州县到皇帝各级均参与的死刑案件变换由地方直接审结，将本属于刑部的纠错意见安插在曾国荃名下。在编造《袁子才判牍·借端诬陷之妙判》时，平襟亚虽效仿《驳案新编·擅用赦字世表字样拟徒》中由重改轻的裁决思路，却将乾隆帝处理文字狱的综合考量，错置为袁枚的宽仁主张。两则"妙判"是典型伪作，具备共性，据此解析平襟亚作伪手法及动机，有助于对同编者及同时期出版的其他清人判词明辨真伪、去伪存真。

关键词：判词伪作　驳案汇编　曾国荃　袁枚　平襟亚　妙判

一、问题的提出

民国的出版自由虽前所未有，但副产品则是出版市场乱象丛生、伪书

---

[*] 张田田，沈阳师范大学法学院副教授；池贝贝，沈阳师范大学法学院硕士研究生。

猥獗。① 平襟亚浸染其中,编书过瘾,贩书牟利,作品虽广泛流传,但部分出版物如清代名吏家书系列,已被指出系伪或可疑;②其在相近时间、以相似目的炮制的名吏判牍系列(以下简称"清代名吏判牍"),也存在疑点,"妙判"辨伪逐渐受到学界关注。③

平襟亚既是擅抓选题、擅长营销的书商,也是善于拼凑材料、编造判词的写手。几经周折,我们才发现他作伪的一些确证,即在他所编写的《曾国荃判牍》《袁子才判牍》中,有两则"妙判"其实改编自《驳案汇编》中的乾隆朝刑部驳案,而与判牍所标榜的清代名吏曾国荃、④袁枚⑤毫无关联。一方面,《驳案汇编》中的案例材料以"驳"为重点和亮点,"所收大部分判案都是刑部'奉上谕指驳改拟'而定的,所以'驳'的特点十分鲜明,畸轻畸重,驳议有据。在驳议的过程中,或引律例条文,或引律注,或引成案,有理有节,具

---

① "民国时期的很多伪书性质比较恶劣,书贾为了牟利故意伪造历史,内容无中生有,危害极大。"金晔:《平襟亚传》,东方出版中心2017年版,第130页。
② 如刘路生教授《〈袁世凯家书〉考伪》一文(载《广东社会科学》1998年第3期)明言,除了所附的《总统就任宣言》以外,《袁世凯家书》中没有一篇属于真实存在的书信。卞孝萱先生的《扬州八怪考辨集》中,也对《郑板桥家书》中的书信逐一辨析,研究得出除了家书中的十四通是乾隆年间已印行的外,其余部分都是伪作。南京大学陈恭禄教授在《中国近代史资料概述》中指出,中央书店等"书坊印行的林则徐、胡林翼、李鸿章、彭玉麟、张之洞家书都不能作为史料"。陈恭禄:《中国近代史资料概述》,中华书局1982年版,第196—197页。
③ 1925年平襟亚在东亚书局推出襟霞阁版清朝名吏判牍10种,《张船山判牍》《曾国荃判牍》《袁子才判牍》等,均在此列,此后也有再版。其中每则故事,均以四字概要加"……之妙判"或"……之妙批"为名。本文所言"妙判"即专指平襟亚编写发行的系列出版物中的"妙判"故事,行文效仿传统判词中骈四俪六的文体,内容从民间家事纠纷到命盗案件,均以吸引人眼球为能事。在辨伪方面,如张田田在《案例故事中的清代刑法史初探》(法律出版社2019年版)中对"拒奸杀人之妙判"与"报仇杀人之妙判"的真伪与优劣有所考辨。徐华则依据《张船山判牍》总结得出,法律依据不当、审判程序错误与情节失真及辞藻夸张等是平襟亚笔下的伪"妙判"之共性所在。徐华:《平襟亚编〈张船山判牍〉中的五篇判词系伪作考》,沈阳师范大学2021年硕士学位论文。
④ 曾国荃(1824—1890),字沅甫,湖南湘乡人,曾国藩之弟。曾国荃于咸丰二年被录取为贡生,为官经历跨越咸丰、同治、光绪三朝。
⑤ 袁枚(1716—1798),字子才,号简斋,浙江钱塘县人。袁枚于乾隆四年中进士,乾隆七年时仕途出现转折,被发放江南,先后于溧水、江浦、沭阳和江宁任知县。乾隆十四年,由于父亲去世,袁枚便辞去官职以赡养母亲,归隐"随园",仅为官十年。

有很强的说服力",[6]"驳案的宗旨由皇帝、刑部和地方官员共同秉持,体现准情酌理、个案权衡、轻重持平、平允判决的司法态度"。[7] 平襟亚把此类存在疑难问题和驳议过程的典型案例当成原型来编写"清代名吏判牍",对读者和研究者确实可能产生一定的迷惑性,甚至在看不到原型案例的情况下被"妙判"所吸引。[8] 另一方面,平襟亚的改编方式过于随意、歪曲事实、罔顾法律,最终炮制出的"妙判"实系拙劣伪作,不但无法真正丰富清代史料,反倒可能误导读者,给清代司法制度、判词写作等方面的研究者造成障碍。究其根本,还是在于平襟亚推出"名吏判牍"正如其推出"名吏家书"一样,追求名人效应,迎合猎奇口味,只顾销路,粗制滥造,并不在乎质量,更无所谓真实。若用伪作来治清史,实为缘木求鱼。

伪作虽难凭信,作伪之法,却值得一探。从平襟亚的发家史来看,他对讼师故事和案例故事的兴趣浓厚,对清代及民国的笔记小说等也相当熟悉,编出来的以讼师、名吏为主角的法律故事书等,一时也颇受欢迎。[9] 随着出版物的畅销,平襟亚的技术也越发老练,像本文所探讨的"开棺见尸之妙判"与"借端诬陷之妙判"这般能明确辨认出原型的,目前尚不多见。平襟亚改《驳案续编》中的"刨坟掘棺偷窃二次"为《曾国荃判牍》中"开棺见尸之妙判",通过改变原案情节和审级等来混淆视听,将本系从州县到皇帝各级均参与的"改充军为绞候"之案变换由地方直接审结,将本属于刑部的纠错驳案意见强行安插在曾国荃名下。在编造《袁子才判牍》的"借端诬陷之

---

[6] [清]全士潮等纂、何勤华等点校:《驳案汇编》,法律出版社2009年版,前言第2页。《驳案汇编》是《驳案新编》《驳案续编》两部判例集的合称。光绪九年(1883年),山阴朱梅臣将《驳案新编》与《驳案续编》合刊为一书,题名为《驳案汇编》。

[7] 张田田:《论清代乾隆朝刑部驳案——以〈驳案新编·人命〉为中心》,吉林大学2011年硕士学位论文。

[8] 《袁子才判牍·借端诬陷之妙判》的原型韦玉振妄用"赦"字案,还收录在《刑案汇览》卷六十"行述家谱妄用赦字世表字样"中。[清]祝庆祺编撰、尤韶华等点校:《〈刑案汇览〉全编》,法律出版社2008年版,第3141—3142页。相比收录案件数量更多的《刑案汇览》,《驳案新编》和《驳案续编》中所收判例信息更详,更少加工,更有助于全方位地保存了当时司法、行政的原貌。《驳案新编》《刑案汇览》等都得到了清代刑官的重视,在当时即较为流行,因而在民国时仍然易得、易见,被平襟亚用作资料库,也是很有可能的。

[9] 编者生平可参见徐华:《平襟亚编〈张船山判牍〉中的五篇判词系伪作考》。

妙判"时,平襟亚效仿《驳案新编·擅用赦字世表字样拟徒》原案由重改轻的整体思路,但省略了改判理由和内情,将乾隆帝处理文字狱的综合考量,错置为袁枚的宽仁主张。这两则"妙判",恰好是伪作中的典型。本文通过辨析民国书商平襟亚的作伪方式,来把握其改写的目的与模式,对辨识其他"妙判"真伪与衡量民国版"清代名吏判牍"的价值等,均有助益。

二、《曾国荃判牍·开棺见尸之妙判》辨析

虽然平襟亚所编《曾国荃判牍》中数则"判""批",能在《曾国荃全集》中找到对应内容,但这并不意味着这部判牍的编订能全部代表曾国荃本人的司法事迹与水平。其中"开棺见尸之妙判"讲述乡民盗墓的罪与罚,虽将日期隐为"某年某日",但情节及裁判思路似曾相识。查找之后,得以验证猜测:该"妙判"有确定原型,即取材于清中期一则刑部驳案,据原案中载明,案发时为乾隆朝,曾国荃不可能参与其中,也就是说,这则"妙判"定非曾国荃的原意。从添油加醋改编故事情节,到打乱审级、曲解律例,平襟亚粗制滥造的编写,彻底颠覆了原案。

(一)情节的编造

将驳案与"妙判"并列,则后者之伪,一目了然,我们先从原案与"妙判"改编的故事情节开始对比,详见表1。⑩

表1 《驳案续编》与《曾国荃判牍》情节对比

情节对比	《驳案续编·刨坟掘棺偷窃二次》⑪	《曾国荃判牍·开棺见尸之妙判》
案由	一起为报明事。据云南巡抚谭咨称宝宁县民桂发科刨坟凿棺、偷窃衣物一案。	乡民包发发刨坟凿棺、偷窃衣服事被尸亲所悉,向官禀诉。

---

⑩ 表中用下画横线代表原案例中情节被改编者所隐去者,用下画波浪线显示改编情节,用粗体强调改编案例中所保留的原文信息。其他案亦同。

⑪ [清]全士潮等纂、何勤华等点校:《驳案汇编》卷二,法律出版社2009年版,第642—644页。以下版本同。

续表

情节对比	《驳案续编·刨坟掘棺偷窃二次》	《曾国荃判牍·开棺见尸之妙判》
案犯	缘桂发科籍隶宝宁,砍柴度日。	查包发发本系一乡农,耕种度日,尚可敷衍。后因承嗣伊叔包耀斌名下,得有嗣产,乃改为看守坟墓度日,平常颇为小心谨慎。
失主	乾隆五十四年十二月二十三日,客民蔡耀源之子蔡维秀病故,埋葬官山。	某月某日,有客籍人蔡树槐,因病身死,由其亲属埋葬于包发发所有之冢地上。
罪行	桂发科起意刨窃,于(乾隆)五十五年正月初二日夜独自一人携带柴斧、木扒走至坟边,先用木扒刨去土块,用斧将棺盖凿通一硐(洞),伸手窃取盖面红绫、白布携至家中。	事隔多年,蔡姓亦已久未有扫祭情事,包发发以为尸亲当已回籍,遂起意刨窃。乘夜独自一人,携带斧凿,走至坟边,先将土块刨去,然后将棺盖凿通,开一洞口,伸手将盖面缎布衣物,一一携出。
销赃	将白布二幅卖与不识姓名人,得钱花用。其红绫二幅,因颜色潮变,尚存在家。	正拟变价间,旋为人察破。
报案	经尸亲蔡耀源赴县具报,验明棺系凿通,尚未见尸。通报饬缉,因限满犯未弋获,业将承缉各职名开参在案。	告知蔡树槐友好,赴县具报,验明确系凿通棺盖。
有无其他罪行	有(盗蒋朝荣母之墓)⑫	无

乡民盗墓案的记载分为几个部分,即有关盗墓者与失主的情况、盗墓罪行、销赃与赃物去向、尸属报案与犯人被获情况等。将驳案案例与妙判故事对比,我们可以看到,原案本于司法实践、紧扣审理过程,交代案情前后呼应、细致入微:如对赃物去向的交代,白布二幅、红绫二幅,各有归属,

---

⑫ 具体为:"乾隆五十六年三月二十八日,蒋朝荣母故,葬于官山。桂发科又起意扒窃,于(乾隆五十六年)四月十三日夜携带柴斧、木扒至彼,刨去土块,用斧在棺脚后凿开一硐(洞),伸手摸出盖面缎布衣物,携至山硐(洞)藏匿,(乾隆五十六年四月)十六日带回。是日(乾隆五十六年四月十六日)尸子蒋朝荣往圹查知,时值大雨,随用土掩盖,报县据兵役将贼犯桂发科盘获,并于该犯家内起获原赃,押解到县,讯详饬审。该犯桂发科在监患病,兹犯病已痊,审拟招解提鞫前情,究无另有刨窃别案及窝伙知情之人。赃经主认,正贼无疑。"

其中盗墓所得红绫因"颜色潮变"而留在犯人家中一节,结合后文"于该犯家内起获原赃"与"赃经主认,正贼无疑"等来看,可谓环环相扣,印证了"真的假不了"。而妙判中一概从略。更有甚者,作为原案"偷窃二次"题中之义的案犯于乾隆五十六年第二次刨坟凿棺之举,被平襟亚尽数删去,在后文的判决说理中,也删去了相应文字。整体上,妙判的信息量更少。同时,需要注意的是,改编虽以删减文字为主,但编者挥洒笔墨,拼凑字数,也增添了一些内容。连删带改,以假乱真,无疑有违出版伦理,本文暂且不论;编者如何利用原作,增删方面有何用意,值得再作阐释。

譬如病死"客民"之后事如何操办,不同于原版的"埋葬官山",妙判设计成埋葬于案犯所看守的坟地中,无非是为了突出案犯在监守自盗前曾小心观望,只因死者系客民,看坟者见"事隔多年"无人扫墓,"以为尸亲当已归籍",这才抱着侥幸心理,起意作案。否则前面铺垫的看坟人"平时颇为小心谨慎",曾"耕种度日,尚可敷衍"等,便说不通。这也就意味着,编者有意突出这则故事中的人犯是针对客死他乡者的偶发犯案,这相对于原案犯为刨坟惯犯,可谓某种程度上的"再创作"。然而,平襟亚脱离原案自由发挥,阐明盗墓者动机的"事隔多年"一语,细究便有破绽。根据原作,病故客民于乾隆五十四年底下葬,次年正月初二,棺即被凿洞,棺内物品被窃;相似地,犯人第二次犯案是在死者三月末下葬后的四月中旬,想来作为惯犯,他为免发生棺内盖面红绫等"颜色潮变"而不易脱手的问题,因此在隐匿行踪的同时要尽快行动。倘若如"妙判"所言,"事隔多年"才盗一客民之墓,以案发地的气候地理条件,随葬物品未必能保持完好,犯人未必能有收获,也就谈不上后续的销赃了。正可谓"假的真不了"。

又如原作载,第一次偷窃案发,"赴县具报"的报案人乃是尸亲(死者之父),尸亲很快发现墓葬有异,应是常来祭扫,而非妙判所言死者为亲戚埋葬后坟墓遭窃"为人察破"并告知死者友人。同理,第二次盗窃案发,报案者也是尸亲(死者之子),尸亲扫墓时发现母亲坟墓有损、棺盖已破,立即报县。但第一次犯案被发现虽早,破案却迟,即当时调查现场虽验明"棺系凿通,尚未见尸",但也许是埋葬于官山,犯案者又系熟悉地形、行踪自由的打柴之人，因缺乏目击证人，赃物去向亦难追踪，因而乾隆五十五年病故客民棺内财物被盗一案"限满犯未弋获，业将承缉各职名开参"，乾隆五十六年第二起窃案出现，案犯乃是由兵役盘获窃贼，并起获赃物，进行审讯和拟断，前案总算告破，后案也总算"业于限内获贼，所有承缉接缉职名，应免开参"，可见侦破颇费周折。在妙判伪作中，编者转移了重点，降低了盗墓案的侦破难度，而把"事隔多年"用于描述死者客死他乡、身后凄凉、无人关心上。但如果接受了这一设定，那么已死多年的外乡人，多年后被盗走了随葬品，却在盗墓贼刚打算变卖时，就迅速被人识破，还精准地报信给了死者的朋友，死者的朋友又坚决迅速地采取了报案措施，这就不免与前文营造的"身后凄凉"氛围产生冲突，不那么令人信服了。

  大体上，平襟亚对原案情节的改编和伪造，可分为"明"与"暗"两个层面。明着改，除最表层的改乾隆朝晚期刑部针对云南巡抚办案的复核意见为曾国荃事迹外，还包括前述如添加情节（案犯生平、犯案动机）与删减信息（销赃、再犯）等。暗着改，即编者通过在旧框架上排布新信息，拼凑出了另一个版本的故事：原版之犯，砍柴度日，因而出没于官山，对山中地形与新旧墓葬有所了解，起了歹心，多次犯案，惯常模式是在死者下葬十余天后，凿通棺盖，伸手入内，窃取财物等，伺机变卖；而妙判故事中的盗墓者原本务农，后给人看坟，当某客民病故下葬后，他观望数年，才起意行窃，手法是凿通棺盖后伸手取棺中"盖面缎布衣物"，仅下手一次，销赃时被人告发。

  之所以这样改，我们可以推测，一方面是平襟亚不能凭空虚构清代案例，需要有所本，但又不希望被明确看出底本，因而有意改动案内人名讳、隐去案发时间地点等，使案情显得"似是而非"。另一方面，编者增删之处都是服从其"讲故事"的需要，而非聚焦案件实况。如为了叙述"开棺偷窃"事仅一次，便要强调所窃者是无人祭扫的病故客民。又如为了略去缉拿盗墓惯犯的波折，便要设下伏笔称案犯本为看守坟墓之人，因而出现盗发坟墓之事，守墓人最先被怀疑，等等。然而，"妙判"虽经民国文人极力演绎发挥，在缜密原案的衬托下，便漏洞丛生：前后矛盾如案由概括时称尸亲告官，而后文却变成了死者友人；情理有疑如事隔多年之墓中是否仍有可盗之财,守墓人作为墓穴被盗的第一嫌疑人,若是真的小心谨慎,就不应当对客民之墓念念不忘、铤而走险、凿棺取物。更重要的是,案情中的矛盾与疑点,还关系到法律适用部分,倘若案情改写得面目全非,判决说理却仍然抄袭原作,这就是更失真、更离谱了。接下来我们转换视角,聚焦判决过程。

(二)法意的缺失

原案的判决经历了多个阶段,首先是地方原拟,其次是复核机关纠错,最后是地方改拟,最终定谳。平襟亚对上述内容的改写,貌似利用了基本的纠错结构,其实大幅度删减原作,似是而非。仍列表2解析如下。

表2 《驳案续编》与《曾国荃判牍》断案对比

断案对比	《驳案续编·刨坟掘棺偷窃二次》	《曾国荃判牍·开棺见尸之妙判》
刑罚	(云南巡抚)查桂发科先后发掘蔡维秀并蒋朝荣之母张氏坟冢,仅将棺木凿硐(洞),用手摸窃浮面衣物,棺盖未开,尸身未露,实属发冢见棺。桂发科一犯合**依发掘常人坟冢见棺椁为首例发近边充军**,定地发配折责安插,面刺"发冢"二字。	县令**依发掘常人坟冢见棺椁为首例发近边充军**定罪后,禀报前来。
有无赔偿	有⑬	无⑭
有无职官议处	有⑮	无

---

⑬ "蔡维秀棺内被窃之白布二幅已经该犯卖钱花用,照估追赔。余赃给主。蔡维秀等坟冢已经各尸亲修理完固,应毋庸议。"刑部驳案时的相应批复为:"该抚疏称蔡维秀棺内被窃之白布二幅已经卖钱花用,仍原估追赔给主。现获各赃,均先给主认领。蔡维秀等坟冢已经各尸亲修理完固,应毋庸议等语,均应如该抚所题完结。"

⑭ 在最后的"改判"部分则突兀地提及赃物退还、坟墓修缮的内容。

⑮ 巡抚声明:"再蔡维秀坟冢被发一案,业于初参文内奉文议结。张氏坟冢被贼偷刨,业于限内获贼,所有承缉接缉职名,应免开参。相应咨明等因前来。"刑部驳案时的相应批复为:"再该抚疏称所有将绞罪人犯错缓军流、承审失出职名,系署宝宁县知县童云栋、审转职名系署广南府事嵩明州知州翁元圻,相应开报。又该抚原咨内称蔡维秀坟冢被发一案,业于初参文内奉文议结。张氏坟冢被贼偷刨,业于限内获贼,所有承缉接缉职名应免开参等语。查定例,督抚具题事件内有情罪不协、律例不符之处,部驳再审,承审之府州县官如原拟军流、徒杖,部驳改为斩侯(候)、绞侯(候),出入不甚悬隔,均降一级调用等语。查案犯并未患病,合并声明。"

99

续表

断案对比		《驳案续编·刨坟掘棺偷窃二次》	《曾国荃判牍·开棺见尸之妙判》
刑部	细绎律例	(刑部)查律载发掘他人坟冢开棺见尸者绞监候,又例载发掘常人坟冢见棺椁,为首者改发近边充军各等语。细绎律例,分"见棺""见尸"之文,罪名有"绞候""充军"之别,诚以发冢见棺,则棺内之尸骸不露、衣物无失,害不及尸,故罪止充发。 若开棺见尸,则藏尸之棺椁既遭损坏,护尸之衣物必被剥取。律文止言见尸而不言窃取尸衣者,举重见轻,因其害及尸身,故不论赃物之多寡,即定以缳首之罪,所以惩贪残而保护枯骨,初非专指见尸者而言。 且发冢开棺之人若非图窃棺内财物,岂其意止图一见死尸而已?是发冢开棺拟绞之罪,不可仅就"见尸"而论,当推其害之曾否及尸以凭定断,律义自明,自不便拘泥一"见"字而曲为开脱。	(曾国荃)查发冢见棺罪止充军者,原以发冢而仅止于见棺,则棺内之尸骸尚未显露,棺内之物件亦未损失,见棺而害不及尸,则罪尚可恕,故以充军定罪。 若开棺见尸,则藏尸之具业既被毁,岂有棺内之物而反可保全之理,殉尸之室、饰尸之衣、护尸之件,势将一一遭其偷窃或损毁,毫无疑义。 查律载发掘他人坟冢开棺见尸者绞监候,诚以害及尸身,不加重责,非所以惩贪残而保枯骨。
	斟酌案情	此案桂发科先将蔡维秀之坟刨去土块,用斧将棺盖凿通一硐(洞),伸手窃取盖面红绫二幅、白布二幅。嗣又至蒋朝荣母坟,刨去土块,用斧在棺脚后凿开一硐(洞),伸手摸出盖面缎布衣物等情。是该犯两次发冢,均已凿棺通,窃取尸物。虽尸身尚未全暴棺外,而棺内死尸已遭窃害。且既己凿棺开硐(洞),即不得谓之并未开棺露尸,既已摸取棺内衣物,亦不得谓之仅止见棺。准情定谳,自应依律科断,乃该抚将该犯仅照发冢见棺例拟以近边充军,是拘泥"见尸"之字而未体会"开棺"之文,亦未明立法严惩为害死尸之义。不惟与律未符,且将此凿棺之犯与见棺者一例同科,尤为轻重失平。	此案包发发先将蔡姓坟基刨去土块,又用斧凿开棺盖,窃取盖内缎布衣服。尸身虽未全露,而已害于棺内之尸,既已凿洞,即属开棺,既已窃摸衣服,即与仅仅发冢者有别,若仅判处充军,是混凿棺之犯与见棺之犯为一,轻重失平,殊非立法之本意。
	咨驳	案关罪名出入,本部碍难率覆。应令该抚细核案情,详参律意,另行妥拟其题,到日再议可也等因。	—

续表

断案对比	《驳案续编·刨坟掘棺偷窃二次》	《曾国荃判牍·开棺见尸之妙判》
改判	今据该抚疏称,奉准部驳,当饬审去后,据审拟招解前来覆加亲讯,据供前情不讳。查桂发科先后发掘蔡维秀并蒋朝荣母坟,虽至凿棺通硐(洞),用手摸取浮面衣物,棺尚未开、尸未露见,但棺既凿开,棺内衣物又被摸取,诚如部驳,尸身虽尚未全暴棺外,而棺内死尸已遭窃害,不得谓并未开棺露尸,亦不得谓之仅止"见棺"也。从前拘泥"见尸"之文,拟照发掘常人坟冢见棺椁为首例拟以近边充军,实属错误。将桂发科**改依发掘他人坟冢开棺见尸律拟绞监候**,照例刺字等因具题前来。据(据此)应如该抚所题,桂发科合**依发掘他人坟冢开棺见尸律拟绞监候**,秋后处决……臣等未敢擅便,谨题请旨。⑯ 乾隆五十七年十一月十六日题,十八日奉旨:桂发科依拟应绞,著监候,秋后处决。余依议。	包发发当科**改依发掘他人坟冢开棺见尸律拟绞监候**。现获各赃均给主认领,坟墓由尸属修理完固。

1. 打乱审级

对比可见,妙判对原案记录进行了大幅度删减,并有意省略、变换了司法机构,因而"重构"了办案的全流程。(1)将发冢盗墓重案应逐级经州县承审、府道审转至巡抚咨行刑部的过程,说成是县令向长官曾国荃的禀报;(2)将刑部对地方拟断的复核,改为地方长官对县令的批驳;(3)将原文中刑部"咨驳去后"巡抚"奉准部驳"予以再行审讯、重新拟断并改咨为题的过程一概略去;(4)将改判决定承接所谓的"长官批驳",给读者以曾国荃直接否决"县令禀报"并径行改判的印象。一言以蔽之,编者存心误导读者,将清中期乾隆朝一起酌量情罪的刑部驳案改写为突出晚清封疆大吏曾国荃果断纠错的"妙判"。相比上章案情部分所述的"添枝加叶",在断案流程、裁判依据等方面的改写,以删为主,但影响也不可小觑。这种删改,看似保存原文,其实已抓住紧要关节,篡改了案件判决的基础与主旨。

---

⑯ 省略部分为刑部对督抚报告的赃物追赔、职官议处等情况的回复,详见前两注。

譬如，依清制，死刑监候判决，照例最终要呈请皇帝定夺，巡抚原拟充军之罪因而"咨"送刑部，但改拟绞刑便须"具题"，而刑部虽有意驳案，但对于拟判死刑之案"未敢擅便，谨题请旨"，报请皇帝批示。而平襟亚编妙判，则将死刑案件的改判均归结到地方长官身上，显然是反常的。又如，原案在判决上"由轻改重"，因刑部驳案而纠正地方原拟之错误，于是涉及对"承审失出"即"将绞罪人犯错拟军流"的相关职官的处分问题，而改编时为了突出曾国荃的权能，自然删去了原文中的有机组成部分之一即"错案追究"的内容。概言之，如果说在案情部分平襟亚的重点是故事新编的话，那么在判决流程方面，平襟亚的重点则在虚构角色及其成就，为此不惜将本属刑部的纠错、说理等，均安插到地方长官名下，编造成曾国荃的功绩。

2. 曲解律例

不仅如此，"妙判"除情节失实、徒留拼凑而成的形骸之外，法意方面，相较其原型，更是神髓尽失。

作为原型的"驳案"，在时人看来，如《驳案新编》《驳案汇编》编者所言，核心价值便是居于全国"刑名总汇"地位的刑部针对地方个案拟断的议驳说理过程，刑部驳案的基本点是结合地方查明上报的案情，分析援引律例是否正确，判处刑罚是否合理。乡民盗墓案中，相关律例包括"见尸—绞候"律与"见棺—充军"例，地方原拟为依例"充军"，其依据是将盗墓者"掘棺偷窃"即凿通棺盖、伸手入棺取物之举，理解为发冢见棺而未见尸。但刑部却认为这种字义解读太过拘泥，"当推其害之曾否及尸以凭定断"，即应当结合立法之意与罪行实害来判定是见棺未见尸还是已开棺见尸。详见表3。

表3 "见尸者绞"与"未见尸者充军"的立法之意与认定标准

刑部说理	立法之意	认定标准
见尸者绞	律文止言见尸而不言窃取尸衣者，举重见轻。因其害及尸身，故不论赃物之多寡，即定以缳首之罪。	发冢开棺之人，若非图窃棺内财物，岂其意止图一见死尸而已。藏尸之棺椁既遭损坏，护尸之衣物必被剥取。	已凿棺开洞，即不得谓之并未开棺露尸。既已摸取棺内衣物，亦不得谓之仅止见棺。
未见尸者充军	害不及尸，故罪止充发。	棺内之尸骸不露，衣物无失。	

102

刑部的说理中,将律义阐释为"惩贪残而保护枯骨",严惩残害死尸者,将认定标准明确为"尸衣遭窃"即同"开棺见尸",反对"拘泥一'见'字而曲为开脱"。因此,原拟将"掘棺偷窃"理解为"未见尸"并不正确,判决充军刑过轻,"将此凿棺之犯与见棺者一例同科,尤为轻重失平"。巡抚被驳倒,只得承认"从前拘泥'见尸'之文,拟照发掘常人坟冢见棺椁为首例拟以近边充军,实属错误",并将罪行认定为"开棺见尸"并改判绞监候。

应当说,这种"细核案情,详参律意"的判决说理过程,本是刑部驳案的华彩篇章,集中体现了刑部官员的业务素质和纠错能力。而在平襟亚"妙判"中,驳案理由皆尽归于曾国荃名下,一来未尽符合曾国荃的秉性与素质,二来更重要的是,清中后期因社会动荡而新规频出,在乾隆朝被认为是精准而平允的典型"驳案",改换时间、地点后,难免会失去本来价值。此案便体现了编者仅顾着编造情节与堆砌文字,并不真心关注何为真正的定罪量刑典范,不重视认定事实、辨析律例的精准妥当,也就难免会在"依法判决"上出现了致命伤。具体而言,原案中乾隆朝的刑部官员通过对律义进行了恰当的推演和解释,将"凿棺窃衣"视同见尸、毁尸,并随即依当时条例,提出判绞监候之建议,其后的立法动态也验证了刑部官员的卓见;但若案件为曾国荃所断,则相关条例在咸同两朝已有所调整,对"发冢见棺,锯缝凿孔,抽取衣饰,尚未显露尸身"等情形及相应处罚均有明确规定,且较前例加重为"为首者拟绞立决,为从俱拟绞监候"。⑰ 也就是说,乾隆朝刑官引"见尸绞监候"例,并释明法意,是高素质的体现;若曾国荃办案,依条例旧文而不顾新修之法,已属重大疏漏,何谈"妙"判?

据此可见,平襟亚炮制的这则"开棺见尸之妙判",突出的乃是"开棺"偷窃之事与"绞监候"之罚,草率填充一些虚构情节,错把刑部功绩算在曾

---

⑰ 该条例本为雍正年间两例,乾隆三十二年、五十三年分别修改、合并为一,嘉庆年间两次修改,同治九年改定。薛允升《读例存疑·刑律·贼盗·发冢》中辨析,条例科刑大多较律文加重,但"锯缝凿孔"原比律文刑轻,罪不至死,后改为绞决,与立法原意"大相抵牾",且新例的背景是畿辅一带刨坟案多,因而加重以示警戒,但"别省此等案件并不多见,未便一概从严",感叹"千余年来定律,忽而改从重典,殊嫌太过"。

国荃头上，制造了一个漏洞百出的故事；原案中被删去的信息未必不重要，即便被保留下来的信息，放到系伪的"曾国荃妙判"背景中去理解，也已黯然失色，失去真实性和准确性了。

三、《袁子才判牍·借端诬陷之妙判》辨伪

曾国荃本人有文集存世，但民国版《曾国荃判牍》中仍存在伪作的情况。与此相似，《袁子才判牍》的材料来源也较为复杂，这同样并非体现了编者广泛搜集、辑佚史实之功，毋宁说是反映了编者拼凑字数、仓促成书之过。通览《袁子才判牍》全书，经多方考辨，可以发现，一方面，平襟亚对袁枚的真实事迹加以渲染夸张，做出实质性改动，已动摇了判词的真实性；另一方面，他沿用"张冠李戴"的手法，把袁枚从未经手过的案例引入判牍，更是突破底线。[18] 后者中的典型，便是"借端诬陷之妙判"，通过查找原型、对比同异与辨析得失可知，从清代《刑案汇编》中取材并隐去具有辨识度的时间、地点、案犯姓名等信息，以实现对办案者的"张冠李戴"，[19] 进而完成对"清代名吏判牍"的内容拼凑，是民国书商平襟亚的惯技。

解析平襟亚伪造这则"妙判"的过程，仍先从外观相似的情节开始进入，详见表4。

表4 《驳案新编》与《袁子才判牍》情节对比

情节对比	《驳案新编·擅用赦字世表字样拟徒》[20]	《袁子才判牍·借端诬陷之妙判》
案由	赣榆县已革生员韦玉振叙父行述擅用"赦"字一案，殊属**狂悖**。	孙幼之呈控程木生**狂悖不法**一案，是本案可疑之处，即在一"赦"字。

---

[18] 对袁枚"妙判"来源的系统考证，参见池贝贝：《考论平襟亚编〈袁子才判牍菁华〉》，沈阳师范大学2022年硕士学位论文。

[19] 原案地点为赣榆县，但赣榆县（隶属于今江苏省）并不是袁枚的历任从政的地方。平襟亚改变了人物名字与人物关系，避免提及"徐述夔""杨魁"等知名人物，应是为了降低读者辨别出案例原型、进而发现其改编清代案例事实的可能性。

[20] [清]全士潮等纂、何勤华等点校：《驳案新编》卷五，法律出版社2009年版，第84—86页。

续表

情节对比	《驳案新编·擅用赦字世表字样拟徒》	《袁子才判牍·借端诬陷之妙判》
案发经过	缘韦玉振之父韦锡于乾隆四十三年六月十四日病故，伊长兄韦玉麟旋亦患病，韦玉振经理丧事。因伊父曾管社仓，让过穷佃息米，叙父行述称"赦不加息"，并"赦屡年积欠"，妄用"赦"字。赣榆县民韦昭禀首伊侄韦玉振为父刊刻行述，内有"于佃户之贫者赦不加息"并"赦屡年积欠"之语，殊属狂悖。	易振公与程木生，幼同里，长同学，甚相得也。易振公死，其子为发哀启，情由程木生撰述。中有"佃户之贫乏者，赦不加息，遇年荒并赦历年积欠"等语。
	韦昭恐有贻累，即赴学呈首禀。伊本生祖父韦晋龄即伊仪来亦系生员，外人指其文理不通。韦玉振欲夸张伊祖韦仪来文字，于父行述内叙入韦仪来有《松西堂稿》，并藏书东西二楼，总经手披，冀避不通之消。其堂叔韦昭以"赦"字欠妥，先向韦玉振说知。	为仇家孙幼之所见，据以呈控谓狂悖不法，应予灭族。
	韦玉振因行述已经散出，当以《四书》内有"赦小过"之句，可以通用回答。	据程木生供称，四书中曾有"赦小过"之语。以为赦字并不指定朝廷所用，因误入哀启中，心实无他。
调查	奉各宪饬州亲诣韦玉振家搜查，并无《松西堂稿》，其经史各种书籍亦无悖逆字句。所有东西二小楼俱贮粮食，并无另有违碍书籍。饬据韦积畴呈出家谱内有"世表"二字，亦载有韦仪来"藏书东西二楼，总经手披，著有《松西堂稿》，海曲贡生丁椒圃有传"等语。讯据族邻，咸称未见其书，亦未见韦仪来有著书籍。经州查明丁椒圃系山东日照县人，如果作序其家，或有《松西堂稿》亦未可定。即备文关查，一面饬委会审。委员详细校阅，并无违碍字句。严加究诘，据韦玉振坚供，伊祖韦仪来并未著有《松西堂稿》，因伊祖被人以"不通文理"谈论，是以于行述内捏载"著有《松西堂稿》"，并云家有藏书二楼，俱经手披，以见伊祖并非不通文理之人。海曲贡生丁椒圃有传之语，亦系捏说。	所作诗文信札，一体吊案，重以校查，实无悖谬。 又查得程木生、易振公，一时在地方上号称名士，门生故旧甚多，或有诗文流传于外，有不检之处，当经一一搜查到案，细为检视，亦无狂逆之处。 袁(枚)明知程木生无甚过恶，特迫于功令，不得不传提程及易振公子到案。并派差赴程、易两家搜检，并无违禁物品，所著诗文集，亦无悖谬之处。
	至伊父行述妄用"赦"字，实系无知失检，委非有心僭妄。质据原首之韦昭，亦供从未见其《松西堂稿》，实系韦玉振虚捏等语。	

105

由上述表 4 可知,此案的关键情节即为逝者刊刻的行述中出现"赦不加息,并赦屡年积欠"等言词,并引出一场文字狱风波。不同的是《驳案新编》中有着清晰的时间、地点、人物的介绍,时间为乾隆四十三、四十四年,地点为江苏赣榆,涉案人韦玉振为当地生员;而平襟亚的描述则语焉不详。平襟亚还更改了刊刻人与逝者的关系,原案由儿子追忆父亲德行,合乎常理,[21]平襟亚改编为死者之子请易振公昔日好友程木生代为刊刻。平襟亚还变换了告发者的身份,原案是亲族的检举揭发,韦玉振的堂叔韦昭先对韦振玉进行了劝说,"以'赦'字欠妥,先向韦玉振说知",劝说无果后,恐被连累,韦昭"赴学呈首禀",并无意把事情闹大。平襟亚改编为了仇家孙幼之揭发检举,意图兴起大案、广泛株连,使被告之家"灭族"。此外,平襟亚删减了部分事实[22],故事情节已与原案大相径庭。

在办案流程上,原案中巡抚杨魁办案从严,大肆查抄悖逆书籍,不料遭到了皇帝的训斥。皇帝谕旨中的态度传达,被平襟亚改编成了袁枚对两江总督尹继善的劝说。如表 5 所示:

表 5 《驳案新编》与《袁子才判牍》审理流程对比

审理流程	《驳案新编·擅用赦字世表字样拟徒》	《袁子才判牍·借端诬陷之妙判》
巡抚严办	而行述内叙其祖著有《松西堂稿》,因委员赴其家,查无别项违悖。讯明《松西堂稿》亦已无存,惟家谱内云山东日照县人丁椒圃有传。已飞咨国泰,密饬查覆,一面带犯至苏确审。	袁公心怜其冤,特为详报江督(尹继善),代为开脱。

---

[21] 因韦玉振之父韦锡于乾隆四十三年间病故,伊长兄韦玉麟随即亦患病,便由韦玉振主理操办丧事,因伊父曾管理"社仓"之时有过善举和功德,于是在刊刻其父行述时用"赦不加息"及"赦屡年积欠"来歌颂其父的功绩。

[22] 如韦玉振因祖父韦仪来被指"文理不通",而谎称韦仪来"藏书东西二楼,总经手披,著有《松西堂稿》,海曲贡生丁椒圃有传",导致追查时节外生枝,而巡抚杨魁吸取此前处理徐述夔案不力的教训,办理韦玉振案时跨省提讯涉案人员山东日照县人丁椒圃。而平襟亚在改编的过程中将此情节的前因后果均粗暴删除。

法律史学的新发展

续表

审理流程	《驳案新编·擅用赦字世表字样拟徒》	《袁子才判牍·借端诬陷之妙判》	
	于理固不宜用,但*此外并无悖逆之迹*。	别无悖逆之迹。	袁枚劝说
皇帝从宽	**岂可因一赦字遂坐以大逆重罪乎?** 若如杨魁所办,则怨家欲图倾陷者片纸一投,而被告之身家已被拖累无辜,成何政体?且告讦之风伊于何底乎?……③	又伏读乾隆十二年六月十四日上谕,严禁地方官捕风捉影,挟嫌攻讦。仰见天心仁厚,化育万民……势不能以一字之失检,而查抄家族,株累多人,以快冤家倾陷之私意。此风一开,人人自危。更非朝廷奖恤士类之至意。	
皇帝指示	杨魁著交部议处,并将此通谕中外知之各督抚又不可*因此旨而因噎废食耳*。	—	

比对可见,总体来看,判决维持着由重改轻的趋势,从轻发落的理由也都相近,但仔细想来,既然编者有意混淆审级,办案流程中的信息错乱依然存在。

再将原案判决与伪作相比对,参见表6：

表6 《驳案新编》与《袁子才叛牍》判决刑罚对比

当事人		《驳案新编·擅用赦字世表字样拟徒》所载刑罚		《袁子才判牍·借端诬陷之妙判》所载刑罚	
		巡抚	刑部		袁枚
犯人	韦玉振	照违制律杖一百	应比照僭用违禁龙凤文律杖一百,徒三年。	程木生	按僭用律,杖一百,徒三年。
		—		易子	年幼无知,从宽开释。
告者	韦昭	—	系韦玉振堂叔,畏累具首,并非挟嫌妄禀,应毋庸议。	孙幼之	

---

③ 皇帝旨意中旁及他案,"况如徐述夔之逆词久经刊印,地方官理应切实访查,不待他人之出首。朕综理庶务,从不预存成见,其情真罪当者必不稍事姑容,其事属虚诬者更不肯略使屈抑,且从不为已甚之举,致滋流弊而长刁风"。徐述夔案的发生,早于韦玉振案一年,详见后注。

107

在因文获罪的犯人的处理上，虽然都判了"杖一百，徒三年"，但平襟亚的改编有疏漏之处。(1)韦玉振误用"赦"字，虽根据皇帝的态度，不予处死，但要达到刑罚适中，刑部也费心考量，因而驳回了巡抚的仅杖一百的提议。但律例无明文，只能抓住不配用"赦"字即是臣民的"僭越"这一连接点，"比照"《大清律例·礼律·仪制·服舍违式》律的第二款，即"僭用违禁龙凤纹者，官民各杖一百，徒三年"规定，对用词僭越的韦振玉科以满徒。然而，伪作只是泛言"按僭用律"，不够确切。因为从"服舍违制"律的本意来看，是很难涵摄用词不当的情状的。(2)依"妙判"之叙事，如果是死者之子"倩由程木生撰述"，"程木生按僭用律，杖一百，徒三年"，易子本难逃干系，却因"年幼无知，从宽开释"，未免运气太好。(3)更关键的是，原案韦昭的检举，意图自保，而非构陷，因此免罪。但"妙判"中改为仇家孙幼之报案，明显是心怀恶意、借刀杀人，正是乾隆帝所反对的"怨家欲图倾陷者片纸一投，而被告之身家已被拖累无辜"，孙幼之的罪责，却无一字提及。这都是在原案反衬之下，"妙判"逻辑不通之处。

平襟亚为了将原案改写为袁枚的事迹，编者存心删减识别度较高的关键信息，以误导读者，㉔这是其惯用手法。但这一伪作的特殊问题是，改编之后，原案中的细致区别及盘根错节的利害考量均荡然无存。"赦"字本非平民可用，韦玉振因此身陷文字狱，何以逃脱死罪？原来，牵连甚广、结局极其不幸的徐述夔《一柱楼诗》案刚告破，㉕也许正是考虑到徐述夔案带来

㉔ (1)从案发时间来看，按照原型案例中的案发时间，即乾隆四十三年，杨魁为管辖此案的巡抚，而此时尹继善(1696—1771)已经去世多年。(2)乾隆帝下旨论及此案的时间为乾隆四十四年，而平襟亚为了将此案迁就到袁枚名下，结合袁枚于乾隆十四年便已辞官的事实，虚构了乾隆十二年发布的上谕。(3)平襟亚将皇帝的改判改编为了袁枚引用皇帝上谕而径自判决，然而，袁枚作为一介县官并无此权限与权力。

㉕ 乾隆四十三年，徐述夔的同乡蔡嘉树挟私报复，携徐述夔的《一柱楼诗集》到官府状告徐家藏有禁书。刘墉时任江苏学政，收到蔡家呈送后，立即将此事禀报乾隆，乾隆极为震怒，派官员调查此事，搜查禁毁徐述夔诗集，凡涉及一柱楼诗者，均严惩。乾隆因江浙查办禁书不力而从重处理《一柱楼诗》案，其严办徐述夔案的本意在于推动查办禁书，而《一柱楼诗》案中的徐述夔等人成为文字狱的牺牲品。乾隆帝降谕云："徐述夔身系举人，乃丧心病狂，所作《一柱楼诗》内系怀胜，暗肆诋讥，谬妄悖逆，实为罪大恶极！虽其人已死，仍当剖棺戮尸，以申国法。"参见《清高宗实录》卷一六六，乾隆四十三年九月。

的一系列影响,乾隆帝对待文字狱案的态度更加审慎。他在训斥杨魁的旨意中,也着力强调韦玉振与徐述夔获罪缘由不同,杨魁严办韦玉振案乃是拘泥于成见,并非皇帝的本意。谕旨中忧虑的"若此风助长,成何政体,且告讦之风伊于何底乎",恐怕也迂回地透露出对大兴文字狱的消极面的反思。乾隆帝宣称自己对徐案、韦案均不抱成见,酌量轻重,这是皇帝生杀予夺的权力,也是他统治经验的体现。"应该承认,弘历的认真辨别,确曾消弭了许多案件。"㉖但是平襟亚却舍帝王心术不论,称赞袁枚一人"仁人之用心也",这显然是消解了原案的深意。

四、结论

通过对原型案例与改编故事进行细致比对,可把握平襟亚自乾隆从刑部驳案取材而"再创作"即伪造清代名吏"妙判"的特征与作伪手法:以牺牲事实与法律逻辑为代价,保留罪案骨架,增删情节,重构故事;保留复审框架与主要刑罚,虚构"名吏"功绩。平襟亚的改编信马由缰,使得"妙判"的情节难以自洽;他进而机械地将编造的情节与原案的刑罚作连接,也忽视了适用法律的准确性和妥当性。相较刑部驳案所能体现出的高水准,"妙判"故事中的逻辑与法理均经不起细究,也实在不能为"名吏"增色。究其原因,平襟亚对原案的利用过于片面,只是"捡现成"、借用真实案例来"凑字数",对清代案例的真正价值,如"准情酌理"的裁判过程及典型案例的示范效应等,都不够关注。㉗ 究其原因,也许只有把握住一个"利"字,才能洞

㉖ 霍存福:《弘历的意识与乾隆朝文字狱》,载《法制与社会发展》1998年第6期。
㉗ 判决必须本于事实、合乎律例,其中法律推理和论证,尤其是在审转复核活动中,中央法司为避免"轻重失平"而仔细出具的驳案理由及皇帝的政策性考量等,都是案例材料的亮点。此外,从"因案生例"的角度,在判决说理中酝酿着漏洞填补、律例完善的资源,个案的议驳可能修例的具体契机。例如,在乡民盗墓案中,乾隆朝刑部驳案中深究何谓"见尸",探讨"据棺偷窃"行为的妥当处罚方案,从后续的条例修改动向来看,这种深思是相当有必要的。反之,从平襟亚对改写后的"开棺见尸之妙判",作评语为"开棺见尸,贼及枯骨,良心汩没尽矣,改流为绞,情罪允当,法意亦推勘入微"。可见,他最关注的是此案加重处罚、"改流为绞"的结果,为此删改情节、曲解律法,在所不惜。

悉平襟亚如此编造"妙判"的根由：若他敢承认"名吏判牍"系列均为文学演绎，那么此类丛书的"名吏"光环与"判牍"卖点都要大打折扣，编者就捞不到油水；为了让书籍畅销大卖，商人便要玩弄手段。

平襟亚名为改编、实为抄袭与篡改的行径背后，体现民国书商编写清代判牍时，为了畅销逐利，重故事情节、轻事实真相，重刑罚结果、轻律例适用的倾向。这恐怕与其他随意摘抄、凭空虚构等手法一同，折射出平襟亚所编"清代名吏判牍"粗制滥造的短板。此种粗制滥造的案例故事书，本质上是漠视历史和轻视法律的，即便取材于实际案例，但在轻率失真的改编之下，仅存文字，而失"法意"。另一方面，平襟亚著述活跃的时代去清未远，他大胆将自己道听途说、一知半解的清代法制状况和案例原型与文学想象加以杂烩，形成了情节吸引人、具有迷惑性的"妙判"风格，再通过添加"著者小史"与"编者按"等营销手段，极力强调"妙判"的精彩与清代名吏的智慧。这些都构成对购书者的误导。时过境迁，部分现当代的研究者与阅读者也因此对民国时期出版的清代"妙判"不假思索地信以为真，甚至据伪作来论断清人断案的风格与效果。这种以假乱真、"以文学代法律"的消极影响，恐怕相较公案文学、明清小说领域的"从文学见法律"中可能存在的局限性，性质要严重得多。㉘

本文所论的两则"妙判"，虽在平襟亚的作品中只占一少部分，但选材、改编手法上却具备不少共性，可以想见，以他"编故事"谋利益的惯性，伪作绝不会止于这两例。本文试图从个例解析中还原平襟亚作伪手法及动机，由此扩展开去，或可以将这种模式用于甄别同编者及同时期出版的其他清人判词。驳案原型与"妙判"伪作的对照亦警示我们，判词的真实性和法律价值从来是个复杂问题，而其中"真假参半"的情况最为棘手。取材于实际案例的改编作品中，既不乏将真人真事演绎得更加生动传神、脍炙人口的明清小说，也存在"开棺见尸之妙判""借端诬陷之妙判"等刻意隐去真实时

㉘ 对明清小说中法律史料的性质评价，及其与民国"妙判"改、编清代材料之间的异同，参见张田田、徐华：《情法难两全：民国书商如何伪造清人判词——以〈张船山判牍〉中三篇奸罪"妙判"为例》，载霍存福主编：《法律文化论丛》第13辑，知识产权出版社2022年版。

代和人物、割裂情节和误解律例的民国"妙判"。对前者,或许可以在整体采信的基础上作细节上的辨析;对后者则必须分外警惕,要从整体上辨别真伪,甚至追查原型并仔细比较,努力识破编者的故布疑阵,尤其不被抄袭原案所得来的某些貌似真实的细节所迷惑。总之,对此类民国汇编出版清人判词的研究任重而道远,材料的利用应建立在普遍存疑、明辨真伪的基础之上;辨伪过程中,透过故事而探求人情与律意、尽可能还原特定历史现场中的制度与法理是重中之重,尤需研究者破除前见、擦亮慧眼。

必也正名：中国宪法史上的"宪法""宪章"和"约法"

王 栋*

内容摘要："宪法"最初是源自日本的翻译符号，该法律概念之采用展示了"宪法"的接受与理解。相较 19 世纪中国法理学的"国法"和日本法理学的"国宪"，"宪法"意指立宪主义的高级法。相较于"宪章"，"宪法"是现代法；相较于"约法"，"宪法"是超越时间的根本法。"宪法"一词的确立，表明了立宪主义意义上的"宪法"被理解、接受、信仰和制定，奠定了中国宪法史的基础。对"宪法"的信仰解释了近代中国立宪过程中的不同名称。清政府制定的是"宪法大纲"，民国政府制定的是"约法"，制定者都承认真正的"宪法"不易制定。尽管民初诸多宪草起草者立场不同、观点各异，但他们都意识到宪法是高级法、现代法和超越时间的根本法。

关键词：宪法 国法 宪章 约法 符号

宪法是一个发明，一个人造物。事物皆有名称，而英人称之为"constitution"，法人称之为"constitution"，德人称之为"Verfassung"，就语言学之起源而言，"宪法"当本自拉丁语"constitutio"。[①] 中国并无立宪传统，中国非但没有"名"所指之"实"，甚至无上述语言之"名"。则中国人制定"constitu-

---

* 王栋，深圳大学法学院助理教授。本文受深圳大学教学改革研究项目"文化史视域下的中国法制史教学研究"（JG 2022064）支持。
① 一个更为复杂的分析见徐国栋：《宪法一词的西文起源及其演进考》，载《法学家》2011 年第 4 期。

tion"，首先之抉择便是名称之谓，即确立对应的翻译符号。[②] 事实上，采用"宪法"一词并非当然，中间颇有曲折。"宪法"一词在中国的继受，至少蕴含了三种观念的进步，即认识到宪法是高级法、现代法和根本法。

一、宪法：取代"国法"和"国宪"

毫无疑问，"宪法"这种字的排列早就见于中国古籍，如《国语·晋语九》的"赏善罚奸，国之宪法也"。这种组合也在日本出现，如公元604年制定的圣德太子"十七条宪法"(ikkushikinori)，意为尊贵重要的法。[③] 古代中国，"宪""法"同义，所谓"宪者法也"；而日本直至江户时代，"宪法"与"法"也并无二致，如当时有"宪法部类""宪法类集"。毫无疑问，在古代东亚"宪法"并没有当今所称之意义。近代中国对"constitution"也曾有各种对译。如裨治文1838年的《美理哥国志略》译为"国例"。1840年代，林则徐组织翻译《各国律例》，译为"例制"。[④] 麦都思1847年的《英华字典》译为"法政""国法""政事""律例"以及"定规"。丁韪良1864年在《万国公法》中译为"国法"。罗存德1866年的《英华字典》采用的也是"国法""国政""会典""典章""律例"以及"例"等词。[⑤] 1870年林乐知在《万国公报》上译为"章程"。[⑥] 显然19世纪外国传教士尚未找到固定的对译词，同时相关翻译是附带性的，对宪法并没有专门介绍。可以坦率地说，在清末中国的知识谱系中，"constitution"译名与中国传统思想资源相联系，是一种"国"法而非"宪"法。

同样，日本的译名确立也经历了复杂的过程。1866年福泽谕吉在《西

---

② 陈端洪：《宪政初论》，载《比较法研究》1992年第4期。
③ 〔日〕阿部照哉编著：《宪法》(上)，周宗宪译，中国政法大学出版社2006年版，第1页。
④ 俞江：《近代中国法学语词的形成与发展》，《中西法律传统》第1卷，中国政法大学出版社2001年版，第27页。
⑤ 屈文生：《一项关于近代"宪法"概念史的研究：以清末民初的若干法律辞书为考察视角》，载《贵州社会科学》2012年第7期。
⑥ 饶传平：《从设议院到立宪法：晚清"Constitution"汉译与立宪思潮形成考论》，载《现代法学》2011年第5期。

洋事情》中翻译为"律例"。1868年津田真一郎在译作《泰西国法论》中使用了"国宪"一词,同年加藤弘之在《立宪政体略》中也采用了"国宪"一词。"国宪"一词在明治初年广泛使用,如宫岛诚一郎1872年的《立国宪议》。"国宪"见于皇帝谕令以及各类官方文件,如1874年的《国宪编纂建议书》。1878年(即《日本国宪按》)和1880年(即《国宪》)的宪法草案也都采用了"国宪"一词。到1881年,植木枝盛还制定了深具民主主义的《日本国国宪案》。⑦ 对于"国宪"这种翻译,池田政章认为:"在我国(即日本),由于所谓宪法向来单纯是意味着法,故在国法的意义上,系作为国宪。"⑧而且日本也存在"国法"的翻译,如加藤弘之1870年的《真政大意》论及:"设定政府与臣民之间权利义务之规律之宪法称国法,而设定臣民相互之间权利义务之规律之宪法称民法。"⑨这种国法、民法的两分在津田真道1874年的"政论"系列文章中被承继。1874年福泽谕吉虽然也写作了《论尊重国法》,不过其"国法"是泛称的国家法律。总体上,其时的翻译,日本之"国宪"和中国之"国法",同出东亚思想资源,分享了共同的知识谱系。

  1873年,"宪法"与"constitution"的对译为日本人林正明和箕作麟祥分别作出,不过林正明的对译应是英语而箕作麟祥⑩的对译是法语。尽管这一时期还有诸多并行的译名,一般认为1877年日本从"国宪"改为"宪法"。⑪ 1882年"宪法"出现在天皇"训条"之中,即"应考察欧洲各立宪君治国宪法之渊源及其沿革"。⑫ 之后的典型表现还有1889年制定的《大日本帝国宪法》。对于东亚共享的知识传统以及"宪法"的异质性,日本人有明确的自觉。井上毅1875年评论道:"我国并汉土从前所称之宪法大体如政府成规那种东西,不过指律令格式之类,即如圣持太子之宪法五十四条(原

---

⑦ 张允起主编:《日本明治前期法政史料选编》,清华大学出版社2016年版,第21、462页。
⑧ 〔日〕阿部照哉编著:《宪法》(上),周宗宪译,第2页。
⑨ 〔日〕加藤弘之:《真政大意》,载张允起主编:《日本明治前期法政史料选编》,第44页。
⑩ 莫纪宏:《"宪政"词源溯》,载《环球法律评论》2013年第5期。
⑪ 〔日〕我妻荣主编:《新法律学辞典》,董璠舆译,中国政法大学出版社1991年版。
⑫ 阿部照哉编著:《宪法》(上),周宗宪译,第3页。同一时期,大久保采用的是"制定法宪典章"。韩大元:《论日本明治宪法对〈钦定宪法大纲〉的影响》,载《政法论坛》2009年第3期。

文如此)是也。然近来世间所论道之国宪或立宪或宪法者,乃一种政体之名称,与古人所谓宪法其名虽同,其实却是异种异样之物。今若误解其名之同,不究其实之性质,后日必生千里霄壤之悬隔,成为一个纷争之源。"[13] 显然,日本人所译之"宪法"不再泛指古代中国的王权体制以及相关典章,而是特指立宪体制中的根本性法律,赋予了该词崭新的现代意义。[14] 毫无疑问,尽管"宪法"看上去是一个传统的"所指",但是其新的"能指"超越了"国法"和"国宪",超越了东亚的思想传统。

众所周知,"宪法"属于"源自古汉语的日本'汉字'词语",[15]后由日本传入中国,转而为国人逐渐接受。传统观点认为,中国人最早使用"宪法"一词是郑观应在18世纪80年代的《盛世危言》。周威证明了早期《盛世危言》文本中并没有"宪法"一词,并推论1882年《致总办津沪电线盛观察论招商办电报书》中最早记载了"宪法"一词。[16] 笔者对于后者保持怀疑,郑观应的问题在于他系统性地将早期文稿的字句修改为"宪法",使其现行著作皆难作为证据,如果没有切实的原始史料证据,其最早使用"宪法"一词的学说不能采信。[17] 而且日本人"宪法"译名的提出是1873年,官方文件确立译名是1882年,郑观应应该不会早于此。同样的情况也应适用于王韬,有学者推测在现代规范意义上使用"宪法"的中国第一人大概是王韬,[18]即他1871年所撰《法国志略》的"立一定宪法布行国中"。[19] 但是《法国志略》也历经近20年的修改,现存文本一为1889年之手校本,一为1890年的隐庐刊本,都

---

[13] 井上毅:《主权论序》,载张允起主编:《日本明治前期法政史料选编》,第405页。同时"宪法"开始取得其他译解,如井上称:"建国法者,根本宪法之谓,上定君权,中规官制,下保民权,上下共誓,坚守不渝,以之为根本宪法故。"
[14] 王人博:《宪法概念的起源及其流变》,载《江苏社会科学》2006年第5期。这也提醒研究者,在讨论中文译名时,不仅要讨论中国古意的"宪法",更要探索日本人为何要如此翻译。
[15] 刘禾:《跨语际实践:文学、民族文化与被译介的现代性》,宋伟杰等译,三联书店2002年版,第409页。
[16] 周威:《郑观应首次使用宪法语词考》,载《上海政法学院学报》2017年第3期。
[17] 一个更为极端的例子是康有为篡改了《戊戌奏稿》,添加了"开国会""立宪法"的内容。孔祥吉:《戊戌奏稿的改篡及其原因》,载《晋阳学刊》1982年第2期。
[18] 饶传平:《从设议院到立宪法:晚清"Constitution"汉译与立宪思潮形成考论》。
[19] 王韬:《弢园文录外编》,上海书店出版社2002年版,第188—189页。

值得怀疑。而且王韬并未深究概念，只是以泰西掌故为鉴,[20]且对中国几无影响。[21]此外也应考虑"宪法"一词是否是在现代立宪意义上使用。如黄遵宪《日本国志》所载之"始作宪法十七条",[22]明显是古代日本的规范,并非现代之语词。

立宪意义上之"宪法"在中国的接受和使用颇为曲折。事实上,在甲午之前,中国对西方法学的理解仍遵循自己(或者东亚传统)的理路。马建忠1900年之前写作的《法律探源》一书,是中国人独立沟通中西法学的尝试。他以"律"称法,分之为"民律"和"公律","公律"所含之"国律"即是今人所称之"宪法"。[23]显然"国律"就是中国之"国法"和日本之"国宪",并无"宪法"之意。维新期间,康、梁虽然提到"宪法"之词,但并无准确认识。康有为1898年的《日本书目志》中并没有看到"宪法"的独特性,认为"聚大众则不能无律法以治之,族有谱,国有法",宪法和族谱不过是一类事务。[24]相较之下,同一时期,梁启超略知宪法的总纲性质。他1897年在《大同译书局叙例》中言及"译宪法书,以明立国之本。译章程书,以资办事之用"。[25]同时受日本影响,康有为也使用了"国宪"一词,他在《日本变政考》中提出"日本改定国宪,变法之全体也"。[26]"国宪""宪法"只是被视为普通法律,无立宪之意,而是"变法""变政"之意。对此,固然康、梁并未意识到"宪法"限制政府权力和保护人民权利的涵义,并非立宪主义者,[27]但是也应注意到19世纪"合宪性"概念的需求并不普遍。[28]

---

[20] 饶传平:《从设议院到立宪法:晚清"Constitution"汉译与立宪思潮形成考论》。
[21] 赵小波:《从"边角料"到"救国良方":"宪法"诞生及其实用主义倾向》,载《法制与社会发展》2014年第1期。
[22] 陈铮编:《黄遵宪全集》,中华书局2005年版,第895页。
[23] 俞江:《"法律":语词一元化与概念无意义?》,载《政法论坛》2009年第5期。
[24] 姜义华、张荣华编校:《康有为全集》(第3集),中国人民大学出版社2007年版,第344页。
[25] 梁启超:《大同译书局叙例》,载张品兴主编:《梁启超全集》(第1卷),北京出版社1999年版,第132页。
[26] 姜义华、张荣华编校:《康有为全集》(第4集),第198页。
[27] 饶传平:《从设议院到立宪法:晚清"Constitution"汉译与立宪思潮形成考论》。
[28] 薛军:《"民法-宪法"关系的演变与民法的转型:以欧洲近现代民法的发展轨迹为中心》,载《中国法学》2010年第1期。

康、梁流亡日本期间,通过学习日本的著作,理解了"宪法"的现代意义,并转变为立宪主义者。梁启超真正将"宪法"常识化,并使其为中国学界政界所知。1899年梁启超在《清议报》的第12和13期发表了《各国宪法异同论》,称赞英国是宪政之祖,解释"宪法者,英语称为Constitution,其义盖谓可为国家一切法律根本之大典"。㉙梁启超1901年6月7日之《立宪法议》被认为是近代思想史上第一份系统阐释立宪政治的文本,㉚系统阐述了立宪政治的概念、内涵、价值以及意义。尽管梁启超在《立宪法议》中也使用了"元气"译名,而这始自1822年马礼逊《英华字典》中将"constitution"翻译为"元气"。1901年,宪法方面的日本法以及法律著作也被翻译出来,如伊藤博文的《日本帝国宪法义解》,立宪主义上的"宪法"开始传播。㉛

虽然"宪法"新概念已经出现,但其采用并非当然。1901年到1911之间,日译法律概念开始大规模传入中国。尽管在诸多日译法律著作里,"某法"迅速取代"某律"。但相较于日本的"法"概念,清末制定法仍采"律",如《大清现行刑律》《大清民律草案》。1904年日俄战争日本取胜,"宪政救国论"兴起,中国的立宪进程才真正开启。1906年、1907年清廷代表团两次赴日学习考察宪政,"宪法"两字当然是首先习得之知识,如有贺长雄的讲义中大量使用了"宪法"一词。1908年光绪帝所列的相关书就有《日本宪法说明书》《宪法论》《各国宪法大纲》和《宪法研究书》。但清廷并未当然认识到"宪法"的古今不同,如出使德国考察宪政大臣于式枚1907年11月29日之奏折,提及:"周官言宪法,言宪令,言宪禁,言宪邦。传称监千先王成宪,仲尼损益四代之制,以垂万世之宪。宪法为中国之名古矣。"㉜1908年8月27日清廷颁布了《宪法大纲》(后公开称《钦定宪法大纲》),其内容大多

㉙ 梁启超:《梁启超论宪法》,商务印书馆2013年版,第26页。
㉚ 郭汉民:《评郑大华著〈晚清思想史〉》,载《近代史研究》2007年第3期。
㉛ 俞江:《近代中国的法律与学术》,北京大学出版社2008年版,第326页。
㉜ 于式枚:《出使德国考察宪政大臣于式枚奏立宪不可躁进不必预定年限折》,载夏新华主编:《近代中国宪政历程:史料荟萃》,第68页。

117

抄袭明治宪法，③"宪法"两字显然也是由此而来。"宪法"之名也异于"某律"之称，是中国宪法史的起点。但《宪法大纲》并非宪法，而是"细目当于宪法起草时酌定"。㉞而且一同颁布的《逐年筹备事宜折》也提及了"国宪咸知遵循"，此处"国宪"指的显然是"宪法"。㉟

"宪法"取代"国法"不仅仅是字句之更替，更代表中国对日本理解的"宪法"的接受。事实上，在东亚传统中，"宪""法"同义，"国宪"也好，"国法"也罢，不过是国家法之一，并不具有超越性。在东亚传统下，"宪法"并无多少意义，如严复1906年12月7日在安徽高等学堂作了"宪法大义"之演讲。他认为"宪法二字连用，古所无有"，"宪即是法，二字连用，于辞为赘"，更批评这是日本传来词汇之弊病，不过"立法"之意。只是"宪法"一词输入中国，"流传已广，且屡见朝廷诏书，殆无由改，只得沿而用之"。㊱但在中西交汇的视域下，"宪法"这个翻译符号实际上被赋予了超出东亚传统的能指："宪法"是立宪主义的，是规定国家的根本法，而非国家内的一般民律。正如《宪法大纲》所言："宪法乃为国家不刊之大典。"㊲这种翻译符号的更替不仅表明失去中国本土自生法理学的可能性，也代表着东亚法理学传统的断绝，更是对现代"宪治"的承认。在此意义上，也可以理解，日本法理学的"宪法"之前并未被中国法理学所认可。

二、宪法：区别于"宪章"

"宪法"的另一个相近概念是"宪章"，尽管两者近似，不乏混用，但"宪章"并未对"宪法"的采用构成挑战。"宪章"与"宪法"之近似，首先与中国

---

③ 韩大元：《论日本明治宪法对〈钦定宪法大纲〉的影响》，载《政法论坛》2009年第3期。
㉞ 故宫博物院明清档案部编：《清末筹备立宪档案史料》（上），中华书局1979年版，第57页。
㉟ 《宪政编查馆资政院会奏宪法大纲暨议院法选举法要领及逐年筹备事宜折》，载夏新华主编：《近代中国宪政历程：史料荟萃》，第125页。不知此处是"国家宪法"之略称，还是日本用"国宪"之辞。
㊱ 严复：《严复集》（第2册），中华书局1986年版，第238页。
㊲ 故宫博物院明清档案部编：《清末筹备立宪档案史料》（上），第54页。

传统使用"宪章"相关,即两者在汉语中的语义近似。"宪章"一词很早就见于典籍,《礼记·中庸》称赞孔子"祖述尧舜、宪章文武"。㊳《汉书·艺文志》中也有该句,颜师古注曰"宪,法也;章,明也"。㊴ 意为孔子学习周文王和周武王的治国原则。后来"宪章"引申出"效法""法则"之意,故明人薛应旂写作当代史,使用的题目是《宪章录》,寄托"以成宪典章万世所当遵守,且追宗夫子宪章文武之意,以寓从周之义也"。㊵ 19 世纪初,越南学者潘辉注也曾写作《历朝宪章类志》,记载越南的历代典章。

因为"宪章"和"宪法"的近似,近代不乏混用。王宠惠 1900 年毕业于北洋大学,其所修科目包括"英国宪章",显然是"英国宪法"之谓。㊶ 1907 年 10 月宪政大臣达寿考察了日本宪政,涉及日本宪法史、比较各国宪法和立法,并在 1908 年 8 月 7 日的奏折中请求立宪。他认为"欲行大权之政治,必为钦定之宪章"。㊷ 显然达寿是请求清王室钦定宪法。这种"宪章"和"宪法"的混同之后在清廷仍时时出现。1911 年 10 月 10 日武昌起义爆发,之后湖南、陕西、江西九江相继起义。10 月 30 日,清王朝为平息起义,连发四道诏令,其中《实行宪政谕》开篇类似"罪己诏",承认"政地多用亲贵,则显戾宪章",同时承诺"实行宪政"。㊸ "显戾宪章"显然指的是违背了宪法,此处传统罪己诏与现代宪治结合,也体现出了主权和权威的变易。

其次,更关键的原因在于,19 世纪的欧洲,因为实践中尚未有通过宪法对普通法律进行合宪性审查,且并无确认违反宪法的法律无效的制度,所以在法学理论中并没有在法律效力等级意义上区分于普通法律的宪法。相反,欧洲法律更强调某一法律文件构成了国家法制体系的基础,是体现

㊳ 阮元:《十三经注疏》,上海古籍出版社 1997 年版,第 1634 页。
㊴ 班固:《汉书》,中华书局 1982 年版,第 1728 页。
㊵ 向燕南:《薛应旂的史学思想》,载《史学史研究》1999 年第 3 期。
㊶ 饶传平:《从设议院到立宪:晚清"Constitution"汉译与立宪思潮形成考论》。
㊷ 达寿:《考察宪政大臣达寿奏考察日本宪政情形折》,载夏新华主编:《近代中国宪政历程:史料荟萃》,第 62 页。
㊸ 《实行宪政谕》,载赖骏楠主编:《宪制道路与中国命运》,第 326—327 页。

价值判断与政治抉择的"宪章"(carta)。[44] 这种现象最典型的代表是作为宪法之祖的《大宪章》(Magna Carta)。在19世纪,《大宪章》并非是历史遗迹,既是19世纪的现行法,也是鼓励宪章运动的符号。[45] 诚如19世纪最伟大的英国宪法史家威廉·斯塔布斯所言:"整个英国宪法史不过是《大宪章》的评注而已。"[46]对《大宪章》及"宪章"传统的学习是近代立宪主义的重要来源。

麦都思写作的《东西史记和合》是最早记叙《大宪章》的文章,该文大约在1827年或1828年刊登在《天下新闻》中,并在1829年以单行本的形式传播。[47] 鸦片战争以后,国人写作的书籍也开始提及《大宪章》。梁廷枏(1796—1861)1845年写作了《兰仑偶说》,并于1846年在《海国四说》一书中出版。《兰仑偶说》简略叙述了英国历史,对《大宪章》也进行了介绍。[48]莫威廉(William Muirhead,1822－1900)是苏格兰人,1856年在墨海书馆出版了托马士·米尔纳《英格兰史》一书的编译本,即8卷的《大英国志》,其中记载了《大宪章》的制定与内涵:"耶稣一千二百十五年六月十五日复核议,十九日乃定名马格那查达之约法。言君赐民得自主也,共六十条,言简意显,法制咸定,上不能虐民,下之财产身家得以自保。此约流传于后,虽遇悍君,更张其制,百姓始而隐忍,后必强人主俯从此约。至今我英民得自主尚赖此也。"[49]莫威廉只是简要概括了《大宪章》的原则和作用,并综合音译和意译翻译为"马格那查达之约法"。这一时期《大宪章》的译名还没

---

[44] 薛军:《"民法-宪法"关系的演变与民法的转型:以欧洲近现代民法的发展轨迹为中心》,载《中国法学》2010年第1期。

[45] 〔英〕哈里·迪金森:《英国的自由与权利学说及其争论:从平等派到宪章派》,黄艳红译,载《学术研究》2011年第8期。

[46] William Stubbs, *The Constitutional History of England : In its Origin and Development*, Vol. 1, Cambridge: Cambridge University Press, 2011, p. 532.

[47] 邹振环:《西方传教士与晚清西史东渐:以1815至1900年西方历史译著的传播与影响为中心》,上海古籍出版社2007年版,第56—60页。

[48] [清]梁廷枏:《海国四说》,骆驿、刘骁校点,中华书局1993年版,第112页。下有注释"此即弃加特力而尊波罗特士者,盖为所迫也",即放弃了天主教而尊新教,这显然是错误的。

[49] 慕维廉译:《大英国志》,转引自李栋:《鸦片战争前后英美法知识在中国的输入与影响》,第143页。

有确立，如1882年的《订正万国通鉴》中有"大合同"（the Great Contract）的译名。㊿ 显然19世纪中国的《大宪章》传播既没有采用"宪章"译名，更没有创设"宪章"传统。

日本学界之译名确立，也颇有波折。日本学者尾崎三良在1875年的《英国成文法纂要（乾）》卷一翻译了《大宪章》，名为"大条约书"。㉛ 但1879年福泽谕吉在《国会论》中已翻译为"大宪章"，言及英国立宪政体成立之渐进绵长。㉜ 但此一时期，"宪章""国宪"和"宪法"并未形成固定的对译。元老院议长大木乔任1881年5月向天皇提出了立宪建议，论及"君民之间规定其权限，为之宪章，名曰国宪，以为建国基础"。㉝ 显然，大木乔任的"宪章"和"国宪"之语指的都是"宪法"，"宪法"与"constitution"的对译尚未确立，"宪章"与"charter"的对译亦没有确立。但是井上毅1882年讨论英国立宪政体时，强调"通过大宪章、权利请愿、权利法典逐步巩固国基"，㉞ 基本可以确定"magna carta"和"大宪章"对译的形成。笔者推测1882年"宪法"对译的确立促进了"宪章"对译的确立。

梁启超对立宪的倡议促进了宪法著作的译介和写作。英国既是日不落帝国，又是宪政之祖，显然需要引介。而《大宪章》是英国宪法之始，自然最早得到了译介。就笔者所见，现存最早的《大宪章》译本见于1902年4月5日发行的《万国宪法志》一书。该书是"万国通志系列"的第二编，编译者记载为"湘乡周逵"，发行书局是著名的上海广智书局。㉟ 显然此译本是据日语译出，《大宪章》一词应该也是取自日语。可以说，此时汉语学界确立了"magna carta"和"大宪章"的对译。1903年第3期的《政法学报》刊登了《英吉利宪法史》，其中翻译了《大宪章》《权利证明》《权利请愿》以及《权利

㊿ 钱乘旦、梁跃天：《〈大宪章〉在中国》，载《史学集刊》2016年第3期。
㉛ 尾崎三良訳「大条約書マグラカーター」（『英国成文法纂要（乾）』卷一、東京：汎愛堂、1875年），第1—30頁。
㉜ 张允起主编：《日本明治前期法政史料选编》，第196—197页。
㉝ 同上书，第323页。
㉞ 同上书，第434页。不过儒学是井上毅宪法思想的核心。
㉟ 周逵：《万国宪法志》，广智书局，光绪二十八年二月二十七日发行。

法典》,认为皆为"王与人民缔结条约"。上述前三个译名,与井上毅所用完全相同,显然与其同源或受其影响。而且除《大宪章》外,其余三个文件的译名现在都已更改,分别是《宪章确认法》《权利请愿书》和《权利法案》。这里比周逵译本多了《宪章确认法》和《权利请愿书》。1903 年译本认为"预知英国宪法之真相,于前四法典不可不通晓",⑯一方面表明了对宪法的认识,另一方面明确区分了"宪法"和"宪章"。

显然通过《大宪章》的翻译,形成了"carta/charter"和"宪章"的对译,以及"宪法"和"宪章"的区分。除了《大宪章》帮助了"宪章"译名的确立,法国"宪章"也促进了译名的确立。因为 1789 年的《人权和公民权宣言》第 16 条规定:"一切社会,凡权利无保障或分权未确立,均无丝毫宪法(constitution)之可言。"所以法国的 1814 年宪章特意避免使用"constitution",而称为"charte constitutionnelle",形成了"charte"和"宪章"的对译。⑰路易十八甚至坚称自己在 1795 年就已继位,特意宣称"朕于在位之第 19 年 6 月 4 日"授予法兰西此宪章。⑱"宪章"一词到 1830 年时也为菲利普继受。⑲宪章的用法也影响了国内。如《临时约法》时,湖南参议院蔡寄欧为了约束袁世凯独裁,要参照"法国宪章",实行责任内阁制。⑳尽管考虑到 19 世纪法国宪法和宪章的不停变迁,㉑制定宪章显然不会成为一种选择。

当然"宪章"和"宪法"的这种翻译区分也并未被全部接受。如达寿在 1908 年的奏折中区分国体和政体,进而论及立宪本自革命的历史渊源,讲:"其在英也,则有英王约翰、英王查理斯、英王威廉三次之革命,遂订权利法章、准权大典、权利请愿三次之宪章。"此句,按照现代名词,应是"在英国,有约翰王、查理一世和威廉三世的三次革命,所以就制定了《大宪章》《权利

---

⑯ 《英吉利宪法史》,《政法学报》第 3 卷,1903 年第 3 期。
⑰ 〔日〕阿部照哉编著:《宪法》(上),周宗宪译,第 48—49 页。
⑱ 韩伟华:《拿破仑"百日王朝"〈帝国宪法补充条款〉论析》,载《华东政法大学学报》2013 年第 1 期。
⑲ 程汉大:《理想与现实的悖论:法国立宪坎坷路》,载《贵州社会科学》2015 年第 2 期。
⑳ 张国福:《民国宪法史》,华文出版社 1991 年版,第 55 页。
㉑ 史彤彪:《试析法国大革命时期宪政建设的教训》,载《中国人民大学学报》2004 年第 2 期。

请愿书》《权利法案》三部宪法"。[52]虽然达寿知道《大宪章》这一文件,但是并没有使用"宪章"译名,而是以"宪章"称"宪法"。对"宪法"和"宪章"区分的不接受应该从中国的知识谱系中。如严复在《宪法大义》中论及:"以吾国训诂言仲尼宪章文武、注家云宪章者近守具法。"[53]

尽管存在"宪法"和"宪章"的混用,但显然整体而言,"宪法"区别于"宪章"。首先这与对英国宪法的了解密切相关,中日渐渐知晓英国是立宪国家,且英国最早的宪法是"Magna Carta"。即严复所谓:"英国之制,演成最早,而为诸国之所师。"由此知晓"constitution"的现代性和"great charter"的古代渊源,并试图区别两者。而随着1882年"宪法"与"constitution"对译的确立,与"宪法"含义相同并经常混用的"宪章"被用于对译"carta",尤其是用于"magna carta"和"大宪章"的对译。显然这两种翻译都由日本人确立,并为流亡的康、梁理解继受,传入中国。在笔者看来,上述翻译蕴含着一个重要的理论论争,即宪法是现代产物吗?该议题至今仍引得学者聚讼纷纷。就晚清学人而言,这个问题是逐渐明晰的。宪法显然是现代制度,而"宪章"是来自古代的事物,相较于"宪章","宪法"更具现代性。

三、约法:不能超越时间

虽然立宪是救国之事,宪法之名也已确立。但是清朝制定的只是"宪法大纲",是制定宪法的"准则",并没有严格的法律效力。而且"大清宪法草案"也未被当时人所知。[54]辛亥革命以后并未马上制定宪法,相反制定的是"约法"。武昌起义之后,各省纷纷独立,并制定相关的法律、法令、条例

---

[52] 达寿:《考察宪政大臣达寿奏考察日本宪政情形折》,载夏新华主编:《近代中国宪政历程:史料荟萃》,第55页。
[53] 严复:《严复集》(第2册),中华书局1986年版,第238页。
[54] 俞江:《两种清末宪法草案稿本的发现及初步研究》,载《历史研究》1999年第6期;彭剑:《"乙全本"不是"李汪宪草"》,载《历史集刊》2015年第6期。

以及章程。尤为引入瞩目的是部分"临时约法",㉟包括《鄂州临时约法》㊱《中华民国江苏军政府临时约法》《浙江军政府临时约法》㊲《江西省临时约法》㊳《广西军政府临时约法》。㊴1912年3月8日通过的《中华民国临时约法》受上述约法影响,如《鄂州约法》和《浙江约法》对《临时约法》权利条款的影响。㊵

但是,最明显的"临时约法"之名的采用被忽视了。尽管大多数军政府制定的是"临时约法",但是也有其他名称如《贵州宪法大纲》《蜀军政府政纲》。"临时约法"之"临时"显然取自"临时政府"。武昌起义后各省的军政府显然是临时的。而中华民国创建过程中,这种临时性仍然保存了,如《中华民国临时政府组织大纲》(1911年12月3日)、以《大纲》为基础成立的中华民国南京临时政府。1912年3月11日,临时大总统孙中山在《临时政府公报》第三十五号上颁布了《中华民国临时约法》。显然,在这一时期的政治史中,"临时性"贯穿始终。但是"临时"一词遮蔽了"约法"本身所含有的"临时"之意,事实上"约法"是中国宪法史上少有的本土发明。

无疑,"约法"乃是古典中国创设并为东亚世界共享的法治资源。秦汉革命之际,刘邦以"约法三章"巩固新生的政权。此事既记载在《史记·汉高祖本纪》中,也记载在《汉书·刑法志》中。关于此句句读多有争论,㊶但通说一般认为是"约法三章"连读,"约法"是临时约束法规。㊷ 同时"约法"是旧政权灭亡而新政权未建立期间的规范,既是要求秦人遵守根本的法律规范,也是刘邦的自我约束。㊸ 与此同时,同样重要的是,"约法"的设立目

㉟ 夏新华主编:《近代中国宪政历程:史料荟萃》,第605—634页。
㊱ 邱远猷:《〈鄂州临时约法〉研究》,载《历史教学》2007年第3期。
㊲ 邱远猷:《试析〈浙江军政府临时约法〉》,载《历史教学》2000年第5期。
㊳ 邱远猷:《〈江西省临时约法〉初探》,载《法律文化研究》第三辑,中国人民大学出版社2007年版,第213—219页。
㊴ 邱远猷:《〈广西临时约法〉初探》,载《法学家》1996年第6期。
㊵ 饶依平:《"得依法律限制之":〈临时约法〉基本权利条款源流考》,载《中外法学》2013年第4期。
㊶ 张继海:《"约法三章"小考》,载《中国史研究》2001年第2期。
㊷ 雏飞(朱绍侯):《"约法三章"句读辨正》,载《河南大学学报》1993年第1期。
㊸ 张建国:《试析汉初"约法三章"的法律效力》,载《法学研究》1996年第1期。

的和历史结果都表明其是阶段性的和短暂的。即随着项羽入关,三章之法被废除了。不过"约法"这种方式也流传下来,如617年李渊攻占长安后,提出了约法十二条。迄至近代,仍有研究者目"约法"为"宪法"。于式枚在上述1907年奏折中论及:"殷人作誓,汉代约法,尤与欧美所云立宪者相似。"[74] 同时,"约法"也是东亚共享的知识谱系,如福泽谕吉在1879年的《国会论》中提及"其约法三章之原因并非出于沛公之特意","乃关中之人心",而且认为明治维新五条誓文就是"察天下人心之所归向"。

但中国宪法史上"约法"之意义的发明当本自1906年之《军政府宣言》。《军政府宣言》提出了军法之治、约法之治和宪法之治三阶段。其中既规定了军法有成效后"布约法",也规定了"全国行约法六年后,制定宪法"。其中约法时代为"军政府授地方自治权于人民,而自总揽国事之时代",同时"凡军政府对于人民之权利义务,及人民对于军政府之权利义务,悉规定于约法"。[75] 如冯天瑜所论:"'约法'是尚未经过完备的民主程序制定的政治法度,是迈向宪法的过渡性立法。"[76] 显然,考虑到中国实施宪治的复杂性,孙中山重新发明了中国的"约法"传统,将"约法"从古典的帝王自我约束变为准备宪法的"临时宪法"(或"准宪法")。

"约法"的再发明又因为革命实践而充满了复杂性和生命力。按照孙中山预想的政治道路,革命之后只需要建设军政府就可以了。如早期的《中华民国军政府暂行条例》和《中华民国鄂军政府改订暂行条例》显系此种。不过宋教仁1911年10月28日抵达武昌则给革命开启了新的面向。宋教仁1906年到1907年先后就读于日本法政大学和早稻田大学,期间翻译了《日本宪法》等书,不惟对各国制度有所研究,更对清末预备立宪和立宪派保持关注。宋教仁与汤化龙,一为革命党,一为立宪派,抛弃前嫌,是主要的宪法草拟者。此外,他们法政大学的同学居正和张知本也参与了约

---

[74] 于式枚:《出使德国考察宪政大臣于式枚奏立宪不可躁进不必预定年限折》,载夏新华主编:《近代中国宪政历程:史料荟萃》,第68页。
[75] 《军政府宣言》,《孙中山全集》第一卷,中华书局1981年版,第297—298页。
[76] 冯天瑜:《法政大学中国留学生与〈鄂州约法〉的制订》,载《江汉大学学报》2011年第5期。

法的制定。[77]"约法"一词的使用当是本自孙中山,而"临时"一词当时本自政府性质。只有在上述意义上,才能理解为何"约法"本身有"临时"之意,又在其前面修饰了"临时"之辞。"临时"之"临时"是政权性质,"约法"之"临时"是相较于"宪法"之临时。所以"约法"在民国的翻译本身就是"provisional constitution"。在这个意义上"临时约法"翻译为"provisional constitution"就掩盖了双重"临时"的意义。[78]

《鄂州临时约法》不惟影响了各省的约法制定,更是《中华民国临时政府组织大纲草案》《中华民国临时组织法草案》和《中华民国临时约法》的基础,同时创设了"临时约法"传统。"临时约法"新传统也衍生了更多意义。首先,相较于《宪法大纲》的"宪法大纲一章,首列大权事项,以明君为臣纲之义,次列臣民权利义务事项,以示民为邦本之义",[79]"约法"不再是君民之法,而是共和之法。其次,也是更重要的,"约法"相较于"宪法"是临时的。《临时约法》第五十三条规定:"本约法施行后,限十个月由临时大总统召集国会,其国会之组织及选举法由参议院定之";第五十四条规定:"中华民国之宪法,由国会制定;宪法未施行以前,本约法之效力与宪法等。"毫无疑问,宪法是超越时间的,而"约法"是受限于时间的,是临时性和过渡性的,是必朽的。只有立宪者认识到"宪法超越时间",他们才会审慎地避免使用"宪法"一词,而只以"约法"称之。也只有在此意义上,才能理解中国宪法史上的"宪法"之意。同样有趣的是,60年代出版的《辛亥革命》一书,认为《中华民国临时约法》"在二十世纪初期的亚洲民主宪政运动史上,也是一部最民主、最有影响的资产阶级民权宪章"。[80] 这里作为宪法的"约法"也是"宪章",获得了统一。该评价流传甚广,已为通说。[81] 一定程度上折射了近代"约法""宪法"和"宪章"的复杂关系。

---

[77] 冯天瑜:《法政大学中国留学生与〈鄂州约法〉的制订》。
[78] Jerome Alan Cohen, China's Changing Constitution, *Northwestern Journal of International Law & Business*, 1999 Vol. 1, p. 59.
[79] 故宫博物院明清档案部编:《清末筹备立宪档案史料》(上),第56页。
[80] 中国史学会主编:《辛亥革命》(第八册),上海人民出版社1957年版,第30—36页。
[81] 张晋藩主编:《中国法制史》,中国政法大学出版社2007年,第292页。

"约法"传统源远流长,"约法"之诞生被视为衔勒势不可敌的袁世凯,是革命者心中至高至重的根本大法。正如李剑农所言,当时的参议院认为"经过议会多数通过的法律,便是神圣,可以镇压一切恶魔"。[32] 1913年12月15日,袁世凯召集所谓的政治会议,试图解散国会和修改临时约法。1914年1月10日,袁世凯下令解散国会,同时天坛宪法草案也被废置,但他于1914年5月1日也公布了新的《中华民国约法》。袁世凯1915年的复辟也表明"约法"的有限性,不过"约法"之名已成为政治上之最大共识,成为限制掌权者的有力符号。一个很明显的表现是,张勋、段祺瑞、徐世昌以及曹锟全都公开拒绝恢复《临时约法》。而曹锟1923年10月10日制定的《中华民国宪法》是中国宪法史上第一部以"宪法"命名的文件,试图以此获得对其选举的承认。但是显然,曹锟政府没有资格承担起一部"宪法",同样的情况也适用于段祺瑞的《中华民国宪法草案》。正是在这一意义上,也可以理解蒋介石政府为何重新回到《中华民国训政时期约法》(当然也是对抗汪精卫的《中华民国约法草案》),显然国民政府的权威性尚不足以制定一部"宪法"。

四、宪法起草中的宪法信仰

对宪法的信念一旦确立,则制定宪法会成为随后当然之事。如明治维新之后,日本官方和民间制定的宪法草案有50多部,相关政治势力包括自政府官僚、自由党左派、新闻记者、改进党以及反民权的民间人士。这些方案不仅对宪政主义有不同的理解和观念,产生了矛盾与冲突,更有反对宪政主义的方案。[33] 不过相较于日本各界的广泛起草,清朝的钦定立宪却全出于朝廷。即奕劻和溥伦所言:"统治根本,在于朝廷,宜使议院由宪法而

---

[32] 杨国强:《民初政治的挫窒和中国人的反思:约法、议会、政党的因名而起与以实而败》,载《华东师范大学学报》2018年第1期。

[33] 韩大元:《论日本明治宪法对〈钦定宪法大纲〉的影响》,载《政法论坛》2009年第3期。

生,不宜使宪法由议院而出。"⑱所以至清王朝结束,私拟宪草甚为罕见。

《临时约法》只是临时性宪法,明确规定了制定宪法,故1912年到1913年兴起了私拟宪草之风潮。研究者对此已多有关注,包括宪草收集、内容论争和草拟者背景。这10多份私拟宪草,虽然因为制定者立场不同,观点各异,但总体上体现了广泛的政治协商精神。⑮如1913年2月的国会选举结束后,占议席前四的国民党、共和党、民主党以及统一党组织相关专家讨论宪法制定。该讨论会讨论七次,历时两月,充满了和平、理性的讨论氛围。

只有展现了"宪法"译名确立的复杂性和清末民初制定"宪法"的审慎,才能理解宪草制定诸多争论背后有最大共识的存在。俞江曾提出一个深刻的问题:"在日译法律概念输入之前,汉语如何思考西方法?"⑯这种独立的汉语法学的可能显然在1900年以后失去了,但是这种独立性的失去也是共识达成的另一个方面。1912年,当宪法起草者讨论制定宪法时,虽然有诸多争论、各种方案,但却有更为坚实的基础。"宪法"名称的采用,本身意味着某种共识的达成。起草者制定的是宪法,不是古代中国的国法,是一种高级法;不是宪章,是一种现代法;⑰不是约法,是一部超越时间的根本法。无论起草者的具体答案是什么,他们都相信宪法是高级法、现代法和超越时间的根本法,相信宪法和宪治能拯救中国,⑱尽管宪法的生命仍在于如何理解和实施。

"Constitution"是外来之物,19世纪初中国人已知晓"constitution"一词,并翻译为"国法",东邻日本亦在相同的知识谱系下将其翻译为"国宪"。随着日本对立宪主义的理解,以"宪法"为新的翻译符号,重构了东亚法理

---

⑭ 故宫博物院明清档案部编:《清末筹备立宪档案史料》(上),第54页。
⑮ 夏新华、刘鄂:《民初私拟宪草研究》,载《中外法学》2007年第3期。
⑯ 俞江:《"法律":语词一元化与概念无意义?》,载《政法论坛》2009年第5期。
⑰ 宪法是根本性的制定构成,同时也是具有强制力能具体实施的法律。这种共识并非不重要,我们说宪法是社会最大的公约数,那么公约数本身的内容必须要被理解和确立。这种共识并不容易确立,当代的宪法司法化论证,如果从宪法的法律性认识出发,就不应成为问题。
⑱ 这种信念遭受真正挑战,要到1920年代北洋"宪政乱象"时。

学,也由此走向民主富强。在近代危亡之中,如王宠惠所言,宪法呈现出极大的复杂性,既是流血于前的"不祥之物",也是国以保焉的"最祥之物"。但是中国人为救亡图存,不得不学习"宪法","宪法"本身之采用展现了观念的更替。相较19世纪中国法理学的"国法"和日本法理学的"国宪","宪法"展现了其是立宪主义上的高级法。相较于"宪章","宪法"表明其是现代法规范。相较于"约法","宪法"明确了自己是超脱时间的根本法。

"宪法"一词的确立,表明了立宪主义意义上的"宪法"被理解、接受、信仰和制定,奠定了中国宪法史的基础。也正是对"宪法"的信仰,才能解释近代中国立宪过程中的不同名称。清政府制定的是"宪法大纲",民国政府制定的是"约法",他们承认真正救国的"宪法"并不容易获得。尽管民初诸多宪草起草者立场不同观点各异,但他们都知道自己在起草的宪法是高级法、现代法和超越时间的根本法。近代中国的宪法学习和制定往往与救亡图存联系在一起,但是这种工具主义本身并非宪法传播的全部,也是在工具主义的学习和采用中,宪法超越时间的高级法地位得到确认,它不是一般律法的"国法",不是属于古代的"宪章",也不是临时性的"约法",而是超越时间规定国家的高级法和根本法。尽管起源于工具主义,但是中国人民逐渐累积了深刻的宪法信仰,相信宪法和宪治能够复兴中华民族。

西方法理经典命题疑义

解读卢梭《社会契约论》的"普遍意志"概念

姚禹辉[*]

内容摘要："普遍意志"（volonté générale），是卢梭政治与法律思想中长期充满争议的概念。当今中文学界对该词主要有三种不同的译法，但"普遍意志"的译法更为准确。在概念史上，普遍意志并非卢梭首创，但卢梭却赋予了该词全新的含义。对"自由"的过分关注划清了卢梭与其他社会契约论者的界限。普遍意志的基本内容是以个人利益为基础的公共利益，但人们无法仅根据个人利益汇合成公共利益，还需要借助理性与宗教的帮助形成普遍意志。长期以来，人们认为卢梭的社会契约思想要求结合者们交出"一切权利"，这种说法可能并不符合卢梭的原意。虽然普遍意志的形而上学性导致它不能直接在现实国家中实现，但它可以作为一种完善现实国家的理想标准。

关键词：卢梭　《社会契约论》　普遍意志　公共利益　形而上学性

"普遍意志"（法文 volonté générale、英文 general will），又译为"公意"或"共同意志"，是卢梭法律思想中的中心概念。[①] 在 17 世纪启蒙运动的年代，理性主义蓬勃兴起，社会契约论大行其道，而卢梭作为一个平民思想家，凭借"普遍意志"使社会契约论臻至大成。但可惜的是，尽管后人认为

---

[*] 姚禹辉，中国人民大学法学院法学理论专业博士生。
[①] 参见〔美〕戴维·米勒主编：《布莱克维尔政治思想百科全书》，邓正来主持翻译，中国政法大学出版社 2011 年版，第 199 页。

这一概念无比关键，卢梭却从未仔细解释过何为普遍意志，应该如何形成普遍意志等，反而留下了许多过于模糊的表述。这也是后世对他的评论两极分化的诱因之一。拥护者们认为，卢梭无愧于法国大革命的灵魂导师，他的理论的彻底性和革命性为法国大革命注入了鲜活的活力，因此他被奉为自由主义的先行者。可也有批评家认为，卢梭的理论背后隐藏着极权主义和专制主义，他是"极权主义民主"的始作俑者，[2]甚至应当为法国大革命与法西斯的暴行负责。[3] 因此，普遍意志究竟意味着什么，它的内容和特征为何，在政治生活中它又有哪些体现，对于这些问题的准确解读将十分有助于我们理解卢梭的政治与法律思想。

一、"Volonté Générale"的翻译与概念史

解读舶来词应当首先明确一种恰当的、尽可能符合作者原意的译法。普遍意志的法文是"volonté générale"，英文译文是"general will"。中文译法主要有"公意""共同意志"和"普遍意志"三种，还可见"公共意志""公意志""总体意志"等少见译法。[4] 在明确"普遍意志"的译法之前，本部分都会以"volonté générale"或"general will"替代。

（一）"Volonté Générale"的不同译法及侧重

在我国，《社会契约论》的最早中文全译本是1898年上海同文译书局出版的《民约通义》。[5]《民约通义》原文难以考证。不过，根据清末刘师培在1903年（清光绪二十九年）夏所写成的《中国民约精义》，《社会契约论》

---

[2] 参见〔以色列〕J. F. 塔尔蒙：《极权主义民主的起源》，孙传钊译，吉林人民出版社2011年版。
[3] 参见李平沤：《主权在民 vs 朕即国家：解读卢梭〈社会契约论〉》，山东人民出版社2001年版，第100页。
[4] 对于"公意志"的译法，笔者并未看到过具体文献，只是从某篇文章的脚注中知晓该译法的存在。参见谈火生：《卢梭的"共同意志概念"：缘起与内涵》，载《中国政治文化论丛》（第六辑），天津人民出版社2007年版，第357—382页。对于"总体意志"的译法，参见〔美〕乔治·萨拜因：《政治学说史（上）》，索尔森修订，邓正来译，上海人民出版社2015年版，第351—356页。
[5] 参见李平沤：《主权在民 vs 朕即国家：解读卢梭〈社会契约论〉》，第3页。

被译为《民约论》，"volonté générale"被译为"公意"。⑥ 可见"公意"是我国最早一批思想家对该词的翻译。我国现在的《社会契约论》译本多根据法文版本译出，如何兆武的《社会契约论》译本，何先生也将该词译为"公意"。⑦ 有学者将此译法引申为"公共意志"，⑧两者含义大致相同，即强调"公共性"，也就是强调该词的本质是公共利益或者共同善（common good）。该种译法是现今中文学界的主流译法。

其次，也有人将该词译为"共同意志"。有谈火生从英文译文出发，认为"general will"是介于"particular"和"universal"之间的意志（即介于个别意志和人类普遍意志之间），因而译成"共同意志"比较妥当。"共同意志是特定民族的意志而不是整个人类的普遍意志。"⑨可见，主张这种译法的学者往往采取一种世界主义的视角，强调民族意志的特殊性。这种译法有其合理性，不过却可能与卢梭一再反对的"众人意志"（the will of all）混淆。卢梭在《社会契约论》中曾提请读者注意，"general will"不是个别意志的简单相加，它以公共利益为依归，应当与众人意志严格区分。⑩ 若此处译为"共同"，"共同"意指"彼此都具有的"，它只强调了形式上的一般性，而没有关心内容的妥当性，因为众人意志也都是社会成员"共同"拥有，却不一定包含公共利益。

本文认为，"volonté générale"的合适译法应是"普遍意志"。首先，《社会契约论》由法文写成，在法文中"générale"不具有"公"或者"共同"的意思。根据《新世纪法汉大辞典》的词条，"générale"有四种含义，第一为"概

---

⑥ 岳麓书社于2013年曾出版过该书，刘师培在书中曾大量引用《民约论》，但并未说明引自谁的译本，并且是由文言译成。如文中所写，《民约论》卷三第十七章云："凡可以制定一国之政者，公意其首也。可以为民主政治固有之利益者，执公意所生之作用为权为力也。"但作为早期研究《社会契约论》的著作，刘师培的作品是极具代表性的。

⑦ 何先生在译者前言中曾指出，他的译本是根据法国奥比埃出版社的《社会契约论》译出的。参见〔法〕卢梭：《社会契约论》，何兆武译，商务印书馆2003年版，译者前言部分。

⑧ 参见张龑：《没有社会的社会契约——对卢梭公意理论与传统民意观的批判性考察》，载《清华法学》2012年第6期。

⑨ 参见谈火生：《卢梭的"共同意志概念"：缘起与内涵》，载《中国政治文化论丛》（第六辑），第357—382页。

⑩ 参见〔法〕卢梭：《社会契约论》，何兆武译，第35页。

括的、一般的、普遍的、通常的",第二种含义是引申义,为"笼统的、空泛而不具体的",第三为"总的、全体的、全部的",第四种指"总……(部分或者职位)"。⑪ 即便是根据英文译文,"general"一词也不包含"公"或者"共同"的意思。⑫ 其次,"普遍"与"特殊"是哲学上的相对概念,它意指"广泛而有共同性",与"共同"的译法一样,能与个别意志(particular will)对应,具有"共同"译法具有的优点。再次,"普遍"内含"深层或本质"的用意,恰好符合该词的形而上学性,这种含义是"公"或"共同"不具备的。例如,在描述对价值的需求时,我们会习惯用"普遍追求公平正义",而非常用"共同追求公平正义"或"公共追求公平正义"。最后,虽然传统的力量过于强大,"公意"的翻译方式的确是学界主流,"普遍意志"的译法可能会对学术交流造成不便。不过,现今中文学界中认同和使用"普遍意志"的学者正在增多,因此我们不必有自说自话的疑虑。⑬ 综上,"普遍意志"的译法更加妥当。

(二) 概念史:从神学术语到政治术语

卢梭第一次使用普遍意志是在 1755 年撰写《政治经济学》的词条中,该文与狄德罗的《自然权利》一起发表在《百科全书》上,这两篇文章都运用了普遍意志一词。⑭ 因此,长时间以来人们都认为是狄德罗与卢梭创造了

---

⑪ 参见《新世纪法汉大词典》,外语教学与研究出版社 2008 年版,"générale"词条。
⑫ 根据《英汉大词典》,英文的"general"与上文中所述法文"générale"的含义大致相同。参见《英汉大词典》,上海译文出版社 2007 年版,"general"词条。
⑬ 直接单独使用"普遍意志"译法的学者并非很多,但很多学者都会将两者结合起来使用。这也许是由于"公意"的译法过于主流、学者为了便于学术交流所致。如张千帆老师的《整体主义的陷阱:制宪权和公意理论检讨》(载《中外法学》2018 年第 2 期),虽以"公意理论检讨"为题目,但是文章的第二句就提到了"普遍意志",且明晃指代"公意"。此外还有语句特意为二者画上等号:"制宪权是人民主权的直接体现,表达至高无上的普遍意志('公意',general will)"。再如,邓晓芒老师的文章《从黑格尔的一个误解看卢梭的"公意"》[载《同济大学学报(社会科学版)》2018 年第 2 期]。同样如此,虽然文章题目使用"公意",但全文使用"普遍意志"的次数却不亚于"公意",并经常出现"卢梭主张的普遍意志或公意"等语句。可见,在中文学界,普遍意志的译法并非一家之言。此外,直接使用该译法的有崇明的《卢梭思想中的世界主义和普遍意志》(载《中国人民大学学报》2011 年第 4 期)等。
⑭ 参见 Robert Wokler, *Rousseau—A Very Short Introduction*, Oxford University Press, 2001, pp. 85–86.

该词。但是一个概念很难凭空产生，它蕴含的思想或观念往往早已存在于前人的著作或使用中，普遍意志一词也不例外。据赖利（Riley）在《卢梭之前的普遍意志》（The General Will Before Rousseau）一文中的详细考证，"volonté générale"一词其实早在17世纪时便广为人知。[15] 因此，普遍意志不是由卢梭首先使用，如果我们只聚焦于卢梭笔下的含义，未免会限制对该词的理解。在它的发展过程中，帕斯卡、马勒伯朗士（Malebranche）、莱布尼茨、孟德斯鸠等思想家们都做出过重要贡献。不过，这个词起初并不是一个政治概念，而是一个神学术语。

作为一个神学术语，普遍意志最早指"上帝决定谁将会被授予足以救赎的恩典，以及谁将被发落到地狱的那种意愿"，它由17世纪法国思想家帕斯卡首先使用。"上帝将决定谁升向天堂，而谁应下地狱"的问题关系到神的正义本质，早在奥古斯丁时代就引起过争论。在16世纪50年代，帕斯卡使用该词在《论恩典》（Ecrits sur la Grace）一书中对这一问题重新做出阐释："上帝是否能够公正地只给那些值得的人分配足够用以救赎的恩典，还是通过普遍意志简单地诅咒一些人和拯救一些人。"[16]

而变成一个政治概念，普遍意志前后经历了近百年的发展。1680年，马勒伯朗士在《论自然和恩典》（Traité de la Nature et de la Grace）中对该词做了最完整也是最著名的解释。在1715年出版的《关于身体预先行动的思考》（Réflexions sur la Premotion Physique）一书里，马勒伯朗士为了驳斥主要依靠主权力量的正义理论（例如霍布斯的政治思想），开始承认"volonté générale"和"general law"的概念具有普遍的政治意义。这是普遍意志作为政治概念使用的先声。并且，马勒伯朗士还认为普遍意志是一种永恒法则（eternal law），他指出，如果上帝的普遍意志仅仅依靠无所不能这一事实，那么它就不能被称为是公正的。这也为普遍意志赋上了一层自然

---

[15] Patrick Riley, The General Will before Rousseau, *Political Theory*, Vol. 6, No. 4, Special Issue: Jean-Jacques Rousseau, 1978, p. 485.

[16] Patrick Riley, The General Will before Rousseau, pp. 486–487.

法和道德的色彩。[17]

如果我们说马勒伯朗士是在为"volonté générale"向政治术语的过渡奠定基础，那么孟德斯鸠就是将其彻底地政治化。赖利认为，孟德斯鸠完全熟悉普遍意志在神学领域的使用，并把它运用在政治领域中，比如在世人所熟知的《论法的精神》第十一章中，孟德斯鸠就用"volonté générale"和"volonté particulière"来区分立法权和司法权。[18] 并且，孟德斯鸠还指出，立法权和行政权从来不针对任何个人行使，它们一个是普遍意志，一个是在行使普遍意志。[19] 可见，孟德斯鸠在使用普遍意志的出发点上与卢梭较为相近，即将其看作立法权所代表的某种公共意见，只是在卢梭笔下该词更加精细。[20]

至于为什么卢梭会沿用这个概念，在赖利看来这并不是简单的墨守成规。普遍意志的两个方面代表了卢梭思想的两个部分——"generality"（普遍性）和"will"（意志）。普遍性代表着法治和公民教育，它使我们脱离自我并走向共同利益。意志则代表人们结成团体的行为是自愿之事，脱离意志自由的行为会使人们道德腐化。普遍意志则高度概括了卢梭的思想，因此"何不采用因为伟人孟德斯鸠的措辞而可用于政治领域的术语呢？"[21]可见，当"普遍意志"这一概念传递到卢梭手上时，他拿到的不是一张白纸，而是经过了17、18世纪法国神学家和政治哲学家的使用，充满了丰富内涵的一个词汇。但值得注意的是，卢梭对它的解释却完全不同于前人，这也成为了他与其他社会契约论者的分野。

---

[17] Patrick Riley,"The General Will before Rousseau",pp. 488,495－496,498.

[18] Ibid. ,p. 499.

[19] Charles de Montesquieu,*The Spirit of the Laws*,translated by Anne M. Cohler,Basia Carolyn Miller and Harold Samuel Stone,Cambridge University Press,1989,p. 158.

[20] 参见 Judith N. Shklar,*Men and Citizens—A Study of Rousseau's Social Theory*,Cambridge University Press,1969,pp. 168－169。孟德斯鸠在《论法的精神》中提到 general will 的次数屈指可数，他也旨在用普遍意志表达一种普遍的公共意见,但他笔下普遍意志的内涵就远没有卢梭那里来得细致了。由此也可见，孟德斯鸠只是该词的使用者，卢梭才是使用该词的集大成者。

[21] Patrick Riley,"The General Will before Rousseau",pp. 499,502.

二、普遍意志的意义与形成

明确了"general will"的译法并追溯了概念史,我们首先要面对两个问题:第一,既然众多的思想家都使用过普遍意志,那卢梭笔下的普遍意志又指什么?他为什么需要这个概念?这个问题意味着普遍意志对于卢梭社会契约思想的意义。第二,形成卢梭所说的普遍意志可能吗?为此我们需要先明确普遍意志的内容,再去探讨这一内容的实现是否可能。

(一)为什么需要普遍意志

在《社会契约论》中,卢梭并没有给普遍意志下一个定义。如果我们唐突且粗浅地描述一下它的特征,那它大概是"最普遍的、服从它就好像在服从自己一样的人类意志"。② 普遍意志首先要为订立社会契约服务,但自古希腊以来两千余年的社会契约传统,众多的社会契约论者都不曾提出"普遍意志"或者类似概念。若要进一步考察卢梭为什么需要普遍意志,就需要考察卢梭的社会契约思想与其他社会契约论者有哪些不同。

坦言之,社会契约论复杂异常,不同学者的主张相异之处甚多,但本部分只需考虑社会契约形成的代价的不同。霍布斯认为,立约要以人们转让所有的权利为代价③;洛克认为,为了更好保护自己的其他利益,人们应放弃对自然法的执行权利。④ 二者之间的主张虽然不同,但他们都承认进入

---

② 要说明的是,这当然不是普遍意志的定义,而是本文为了方便讨论,首先给读者留下的一个关于普遍意志是什么的印象。"普遍性"不必多言,这是普遍意志最基本的含义。而后句的特征可以参见卢梭在《纽沙代尔手稿》所言:"我所服从的就只不过是即属于我自己所有,也是属于任何别人所有的公共意志。"可见,自己的意志和普遍意志出现了重合,服从后者就是在服从前者。参见《社会契约论》第20页的脚注。
③ "把大家所有的权力和力量托付给某一个人或一个能通过多数的意见把大家的意志化为一个意志的多人组成的集体",参见〔英〕霍布斯:《利维坦》,黎思复、黎廷弼译,商务印书馆1985年版,第131页。
④ "真正的和唯一的政治社会是,在这个社会中,每一成员都放弃了这一自然权力,把所有不排斥他可以向社会所建立的法律请求保护的事项都交由社会处理。"参见〔英〕洛克:《政府论(下篇)》,叶启芳、瞿菊农译,商务印书馆1996年版,第53页。

社会状态的人们不可能再享有完全的权利和完全的自由,不能再像野蛮人那样一切按照自己的本意行事,他必须永远地放弃些什么以缔结社会契约。相比之下,卢梭同样也主张转让权利,但他的野心却大得多:他主张人们将因此得到所丧失的"等价物以及更大的力量来保护自己"。[25] 换言之,卢梭认为,人们诚然失去了自然状态下的自由,但他们却得到了另外的自由作为回报,获得的自由与失去的自然自由相比相等甚至更大,因此,立约之后的人们"仍然像以往一样自由"。[26] 这在霍布斯和洛克看来是难以理解的。怎么才能达到这一点?

首先我们要明确"自由"的含义。在卢梭专论自然状态的著作《论人与人之间不平等的起源和基础》中,他没有明确指出什么才是自然状态下的自由。但我们可以考察他认为人们是如何失去自由的,由此反推出自由的含义。

> 从前原来是自由和独立的人,如今由于许许多多新的需要,可以说已完全受制于自然,特别是受制于他的同类;即使他成为了他们的主人,但从某种意义上看,他也是他们的奴隶。[27]

可见,卢梭认为"受制于人"便是失去自由。反推之下,自由便意味着"不受制于人",不受他人的意志左右。这与普拉特纳(Plattner)对卢梭的"自由"的理解相同。[28] 立约后仍像以前一样自由,就意味着人们仍然只听从自己的意志。"人是生而自由的,但却无往不在枷锁之中。"[29]人们生活在共同体中之所以"不自由",在于法律枷锁的约束。可如果人们根据自己的意志制定法律,自愿为自己戴上枷锁与镣铐,那他就不是在服从其他人,而只是服从他自己,因此就能达到像以往一样自由的境地。我们知道,在卢

---

[25] 〔法〕卢梭:《社会契约论》,何兆武译,第20页。
[26] 同上书,第19页。
[27] 〔法〕卢梭:《论人与人之间不平等的起源和基础》,李平沤译,商务印书馆2007年版,第100页。
[28] "我们可以说,像天然的自由一样,公民的自由就是不受他人的意志左右。"普拉特纳依照卢梭的区分,将自由划分成立缔约之前人们享有的天然自由,以及缔约之后的公民自由。但是无论哪种情形,自由的含义都是遵从自己的意志。参见〔美〕普拉特纳等:《卢梭的自然状态——〈论不平等的起源〉释义》,尚新建、余灵灵等译,华夏出版社2008年版,第93页。
[29] 〔法〕卢梭:《社会契约论》,何兆武译,第4页。

梭笔下,法律根据普遍意志制定,普遍意志正是那种服从它就像在服从自己一样的意志。接受在普遍意志的指导下制定的法律,"这时候我所服从的就只不过是既属于我自己所有,也是属于任何别人所有的公共意志"。㉚因此,依据普遍意志立法,虽然人们表面上受到约束,但实际上却是在服从其本人。透过普遍意志,人们看到的不是其他任何人,而只有他自己本人,法律无非是写着自己意志的一张大书罢了。这样,通过自我立法,人们丧失了自然自由,但是获得了法律上的自由和道德上的自由,普遍意志就满足了卢梭社会契约论的"野心"。

不过问题是,不服从自己的意志而受制于人,自己的权益可能会遭到损害,像洛克这样智慧的思想家没有意识到这点吗?卢梭坚持人民主权,人民依靠普遍意志自己为自己立法,服从法律是在服从自己;洛克主张议会主权,"他……授权给社会的立法机关,根据社会公共福利的要求为他制定法律"。㉛遵从法律是在遵从立法者的意志。尽管掌握国家最高权力的议会是民选的,但这有应然和实然的区分:应然上,立法机关应服从民众的意志,以公共福利为目标立法;但实然上,立法机关却存在背离这一期待的可能。因此洛克的理论似乎存在缺陷。不过洛克却没有视而不见,他引入分权制衡的理念解决了这个困难,即将主权划分为立法权、行政权和外交权,三者之间互相制衡,任一方侵害人民权益时,其他二者都会提出强而有力的反对。可见,其他思想家在应对共同体形成后如何保障人们"自由"的问题上有多样的解决方式,只不过卢梭选择借用普遍意志罢了。

正如赖利所说,如果卢梭没有集中关注自由,普遍意志就不会成为他政治思想的核心。㉜卢梭对"自由"的关注超出以往任何一位社会契约论者,他的社会契约丝毫不容许存在损害自由的可能性,因此他才需要普遍意志这个概念。这也成为了他与其他社会契约论者们的分野。不过遗憾

㉚ 〔法〕卢梭:《社会契约论》,何兆武译,第20页的脚注2,这句话引用自卢梭的《纽沙代尔手稿》。
㉛ 〔英〕洛克:《政府论(下篇)》,叶启芳、瞿菊农译,第54页。
㉜ 参见 Patrick Riley,"Rousseau's General Will",in *The Cambridge Companion to Rousseau*,edited by Patrick Riley,Cambridge University Press,2001,p. 148。

的是,也许正是因为这一观念的"用力过猛",才导致了法国大革命的悲剧。毕竟,法律真的能够被制定到服从它就像服从自己一样的程度吗?

(二)普遍意志的内容是公共利益

在讨论形成普遍意志是否可能之前,我们还要问普遍意志究竟要形成什么。上文指出普遍意志是"服从它就像服从自己一样"的意志,这也可以作为目标,但它太抽象,不包含具体内容。

普遍意志具有普遍性,它包含的内容也必须具有普遍性。而在自然状态中有着林林总总私益的芸芸众生,如果他们要有普遍追求,只能是由私益抽象而成的公共利益。卢梭反复强调:"公意永远以公共利益为依归。""当它倾向于某个个别的、特定的目标时,它就会丧失它的天然的公正性。"使人们的意志普遍化的是把人们结合在一起的公共利益,而不是投票的数目。㉝ 可见,普遍意志的内容是公共利益。此外,在《政治经济学》中卢梭曾反对功利主义:"如果只牺牲一个人而大家得救……这个话就连暴君都不敢这么说……因为这个话是直接违背社会的基本法的。"㉞除非它是出自那位愿意牺牲自己的勇者之口。"不仅不能让任何一个人为了大家而牺牲,相反,大家都应当为了保护他们之中的每一个人而贡献自己的财产和生命。"㉟这也可以佐证普遍意志的内容是公共利益的观点。普遍意志至高无上的性质不能够是虚构的,它必须在理性上是公正的。否则,"这种力量及其产生的效果都靠不住,其形成的秩序也不会稳定,缺乏自然秩序的永恒性和必然性特征。"㊱

根据卢梭散落在《社会契约论》中的看法,值得人们关注并应当包含在公共利益中的个人利益应包括以下几个部分:第一是自由,上文已详细论述,普遍意志的首要目的就是保证人们仍像自然状态下一样自由。第二是

㉝ 参见〔法〕卢梭:《社会契约论》,何兆武译,第35、49、40页。
㉞ 〔法〕卢梭:《政治经济学》,李平沤译,商务印书馆2018年版,第23页。
㉟ 同上。
㊱ 〔法〕爱弥尔·涂尔干:《孟德斯鸠与卢梭》,李鲁宁、赵立玮等译,上海人民出版社2006年版,第67页。

平等,但这不是自然的平等,而是道德与法律的平等。人们基于自然的力量和才智是不平等的,但是根据普遍意志和相互约定,他们在法律面前却人人平等。[37]第三是财富,卢梭认为在自然状态下,人们合法的财产权来自于"最初占有"的事实。这一事实的被认可需要具备三个条件:首先,这个财产不曾被其他人占有;其次,占有的数量只能是人们为维持自身生存所必需的,不能贪得无厌;最后,人们要凭借耕种与劳动的方式占有这些财产,而不能依靠一些空洞的仪式。[38]第四是生死的权利,"每个人都有权冒自己生命的危险,以求保全自身的生命"。[39]因此,在普遍意志所追求的公共利益目标中,起码要考虑到人们的自由、平等、财产和生命权。这样,普遍意志就不至于成为一种武断的意志。

我们反复强调,公共利益乃是个人利益的重合,普遍意志是人们的普遍追求。这些话看上去简单易懂,但并非像表面上这么简单,它已经触及了普遍意志的某种本质。在《社会契约论》中,卢梭非常注重"人"(man)与"公民"(citizen)的区分,这就反映了他的某种顾虑:人和公民所拥有的东西是不同的,不能予以混淆。[40]"每个个人作为人来说,可以具有个别的意志,而与他作为公民所具有的公意相反或者完全不同。"[41]因此,我们可以发现,每个人都可以被认为即是"人",又是"公民"。就我们作为人时,我们是独特且独立的,每个人都有他自己特殊的身份和利益。但当我们是公民时(作为共同体的一员),我们又是相似的,因为我们对政治体的福利共享某种共同利益。因此,每个人既有作为人的特殊利益,又有作为公民的共同

---

[37] 参见〔法〕卢梭:《社会契约论》,何兆武译,第30页。
[38] 同上书,第27—28页。
[39] 同上书,第42页。
[40] 比如"除了这个公共人格外,我们还得考虑构成公共人格的那些私人,他们的生命和自由是恬然地独立于公共人格之外的",〔法〕卢梭:《社会契约论》,何兆武译,第37页。有一部专门以"man"和"citizen"为角度分析卢梭思想的英文著作,可见 Judith N. Shklar, *Men and Citizens— A Study of Rousseau's Social Theory*, Cambridge University Press, 1969.
[41] 〔法〕卢梭:《社会契约论》,何兆武译,第24页。

利益。㊷ 当人们处于自然状态时尚且是人，但一旦形成普遍意志步入社会状态，我们就摇身一变，具有了公民的身份。因此，普遍意志的理论根源在于个人对公共利益的共同追求，它将我们每个人都紧紧地拴在一起，好像在共同体中我们是同一个人一样，同时，它也成为了普遍意志的内容。除了公共利益，还有什么东西具有如此魔力？

如此，我们方能真正理解卢梭的这句话，"我们每个人都以其自身及其全部力量共同置于普遍意志的最高指导之下，并且我们在共同体中接纳每一个成员作为全体之不可分割的一部分"。㊸ 实际上，人们受到普遍意志的指导仅限于他作为公民，仅限于涉及公共利益时罢了，我们只有在共同体中才是不可分割的，普遍意志还没有抹去我们是独立个人这个事实。这一点非常重要，不过并非该部分想要说明的重点，下文还会多次提到。现在我们面临的问题是，偏私的人们是如何具体地完成个人利益向公共利益的转变的？

（三）理性与宗教使形成普遍意志成为可能

普遍意志的形成之路布满荆棘。卢梭要建构的国家虽理想成分居多，但其形成仍是一个很精细和充满思辨的过程。有了"公共利益"这一目标，并且我们已经知道公共利益以个人利益为根基，现在面临的问题是：应如何实现个人利益向公共利益的跨越？这又不可避免地涉及两个问题：第一，个人利益如何达成公共利益；第二，人们是否真的愿意达成这样的一个转变。

第一个问题的必要性在于，社会利益不等同于个人利益，两者存在重叠，又存在冲突。个人利益上升为公共利益必定要损害一定的个人利益，因此该过程的完成存在困难。卢梭没有告诉我们如何解决这一困难，但我们可以通过他主张的"请教理性"的观点获得答案。在《社会契约论》中卢

㊷ Richard Dagger, "Understanding the General Will", *The Western Political Quarterly*, Vol. 34, No. 3 (Sep., 1981), pp. 359–371.
㊸ 〔法〕卢梭：《社会契约论》，何兆武译，第20页。

梭认为,当人们进入到社会状态后,此前只知道关怀自己的人类才发现不能再听从自己的欲望行事,而是"先请教自己的理性"。[44]

理性是对个人利益不适当扩张的约束,即对欲望的约束。对此可借助张奚若先生的算式加以说明:"如甲之意＝a＋b＋c,乙之意＝a＋d＋e,丙之意＝a＋x＋y。则公意＝a,众意＝a＋b＋c＋d＋e＋x＋y。"[45]普遍意志"a"代表公共利益,众人意志"a＋b＋c＋d＋e＋x＋y"代表个人利益的总和,"b、c、d、e、x、y"代表各种个人利益。在"a＋b＋c＋d＋e＋x＋y"上升为"a"的过程,需要用理性驱除"b、c、d、e、x、y"任何一种个人意志中可能包含的与"a"冲突的部分。举例进一步说明:被羁押的罪犯失去人身自由(这符合公共的a),但该罪犯却主张人身自由与之对抗(这是私人的b)。显然,此刻罪犯应去除不适当扩张的b而追求a。这一过程诚然需要国家强制力,但也需要充分运用罪犯的理性。他不仅要受到违反法律的惩罚,更重要的是他要认识到自己犯下的错。只有这样,在其他犯人被关押时,他能以一个公民的立场支持国家的这种行为,否则他就不能正当地宣称自己为该共同体的一员。换言之,人们会借助理性去慎重地考虑:我应当如何行动才能更好地实现公共利益?毕竟公共利益源自个人利益,拥护公共利益就是在保护我的一部分个人利益。因此,人们要抑制不适当的个人利益方能形成普遍意志,这一过程中对理性的运用又是必不可少的。这恰如柏拉图在《理想国》中谈到个人正义时的主张。人获得知识的能力是理性,而人的冲动要求是欲望。倘若理性支配了欲望,人们就会呈现出节制,便可以获得正义的德性。[46]一个是形成普遍意志,一个是获得正义的德性,两位思想家的思想之间却有异曲同工之妙。作为一名启蒙思想家,虽然卢梭曾在《论

---

[44] 〔法〕卢梭:《社会契约论》,何兆武译,第25页。
[45] 张奚若:《社约论考》,商务印书馆1926年版。转引自戴木茅:《从众意到公意:民主的进路——以卢梭的公意论为视角》,载《哲学动态》2009年第12期。
[46] 参见〔古希腊〕柏拉图:《理想国》,王扬译,华夏出版社2017年版,第154—158页。

科学与艺术的复兴是否有助于使风俗日趋淳朴》中批判理性使人们变得堕落,[47]但事已至此,他在《社会契约论》中要解决的是如何建立一种良好的政治制度的问题,在人们变得堕落之后重获平等与自由,因此他不再否认理性的重要。

此外,对于理性的重要性还有另一种解读。罗尔斯认为,卢梭所言的理性可以被理解成慎思理性的能力,也就是卢梭在《论人与人之间不平等的起源和基础》中提到的"自由意志"。[48]"自由意志"是指:我们每个人都有私人或特定的意志,并有"自由主动的资质",这将人与动物划清了界限。[49] 人可以通过理性弄清什么是善,什么是公共利益,而动物却不可以。倘若人类无理性,像普通动物一样不知道什么对自己有害,什么对自己有利,或许人们就会从事一些违反个人利益的行为。没有个人利益的土壤也就没有公共利益的诉求,普遍意志也无从谈起了。

第二个问题的必要性在于,"社会的法律乃是一种羁轭,每个人都想把它加之于别人,却不肯加之于自己"。[50] 个人利益并非天然地与公共利益结合在一起,相反还有可能互相排斥,因此人们不一定愿意完成从个人利益向公共利益的转变。卢梭就曾在《日内瓦手稿》中向我们描述过这样思考的一个人:

> 假如我对别人严格遵守时,我确有把握他们也会对我遵守。然而

---

[47] 比如卢梭认为"随着我们的科学和艺术的日趋完美,我们的心灵便日益腐败"。参见〔法〕卢梭:《论科学与艺术的复兴是否有助于使风俗日趋淳朴》,李平沤译,商务印书馆2016年版,第14页。再比如卢梭认为,"动脑筋思考的状态,是违反自然的状态;动脑筋思考的人,是一种性格反常的动物",这句话被认为是卢梭反启蒙运动以及反理性主义的标志,受到了包括伏尔泰在内的众多启蒙思想家的批评。参见〔法〕卢梭:《论人与人之间不平等的起源和基础》,李平沤译,第56页。

[48] 参见〔美〕罗尔斯:《政治哲学史讲义》,杨通进、李丽丽等译,中国社会科学出版社2011年版,第228页。

[49] 参见〔法〕卢梭:《论人与人之间不平等的起源和基础》,李平沤译,第60页。

[50] Jean-Jacques Rousseau, *The Social Contract and Other Later Political Writings*, edited and translated by Victor Gourevitch, Cambridge University Press, 1997, p.156. 对于《日内瓦手稿》,国内尚无中译单行本,只有在何兆武先生所翻译的《社会契约论》书后附有部分译文。本文参照了何兆武先生的译文,有改动。参见《社会契约论》,第189页。下同。

在这一点上,你能给我什么保证呢?并且看到自己暴露在最强者可能加之于我的各种祸害之下,而我又不敢取偿于弱者;难道我的处境还能比这更糟了吗?[51]

如果我们说上文谈到的抑制自己不适当个人利益的人是一个理性的人,那我们无法否认,这里的人同样也是一个理性的人,以至于理性得过了度。[52]他不愿意为自己戴上枷锁,因为他害怕其他人不会像他一样遵守法律的规定。[53]这似乎具有现代博弈论的影子:假如自然状态中人们达成了普遍意志,在实际生活中他们面临两个选择,遵守约定(接受普遍意志的制约),或者不遵守约定。任何一个人都会这样考虑:如果其他人遵守,我也遵守,社会平稳运行,如果我不遵守,那我可以趁乱获得利益;如果其他人不遵守,我却遵守,明显这将不利于我,如果我不遵守,起码对我没有任何损失。这样,对于任何一个人,不把普遍意志所要求的作为自己的行动指南,才最有利于他。这就形成了一种囚徒困境:"每个人都被自我追求的理性所驱使,试图破坏对双方都有利的契约。"[54]这种情形下人们是无法达成普遍意志的。这对于现代社会的我们并不成问题,因为任何具有法律效力的约定均有国家强制力的保障,如果不遵守法律,人们会在上述的收益表中面临负收益。但对于自然状态下从未接触过强制力约束的人们而言,一个人是否会接受该制约可能又会陷入一项博弈之中。况且,用强制力保证

---

[51] Jean-Jacaues Rousseau, The Social Contract and Other Later Political Writings, edited and translated by Victor Gourevitch, p. 156. 参考了何兆武先生的译文,有改动。
[52] 实际上这两种人是不同的理性方向:一个着眼于公共生活,一个着眼于个人生活。在现实生活中这两种人都存在,且他们对自我的行为都有着充分理性地认知。文章在此处引入宗教也是考虑到了后一种理性人的存在,单凭前一种理性是不够形成普遍意志的。
[53] 正如古热维奇(Gourevitch)所说,"For, in the absence of natural sanctions and of particular providence, would not a person acting justly to his detriment be a fool and only a person acting unjustly to his benefit prove rational?" 参见:Victor Gourevitch, The Religious Thought, in The Cambridge Companion to Rousseau, edited by Patrick Riley, p. 217.
[54] W. G. Runciman and Amartya K. Sen, Games, Justice and the General Will, Mind, Oct., 1965, New Series, Vol. 74, No. 296 (Oct., 1965), pp. 554–562. 不过要说明的是,本文引用博弈论是为了引出一种双方都善守约的保障,即宗教,而这篇文章是借助博弈论区分普遍意志和众人意志,手段相同而目的不同。不过这篇文章关于博弈论与普遍意志的解读十分精彩,本文深受启发。

人人都同意的普遍意志得到贯彻,难免会陷入"强迫自由"的怪论。为了避免陷入无谓的争端,我们最好在《社会契约论》中寻找另外一种解决方式。"人类的宗教"就可以作为这样一种保障,它使人们心甘情愿地接受普遍意志的约束,从而打消了上述理性人的顾虑。

> 这就是在一切时代里迫使各民族的父老们都要求助于上天的干预,并以他们故有的智慧来敬仰神明的缘故了,为的就是要使人们遵守国家法也要像自然法一样,并且在认识到人的形成和城邦的形成是由于同一个权力的时候,使人们能够自由地服从并能够驯服地承担起公共福祉的羁轭。[55]

处于同一宗教的共同信仰下,人们会发自内心地认为,"承担起公共福祉的羁轭"乃是必要,从而摆脱上述囚徒困境的束缚,和善地选择守约而非毁约。不过,这并不是说明人们就不是自私的了,人们就会为了他人的利益而放弃自我的利益。相反,人们自私的本性从未改变(作为"人"的那一面),宗教只是提供了保障或者为自私的每个人提供了某种信心——与我签订契约的人是一个信守承诺的人,是一个道德的人。并且人们选择遵守社会契约服从普遍意志,并不是单纯地牺牲个人利益,他也同样会从中获益。人们只是因为宗教而产生一种对对方的信赖,从而突破囚徒困境,达成普遍意志。

宗教在《社会契约论》中似乎长期被学者忽视,但它对卢梭理想国的形成实际上至关重要。[56] 也许是一位启蒙思想家的思想与宗教具有关联是一件很奇怪的事。但是,卢梭并非真的要我们接受日常意义上所说的宗教信仰。在他笔下,宗教可以划分为人类的宗教、公民的宗教与牧师的宗教三种。这里的宗教就特指人类的宗教,它"没有庙宇,没有祭坛,没有仪式,只限于对至高无上的上帝发自纯粹内心的崇拜,以及对于道德的永恒义

---

[55] 〔法〕卢梭:《社会契约论》,何兆武译,第54页。
[56] 卢梭甚至说过:"从没有一个国家不是以宗教为基础便能建立起来的。"参见《社会契约论》第173页。但引起学者们忽视宗教的原因或许是他们以道德代替了宗教的作用。实际上在卢梭笔下"人类的宗教"正是道德,但是卢梭在很多方面却直接以"宗教"一语来表示这层含义。

务"，⑰并且"和今天的基督教截然不同"。⑱可见，人类的宗教与人们天生认可的道德义务相类似，根据这种宗教或道德感，人们会发自内心地承担实现社会福祉的义务，而非仅着眼自身利益，进而实现上文所说的另一种理性。服从普遍意志的人乃是为自我立法，这样的人才是道德的人，相反他就是不道德的。正是这种镌刻在人们内心深处的道德感，并表现成卢梭所言的宗教的事物，才是普遍意志理论大厦的拱心石。这也是卢梭撰写《爱弥儿》一书的目的，他希望以自然教育的方式培养公民的优良品格，培养具有道德感的公民，进而真正地在人类社会中达成普遍意志。⑲

三、普遍意志的特征

卢梭没有直接给出普遍意志的定义，但他为了丰富这一概念，描述了很多它的特征，如普遍意志不可分割、普遍意志永远正确、普遍意志不可摧毁等。很多学者对此提出过极具价值的见解，此处不再赘言。《社会契约论》中还隐藏着一些对理解普遍意志概念较为重要的观点，本部分试图总结这些观点中反映出的普遍意志的特征，以进一步加深对普遍意志的理解。

（一）普遍意志的形而上学性

一般而言，思想家们在提出重要概念前都会大量铺垫，论述这样做的理由以及重要性。作为卢梭法哲学思想的核心，普遍意志理应受到此种对待，但事实却并非如此。如巴斯（Barth）所说："普遍意志……就好像是帕拉斯突然从宙斯头上跳出来似的。"⑳这似乎意味着它不言自明，或印证了上

---

⑰ 〔法〕卢梭：《社会契约论》，何兆武译，第 173 页。
⑱ 同上书，第 175 页。
⑲ 参见孟锐峰：《实现"公意"之路——论卢梭自然教育的政治哲学意涵》，载《西北大学学报（哲学社会科学版）》2017 年第 5 期。
⑳ Arthur Meltzer, *The Natural Goodness of Man: On the System of Rousseau's Thought*, The University of Chicago Press, p. 151. 梅尔泽（Meltzer）引用了巴斯的一段话。

文所言，即这一概念已经"广为人知"。在卢梭之前，普遍意志曾长期作为一个神学术语存在，如果卢梭没有对它进行重新解释，我们就有理由认为卢梭默认了普遍意志包含的神学性。恰如巴斯认为，卢梭普遍意志的基础只能是神学或者是形而上学，这是不能够忽视的。如果忽视了这一点，那我们就犯了不可饶恕的错误。[61] 这种理解在《社会契约论》文本中并非毫无根据。卢梭在谈论法律时曾说："一切正义都来自上帝，唯有上帝才是正义的根源。"可是卢梭进一步指出，我们没有办法在那种高度上接受神学性的上帝正义，或是因为我们无从知晓，或是因为它根本就不存在。但无论如何，上帝正义没有办法被纳进社会契约。因此卢梭提出了一个替代方案。"毫无疑问，存在着一种完全出自理性的普遍正义。而要使这种正义能为我们所公认，它就必须是相互的。"[62]出自理性并且"互相公认的正义"，很明显这正是普遍意志。因此，我们有充分的理由认为：普遍意志的基础是上帝正义，且是上帝正义的替代产物。在古典自然法中，上帝正义具有抽象性和形而上学性，它并不是一个实在的实体，而是作为实在法之外的正义准则，用以指导和评价实在法的内容正当性与合法性。作为上帝退出政治哲学领域后的替代产物，[63]普遍意志在一国的法体系中也必然具有该种性质。换言之，卢梭笔下的普遍意志是一种人造正义（artificial justice）、人造自然法，是人们在缔约是根据公共利益所达成的某种抽象性的共识。这与罗尔斯主张人们在无知之幕背后达成正义共识的过程十分相似。[64]

因此，普遍意志应当被理解成为一种抽象的标准，而非指向一种具体可操作的行为。[65]从普遍意志在卢梭理想国中发挥的作用，如社会契约置于普遍意志的最高指导之下、主权不外乎是普遍意志的运用、法律是普遍

---

[61] Arthur Meltzer, *The Natural Goodness of Man : On the System of Rousseau's Thought*, p. 155.
[62] 〔法〕卢梭：《社会契约论》，何兆武译，第45页。
[63] 参见崇明：《卢梭思想中的世界主义和普遍意志》，载《中国人民大学学报》2011年第4期。
[64] 参见 Richard Dagger, "Understanding the general will", *The Western Political Quarterly*, Vol. 34, No. 3 (Sep. , 1981), pp. 359 - 371.
[65] 参见邓晓芒：《从黑格尔的一个误解看卢梭的"公意"》，载《同济大学学报（社会科学版）》2018年第2期。

意志的行为等，也可以明确这一点：普遍意志在政治生活中没有具体的指代物，而只是一个具有普遍性的精神实体，它类似凯尔森的基础规范，只是一种抽象的逻辑前提，为其他规范提供合法性的论证。例如政治生活中的投票行为，假如 A 法律草案获得了 80％的票数，B 法律草案获得了 20％的票数，最后 A 草案成为法律，这一政治行为的合法性并非是赞同 A 草案的人数多于 B 草案这一现象，而是源于"少数服从多数"这一抽象规则。⑥⑥ 投票的票数可以数清，通过的法律草案可以被我们看到，但用以指导我们进行这种行为的原则却处于一个更高的层次，为我们在政治生活中的行为提供潜移默化的论证（因为"少数服从多数"的规则内化于我们心中，我们往往不会在投票时再去主动思考这一规则）。无论一种观点得到多少票数，本质上它都属于众人意志，而背后的投票规则才属于普遍意志。普遍意志是二度抽象的产物，在个人意志——众人意志——普遍意志的链条中，个人意志首先上升为众人意志，这一过程往往是简单相加，"众意只是个别意志的总和"，而普遍意志则是除掉这些个别意志间正负相抵消的部分。⑥⑦

不过，主张普遍意志的形而上学性将会带来一种极权主义的风险，这是难以否认的。如果全体人民的意志只是一座可望而不可即的空中楼阁，它就很容易被野心家们用来挟持民意。⑥⑧ 尽管我们主张普遍意志是一种人造正义，但我们都深知历史上并不存在一个越过无知之幕的过程，人们并没有去选择何为普遍意志的内容。如果有野心家们单方面地告诉我们："这就是你们所追求的普遍意志和公共利益，它由我来告诉你们"，这难道不就是一幅赤裸裸的极权主义的模型吗？⑥⑨ 正如罗素批评道："《社会契约论》在民主政治理论家中间重新造成讲形而上的抽象概念的习气……它的

---

⑥⑥ 该例子的灵感来自于邓晓芒老师的一次讲座。
⑥⑦ 参见〔法〕卢梭：《社会契约论》，何兆武译，第 45 页。卢梭这种达成普遍意志的数学算式实际上遭受到了很多批评，但这并不是本文的研究主题。类似的批评可以参见〔美〕吉尔丁：《设计论证——卢梭的〈社会契约论〉》，尚新建、王凌云译，华夏出版社 2006 年版，第 61 页。
⑥⑧ 参见赵林：《试析卢梭政治学说中的极权主义暗流》，载《学术研究》2004 年第 6 期。
⑥⑨ 可以发现，这里的野心家与"立法者"极为相似。尽管卢梭强调伟大的立法者是"帮助人们立法"，但是谁又能监督他不会在法律中暗藏私利呢？

哲学中有许多东西是黑格尔为普鲁士独裁制度辩护时尽可利用的。它在实际上的最初收获是罗伯斯庇尔的执政。"[70]

但是，如果我们能够回到社会契约本身，发现社会契约是可以被个别打破的，也许我们就能摆脱这种批评。因为卢梭认为："如果在订立公约的时候出现了反对者的话，这些人的反对也并不能使契约无效，那只不过是不许把这些人包括在契约之内罢了。"[71]这表明如果人们不同意社会契约的某种条款，他可以退出该契约，摆脱在该共同体内的公民身份，而成为一个外邦人。普遍意志也是一样，在卢梭笔下，它恰是社会契约订立的前提，如果有人发现自己的意志被野心家绑架，他是否也可以选择退出该共同体呢？答案应当是肯定的。因为普遍意志与个人意志具有重合性，"它（普遍意志）的形而上学性，并不意味着它以某种形式凌驾于社会成员之上，相反，它仍是个体公民所具有的意志"。[72] 如果人们的普遍意志是被绑架后告诉公民的，充满了野心家的私意，那它就不再享有普遍意志的神圣之名。因此，尽管坚守普遍意志的形而上学性很危险，但我们仍能在逻辑上避免极权主义。即使真的有野心家利用这种思想为自己的野心统治正名，人们也可以逃离这种统治。法国大革命和法西斯的独裁统治绝非卢梭的本意，其实我们只需要回顾一下上文中卢梭对自由以及公共利益的热忱，就可以明白这一点了。[73]

（二）普遍意志并不永远需要全体一致

李平沤先生在谈论卢梭关于"主权是不可分割的"的观点时曾提到："一切决定，要么是由全体人民做出的……从而形成法律；要么就只是一部

---

[70] 〔英〕罗素：《西方哲学史（下卷）》，马元德译，商务印书馆1976年版，第265页。
[71] 〔法〕卢梭：《社会契约论》，何兆武译，第135页。
[72] 参见〔美〕罗尔斯：《政治哲学史讲义》，杨通进、李丽丽等译，中国社会科学出版社2011年版，第229页。
[73] 公意的目的是正义，这是基本的事实。一旦看到这一点，如何阐释卢梭的问题就会变得不那么激烈。参见George Kateb, "Aspects of Rousseau's Political Thought", *Political Science Quarterly*, Vol. 76, No. 4 (Dec. , 1961), pp. 519—543。

分人的意见……而不能形成法律。"[74]这种看法似乎非常符合普遍意志的要求,即法律的形成必须由全体人民一致同意,如果只是一部分人的意见,那就不是法律了。但事实上,我们只要回想一下现实生活中的立法过程就会发现并非如此。绝大部分的法律都并非全票通过,即使宪法也是这样。这是不是在说我们绝大多数法律都没有遵从普遍意志的指导呢?

卢梭认为:"唯有一种法律,就其本性而言,必须要有全体一致的同意,那就是社会契约。"[75]而"意志要成为公意,并不永远需要它是全体一致的。"[76]这意味着,在最初人们对普遍意志达成一致后,可能会出现与普遍意志不一致的意见,而这并不会导致普遍意志不再是普遍意志。换言之,普遍意志并不永远需要全体一致。

实际上这种现象无法规避。普遍意志以个人利益和个人意志为基础,纵使人们接受理性的约束,但偏私乃人之本性,任何人都不可能完全消灭自己的私欲。那这一情况是如何具体发生的呢?纵观《社会契约论》,卢梭可能为我们做了两个方面的解答:第一,它源于人们的短见。"人民永远是希望自己幸福的,但是人民自己却并不能永远都看得出什么是幸福。"[77]换言之,人们认识到了公共利益,却会因为短见追求私人利益,从而从事损害公共利益、背离普遍意志期待的行为。借助上文中对 man 和 citizen 的区分,人们这时候就只追求作为"人"的私人利益,而将作为"公民"的公共利益抛掷脑后了。正因此,卢梭要为短视的人们设立一个"神明般"的立法者。第二,普遍意志不可摧毁,但它却可能屈服于压在它身上的其他意志。例如一个人会为了金钱违背内心的意愿,从而出卖神圣的选票,普遍意志就会向偏私的私人利益屈服。卢梭认为这样的人"并未消灭自己内心的公

---

[74] 李平沤:《主权在民 vs 朕即国家:解读卢梭〈社会契约论〉》,第 122 页。
[75] 〔法〕卢梭:《社会契约论》,何兆武译,第 135 页。
[76] 正文是"因为意志要么是意志,要么不是",此处卢梭做出脚注:"意志要成为公意,并不永远需要它是全体一致的,但必须把全部的票数都计算在内;任何形式的例外都会破坏它的公共性。"参见〔法〕卢梭:《社会契约论》,何兆武译,第 33 页。
[77] 同上书,第 48 页。

意,他只是回避了公意而已"。[78] 换言之,屈服于其他利益的人明知普遍意志的内容,却有意避开了普遍意志的实现。社会的不幸是由全体公民承担的,和自己能够获得的私人利益相比,由他承担的社会不幸就不再算什么。类似的情况不胜枚举,但总之,在最一开始的缔约行为结束之后,普遍意志无须也无法永远地保持全体一致,人们有过一次全体一致的同意就可以了。如此,本部分起初提到的观点便值得商榷:即使只有部分人对某部草案达成一致,它依然可以成为法律。此时普遍意志只在投赞成票的人中得到体现,而另外一些人回避了普遍意志。如果是短视和偏私的人们占多数,通过了一个邪恶的法律,卢梭认为,"那并不证明别的,只是证明我错了",[79] 只是意味着人们做了一桩他在立约时并非想要做的事,而在这时"我就不是自由的"。[80] 这样的法律丧失了普遍意志的合法性论证,不能被称为一个有效的法律。

不过有趣的是,在解决"可能存在与普遍意志不一致的意见"这个问题的方式上,卢梭却呈现出了一幅遭受批评的专制面孔:

> 为了使社会公约不至于成为一纸空文……任何人拒不服从公意的,全体就要迫使他服从公意。这就恰好是说,人们要迫使他自由。[81]

"迫使自由"——无论是修辞手法亦或思想内涵,初读之下,实在令人费解。这就好像有一个持家父立场的人告诉我们:"你这样做不是你的本意,我要求你做的才是符合你本意的。不要怪罪我在强迫你,我是在让你更自由。"这难免会引起自由主义者的反感,并且也与卢梭呼唤人民主权、倡导自由平等的形象相矛盾。不过,我们最好谨记施特劳斯的教诲:那些严肃的思想家们并非没有注意到自己的表面矛盾。他们之所以这样做,也许隐藏着他们的深意。[82] 如果我们联系到普遍意志的第三个特征,也许可

---

[78] 〔法〕卢梭:《社会契约论》,何兆武译,第133页。
[79] 同上书,第136页。
[80] 同上书,第137页。
[81] 同上书,第24—25页。
[82] 参见〔美〕坎特:《施特劳斯与当代解释学》,程志敏译,载刘小枫、陈少明主编:《经典与解释的张力》,上海三联书店2003年版,第119页。

以更好地理解卢梭的本意。

(三)普遍意志只规范包含重要社会关系的权利

这一部分我们将重新考虑普遍意志所包含的内容,以试图减少"强迫自由"一语带给我们的不适感。卢梭曾说,社会契约的基本条款"可以全部归结为一句话,那就是:每个结合者及其自身的一切权利全部都转让给整个集体"。[83] 通过字面意义上的解读,卢梭似乎是在指人们要转让自己所有权利,因此普遍意志的效力将遍及一切权利。但是考虑到卢梭将自由分为"天然的自由"与"社会的自由",将平等区分为"自然造成的不平等"以及"道德与法律的平等",这里的"权利"是否还可以再区分呢?一切"权利"是否是有所特指的权利呢?这一尝试区分权利的做法并非突发奇想。事实上,卢梭似乎也表现出了这种倾向:

> 公共人格的那些私人,他们的生命和自由是天然地独立于公共人格之外的。因此,问题就在于要很好地区分公民相应的权利和与主权者相应的权利,并区别前者以臣民的资格所应尽的义务和他们以人的资格所应享的自然权利。[84]

在形成政治共同体之后,卢梭仍然承认人们享有"以人的资格所享有的自然权利",这与上文转让了"一切权利"的说法不能不说是一个矛盾。因为如果转让了一切,公民便不再享有所谓的自然权利,更不用谈与臣民的资格所应尽的义务相区分。在原文这句话的注解中,卢梭也承认了由于他的语言匮乏,而产生了用语的冲突。[85] 如果两件事物发生矛盾,就意味着某一项存在缺陷,但卢梭没有明确指出他是如何矛盾的,以及哪种表述才是原意。不过,细思之下,其实我们会发现转让"一切权利"的说法存在弊端。我们可以回到一开始,为什么人们要结成共同体?在《社会契约论》里,卢梭认为自然状态下人们面临的生活困难超出了自身能力能够解决的

---

[83] 〔法〕卢梭:《社会契约论》,何兆武译,第19页。
[84] 同上书,第37—38页。
[85] 同上书,第38页,脚注1。

155

范围,因此需要整合人们的所有力量来保护他们的人身和财富安全。但仅因此就需要转让结合者的全部权利,实在欠缺说服力。为了维护自身的部分利益(该利益只是因不能克服的生存障碍而受到威胁的利益)而献出全部利益,有因小失大之嫌,或者说"不划算"。如果基于目的导向,只要将相关的利益献给集合体便能够达到该目的。此外,生而为人便具有的权利是无法转让的,它们与人本身无法割离、无法区分,如最基本的生命权、生存权等。基本权利不可让与,它们构成了"人"的一部分,转让这一部分极易导致极权。

因此,在卢梭这句话的指引下,我们可以尝试对"权利"的概念进行再分。这样,转让的"一切权利"并非真正的一切,而是有所特指的"权利"的一切。卢梭在后文的一段话中隐含了他对于"权利"区分的观点:

> 我们承认,每个人由于社会公约而转让出去的自己的一切权力、财富和自由,仅仅是全部之中其用途对于集体有重要关系的那部分;但是也必须承认,唯有主权者才是这种重要性的裁判者。㊱

根据卢梭的指示,我们可以将粗略的权利区分为两种:一种是对集体有重要关系的权利,一种是其他的权利。而普遍意志只规范那种包含重要社会关系的权利。与传统的教科书和人们普遍认知有所偏差,卢梭的社会契约思想并非要求人们转让所有。普遍意志也没有涉及人类生活的方方面面,而是只规范最重要的那部分,并且这部分的重要性需要主权者在立约时加以裁判。换言之,在立约之初,结合者们需要献出多少权利由他们自己协商确定,决定哪些关系重要而哪些不重要。转让"所有权利"和转让"有重要关系的权利"的说法在卢梭的思想框架内就有了一致性:后者是原则,而前者是推论,即结合者们相约交出全部权利(认为都重要)的特殊情况。㊲一旦具有了选择性,就大大减少了"迫使自由"的表述所带给我们的不适感,那位站在家父主义立场的人就会改变他的措辞:"你曾说要将你的

㊱ 〔法〕卢梭:《社会契约论》,何兆武译,第 38 页。
㊲ 参见刘时工:《专制的卢梭,还是自由的卢梭——对〈社会契约论〉的一种解读》,载《华东师范大学学报(哲学社会科学版)》2014 年第 1 期。

这一部分交由我管控。而在这部分里,你违背了你原来答应我们的事。我要求你做的才是符合你本意的。"这也许才是卢梭的原意。毕竟,共和国的危险来自于不遵守自己诺言的人。[88] 如果不对那些不遵守义务的人施加某种限制,共同体早就分崩离析了。

四、普遍意志的政治实践

上文虽然承认形而上学性是普遍意志的重要特性,但这不意味着它缺少实践性。哲学是最形而上的,但无论是在学术研究还是日常生活中,哲学的理念都产生过深远的影响。具有形而上学性的普遍意志同样也可以具有类似的实践作用。虽然它不能直接在现实国家中实现,但可以作为完善现实国家的理想标准或指导政治活动的上位理念。[89]

在政治共同体建立起来后,卢梭认为需要两种力量才可以让它真正行动起来。一种是决定共同体如何行动的意志,一种是执行这种行动的意志。前者是立法权,后者是行政权。因此法律应当先于政府被讨论。

(一)普遍意志与法律

"神的法律是无效的,除非变成人的法律。"[90]当卢梭宣称"法律是普遍意志"的行为时,他其实就在做这样的一件事:把普遍意志的要求固定下来。毕竟一个抽象的形式性的要求无法通过自己得到满足,它必须要通过构成合法政体的法律来宣告自己的主张。[91]

普遍意志与法律之间的关系极为密切。一方面,普遍意志的宣告通过

---

[88] 参见 Charles W. Hendels, *Jean-Jacques Rousseau: Moralist*, Library of Liberal Arts, 1962, p. 188.
[89] 参见邓晓芒:《从黑格尔的一个误解看卢梭的"公意"》,载《同济大学学报(社会科学版)》2018年第2期。
[90] 〔法〕爱弥尔·涂尔干:《孟德斯鸠与卢梭》,李鲁宁、赵立玮等译,上海人民出版社2006年版,第81页。
[91] 〔美〕马斯特:《卢梭的政治哲学》,胡兴建、黄涛译,华东师范大学出版社2013年版,第425页。

法律来实现，普遍意志的力量也需要通过法律来传达。当我们说普遍意志是一个抽象的概念时，它在政治生活中只是一种理念或者原则罢了，谁能保证它的理想被实际地贯彻下去呢？只有通过法律，一个政治体才不仅仅只有了生命，还具有了灵魂。没有法律，普遍意志在政治生活中将寸步难行。而根据所规定社会关系的不同，卢梭将法律划分为了政治法、民法、刑法和"镌刻在公民们内心里"的道德风尚。其中，道德风尚就是让普遍意志以及公共利益直接而明确的表达出来的法律。[32] 另一方面，法律应当遵循普遍意志的要求，法律是普遍意志的行为。普遍意志代表的是公共利益，人们在自己为自己立法，实际上就是人们在为自己谋取幸福。作为一名古典主义的自然法学者，卢梭应当是将普遍意志当成了一种自然法，为实在的法律设立了一个良善与正当的目标。

  法律具有普遍性，这一特点同样来自普遍意志。法律"结合了意志的普遍性和对象的普遍性"。[33] 意志的普遍性是针对立法而言，一个人的命令不可能成为法律，只有代表了所有人意志的立法者制定出来的法律，才具有合法性。对象的普遍性是针对内容而言，法律的内容应当是针对所有人，不存在只针对个别人的法律。一旦法律具有了个别的针对性，它就背离了普遍意志的目的，也不再可能为人们带来幸福。如果我们再重新考虑一下 man 和 citizen 的区分，就能更好地理解这一点。法律是用来规范公民行为的，而非规范人的行为。法律的目光应当仅保持在有关公共利益的事物上，它看不清任何具体个人的具体面孔，而只知道一件事：这个人是共同体内的公民。如此便已足够。这是普遍意志对它的要求，否则法律就不是公正的，也丧失了它自身的合法性与正当性。即使法律想带来特权，"却不能将这项特权赋予任何特殊的人"，[34] 充其量只能赋予某些特定的公共职位罢了。

---

[32] 参见胡兴建：《"立法者"的远航——卢梭政治哲学研究》，中国政法大学出版社 2012 年版，第 149 页。

[33] 〔法〕卢梭：《社会契约论》，何兆武译，第 47 页。

[34] 〔法〕爱弥尔·涂尔干：《孟德斯鸠与卢梭》，李鲁宁、赵立玮等译，第 82 页。

(二)普遍意志与政府

在卢梭笔下,他严格区分了政府与主权者。主权者是全体人民,而政府只是法律的执行者,仅仅是主权者的官吏。换言之,政府是以委托者的名义在行使权力,它的权力派生于主权者的权力,而它自身并不享有任何独立的权能。[65] 对于普遍意志与政府之间的关系,需要有两点特别说明。

第一,政府必须按照普遍意志的指示来活动。在卢梭的理想国之中,普遍意志与社会契约都是抽象的,无法直接在现实国家中得到体现。主权者依照普遍意志制定出法律后,社会仍然是静态的,法律所规范的社会关系参加者的权利义务关系得不到实现。这时候就需要一个行动的力量去执行法律、执行最高意志,这就是政府。卢梭把政府所能运用的权力,完全限制在了主权者交给它的权力之中,政府只是按照法律来治理社会,同时也要受到法律的规制。政府的职责便在于严格贯彻法律,贯彻法律背后体现的普遍意志而已。

第二,政府不是由普遍意志直接创制的,而是经过了主权者的媒介。这里需要再次提到卢梭社会契约论的特殊性。在卢梭之前,社会契约论思想往往主张人们与政府之间签订契约,政府是契约的产物,比如洛克就把政府权力的合法性归因于政府与人民签订了社会契约。[66] 但在卢梭看来,社会契约是在结合者们之间签订的,他们共同组成了一个政治共同体并全体上升为主权者,之后才产生了政府。政府只不过在行使受主权者委托的权力。因此卢梭的理想国经历了一个"普遍意志——社会契约——主权者——法律——政府"的逻辑结构。[67] 在自然状态中,结合者们在共同追求

---

[65] 参见〔法〕卢梭:《社会契约论》,何兆武译,第72页。
[66] 参见陈炳辉:《卢梭民主思想新论》,载《厦门大学学报(哲学社会科学版)》2013年第5期。
[67] 这种逻辑结构参见胡兴建:《"立法者"的远航——卢梭政治哲学研究》,第151页。原文是"普遍意志——社会契约——主权者——政府",但是本文认为在主权者与政府之间加上法律更加严密。此外,本文还认为可以换成另一种结构,"社会契约——普遍意志——主权者——法律——政府",区别在于强调普遍意志本质上高于社会契约,还是强调普遍意志的确立来自社会契约。可参见李鑫诚、林伯海:《社会契约与公意之辩:公意源于契约又高于契约》,载《广西社会科学》2014年第6期。

公共利益的道路上形成普遍意志。在普遍意志的指导之下,结合者之间签订了社会契约。之后他们全部上升为主权者,并交由立法者制定法律,公民们依照法律组建了政府。由此,卢梭的理想国大致建构完成。《社会契约论》在这之后讨论的问题,比如什么样的政府才是好政府(卢梭认为是小国寡民),如何维持主权权威(卢梭认为要通过集会)等,与普遍意志的关系就比较疏远了。一旦制定出法律并组建出政府,之后的政府及政府官员只需依照法律行事,整个社会便能处于一种良性的状态。

五、结语

行文至此,其实我们不得不承认普遍意志的形成十分困难。纵使这种理论再精妙,从关注自由到服从自己,从私人利益到公共利益,卢梭的理论大厦却是建立在理想的道德公民之上,以致这种理想国在现实生活中几乎不可能被建立。卢梭也因而承认,最好的制度只能由神明般的人民治理[⑧]:人们要自觉地承担公共福祉,要定期召开集会讨论政治问题,要时刻运用普遍意志约束欲望,凡此种种,施加于人民的要求实在太高。也许,这正是法国大革命最终成为悲剧的原因之一:我们这些世俗之人并不是卢梭所呼唤的闪耀着神性光辉的道德公民。

但是,我们却不能因此而否认卢梭思想的珍贵教导。他是第一位直接提出现代意义上人民主权理论的思想家。并且,如果我们把普遍意志理解为某个共同体对于某种精神的共同追求,我们很难声称现代有何国家不存在如"普遍意志"一样的精神意志。例如民族主义的爱国情怀,对一种思想学说的认同,对自由、民主等价值的追求等。这些精神追求,在某种程度上起到了普遍意志的作用。它将一个国家的公民紧紧地团结在一起,并深刻地影响一个国家的政治走向。即使一个国家建立之初不存在此种共同追求,统治者也必将栽培公民的认同感,否则散去的是人心,败裂的是国家。

[⑧] 参见〔法〕卢梭:《社会契约论》,何兆武译,第86页。

卢梭凭借他那天才的洞察力深刻地指出了这一点。

随着时间的流逝,卢梭的思想并没有失去它的生命力。关于卢梭是隐藏的极权主义者还是鲜明的自由主义者的争议,直至今日也尚无盖棺定论。但我们应牢记《社会契约论》中那开篇名句"人生而自由,却无往不在枷锁之中",并将其作为为自由而奋斗的格言。卢梭对于自由的关心是以往任何的社会契约论者都无法比拟的,他要求进入现代社会的人们仍"像以往一样自由",要求人们遵从法律就像遵从自己的意志一样,所以才会引入生后饱受争议的"普遍意志"。也许正如批评家们所指出的,倘若人们处理不好这个概念,它就会成为一颗极权主义的种苗。可如果真的是这样,那卢梭也是"好心办了坏事"。在启蒙时代里,卢梭作为一个平民思想家,能在伏尔泰、孟德斯鸠、狄德罗等声名显赫之人的光环之下同样大放异彩,能永葆他那悲天悯人的情怀,能在《论人类不平等的起源和基础》和《社会契约论》中振臂一呼,发出革命的号角,值得我们每一个人给予他崇高的敬意。

哈特的法律-道德观是自相矛盾的吗？

王威智[*]

内容摘要：我国学界流行观点认为哈特"最低限度内容的自然法"和"太邪恶的法律不能被服从"的观点具有很强的自然法色彩，与哈特作为实证主义者所主张的分离命题相背离，因而他在法律与道德关系问题上是自相矛盾的。对哈特法律-道德观之融贯性的辩护建立在其对法律与道德关系问题的区分之上。哈特认为法律与道德的关系问题存有四个面向，即历史因果性上法律与道德内容的重叠，法律与道德概念上的分离命题，对法律的道德批判和道德的法律强制。"最低限度内容的自然法"强调法律与道德在事实与内容上的联系，其与两者在概念上的分离并不矛盾；哈特反对把道德作为法律的合法性标准，但不反对将道德视为法律的评价性标准，因此上述两个批评错在混淆了问题的不同面向。批判道德哲学与自由主义是哈特的重要底色，贯穿了他的法律-道德理论；哈特坚持"法律是法律"，但又对法律及其实践在道德上始终保持着审慎的态度。哈特的分析法哲学家和自由主义理论家的双重身份是互相支撑的，他在法律与道德关系问题上是自洽的、立场鲜明的。

关键词：法律与道德　分离命题　批判性道德　对法律的道德批判　道德的法律强制

赫伯特·哈特（H. L. A. Hart）是当代最为著名的法理学家之一，在法

---

[*] 王威智，北京大学法学院博士研究生。

律与道德的关系这一法理学不可绕开的问题上,作出了很多影响深远的论述。在英美学界,论战通常关注和涉及他的某个单一命题,比如罗纳德·德沃金(Ronald Dworkin)、朗·富勒(Lon L. Fuller)与哈特就分离命题的交锋,帕特里克·德富林(Patrick Devlin)、罗伯特·乔治(Robert George)与哈特就道德的法律强制命题的切磋。而我国的很多学者对哈特提出了一种"整体性"的批评,认为哈特在法律与道德关系问题上的诸多观点是不融贯的,最突出的批评是其某些观点带有太多的自然法色彩,因而与其实证主义的立场自相矛盾。这其一就表现在哈特对于"最低限度内容的自然法"的阐述,它被我国部分学者解读为哈特"向自然法靠拢的倾向"[1],哈特"一方面主张法律与道德的分离,同时也认为法律与道德之间存在着紧密联系"[2]。其二在于他关于不能服从邪恶法律的观点,有学者就认为哈特的"与道德冲突的法律不应被适用"[3]之类的论述"由于它强调道德在识别法律中具有重要作用,因此,它是一个非常典型的,具自然法学说色彩的观点",进而认为这是哈特的"异己"观点,与其实证主义者的身份冲突,"哈特对于法律与道德问题的认识没有给出一种完整的、首尾一贯的实证主义法学的解释"[4]。

本文认为,哈特关于法律与道德关系的观点或许并非坚不可摧,也并非自相矛盾;试图论证哈特在法律与道德的关系问题上的观点是成体系的、自我融贯的,我国学界对于哈特的观点存在认知误区。

---

[1] 参见何勤华主编:《西方法学名著述评》,武汉大学出版社2017年版,第334页;徐爱国、李桂林:《西方法律思想史》,北京大学出版社2014年版,第283页;严存生主编:《西方法律思想史》,法律出版社2010年版,第365页。陈景辉教授指出:"这种将哈特的理论界定为'自然法与实证主义的融合'的观点,是我国法学界的通常认识。"陈景辉:《法律的界限》,中国政法大学出版社2007年版,第72页。

[2] 参见何勤华主编:《西方法律思想史》,复旦大学出版社2009年版,第325页。

[3] 比如哈特说:"(纳粹政府的法律)这是法律,但是它太邪恶了,以至于不能被服从。" H. L. A. Hart, Positivism and Separation of Law and Morals, *Harvard Law Review*, Vol. 71, No. 4(1958),p. 620.

[4] 吴玉章:《哈特法律与道德思想新论——一处自相矛盾的表述》,载《现代法学》2018年第6期。

一、法律与道德关系问题的四个基本面向

哈特在其代表作《法律、自由与道德》(*Law, Liberty, and Morality*)中指出,法律和道德规范的关系存在着多个值得单独考量的不同问题,哈特将其归纳为四个问题。⑤

第一个问题是一个历史性的(historical)和因果性的(causal)问题,即法律的发展是否曾受到道德规范的影响。哈特认为此问题的回答显然是"是的",同时他也认为道德的发展亦曾受到法律的影响。紧接着哈特警告说,在历史性的和因果性的问题上的肯定性回答,并不意味着同样可以适用于其他截然不同面向的问题之上。

哈特对第二个问题就做出了否定性回答。第二个问题是分析性(analytical)或定义性(definitional)问题,即对法律或法律体系的适当定义是否必须以某种方式援引道德。哈特作为法律实证主义者,坚持法律与道德的分离命题;他的多部代表作,如《法律的概念》(*The Concept of Law*)和《实证主义和法律与道德的分离》(*Positivism and Separation of Law and Morals*)对此做出过详细论证。

第三个问题是对法律进行道德批判的可能性和形式。哈特将这个问题解释为"法律对于道德的批判是开放性的吗?"抑或"承认一个规则是有效的法律规则是否排斥基于援引道德标准或原则的道德批判或谴责?"对于这个问题,哈特并没有直接给出自己的回答,而是首先借用了凯尔森(Hans Kelsen)的观点。凯尔森在其《法与国家一般理论》(*General Theory of Law and State*)中指出,实在法规范同道德规范在意义上相互冲突,逻辑上相互排斥,不能同时被推定为有效;但是这种矛盾是应然层面的,当在"是什么"和"应当是什么"存在着经验现实层面的冲突时,同时出现是有可能的,这并不是逻辑上的冲突。凯尔森的例子就是一个人"具有服从国家

---

⑤ See H. L. A. Hart, *Law, Liberty, and Morality*, Stanford University Press, 1962, pp. 1-6.

元首的动员令的法律义务"与其"由于道德理由而认为自己不应如此做"在逻辑上并不冲突,因为前者相应的法律规范具有"应当"的效力,后者是一个具有道德要求内容的概念或意志的经验事实。⑥ 哈特认可凯尔森所做的基础工作,但他认为该问题的讨论仍然是不充分的。比如是否存在对法律的独特的道德批判形式,功利主义对于社会机制的道德批判是否充分,这些都是值得深入探讨的问题。

在哈特的理论讨论中,这一问题通常与另一实践难题直接关联,即"法律就是法律"是否意味着"法律就应当被服从"。尽管哈特在此并没有对法律的道德批判问题给出直接且鲜明的回应,但是我们可以从他的其他论述中窥见他对该问题的立场,简单说来哈特认为法律对于道德批判应当是开放性的,并且赋予了它很重要的意义。这个问题会留待下文展开。

第四个问题是道德的法律强制问题,即特定行为不符合道德标准是否就因此而可以成为法律惩罚的行为,以及强制执行道德本身是否是道德所许可的。哈特重申了密尔的伤害原则,即强力(power)的正当使用仅是为了防止对他人的伤害;同时在此基础上主张家长式的干预,防止自杀自残,认为法律可以基于特定原因保护弱势人群。

哈特一生对于法律与道德的关系问题着墨颇多,有着诸多的真知灼见,基于这四个面向的阐述或集中或零散地体现在其作品之中。需要注意的是,只有第二个面向是与其法律实证主义者身份或者说实证主义与自然法的论辩直接关联的,其他三个问题上的立场当然是哈特法哲学的重要内容,但是它们并不能直接用来表明法律实证主义的立场。哈特对于法律与道德的关系问题的阐述和论证远超出了实证主义与自然法之争。

为求清晰,笔者将哈特这四个面向的问题及其立场,分别标注为面向1—4,即:

---

⑥ See Hans Kelsen, *General Theory of Law and State*, Transaction Publishers, 2005, pp. 374 – 376,407 – 412.

面向1：在历史性和因果性的问题上,哈特认为法律的发展必然受到道德规范的影响。

面向2：在分析性和定义性的概念问题上,哈特坚持对法律的定义不必援引道德,即分离命题。

面向3：在对法律的道德批判问题上,哈特认可对法律的道德审视,认为法律应当对道德批判保持开放,否定法律是法律即意味着必须要服从。

面向4：在道德的法律强制问题上,第一,特定行为仅因违背道德并不一定能成为法律惩罚的行为;第二,强制执行道德需要经受批判性道德的考验,即需要正当理由来证成。

再次强调的是,笔者行文目的并非论述哈特在法律与道德问题上某一具体面向的正确性和合理性,而是试图证明哈特在这个复杂的多面向问题上是自洽的,本文将基于哈特自己的体系着重反驳我国学界的两个误解：

一是哈特承认道德与法律的某些联系(批评者最常用的是"最低限度内容的自然法")意味着对自然法的妥协,这与其实证主义立场是矛盾的。本文将通过澄清面向1与面向2的关系问题来回应。

二是一方面哈特将道德分离出法律,意味着对"恶法亦法"的肯定;另一方面却在说"法律太邪恶了,以至于不能被服从",这是一种自相矛盾。本文将通过阐明面向2与面向3的关系来反驳这一观点。

在此之前,需要将两个误解都涉及面向2也即哈特最重要观点"分离命题"作出澄清。

二、批评与回应的起点:分离命题

法律实证主义的核心观点是:"法律有效性的条件是由社会事实所决定的",社会事实命题(The Social Fact Thesis)和分离命题(The Separation Thesis)是它的两个支柱命题。分离命题主张,法律的有效性不以其道德评价为必要条件;与其针锋相对的自然法学者否认这种观点并坚称,"一项特定的规范只有通过了某个特定的道德门槛,才能成为在法律上有效的规范"。⑦

哈特所称的"法律",是指实证法,一种广义上的人为制定法。这既区别于那些因信仰和感觉而存在的神法、理念中的法,也不同于最理想意义上的、道德上完美无缺的理想的法。对于"道德",哈特避开了其意义上的含混和哲学上的争议,而在一种很宽泛的、常识性的意义上使用它。⑧ 哈特对道德持可知论的观点,并不否认存在可被社会公众所共享和被人的理性所认知的"正确的"道德。⑨ 在阐明道德的本质和特征时,哈特从重要性、豁免于人为故意的改变、道德过错的任意性以及道德压力的形式四个"形式性"方面展开,并且指出在这四个方面上,道德的行为原理、规则和标准等特征与法律(以及其他社会准则)存在诸多差异。⑩ 出于不同的论证目的和需求,哈特对道德做出过诸多不同的分类,比如强制性的道德义务与理想的美德,私人面向的道德与社会道德等。⑪ 其中最为重要的是,哈特在阐述道德的法律强制问题时将道德区分为两个层级,即实在的道德(positive morality)与批判性道德(critical morality)。前者指实践中为特定社会群体所接受和共享的道德,后者指用以批判现行社会制度(包括实在道德)的一般性道德原则。⑫

对于理解哈特的分离命题而言,很重要的一点在于理解哈特所称的"必然"。在哈特的论述中,法律与道德的"必然性"联系是存在两种类型的。

---

⑦ Andrei Marmor and Alexander Sarch, The Nature of Law, in The Stanford Encyclopedia of Philosophy, https://plato.stanford.edu/entries/lawphil-nature/,2022 年 2 月 10 日访问。
⑧ See H. L. A. Hart, The Concept of Law, Oxford University Press, 2012, pp. 168-169. 哈特对"道德"含义所持的观点,及对其观点的批判可参见:Lon L. Fuller, Positivism and Fidelity to Law: A Reply to Professor Hart, Harvard Law Review, Vol. 71, No. 4(1958), pp. 635-638。
⑨ 哈特对道德的可知立场也可以通过其与德富林的论战体现出来,后者坚持道德判断的相对性及非认知主义的立场,哈特对非认知主义立场进行了批评。论战的梳理可参见:Robert George, Making Men Moral, Oxford University Press, 2003, pp. 48-64。
⑩ Hart, The Concept of Law, pp. 169-180.
⑪ Ibid., pp. 182-184.
⑫ Hart, Law, Liberty, and Morality, p. 20.

首先是基于事实的必然,这也是所有人都承认的"法律与道德之间的某种必然性联系"[13]。一方面,法律的发展必然受到道德的影响。[14] 笔者认为这至少意味着两点:第一,法律制度的发展受到道德观念强有力的影响,许多法律法规的内容反映了道德规范或精神;第二,通过法律明确规定,道德原则可被引入法律制度,成为法律规则的一部分,立法者和法官也负有依社会善恶标准而制定法律和作出判决的法律义务。另一方面,哈特称之为"自然的必然"(natural necessity)也是这种事实上的必然,即法律制度和道德在人类的诸多根本性的关键问题上是一致的,法律必须满足最低限度的自然法,以满足人类的生存目的。[15] 自然的必然亦是基于人类特定历史事实而产生的重要价值目的,因此可以被归属于事实上的必然。可以发现,哈特对于"事实的必然"的承认和阐述,印证了其在四个关系命题中面向1、3的立场;尽管"事实的必然"可以支持面向4道德的法律强制,但基于后文所提到的更重要的理由,他否定了这一点。

其次是概念性的、分析性的必然。哈特认为,道德欲与法律产生概念上的必然联系,那么意味着如果没有道德,法律和法律体系就不能存在或持续下去。分离命题和法律与道德的事实联系无关,它重在指出,在概念上可能存在规则的法律效力不取决于其道德上是非曲直的法律体系。欲摧毁哈特的分离命题,必须证成如果没有道德评价蕴含其中,法律就不能成为法律。因此,针锋相对的自然法学家的一项重要工作就是将道德放置于法律的概念之中,使道德与法律产生概念上的必然联系。可见,这种必然主要与面向2问题关联。

此外,欲明晰何为分离命题,还需理解哈特的研究视角和方法论立场。其一,从外部来看,哈特的研究是对法律科学的哲学研究,主张法理学家的研究视角与历史学家、社会学家以及一般的法律工作人员有所区别。在历史学家、社会学家眼中,法律与道德的必然联系因为这些事实的存在而得

---

[13] Hart, *The Concept of Law*, p. 156.
[14] Hart, *Positivism and Separation of Law and Morals*, pp. 598–599.
[15] Ibid., p. 623.

到反复强调和夸大,而哈特认为法理学和法哲学要运用哲学的思想和方法来描述和评判法律,对法律、法律体系、法律概念做概念分析。[16]

其二,从内部看,哈特的"目标是要提供一个一般性和描述性的关于法是什么的理论",其中的描述性就是指法律"在道德上是中立的,不以任何证立为目标的"[17],这意味着哈特将法律描述为一个规则体系,作为规则体系法律并不能保证其内容具有实质的正义性或者能确保道德价值的实现,这种对于法律和法律概念的分析体现出了其中立的、价值无涉的研究立场和方法论。同时,哈特在分离命题上的研究方法,是一种对概念在真实社会实践中用法的类型学分析(analytic taxonomy)[18],正是从法律与道德、命令、规则的比较和区分出发,才构建起自己关于法律本质的实质性建构。

综上,即使我们不对哈特在分离命题上的关怀、方法和观点抱有完全的认可,但想要证明哈特在实证主义立场上是不彻底的、自相矛盾的,至少要论证在概念性的、分析性的维度上,哈特曾表明过道德上的真是法律有效性的必要条件。然而目前这些批评并不能达到这一要求。

三、对两个批评的回应

(一)最低限度内容的自然法与分离命题

哈特通过对思想史的梳理,得出自然法的产生发展基于一个很重要的理念,即自然的目的论概念,它认为"万物都会趋向自身最完美的层次"[19]。自然法为我们理解人类法律和道德规范的关系提供了重要启发——奠基于人类、自然环境和意图的基本真理上,产生了一些法律和道德所共有的、被普遍接受的行为准则,哈特将之称为"最低限度内容的自然法"(the mini-

---

[16] Neil MacCormick, *H. L. A. Hart*, Stanford University Press, 2008, p. 17.
[17] Hart, *The Concept of Law*, p. 239.
[18] Jules L. Coleman and Brian Leiter, Legal Positivism, in Dennis Patterson ed., *A Companion to Philosophy of Law and Legal Theory*, Blackwell Publishers, 1999, p. 242.
[19] Hart, *The Concept of Law*, p. 190.

mum content of natural law)。

哈特的"最低限度内容的自然法"理论认为自然法由"一个自然目的和五个自然事实构成"。自然目的是指人类的固有目的是生存和自我保存,而五个自然事实则是人的脆弱、近乎平等、有限的利他主义、有限的资源、有限的理解和意志力量。[20]

前面提到,有观点认为"最低限度内容的自然法"理论是哈特吸收自然法合理因素的结果,这是哈特及实证主义者向自然法靠拢的有力依据,甚至将其作为战后自然法学说战胜实证主义法哲学的一个标志。笔者并不认可这种判断,理由如下:

第一,联系的偶然性。第一个理由来自哈特本人的论述,在他看来,尽管最低限度的自然法至关重要,但它却是一种基于偶然联系的预设。哈特指出,"生存是人类行为的本有目的,而这假设奠基在一个单纯的偶然事实,即大部分人在大部分时间里都希望继续存活下去",理论家在"自我保存的谦卑意图里,发现了赋予自然法以经验性的善的必然要素"。但是,对于自我保存的欲求是个富有争议的问题,很多人对于生活目的和善的想法可能截然不同,严格来说这是一种"可以违反的偶然事实"。[21]

第二,联系的事实性。正如前文论及的,自然上的联系是特定事实的必然,而非概念上的、分析性的必然。如果停留在第一点上,显然给批评者的辩驳余地过于狭小,哈特因此也做出了让步,他指出对于自我保存目的的争论是复杂的哲学问题,当我们直接进入法律和道德规范关系的讨论时,我们可以将人类具有自我保存的目的作为前提预设,毕竟这符合人类正常的社会样态。基于此所产生的实在法需要具备"最低限度内容的自然法"其实是法律与道德的自然的必然性,这种自然的必然性决定了包括法

---

[20] Hart, *The Concept of Law*, pp. 185–200.
[21] Ibid., pp. 191–192.

律在内的任何一种人类准则都不能舍弃的基本原则,[22]而这种"重要的真理,亦即对于法律或其他社会措置的适当描述"是"定义和一般的事实陈述之外"的事实的,而非逻辑上的陈述。[23] 换言之,这种法律和道德的联系是基于特定事实的联系,自然的必然是特定事实的必然,而非概念上的、分析性的必然。如果以学科范畴和研究视角来说的话,这种对法律和道德联系的肯定是一种历史学和社会学的研究,指出了法律作为一种社会制度能够实现某种道德功能或价值,[24]而实证主义所坚持的是旨在探究法律本体的性质而进行的法律概念的纯粹分析研究。[25]

第三,这并非自然法与实证主义所争议的分离命题,而是一种事实判断、经验常识。"最低限度内容的自然法"的精神意旨,即承认社会规则中有些基本性目的和原则是法律和道德等所有规范所共同追求的,是一种基于人类社会运作的事实判断和经验常识。理论家不会对这种问题浪费口舌,实证主义者从未否认过法律与道德的此种联系,自然法学者亦不会在此问题上大做文章。哈特提出此问题是为了奠定某种智识共识和基础,而非认为具有论战意义;早在奥斯丁和边沁的理论中即有对法律和道德这些联系的肯定;哈特之后的实证主义者也不否认法律和道德在这个层面上的联系。正如拉兹(Joseph Raz)所说的,自然法也不会将该问题作为自己的重要命题,对该问题的争驳并不是区分实证主义与自然法的好标准。[26]

伽德纳(John Gardner)就指出,"无必然联系"命题(the no necessary connection thesis,即法律和道德之间不存在必然联系)是对法律实证主义

---

[22] 基于此,陈景辉教授指出了最低限度自然法并非否定分离命题的理由:"最低限度的自然法并非仅属于道德领域,而是社会得以存在的最为基础的条件……是道德与法律共同存在的基础,因此难以将其视为否认分离命题有效性的理由。"参见陈景辉:《法律的界限》,第73页。笔者认为这种辩护是有道理的,不过笔者并未采取这种辩护思路,因为即使最低限度自然法是道德领域的,它也仅是事实上的联系,并不能否定概念上的分离命题。

[23] Hart, *The Concept of Law*, pp. 199 - 200.

[24] See Stephen Perry, Interpretation and Methodology in Legal Theory, in Andrei Marmor ed., *Law and Interpretation*, Clarendon Press, 1995, p. 114.

[25] Hart, *Positivism and Separation of Law and Morals*, p. 601.

[26] Joseph Raz, About Morality and the Nature of Law, *The American Journal of Jurisprudence*, Vol. 48, No. 1(2003), pp. 166 - 182.

的误解,"这一命题是荒谬的,没有任何著名的法哲学家赞同这种说法"[27](注意:是所有的法哲学家,而不仅仅是法律实证主义者)。在伽德纳看来,无必然联系命题夸大了哈特等实证主义者所真正赞成的命题,一方面后者意味着法律实证主义主张的只是一个有关法律效力条件的命题,而前者的范围大得多,它误将对法律效力条件的解释当作对整个法律的解释;另一方面,后者只将关注点限定在一个特定联系上,即法律的效力取决于道德价值的单向联系,实证主义者只是否认法律因其道德价值而有效,但并不反对反向命题,即法律可能因其有效而具有道德价值。有效的法律规则因其满足合法性标准而有效,哈特"最低限度内容的自然法"的论述仅意味着,同时就法律内容而言有可能具有某种道德价值(当然也有可能是道德上的恶)。

基于人类生存目的而产生的"最低限度内容的自然法"是以特定的事实为前提,对这种"自然的必然"的肯定并不意味着法律和道德概念上的必然联系,哈特的这一理论与其实证主义立场并不冲突。因为哈特承认了法律和道德的某种联系,就认为哈特在立场上向自然法妥协了是没有道理的。

(二)分离命题与对法律的道德批判

1. 积极性证立

在展开自己对分离命题的阐明和辩护前,哈特同样先做了一个学术思想史的考察。哈特肯定了以边沁、奥斯丁为代表的功利主义理论家对于法律和道德的区分,在他看来"功利主义法律与道德的区分能够使法律家对法律获得新的明晰的认识"[28],从而实现既尊重法律,又提倡改革,避免权力被滥用[29]。哈特认为自然法错将作为评价标准的道德原则安置于法律

---

[27] 〔英〕约翰·伽德纳:《法律实证主义:五个半误解》,雷磊译,载《法哲学与法社会学论丛》2007年第2期。

[28] Hart, *Positivism and Separation of Law and Morals*, p. 599.

[29] Ibid., p. 595.

的概念之内,而使其成为法律效力标准,把"什么是法律"与"法律的服从问题"混淆了,这可能会产生两个重大风险。一是革命性的无政府主义,由于道德观念上的分歧,对何为法律难以形成权威性标准,诉诸个人的道德判断而决定是否服从法律会消解法律的权威,甚至对法律存在本身提出挑战,社会难以为继。二是极端的保守主义,如果像自然法主张的那样,一个有效的法律必然是道德正当的,那么意味着"法律是什么"与"法律应当是什么"、法律合法性与其道德正当性是等同的,"这是一个有效的法律"也就成为了"这一法律应当被服从"的终局性理由,"实在法可能会取代道德而成为人类行为的最终评价标准",对法律的道德批判将不复存在。[30] 因此,为避免这两种危险,应当承认:法律的存在依赖的是复杂的社会事实,同时对所有的法律都可以从道德的角度进行评价和批评。

哈特强调边沁和奥斯丁区分法律与道德的重要理由在于"让人们能够冷静地面对,存在着道德上的恶法这个事实所提出的问题,从而理解法律秩序的权威的具体特性",一个社会"只要其法律命令极其可恶,这种法律就将会遭到抵制"。[31] 因此,实在法必须具有法律的约束力,然而,一个法律可能是极端不公正的、不道德的,那么抵抗和不服从便是我们的道德义务。从这个意义上讲,坚持这种区分有助于把服从与抵抗的权衡困境明晰化,避免停留在语词辨析层面看待法律和道德,直面其背后的实质冲突。

哈特在《法律的概念》第九章"法律与道德"的结尾再次重申了"法律概念"与"服从法律"的关系。在此,他认为存在着广义和狭义上的法律,广义法律意指包含所有形式上有效的规则,即使某些规则是违背道德的,而狭义用法则把抵触道德的规则排除在外。哈特自己所用的"实证法"意义上的"法律"就是广义的法律。哈特指出,狭义的法律概念有两个弊端,一是

---

[30] Hart, *Positivism and Separation of Law and Morals*, p. 598.
[31] Ibid., p. 617.

狭义的法律概念排除了某些具有法律特质的规则,而法理学或法律科学忽视这些事实是不能接受的,用其他领域的研究来对待这些规则必然产生混淆;二是拒绝承认有效却不道德的法律,并不能使得人们在面对威胁或组织权威时更加坚定地抗拒邪恶。而与此相对应的,假若采用广义的法律概念,就会使人们意识到承认规则的法律效力并不是决定是否服从的关键,使人们明白无论政府有着如何的威严或权威,其命令最终仍需要接受道德的检验,从而更有效、更理智地洞察政府的权力滥用。最后,广义的法律概念通过区分出法律"是否有效"和"是否合乎道德",使得我们能看到这些不同问题的复杂架构和多样性,而否定恶法的狭义概念简单化地借着拒绝承认恶法的效力,试图一举解决这些问题。[32]

综上,在面向2与3上,我们不难得出以下结论:

第一,哈特所主张的非必然联系其实是在反对把道德作为法律的合法性或有效性标准,而并不反对将道德视为法律的评价性标准。

第二,分离命题的存在是法律的道德批判成立的重要基础:有效的法律其未必满足道德上的正当性,既可能是道德的,亦可能是不道德的,这样既避免了直接把有效的法律义务当作道德义务的风险,又使得对法律的道德批判成为可能。

2. 防御性反驳

如果说上述论述是一种积极性证立的话,那么对"实证主义对恶法亦法的肯定,应当对类似纳粹法律所导致的恶果承担责任"的批驳则可以视为一种防御性的回应。

哈特等实证主义者认为,纳粹法律使人们遭受的惨痛经历并不能构成反对道德与实在法分离的有效依据。拉德布鲁赫认为纳粹利用人类对于纯粹法律(即实证主义的"法律就是法律")的服从进而达到了自己的罪恶目的,德国的法律人无力抵抗这种法律名义下的罪行,因此实证主义对实然法和应然法的区分助纣为虐,推进了纳粹的恐怖统治。拉氏主张,人道

---

[32] Hart, *The Concept of Law*, pp. 209–212.

主义道德的基本原则是法律或法制概念不可或缺的部分,任何违背道德基本原则的实证法都将是无效的。[33]

哈特反驳了拉氏,认为将德国人"对于道德要求的麻木不仁和国家权力的阿谀奉承",归因为对"法律就是法律"的信仰是极为天真的想法,为什么在其他国家"法律就是法律"以及法律与道德的区分就可以与开明的自由主义相伴而行呢?哈特进而指出,拉氏混淆了两个主张,即"一个规则是有效的法律规则"意味着"这个法律规则应该被服从",前者是个法律命题,是实证主义所支持的,而后者是个道德命题,任何法哲学立场显然都不能给出直接明确的回应。[34]

批评者对于哈特分离命题的批判可以看作这样一个推断:

大前提:法律应当被服从;

小前提:恶法亦法;

结论:恶法应当被服从。

实证主义承认小前提,但并不认可大前提。纳粹法律所产生的罪恶源于对"法律应当被服从"的道德层面上的错误固守,而非对"法律就是法律"的法律层面上的认知。在自由主义传统里,对于"法律应当被服从"是持怀疑和审慎态度的,所以这样一个链条就会被打破,不会产生"恶法应当被服从"的糟糕后果。

综上,坚持分离命题与坚持对法律的道德批判两者并不冲突,"(纳粹政府的法律)这是法律,但是它太邪恶了,以至于不能被服从"这一观点是融洽的:

第一,哈特坚持法律与道德在概念上的分离,反对把道德作为法律的合法性或有效性标准;即使是邪恶的,只要满足合法性标准,法律就是法律。

第二,哈特并不反对将道德视为法律的评价性标准,相反他很强调道

---

[33] Hart, *Positivism and Separation of Law and Morals*, p. 617.
[34] Ibid., pp. 617 – 621.

德在法律实践中的重要作用,法律应当接受道德的批判,严重违背道德原则的法律不应当被遵守和适用。

第三,分离命题的存在是对法律的道德批判得以成立的重要基础,要对法律进行评判就不能使法律本身等同或取代最终的道德慎思:有效的法律未必满足道德上的正当性,既可能是道德的,亦可能是不道德的;这样既避免了直接把有效的法律义务当作道德义务的风险,又使得对法律的道德批判成为可能。

四、基于批判的自由主义立场的体系性

上文重点解决了对哈特的两个误解,即"最低限度内容的自然法理论是哈特对自然法妥协的结果"和"'恶法不应被服从'的观点违背了哈特的实证主义立场",对这两个误解的反驳所分别解决的是面向 1 与面向 2、面向 2 与面向 3 的关系问题。

在本部分,笔者将基于哈特在道德的法律强制问题上的立场,指出哈特对于法律与道德关系问题的观点是成体系的,这种体系性尤其体现在它们融贯于哈特批判的自由主义立场之中。

(一)法律强制执行道德规范的限度

法律对于民众行为和生活的干预问题是理论家长期关注的一个法治问题,这个问题也被认为是把握法律与道德关系的关键点之一。[35] 如果说最低限度内容的自然法表明了法律至少要做到什么的话,那么哈特对于道德的法律强制问题(面向 4)的论述则表明了法律的限度是怎样的。对这一问题的阐述,再次展现了他在法律与道德关系问题不同面向上的融贯性:

首先,最低限度的自然法与道德的法律强制两个命题都承认或假设了

---

[35] 参见颜厥安:《法与实践理性》,中国政法大学出版社 2003 年版,第 341—342 页。

一个事实,即出于对普遍价值的维护和对人类目的的追求,法律和道德在内容上是有所交融和重叠的。哈特指出,所有的社会道德都会具有规定诸如个人自由、生命安全等普遍价值的规范,社会道德中有许多东西是值得保护的,甚至要进行法律的强制执行以维系这些价值。㉟

其次,哈特表明法律的确立和执行都只是为了保障人类最基本的、最普遍的价值和目的。法律所蕴含的道德元素是维护人类生存目的的最低限度的;法律强制执行的道德价值也仅限于自由和生命安全等基本层面,而法律想更甚一步的话,必须有审慎的正当理由。不是所有违背社会主流道德的行为,都必须通过法律进行规制。

最后,论述指向了一个立场,即法律要对道德批判保持开放。与法律的执行意味着暴力、强制和一定的代价相联系,对待法律必须有一种审慎的批评性立场。这种立场使得哈特的实证主义身份得以彰显——只有坚持分离,才意味着对法律进行道德批判的可能;如果法律始终是道德的,就不可能存在对法律的道德反思。

因此,最低限度内容的自然法其实构成了道德的法律强制的部分事实内容(面向 1),而批判的立场(面向 3)和分离命题(面向 2)则成为了对道德的法律强制问题持审慎态度(面向 4)的价值基础和理论前提。在体系性的视角下,面向 4 可以被重新表述为:

在道德的法律强制问题上,

(1)重大的基本道德,需要法律的强制执行和维系(主要与面向 1 联系);

(2)法律不等于道德,特定行为仅因违背实在道德,不一定就必然受到法律规制或惩罚(主要与面向 2 联系);

(3)通过法律强制执行道德需要经受批判性道德的考验,需要正当理由(主要与面向 3 联系)。

㉟ Hart, *Law, Liberty, and Morality*, p. 70.

（二）批判道德哲学与自由主义

批判性道德观点是哈特在处理道德的法律强制问题时的重要抓手。通常认为，哈特对法学的贡献主要集中在他对"什么是法律"这一问题的实证主义的回答上，这一立场使得他对法律问题和关于法律的"道德-政治问题"的划界成为可能。他回答了"什么是法律"，也并没有回避回答"什么是好的法律"。哈特在《法律的概念》后记中阐述自己道德中立的研究方法时有个补充，即他并不反对"对法律提出有用的道德批判"和"如何证立法律的形式和结构"的重要意义。[37] 这说明哈特虽然在分析法律的性质时主张道德无涉的方法论，但他并不反对对于"什么是好法律"和"法律应当追求善和正义"的研究和实践，反而赋予了它很大的意义。

哈特在阐述道德的法律强制问题时将道德区分为两个层级，即实在的道德与批判性道德。批判性道德是哈特在"什么是好的和正义的法律"问题上的回答，其目的在于阐明文明国家中正义地、妥当地运用法律的原则。[38] 这体现了这样一种理念：在文明社会中，存在着法律规范和主流的道德规范，它们必然有所交融和重合，但是人们不能将对正确实践的认知判断和行动决定托付给政府和主流道德，而是应持有审慎的态度。社会中任何起实际作用的规范和制度（包括实在道德和法律），都应该以一种开放性的姿态去面对批评，而这种评判的标准和来源是批判性道德。[39]

哈特在面向2、3、4上的立场和论述实际上说明了他主张理论家和民众都可以对实际存在的法律持有一种道德批判立场，这种批评不仅是权利——尤其对理论家而言——更是责任。哈特在法律与道德关系问题上的体系性也就体现在，他对法律体系的分析立场需要得到其批判道德哲学的补充，他对自由社会的支持可以看作是对他实证主义立场的呼应。[40] 哈

---

[37] Hart, *The Concept of Law*, p. 239.
[38] MacCormick, *H. L. A. Hart*, p. 11.
[39] Hart, *Law, Liberty, and Morality*, p. 81.
[40] MacCormick, *H. L. A. Hart*, p. 37.

特的批判道德哲学和自由主义立场(主要体现在面向 3 和 4)是其分离命题理论(面向 2)的背景,分离命题也为基于自由主义的道德批判的展开奠定了基础,它们相辅相成,绝非冲突关系。

五、结语

哈特对于法律与道德关系问题四个面向的论述及其融贯性可以大致梳理如下:

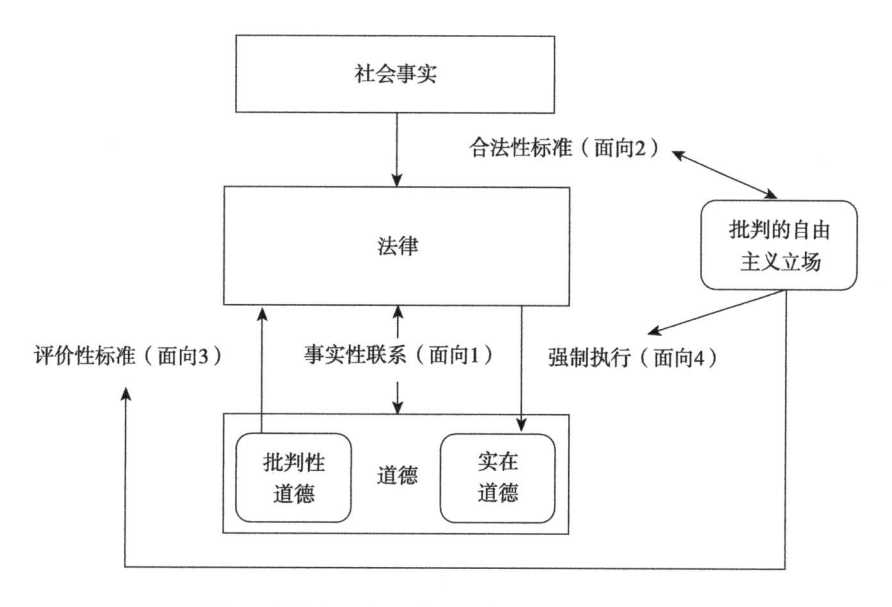

图 1　哈特在法律与道德之关系问题上的融贯性

哈特在法律与道德的关系问题上展现出了自己的两种身份面貌——作为分析法哲学家,他们的工作是观察和描述法律是什么,不必也不应该从道德的角度来识别法律;作为批判的自由主义理论家,又必须对法律等社会运作制度抱以审慎的批判态度,而这种批判主要来自道德考量。这两者的工作是不同的,但在哈特那里又是相互支撑、彼此融洽的。

哈特是一位被以伟大的法律实证主义者身份所铭记的法学家。但是我们对哈特和那些重要问题的研究不应当被此所蒙蔽,也不应该局限于他们已有的讨论。诚如富勒所赞许的那样,哈特为人们就法律与道德关系问题提供了真正有益的交流渠道[41],法律与道德的关系问题是经典而又常言常新的命题,我们应该承续并深入这些面向不同却又紧密关联的研究。

---

[41] Fuller, *Positivism and Fidelity to Law: A Reply to Professor Hart*, p. 631.

论刑法规制"道德难题"的原则
——以"聚众淫乱"犯罪化之正当性分析为例

沈 李*

内容摘要:用刑法来规制"道德难题"的困难在于,"道德难题"是较为模糊的概念,它牵涉到"伦理性个人自决事务与道德性个人自决事务""义务的道德与愿望的道德",对于伦理性个人自决事务和愿望的道德,刑法的干预是不正当的。就"私下多人聚众性行为"的犯罪化而言,问题在于该行为很难说是道德性个人自决事务与义务的道德。在这个问题层次上,法律道德主义原则因为其自身的理论漏洞,无法胜任保护个体权利、捍卫自由与法治的使命。而自由主义式的规制原则则有着充分的理由与更加周全的考量,所以自由主义式的规制原则应当成为刑法规制"道德难题"的合理原则。在南京换偶案及其类似"聚众淫乱"案件中,根据自由主义式的规制原则,私下的聚众性行为不应当成为刑法规制的对象,而应当寻求其他类型的法律规制的可能性。

关键词:道德难题 自由主义 法律道德主义 聚众淫乱罪

一、引言

犯罪化通常是指立法机关通过颁布相关的刑事法律,对人们的某种不

---

* 沈李,南京大学法学院硕士研究生。

当行为予以规制。一般地讲，立法者将某种行为犯罪化，需要提供一种实质性的理由，而不能仅仅提供立法结论。根据典型的"洛克式"国家观，立法权是人们为了摆脱自然状态下的诸多不便而签订契约所产生的权力，它是为了"某种目的而行使的一种受委托的权力"，[1]是有效保障个体自然权利的途径。换言之，如果立法机关不能对行为的犯罪化提供实质性的理由，就会产生社会治理的"合理性"危机，它会使得个体自由受到削弱，政府地位的正当性受到质疑。从实践上看，胡萨克·道格拉斯（Husak Douglas）教授就已指出，过去几年，在美国州和联邦的刑事司法体系中，无论是刑法条文还是刑罚的使用范围都已不断扩大。在 2005 年，就有两百多万人被关在联邦或州的监狱中，每十万居民中就有 737 名罪犯。[2] 这种泛刑罚化式的社会治理使得美国社会在财政、民生等诸多方面产生了问题。这种"泛刑罚化"的立法也会干扰司法与行政系统对公民行为的合法性与合理性判断，例如各地层出不穷的法院以"寻衅滋事罪"为名对公民合理行使言论自由等基本权利的行为定罪，再如本文所要讨论的"聚众淫乱罪"的争议问题。事实上，在刑法教义学内部，已经有学者站在"需罚性"与"应罚性"的角度上，注意到刑事立法与司法的合理性问题。姜涛认为，"应罚性"判断是刑事立法建构出来的定罪标准，解决的是人的行为在立法上是否构成犯罪。相对应的，"需罚性"是从刑事政策或宪法的角度，来判断行为人的行为在司法上是否值得被作为犯罪来处理。[3] 由此可见，立法意义上的"应罚性"与司法意义上的"需罚性"是既有区分又有紧密联系的两个不同层次的考量因素。刑事立法正当性与刑事司法合理性问题昭告于此。

本文的关注点主要在于处理一类特殊行为的犯罪化难题——"不道德行为"的犯罪化难题，需要指出的是，此处所说的"不道德行为"是一种在规范意义上具有极大争议的行为，比方说，"私下多人聚众性行为"的合道德

---

[1] 〔英〕洛克：《政府论（下卷）》，叶启芳、瞿菊农译，商务印书馆 2008 年版，第 91 页。

[2] Husak Douglas, *Overcriminalization: The Limits of the Criminal Law*, Oxford University Press, 2008, p.3. 胡萨克教授在此基础上，提出了对刑法的内部限制（internal constraints）与外部限制（external constraints），以此限制社会治理的泛刑罚化程度。

[3] 参见姜涛：《需罚性在犯罪论体系中的功能与定位》，载《政治与法律》2021 年第 5 期。

性就存在着争议。它不同于一般意义上,几乎没有争议性的不道德行为,诸如故意杀人、盗窃等等,所以它表现出"道德难题"的形态。用刑罚来规制这类不道德行为的难处在于:1."道德难题"本身是一个相当模糊的概念,它不能直接对立法者的立法活动提供有效的参照,因此对这个概念需要进行较为合理的界定。2. 在确定了"道德难题"的大致含义后,对此类行为的刑法规制还需要考虑各种价值之间的冲突,例如个体的自由价值,共同体秩序、道德环境的维护。3. 作为国家对个体最为严厉的制裁,刑罚的设置需要格外谨慎(即刑罚的谦抑性),如果不能将正当和非正当的刑事立法划出清晰的界限,国家权力就容易被滥用,这会对公民的基本权利造成巨大威胁。④ 在这个议题上,法律道德主义与自由主义有着不同的论证模式与结论。因此,分析与取舍两种理论便是重要且困难之事。

本文的研究方法是"规范法理学的批判性研究",关注的是在道德上产生争议的个体行为是否应当得到刑罚的规制,而并非采用"规范法理学的解释性视角"对现行法的实际道德基础或逻辑做出说明。⑤ 本文以南京换妻案所引发的"聚众淫乱罪"罪名的合理性争议为讨论背景,将证明法院在类似案件中的判决错误地接受了法律道德主义的立场,没有在司法中运用法律方法对立法上的瑕疵进行修补,挫伤了个体的自由价值。本文将捍卫自由主义式的规制原则,指出该原则在适用时的考量与理论优势。

二、刑罚规制的困境:踌躇于多元化的"道德"格局

在分析刑事立法的规制原则之前,笔者首先要在本段中对规制原则存在的必要性做一个前提性的说明。在日常生活中,我们经常会听到一种对他人行为的评论:他的行为是不道德的。这种主张并非全然没有意义,它至少反映了人们对某种个体行为的直观感觉。例如,张三认为用大头针刺

---

④ 张峰铭:《为法律道德主义辩护——从侮辱尸体罪切入》,载《交大法学》2018年第2期。
⑤ 参见〔美〕斯科特·夏皮罗:《合法性》,郑玉双、刘叶深译,中国法制出版社2016年版,第3页。

进婴儿身体的行为是"真地(really)"和"客观地(objectively)"邪恶的,主体作出此道德判断并不需要依靠别人的判断或者感受。此种对行为"合道德性"的认识被德沃金称为"一般性视角"(ordinary view)⑥。但德沃金似乎认为欲要证明某个道德判断 P 为真,需要提供一种规范性的道德论证(moral argument),而并不是在实证层面上指出这种道德判断被多数人所共享。沿着这种思路,笔者认为,诸如日常生活中"他的行为是不道德的"的评论,其实也是一种不清晰的表述,因为它错失了对某种价值判断的细致分析。针对"南京换偶案"及其相关案件中当事人的私下聚众性行为的道德性判断,⑦笔者认为首先要在理论上对"道德性个人自决事务"与"伦理性个人自决事务"进行区分,同时也要揭示道德规范的"层次性、等级性和多元性",⑧富勒对于义务的道德与愿望的道德的区分对该问题的判断具有重要的参考意义。关于"私下聚众性行为"的合道德性争议,上述两种区分提供了有力的分析工具。更为重要的目的是,考虑"私下聚众性行为"的合道德性问题,能够揭示出用刑法来规制该行为所可能遭遇的困境,进而表明,刑法简单地通过诉诸道德判断的方式,对某类行为进行犯罪化是失败的。

(一)伦理性个人自决事务与道德性个人自决事务的二分格局

在《刺猬的正义》一书中,德沃金区分了两个重要的概念:伦理(ethics)与道德(morality)。"一项伦理判断作出了一项关于人们应该如何做进而

---

⑥ See Ronald Dworkin, *Justice for Hedgehogs*, The Belknap Press of Harvard University Press, 2011, p. 27.

⑦ 人们对私下的换偶行为会呈现出不同的道德评价,进而使得这个议题成为"道德难题"。"对某一行为具有不同的道德评价"的深层原因可以追溯到马克斯·韦伯对于现代性的认识。在韦伯看来,科学理性驱除了"万物有灵"的观念,"祛魅"的世界被人类创建出来,但同样的问题是"科学理性"并不能解决价值层面的问题,在价值层面找不到指引人们确定共同、最高价值的客观先知,于是"诸神之争"便出现了,人们之间呈现出多元的价值判断。后文对"多元性认知/价值"还会进行分析。参见刘擎:《西方现代思想讲义》,新星出版社 2021 年版,第 43—47 页。

⑧ 孙海波:《道德难题与立法选择——法律道德主义立场及实践检讨》,载《法律科学》2014 年第 4 期。

活得好的主张:他们应该在自己的生命中追求和实现什么。一项道德判断作出了一项关于人们应该如何对待他人的主张。"⑨从德沃金的区分中,笔者认为可以将个体自决事务区分为两类:伦理性个人自决事务与道德性个人自决事务。前者关涉"更加地私人化,更紧密的关联于做出决定的个体自身的个性、自主能力与尊严,主要影响的也是抉择主体本人的生活"。⑩相对的,后者关涉的个人事务中具有广泛的涉他因素,既然存在着广泛的涉他性因素,那主体之间的合作与交流就是必不可少的,自然就存在着涉他的权利与义务关系,个体在自我抉择时就需要承担对他人的义务,尊重相应主体的利益。杨建认为,在主体 A 的母亲与女友同时落水时,A 选择先救谁是一项涉己的个体伦理自决的事项,这个事项属于个体保留的自决空间,选择先救母亲还是先救女友取决于 A 关于自身"美好生活"的概念是什么。反过来讲,事实上无论 A 先救谁,其行动都会受到持有不同伦理观人的批判。当然,这并不一定意味着这类个体伦理自决事务中不存在客观为真的伦理价值,而关键在于,个体的成长环境、后天教育、人生际遇等因素形塑了多元化的"伦理性个人自决观",⑪人们寻找客观为真的伦理观是一项艰难而无益的活动。简言之,个体保留着仅关涉自身伦理价值且免于被评价为"不道德的"活动领域与价值选择。相反,在道德性个人自决事务中,主体存在着对他人的义务,因此,在这类事务中主体 A 的行动若是侵犯了他人的权利,则须承受相应的谴责与承担相应的责任。同样的,若是在伦理性个人自决事务中,个体的行动若是有涉及他人权益的部分,同样也会承担相应的责任。

这种对个体行为"合道德性"含义的拆解与分析对本案的启示意义在于,拥有自由意志的主体之间私下进行的聚众性行为,是否也属于伦理性个人自决事务,进而具有阻却国家权力干预的正当性理由。这样判断的理

---

⑨ See Ronald Dworkin, *Justice for Hedgehogs*, p. 25.
⑩ 杨建:《刑罚规制个体自决事务的限度——以"不优先救母入刑"案为例》,载《学海》2018 年第 6 期。
⑪ 参见同上。

由在于:如果国家权力为本应该由个体自己"寻找答案"的事务规定了统一性标准,会导致政府不恰当行为的后果由公民个人来承担,因为政府无法站在每一个公民特定的伦理情景中,为公民提前做好伦理抉择。因此,从社会治理应追寻良好效应的原则出发,政府干预伦理性个人自治事务的抉择是不妥当的。同时,从效率的角度出发,国家权力的适用需要耗费大量的资金与人力,将更适合于个人自治的事务交给个人处置,可以避免这种不必要的浪费。⑫

郑玉双认为:"不道德行为,就是违背一个社会的共享道德和公序良俗的行为。大多数社会都会共享着一些道德价值,比如婚姻(性道德)、友谊、诚信、宽容和宗教,侵犯和破坏这些价值的行为往往被视为不道德的而被大多数人所指责和厌恶。"⑬这种主张存在合理的成分,但同样需要注意的是,被社会所共享的"道德"价值同样可能没有区分出对伦理性与道德性的个体自决事务的价值判断,从而"误用"了"不道德"一词。这种"误用"就很有可能被立法者所吸收,从而不正当地用国家权力干预个体自治。因此,笔者认为"某行为是不道德的"评价只能适用在道德性个人自决事务中。在此意义上,私下多人性行为就会表现为两种呈现出逻辑差异的价值形态:

C1:私下多人性行为是一种伦理性个人自决事务,理由在于:具有自由意志的主体之间,私底下选择什么样的性行为方式,是紧密地与个人的生活、尊严相关的,这种选择无关他人的利益。考虑这样一种情形,夫妻 A、B 与夫妻 C、D 同意了在私下交换配偶的活动,这种活动被他们称作一种"有益的生活实验",且他们出于保护他人利益的目的,确保了无第三人知晓、察觉。

C2:私下多人性行为是一种道德性个人自决事务,因为这种选择背离了某种被社会共享的利益。

---

⑫ 参见杨建:《刑罚规制个体自决事务的限度——以"不优先救母入刑"案为例》。
⑬ 郑玉双:《不道德行为的惩罚及其限度——对南京换偶案的法哲学分析》,载《西部法学评论》2014 年第 3 期。

如果 C1 为真,那本文的任务就已结束,私下多人性行为根本不算不道德行为,刑罚根本无法正当地对此类行为予以规制,刑法若要在伦理性个人自决事务上寻求统一答案将会带来无尽的麻烦甚至是灾难。如果 C2 为真,那么就有必要清晰地描绘出"利益""社会共享"这些模糊概念的含义,细致地考量国家动用刑罚规制此类行为的合理性,因此相关的规制原则需要受到考量。

(二)义务的道德与愿望的道德的分离命题

富勒区分了两种不同类型的道德:义务的道德与愿望的道德。愿望的道德是指"人类所能达致的最高境界",而义务的道德是指"使有序社会成为可能或者使有序社会得以达致特定目标的那些基本规则"。[14] 用亚当·斯密的比喻来说,义务的道德类似于"语法规则",而愿望的道德类似于"批评家为卓越而优雅的写作所确立的标准",语法规则对于批评家的创造而言是最为基本的要素,这就意味着丢失了语法规则,批评家根本无法进行创作。而追求卓越而优雅的标准则是在一般性创作的基础上的提升。这就意味着如果个体没有实现某种"愿望的道德",他不会因为没有发挥自身的所有潜能以到达完美目标而受到谴责,相反,如果个体没有实现"义务的道德",他就会因为没有达到的一种最低限度的道德要求而受到谴责。[15]

仍需要说明的是,即使存在着这两种不同类型的道德区域,我们仍然不能随意地将各种具体的道德规范放在这两个区域中。富勒就指出:"区分义务的道德与愿望的道德是困难的。确定义务应当在何处止步是社会哲学所面临的一项最艰巨的任务。要找出这个问题的答案,大量的主观判断必须介入,而个人之间的意见分歧也在所难免。"[16]不同的思想家对这个问题给出了不同的答案。柏拉图就认为,为了寻找出义务的道德,必须首先知道什么是完美的标准。因为如果没有关于人类生存理想状态的描述,

---

[14] 〔美〕朗·富勒:《法律的道德性》,郑戈译,商务印书馆 2005 年版,第 8 页。
[15] 参见同上书,第 8 页。
[16] 同上书,第 15 页。

我们就既没有标准来确定义务,也没有标准来为人类能力之变现提供方向。显然,在柏拉图看来,愿望的道德是所有道德的基础。对义务的道德的识别必须借助从愿望的道德那里借过来的标准,在两种道德之间划出明确分界线的努力是没有必要的。哈特分析了"自然法的最低限度",为"何为义务的道德?"这一问题提供了一系列的答案。具体而言,缺少了自然法的最低限度,"法律和道德就不能推动人类在群体生活中自我保存这个最基本的意图"。[17] 换言之,自然法的最低限度结束了人类之间如霍布斯所说的"战争状态",[18]人类结束了自然状态从而为合作、交流与发展提供了基本的社会元素与道德规范。在哈特看来,人类中的每个个体本身是脆弱的,这就要求禁止杀人或造成身体伤害的暴力使用,如果不存在这条道德规范,人类的其他目标就成了空谈。人与人之间近乎平等,这就意味相互抑制与妥协的规则也是重要的。其次,个体具有有限的利他主义,人类既不是天使也不是魔鬼,而是处在二者之间,这也要求一种相互自制的规范体系。最后,因为自然界可供利用的资源对于人类来说是十分有限的,人类为了生存需要获得一定的财富,这就意味着一套关于财产所有权的制度也是重要的。[19] 笔者基本赞同哈特对代表着自然法最低限度规范的确认,在此意义上我们无需像柏拉图那样首先去识别出什么是"人类社会最美好的图景",再去以此为标准确定义务的道德。值得注意的是,以赛亚·柏林对于"价值客观论"的描述,也可以为我们描绘出义务的道德领域,在柏林看来,尽管价值本身是多种多样的,但仍然是客观存在的。人类信奉的价值可以有很多种,但并不能说每一个独立的主体都可以提出一个"全异"于其他价值的价值,人类之间具有某种最低限度的"共通性",即便主体之间持有不同的价值判断,主体之间也可以做到相互理解。比如说,在"忠"与"孝"之间,有人主张"忠"为最高价值,有人主张"孝"为最高价值,一般意义

---

[17] 〔英〕哈特:《法律的概念》,许家馨、李冠宜译,法律出版社 2011 年版,第 171 页。

[18] 〔英〕霍布斯:《利维坦》,黎思复、黎廷弼译,商务印书馆 1985 年版,第 95 页。霍布斯认为,由于人类的本性,在这种战争状态下,人类互相猜疑、嫉妒,为了获得生存可以肆意杀害同类。

[19] 参见〔英〕哈特:《法律的概念》,许家馨、李冠宜译,第 171—173 页。

上,双方都可以理解对方的主张,但"随便杀人"是最高价值的主张就是不可理喻的。这种"不可理喻的感觉"就说明了人类在价值理解方面最低限度的共通性。[20]

这种区分与对两种道德内容的大致识别对法律的意义在于,法律的内容应当参照义务的道德,在富勒看来,法律不应当强迫一个人去做到他所能做的最好的状态。为了更好地说明两种道德之间的关系,富勒认为在二者之间存在着一个标尺。"这把标尺底端始于对社会生活而言显然必不可少的那些条件,而其顶端则终于人类追求卓越的最崇高努力。这把标尺的低段横档代表着义务的道德;而它的高端则伸展到愿望的道德之领域。"这个标尺的位置很难被准确地标出,但它对于人类生活而言是至关重要的。举例而言,如果义务的道德伸展出它的适当领域,强制性义务就会抑制人类对生活的试验。如果愿望的道德侵入义务的领地,人们就会根据他们自己的标准来权衡和限定他们的义务,一位诗人就会把自己的妻子投入河中,因为他可能相信如果没有妻子在旁边的话自己便能写出更好的诗歌。[21]同样的道理,如果立法者不能将刑法的内容限定在"富勒标尺"以下,着眼于社会中的义务的道德,那么人类社会就会出现如同富勒所说的结局,过分提高对自己行动的道德标准。在此意义上,特定社会中个体行为的"合道德性"含义仅是指个体的行为符合义务的道德的要求。

笔者认为,私下的多人性行为应当属于个体违反了愿望的道德的行为,而不是对义务的道德挑战。这正如上文所设想的一个例子,具备自由意志主体的夫妻 AB 与 CD 之间的私下换偶行为并不能归类到义务的道德领域,它既不像哈特所说的这种换偶行为会伤害了他人的生命,也不会扰乱特定社会的财产秩序。当然,上述对该行为道德性质的判断依旧是较为主观与不确定的。因为存在着另外一种论证思路,将私下的多人性行为论证为一种义务的道德,比如说这种行为会破坏一种美好的婚姻关系,一

---

[20] 参见刘擎:《西方现代思想讲义》,第 171 页。
[21] 参见〔美〕朗·富勒:《法律的道德性》,郑戈译,第 34 页。

种对人类基本善的认同，从而极有可能因为凋敝的婚姻而伤害到他人的生命，或者说间接地导致财产秩序的混乱等理由。但无论怎样，刑法对"道德难题"的规制在这里又陷入了同样的困境，相应的更为深入的规制理由需要被清晰地呈现出来。

（三）小结

上述的分析表明，立法者如果要将私下的聚众性行为犯罪化，可以从判断该行为是否符合道德要求开始，这就好比要将故意杀人行为犯罪化，可以从对故意杀人行为的合道德性问题开始考虑。但难点在于，"道德"概念本身存在着不同的范畴与层级，对于愿望的道德与伦理性的个人自决事务，刑法的干预是不正当的。我们也许可以不用费力地将故意杀人行为归入义务的道德与道德性个人自决事务，从而证明该行为应当被刑法干预。但当我们面对"道德难题"时，我们对它道德层面的判断就缺少了足够的说服力，笔者上文对私下多人性行为在道德层面的判断就存在着主观性强、说服力不足等问题，这种失败的判断无法肩负应有的论证负担。如此，立法者对"道德难题"的刑法规制就陷入困境之中，帮助立法者判断犯罪化合理性的新方法必须被重新考虑。所以，一个可行的思路是：我们先将道德层面不确定的判断放下，假设刑法对私下的聚众性行为予以规制是合理的，通过寻找合适的规制原则来检测这个假设。这也同样说明了，对刑事立法者而言，考量相关的规制原则是十分必要的。

三、规制原则的检视：挫伤自由与法治价值的法律道德主义

上文对"伦理性个人自决事务与道德性个人自决事务"以及"义务的道德与愿望的道德"的区分，揭示了日常语言中"合道德性"的含义，也为"道德难题"的刑法规制提供了一些思路。在笔者看来，理性主体想要对特定行为作出清晰的道德判断，应当认真对待上述两种区分。对立法者而言，这两类区分对刑事立法的合理性考量是重要的，因为将某种行为犯罪化的

一个传统思路就是诉诸行为的道德属性。但正如上文所分析的,因为存在这两种区分,刑法对私下的多人性行为的规制不可避免地会陷入困难之中。上文对该类行为的分析只是一个初步的道德判断,还存在着许多尚未解决的问题,比如这类行为是否真的会损害特定个体的利益,进而可以被归类到"道德性个人自决事务"与"义务的道德"中,从而让国家的刑罚干预具备合理性?国家用刑法对某种行为进行规制的依据又在于什么?笔者在上文的小结中,采用了假设的策略搁置了道德层面的分歧。在本部分,笔者将对不同的规制原则(理由)进行梳理与比较,试图对这些问题作出更深层次的回应。本部分的说明主要基于自由主义与法律道德主义的比较,需要说明的是除了这两种规制原则之外,还存在着法律家长主义式规制原则,[22]但在与"聚众淫乱罪"相关的案件中最能够支撑相反结论的,也是最具争议性的是自由主义与法律道德主义的观点,家长主义显然不是支撑任何一种结论的最佳理由。因此笔者不会对家长主义的规制原则进行细致的讨论,但这并不意味着在考量相关问题时家长主义是可以被忽视的原则。

(一)自由主义立场的基本观点

1. 密尔的"伤害原则"

肇始于密尔的自由主义理论,极为关注个体的自由价值。进而言之,这种对自由价值的关注与保护意味着国家权力需要受到一定限制,国家权力不能无限制地干预个体事务,侵害个人的自由价值。在柏林看来,"应该存在最低限度的、神圣不可侵犯的个人自由的领域;因为如果这个领域被

---

[22] 范伯格细致地分析了"法律家长主义"的含义,在他看来存在两种意义上的家长主义。第一种为假定应受指责的家长主义。将成人视为孩子,将大孩子视为小孩子,通过以下任一方式,强制他们行为或不行为:(1)(有益的家长主义)"为了他们的好",无论他们愿望如何(在最后的分析中,这种家长主义可能是也可能不是应受指责的做法);(2)(无益的家长主义)为了第三方的好处(老师、工厂管理者),无论他们愿望如何(这种家长主义一般都受到指责)。第二种为假定不应受指责的家长主义。保护无助者或弱者免受外部危险,包括在受保护者非自愿承担风险的情形下,保护其免受他人损害;以及以类似家长保护孩子的方式,保护其免受他人损害。参见〔美〕乔尔·范伯格:《刑法的道德界限(第三卷)》,方泉译,商务印书馆2013年版,第3—4页。

践踏,个人将会发现他自己处于一种甚至对他的自然能力的最低限度发展也嫌狭窄的空间中,而正是他的那些自然能力,使得他有可能追求甚或领会各种各样人们视为善良、正确或神圣的目的"。[23] 这种对个人最低限度自由的论述也就意味着,个体的自由存在着一定的被限制的情形。自由是不可能没有限度的,否则就会出现一个所有人都可以无限制地干预别人的社会,在这种社会中人们的一些基本需要都不会被满足,所以"他们准备为了其他价值,事实上是为了自由本身,而牺牲自由。因为没有这种牺牲,就不可能产生一种他们认为是可取的社会联合"。[24] 这就意味着,我们需要一种合理的原则去"牺牲自由"从而真正意义上地去捍卫自由,去寻找"神圣不可侵犯的个人自由的领域"。密尔意识到这个问题,并在《论自由》一书中提出了他最为著名的"伤害原则":

> 使凡属社会以强制和控制方法对付个人之事,不论所用手段是法律惩罚方式下的物质力量或者是公众意见下的道德压力,都要绝对以它为准绳。这条原则就是:人类之所以有理有权可以个别地或者集体地对其中任何分子的行动自由进行干涉,唯一的目的只是自我防卫。这就是说,对于文明群体中的任一成员,所以能够施用一种权力以反其意志而不失为正当,唯一的目的只是要防止对他人的危害。若说为了那人自己的好处,不论物质上的或者是精神上的好处,都不成为充足的理由,人们不能强迫一个人去做一件事或者不去做一件事,说因为这对他比较好,因为这会使他比较愉快,因为这在别人的意见认为是聪明的或者甚至是正当的;这样不能算是正当。[25]

按照"伤害原则"的要求,刑事立法的正当性只能在于防止对他人的伤害,反言之,如果个体的行为没有对他人造成"伤害",那么他就豁免于国家权力的干预。"伤害原则"在直觉上提供了捍卫个人自由从而限制国家权力的有效依据,但值得反思的是,究竟什么是"伤害"? 说"个体的行为伤害

---

[23] 〔英〕以赛亚·柏林:《自由论》,胡传胜译,译林出版社2011年版,第172页。
[24] 同上书,第171页。
[25] 〔英〕约翰·密尔:《论自由》,许宝骙译,商务印书馆1959年版,第10—11页。

到了他人"到底意味着什么呢？这些不清晰的表达引起了批评者们的关注。斯蒂芬(James Stephen)认为密尔的学说"不仅有悖于所有与道德有关的神学体系，有悖于所有众所周知的实在道德体系，而且有悖于人性本身的构造"。[26] 哈特认为，密尔划分"法律可以干涉的行为"和"法律不可以干涉的行为"的理论构想是失败的，因为没有人是一座孤岛，人的任何行为都会影响到他人（无论是直接的还是间接的），在一个高度组织起来的社会中，人们不可能轻易识别出"没有伤害到他人的行为"，因而密尔的论断很可能只是一种专断的教条。[27] 德富林同样指出密尔的学说只是一种专断的教条，他认为这个原则专断地指出我们只要按照我们喜欢的去做，只要我们没有伤害到别人，这个世界就会变成一个更好的地方。没有任何证据证明这种乌托邦是存在的，"除非个体追求极端的自由，否则我们没有资格称这个社会是一个自由的社会"。[28]

仔细审视密尔的论证，上述的批判确有合理之处。密尔提到："任何人的行为，只有涉及他人的那部分才须对社会负责。在仅只涉及本人的那部分，他的独立性在权利上则是绝对的。对于本人自己，对于他自己的身和心，个人乃是最高的主权者。必须说明，我在这里说仅只影响到本人，意思是说这影响是直接的，是最初的。"[29] 值得怀疑的是，此处的"直接"与"间接"影响到底所指为何，密尔在这个问题上的回答是不清晰的，而且从逻辑上讲，将"直接"与"间接"影响区分开来也是十分困难的。尽管他也提到如果个体没有违反其对社会的义务，其对社会的损害如果是非必然性的或者说是推定出来的，那么社会可以为了个人自由的价值对这种损害予以容忍。[30] 但同样的问题是，密尔并没有准确指出这种社会需要容忍的损害到底达到什么样的程度，怎样去精确地权衡对社会的损害与个人自由价值的维护。

---

[26] 郑玉双：《法律道德主义的立场与辩护》，载《法制与社会发展》2013年第1期。
[27] 参见〔英〕哈特：《法律、自由与道德》，支振锋译，法律出版社2006年版，第6页。
[28] Devlin, Mill on Liberty in Morals, *University of Chicago Law Review*, Vol. 32:2, pp. 215 - 235 (1965).
[29] 〔英〕约翰·密尔：《论自由》，许宝骙译，第11页。
[30] 参见同上书，第98页。

他只是笼统地(甚至是专断地)提出社会要为了个体的自由而牺牲。所以说,密尔的理论主张是失败的,但在笔者看来,密尔指明了理论发展的方向。范伯格沿着密尔的思路出发,一定程度上修补并完善了密尔的理论。

2. 范伯格论损害原则与冒犯原则

范伯格基本上延续了密尔的思路与主张,但他指出了损害原则的模糊性:"损害原则必须尽量具体化,以便对'严重'程度作出区分;同时,如果可能,再提出如何根据其严重性将损害分类的方法。没有这些具体内容,损害原则很可能被用以论证国家可以毫无限制地干涉自由——因为说到底,人的任何行为在某种程度上对他人的权益来说都是有利有弊,这样一来,似乎所有的行为都该由国家掌控了。"㉛这种"具体化损害原则"的努力就有力地弥补了密尔理论的缺陷。笔者将完整地展现范伯格对密尔"伤害原则"的修补,细致梳理其提出的损害原则与冒犯原则,考虑将上述原则作为刑事立法合理性的依据,从而为国家动用刑罚干预个体不道德行为的限度提供一种合理的说明。

就损害原则而言,范伯格首先指出了"损害"的三种含义,第一种是衍生或延伸意义上的损害,例如某人攻击某人窗户的行为,只是在延伸意义上,窗户受到了损害。第二种是对某人利益的阻挠、阻碍或破坏,㉜第三种是一个人对另一个人的不法行为而造成的利益的干涉,比如未经同意而经过他人的土地,损害了他人在土地上的自由利益。㉝范伯格将"损害原则"中的"损害"界定为不法行为对利益的阻碍,以及阻碍利益的不法行为。这种界定就必然需要澄清另一个重要的概念——利益。范伯格指出了两种利益,一种是"终极目标与远大抱负",举例而言,创作好的小说或文艺作品、解决重大科学难题就属于这类利益。另一种利益是福利性利益,它是前一种利益的基础,举例而言,人的身体健康、精力充沛、智力正常、情绪稳

㉛ 〔美〕乔尔·范伯格:《刑法的道德界限(第一卷)》,方泉译,商务印书馆 2013 年版,第 11 页。
㉜ 同上书,第 31—35 页。
㉝ 郑玉双:《为犯罪化寻找道德根基——评范伯格的〈刑法的道德界限〉》,载《政法论坛》2016 年第 2 期。

定就属于此种利益。值得注意的是,人的瞬间需求(如看电影),工具性需求(开始存钱)在某种程度上也属于人的利益。但法律着重保护的是人的福利性利益,通过保护个体福利性利益的方式,间接地保护人的长远利益,这也就意味着法律并不直接保护人的长远利益。[34] 通过对"利益"的细致分类与分析,范伯格特别提醒道:"不是所有我们不喜欢的、反感的、试图避免的事物都对我们有害",[35]令人反感的事物只有在它们阻碍到个体的利益时才能被算作是一种损害,同时范伯格也提出了"伤害转化为损害"的标准:"伤害十分严重,并且,或者表现为之前或当前的损害症状(如胳膊疼痛可能是骨折的症状和结果),或者会造成结果性损害。"[36]在对上述主张进行梳理后,笔者认为范伯格有力地捍卫了密尔的理论,同时也修补了密尔的漏洞,这主要体现在范伯格对"损害""利益"以及"不构成损害的伤害"概念的界定上。更为重要的是,范伯格还提出了一系列的关于损害原则的调和原则,这些调和原则使得损害原则的运用更为周全与具备说服力,这也正如范伯格所言:"简单表述的损害原则对于这些问题的解决无能为力,必定需要借助其他补充原则,其中包含一些引发争议的道德论及公正准则。"[37]具体而言,在适用损害原则对个体的不道德行为进行规制时,需要考虑损害的大小,这就意味着最低限度而未达到损害程度的利益干扰不是法律强制的适当对象,如果将法律强制将此类损害纳入,将会造成一系列不良的社会后果。此外,还需要考虑"损害的可能性",对立法者而言,在进行刑事立法时,需要同时考虑某种行为造成损害的大小、损害的可能性以及对行为人自己、对直接相对人、对全体社会的独立价值。如果损害发生的可能性越大,刑事强制造成的损害就越轻;损害越严重,刑事强制造成损害发生的可能性就越低。如果某种行为的社会价值越高,那么该行为就越值得保护。第三个需要考虑的因素是"损害的相对重要性",对立法者而言困难之

---

[34] 〔美〕乔尔·范伯格:《刑法的道德界限(第一卷)》,方泉译,第 37—65 页。
[35] 同上书,第 46 页。
[36] 同上,第 50 页。
[37] 同上,第 50 页。

处在于，某类行为会发生损害他人的情况，但禁止该类行为却也会损害在该类行为存有利益的人。举一个极端的例子，某人在杀人中存有利益，但相对于他人的生命而言，在杀人中存有的利益当然不如其他个体在生命存有的利益，立法者据此可以对杀人行为进行规制。抽象地说"阻止 A 损害 B 在 Y 中包含的利益，将损害 A 在 X 中的利益。因此立法者必须决定，B 在 Y 中的利益是否比 A 在 X 中的利益更加重要——是否更值得保护（暂将风险程度问题放在一边）"。最后一个需要考量的因素是个体的自由利益，这种考量的意图在于无论立法者基于任何理由对个体的行为进行限制，都会削弱个体的自由，自由利益对于任何个体都是重要的，因为如果国家为个体安排了一切在国家看来是最好的选择，那么这种选择一定是枯燥而无味的，它不能让个体进行有益的尝试，无法让他们成为成熟与负责的个体。这种对自由利益的剥夺在范伯格看来也是十分重要的考量依据。[38]

范伯格对损害原则的诠释与发展是十分丰富的，它细化与修补了密尔的伤害原则，为立法者用刑法规制不道德行为提供了充足的考量依据。下面将要分析范伯格的冒犯原则，在笔者看来损害原则与冒犯原则是紧密关联的，因为根据范伯格的定义，"损害"与"冒犯"基本可以全面包含对他人的（模糊意义上的）伤害。换言之，在损害原则不能提供立法支撑时，冒犯原则可以补充损害原则的不足之处，进而在这两个原则的支撑下，立法者可以合理地确定干预个体不道德行为的限度。

具体来看，"冒犯原则"是指若行为使得行为人以外的人受到严重冒犯（与损伤或损害相对），则国家可以动用刑罚的方式予以规制。在这里范伯格严格地限定了"冒犯"的含义，他认为一种广义的冒犯是指"任何一种或多种令人不快的精神状态（恶心、羞耻、伤心、焦虑等）"，[39]而狭义的冒犯是指因他人的不法行为引起的恶心、羞耻或焦虑等状态，具体而言，狭义冒犯的构成要件有三：1. 主体处于不快状态；2. 主体处于该种状态归因于他人

---

[38] 参见〔美〕乔尔·范伯格：《刑法的道德界限（第一卷）》，方泉译，第 210—243 页。
[39] 同上书，第 2 页。

的不法行为；3. 主体对陷入此种状态抱有怨愤。在此意义上，广义的冒犯被排除在冒犯原则之外，例如人们在医院看到被砍伤而血肉模糊的病人产生了恶心感，但这种冒犯绝不应该导致国家对病人行为的干预。尽管指出了"冒犯原则"的具体含义也对"冒犯"一词作出了限制，范伯格同样指出了与冒犯原则相应的调和性原则，立法者在对行为的冒犯性进行认定进而作出是否予以规制的决定时，要考量冒犯行为的严重性与合理性。具体而言，决定行为冒犯严重性的因素有：1. 冒犯所造成的一般个体的反感情绪的强度和持久性，以及该行为对一般人所造成冒犯的可能性，如果该行为对一般人而言很难造成冒犯，那行为的冒犯性就很小。2. 合理避开难度，如果主体越容易避开此冒犯场景，则行为的冒犯性就越小。3. 同意标准，如果观者自愿接受被冒犯的风险，或者因其好奇心，或者因其对愉悦感的预测，则行为并不构成冒犯。决定冒犯行为合理性的因素有：1. 对行为人的重要性及其对社会价值；2. 行为时间地点的改变，行为的冒犯性是否相对减弱；3. 如果造成冒犯，制造出冒犯行为的主体存在何种程度的卑劣动机。有趣的是，范伯格并没将"合理冒犯"当作限制冒犯原则的一个因素，在笔者看来，"合理冒犯"的表述是不清晰的，就如范伯格所言，这种表述会给政府留有无穷的权力去断定什么是合理的，什么是不合理的，这就又走到了范伯格理论旨趣的反面，用统一而武断的答案强横地驱逐需要仔细权衡与讨论的议题。⑩ 所以说，在具体的疑难案件中，上述关于冒犯行为合理性与严重性的考量因素没有先后之分，没有自动生成"行为是否构成冒犯行为"的机器，这就需要法官通过法律论证的方式来证成行为的冒犯性（或无冒犯性）。具体来说，法官应当对判决所依赖的裁判规则予以清晰阐释，并应运用适当的评价标准对之进行检验，在保证待证结果与法律规则体系内部的"一致性"与"协调性"的同时，通过后果主义式的论证来裁判具体案件，寻找案件的适当答案。⑪ 关于这一点，笔者将在本文的第四部分具体

---

⑩ 〔美〕乔尔·范伯格：《刑法的道德界限（第二卷）》，方泉译，第 29—50 页。
⑪ 参见〔英〕尼尔·麦考密克：《法律推理与法律理论》，姜峰译，法律出版社 2005 年版，第 125—149 页。

阐释。

在冒犯行为中有一类十分具有争议的类别——深度冒犯。此类冒犯不同于一般的狭义冒犯,感受到深度冒犯的主体认为,这种冒犯基于人们的某种高阶情感。他们确信这种行为就是不当的,而不是反过来因为行为造成了冒犯而被认为是不当的,并且,即使被深度冒犯主体并不在冒犯行为发生之地,只要一想到此类行为正在发生,就会受到冒犯。所以说,在立法者对此类深度冒犯行为进行规制时,法律道德主义者会认为,保护客观为真的道德的法律道德主义会成为更好的理由,而冒犯原则则会显得有些左右为难。例如张峰铭就认为"因为这背后蕴含的逻辑是,该行为之所以应当受到规制,主要不是因为对个体产生精神不快,而是侵犯了重要的真道德信念,这与自由主义立场背道而驰"。[42] 但笔者认为这样的批判并不成功,即便是 X 行为侵犯了个(群)体 Y 认为重要的道德信念,也不能光凭这一理由就可以证明 X 行为需要被刑法规制,对 X 行为的规制仍然需要认真考量上述冒犯原则与其调和原则,最重要的是只需要存在冒犯原则及其调和原则就可以到达立法者之目的,法律道德主义完全可以被放弃。笔者以"张三在波兰人民广场用广播大声宣扬纳粹思想"为例子:

F1:张三在波兰人民广场用广播大声宣扬纳粹思想,引起广场绝大多数人的反感与强烈愤怒,波兰议会制定刑法 XXX 条"宣传纳粹思想的,处无期徒刑"。

R1:在广场上宣传纳粹思想是道德上不可被容忍的恶行,这种行为是对波兰人民的深度冒犯,国家针对这类恶行可以动用刑法予以规制。(法律道德主义)

R2:在广场上宣传纳粹思想是一种狭义的冒犯行为,考虑到这种冒犯行为存在对大多数在场的波兰人民长久的、严重的冒犯,广场上的波兰人民存在严重的避开这种宣传的难度,并且宣传者具有充足的恶意。且信奉纳粹思想者完全可以在国民议会或合适的讨论地点,以遵守法律程序的方

---

[42] 张峰铭:《为法律道德主义辩护——从侮辱尸体罪切入》,载《交大法学》2018年第2期。

式,阐明自己的政治主张。因此,国家可以动用刑法对这种构成深度冒犯的行为予以规制。(冒犯原则)

在笔者看来,从 R1 推理到 F1 中的立法是可以成立的,但同样的从 R2 推理到 F1 中的立法也可以成立,这就捍卫了用冒犯原则对深度冒犯行为进行规制的合理性,而无须使用法律道德主义对其进行证立。下文中,笔者将会梳理法律道德主义的基本立场,进而指出这种理论的失败之处。但也需要认识到,如果我们完全采用冒犯原则,也会产生一些让自由主义者在情感上比较难以接受的情况,因为"冒犯原则并不认为仅仅因为有人得知某个私下行为(无人看见)正在(或可能在)发生而需要法律保护其免受深度冒犯,就应由法律干涉该行为"[43]。如果主体 A 在私下里与一群纳粹分子赞扬希特勒的暴行,歌颂他们屠杀犹太人的行为,那自由主义者犹太人 B 无意知道这件事,却不能根据冒犯原则要求议会制定法律取缔这种私下行为。但"两害相权取其轻",比之将要论述的法律道德主义的害处,自由主义两大原则的缺点是可以接受的。

(二)法律道德主义的基本观点

"法律道德主义"这个概念本身是较为宽泛的,不同的道德主义者持有的观点也不尽相同。范伯格意识到了这个问题,并阐释了道德主义的不同类型。[44] 在笔者看来,范伯格的区分较为合理,所以笔者借鉴了上述分类,并选取了最能代表四种不同类型法律道德主义的学者的观点,四种"理想类型"式的道德主义概念分别为:(1)用法律提高公民的道德/性格;(2)用法律来禁止客观意义上真正的恶;(3)用法律来禁止可能会导致严重后果的恶;(4)用法律来保护多元的真正善。上述的四种分类未必能全部囊括所有类型的法律道德主义,但它们是最能让其论战对手(自由主义)感到棘

---

[43] 〔美〕乔尔·范伯格:《刑法的道德界限(第二卷)》,方泉译,第 104 页。
[44] 参见〔美〕乔尔·范伯格:《刑法的道德界限(第四卷)》,方泉译,商务印书馆 2015 年版,第 2—8 页。主要的区分方法是将道德主义者分为广义、狭义,和纯正、不纯正的,上述概念的具体含义可参见原作。

手的四类,所以笔者未按照思想史的方式揭示道德主义的发展历程。下面将详细分析这些观点。

1. 亚里士多德的"用法律培养公民的美德"

亚里士多德认为"法律应当是一种诸如让城邦成员过上一种良善而正直生活的规则",[45]因为在亚里士多德看来,政治的联合不能仅仅是人们的同盟,城邦应当是家庭和部落追求善好生活的状态。但棘手的是,在亚氏看来道德论证只能让城邦中生性道德优越的人拥有美好的道德品质,对于那些普通人而言这种道德论证是无用的,因为他们只知道追求庸俗的快乐,不知道高贵为何物,不知道真正的快乐为何物,他们凭着激情行事,因为惧怕刑罚的惩治而选择守法。所以对他们而言,最好的办法莫过于通过立法来惩恶扬善,惩罚、管束那些不服从者和没有受到良好教育的人;并驱逐那些不可救药的人。[46]亚氏对城邦与人之美德之间的关系的解读呼应着柏拉图笔下人与城邦之间的同构:具有怎样灵魂构成的公民,自然就有怎样的政制与城邦特征;反过来,政制与城邦特征又深深影响着它的公民。[47]

2. 斯蒂芬的"用法律强制执行道德"

斯蒂芬认为"刑法就此所做的一切事情的首要价值是,在一些极端案件中,它给罪恶行径打上身败名裂的深深印记,以这种方式保护公认的道德标准不受粗暴公开的侵犯"。他进而批判了密尔的伤害原则,认为"有些残忍而放肆的恶行,即使与自卫无关,也必须阻止其发生,无论它给罪犯造成多大的代价;一旦发生,必须予以严惩"。[48]当然,斯蒂芬还是为他的"法律道德主义原则"提出了诸多的限制与补充,在这一点上他的主张比亚里士多德的主张更具有说服力。具体而言,斯蒂芬考量到了用刑法来规制某

---

[45] 〔美〕罗伯特·乔治:《使人成为有德之人——公民自由与公共道德》,孙海波、彭宁译,商务印书馆 2020 年版,第 48 页。

[46] 参见孙海波:《法律能强制执行道德吗?——乔治〈使人成为有德之人〉介评》,载《政法论坛》2020 年第 4 期。

[47] 赵英男:《法律会让我们更道德吗?》,https://www.thepaper.cn/newsDetail_forward_10835505,2021 年 3 月 4 日访问。

[48] 〔英〕詹姆斯·斯蒂芬:《自由·平等·博爱——一位法学家对约翰·密尔的批判》,冯克利、杨日鹏译,广西师范大学出版社 2007 年版,第 115 页。

些不道德行为的难处,从而提出将某些不道德行为如"知恩不报""背信弃义"排除在刑法的规制范围内,因为一方面检方拿不出这些行为确凿的证据,另一方面,调查这类犯罪需要高昂的司法成本并且会侵犯个体更为重要的价值:隐私。在此基础上,斯蒂芬提出了用刑法规制不道德行为的"调和性原则":1. 立法不应当多管闲事;2. 在立法考量不充足的情况下,一旦证据不足,易于造成极大的伤害和极残忍的不公;3. 立法需要适应一个国家当时的道德水准;4. 立法应一丝不苟地尊重个体的隐私。[49] 但尽管如此,斯蒂芬的核心主张还是在于用刑法惩罚本质上不道德的行为。

3. 德富林的"社会崩溃论"

基于英国的犯罪情状与对司法资源的审慎考虑,沃尔芬登委员会出示了《沃尔芬登报告》,该报告指出:"不应再将成年人之间私下的同性恋行为当作是一项犯罪。……处理诸如此类的不道德行为,并不在法律自身的指责范围之内。……必然存在着一个私人道德与不道德的领域,用简单粗糙的话来说,这并不属于法律所应调整的范围。"[50] 德富林对这份报告的观点提出了质疑,在他看来并不存在所谓私人道德与公共道德区分,在此基础上,他阐释了一种被社会共享的道德对社会存在的意义。根据赛多利斯(Rolf E. Sartorius)和哈特的总结,德富林的观点可以分为两个独立的命题:第一个是"解体命题"(disintegration thesis),该命题指出"共享(shared)道德"像一个稳定的政府一样对特定社会的长期存在是十分重要的,社会可以出于保护自身免于解体的目的像惩罚叛国罪一样惩罚背离任何个体背离共享道德的行为。[51] 这个作为"共享道德"的道德规范在不同的社会中是不一样的,重要的不在于该道德规范为真,而在于该道德规范对社会中个体的聚合力(cohesive power)。第二个命题是"保守命题"(conservative thesis),该命题指出社会拥有"用法律来强制执行道德"的权力,因为社会

---

[49] 参见〔英〕詹姆斯·斯蒂芬:《自由·平等·博爱——一位法学家对约翰·密尔的批判》,冯克利、杨日鹏译,第 104—112 页。
[50] 〔美〕罗伯特·乔治:《使人成为有德之人——公民自由与公共道德》,孙海波、彭宁译,第 93 页。
[51] See Rolf E. Sartorius, The Enforcement of Morality, *Yale Law Journal*, Vol. 81, No. 5, (1972) pp. 891-911.

中的大多数人有遵守他们自身道德信念(moral conviction)的权利,对于大多数人而言道德环境具有重要的价值。㊷

4. 罗伯特·乔治的多元至善主义

被以赛亚·柏林称为"核心传统"的至善主义认为:"优良的政治与善法不仅渴望确保人们的安全、舒适和繁荣,而且也想要人们变得有德性……法律和政治可以正当地关心一个政治共同体中成员的道德福祉。"㊸这种至善主义被无数的主流自由主义者所攻击,例如一种"中立性"(neutrality)的观点认为法律需要对不同的关于"好的本质"(the nature of good)的理解保持中立,法律必须在何为美好生活的观点上保持中立。托马斯·内格尔(Thomas Nagel)认为国家不能仅仅告诉那些持有特定的关于"好"的观念的人,说他们的观念是错误的,更不能以他们所持有的观念是不可欲的而以国家行为(state action)限制他们的自由。㊹

针对这一类主张,罗伯特·乔治"在自由主义与至善主义之间进行了精妙的调和,构建了一种关于公民权利的多元至善主义理论"。㊺具体而言,这种多元至善论给出了不同的关于善的理念(多元的价值与理念),让特定国家的公民可以在其中自由选择,充分发挥其个性。同时,国家出于保护共同善的目的,也会对人们错误的道德选择进行相应的限制。用乔治自己的话来说,"这样一种至善论使我们能够辨明真正重要的自由,即从相

㊷ See H. L. A. Hart, Social Solidarity and the Enforcement of Morality, *University of Chicago Law Review*, Vol. 35, No. 1, (1967) pp. 1 – 13. 在哈特看来,德富林对社会中共享道德与道德之法律强制的理解与涂尔干对犯罪与惩罚的理解是类似的。涂尔干认为,在机械团结的社会中,"强烈的集体意识"使得同质性的个体结合起来,由于个人之间的分化程度较低,同样的生活方式、心理情感、道德准则和宗教信仰,形成了一股强大的集体意识,支配着个体的行动。浓烈的集体意识使得机械团结式社会中的法律具有高度的压制性和约束性。这种法律把所有违反和破坏集体意识的行为都视为犯罪。参见郭星华:《法社会学教程》,中国人民大学出版社2015年版,第15页。
㊸ 〔美〕罗伯特·乔治:《使人成为有德之人——公民自由与公共道德》,孙海波、彭宁译,第44页。
㊹ Stanton-Ife, John, The Limits of Law, *The Stanford Encyclopedia of Philosophy* (Winter 2016 edition), Edward N. Zalta (ed.), URL, https://plato.stanford.edu/entries/law-limits/,最后访问时间:2021年3月4日。
㊺ 孙海波:《法律能强制执行道德吗?——乔治〈使人成为有德之人〉介评》,载《政法论坛》2020年第4期。

对而言不太重要的自由——政府能够出于社会和经济平等以及其他重要目标和理想的利益而对其正当地施加的限制——来看政府必须始终应尊重(和应该经常一致性地加以保护和促进)的自由"。㊱ 他的论证思路大致为:我们不可以把"隐私"这种价值单独作为一种公民可以自由追求的道德权利,只有当人们追求了"隐私"达到一种善的目的时,作为"达到善的隐私"可以作为人们自由追求的道德权利,这就意味着如果恐怖分子私下里制造导弹,恐怖分子的这种隐私就不能被保护,国家就可以动用刑法予以规制。所以说多元至善论是将人类的自由建立在真正的人类价值之上,并且充分考虑到了人类善的多样性。

(三)殊相与共相:法律道德主义为什么是失败的?

笔者认为法律道德主义的诸观点存在着严重的漏洞,这些漏洞在总体上挫伤了自由与法治的价值,其严重性超过了自由主义的损害原则与冒犯原则带来的负面后果,因此从整体上说法律道德主义是失败的。笔者将逐一批驳法律道德主义的各项主张,进而讨论这些主张具有共性的错误之处。

亚里士多德的错误在于,让城邦中的每个公民具有统一的、同一标准的美德本身就是错误的。如乔治所言"他没有为自己的观点提供良好的论证,即一定有一种唯一高级的生活方式,或者那些有能力的人能够追求的独特的至善生活"。㊲ 考虑到不同的主体所处的生长环境、后天教育、人生际遇不同,不同主体在特定时期的道德水准存在一定的高低与偏差,国家可以通过强化家庭、学校教育、政策鼓励、民主讨论等方式来渐渐地培养公民的德性,但这绝对不是刑法的任务,作为捍卫个体权利的法律,反过来却要破坏个体自身的关键性权利(自由的品性与责任意识的养成),得鱼而忘筌,吾未见其可也。其次,对于特定的个体而言并不存在绝

㊱ 〔美〕罗伯特·乔治:《使人成为有德之人——公民自由与公共道德》,孙海波、彭宁译,第319页。
㊲ 同上书,第77页。

对"好的性格"（美德），在范伯格看来，不同的性格符合不同主体社会角色的需要，例如一位外科医生需要冷酷而刚毅的性格，如果这位外科医生生性仁慈，他可能无法胜任自己的手术工作。问题的关键在于，只要个体所具有的这些不同性格不触及最低限度的道德（例如哈特所言的最低限度自然法），[58]国家就不可以干预，而论证国家可以干预个体最低限度道德的任务完全可以由损害和冒犯原则来完成，道德主义在这个问题上完全是多余的。

罗伯特·乔治的错误在于，尽管他向自由主义的主张作出了妥协，但问题在于他无法论证什么是真正的"善"，他没有成功回应伦理相对主义的挑战。在范伯格看来，"对于最低道德义务及其衍生的优缺点采取绝对主义的立场，而对其余道德义务采取相对主义的立场至少从表面上看是有说服力的。对于残酷、虚伪、欺骗的不法性，对于禁止杀人、伤害、诈骗和盗窃的做法，的确存在某种超越文化的统一认识；同时，对于饮食禁忌、性行为以及其他一些有时被列为'道德'的价值，则往往见仁见智。"[59]乔治没有证明真正的善有哪些，一旦他开始限定善的范围，他就不免挂一漏万，将其他可能的善专断地排除掉。按照上文他对"隐私善"论证思路，在笔者看来，一种真正值得保护的自由完全可以通过自由主义的两大原则予以推导，而不需要借助他的多元至善论。因为，恐怖分子私下制造炸弹的隐私，是对他人的一种绝对隐患，甚至就是伤害的前兆（犯罪预备行为），出于保护他人的目的，这种隐私当然不用被保护。

斯蒂芬的错误也在于无法回应伦理相对主义，理由如上，不再赘述。

德富林的错误在于，哈特指出"社会崩溃命题"没有实证层面的证据，[60]我们不妨设想在当今海地这样的国家，真正需要社会捍卫的道德是不杀人、不偷窃、不贪污等等，海地的公民现在不可能因为个体违反了一种性道德就感到社会要崩溃。德富林还可以反击，不同的社会有不同的作为凝聚

---

[58] 〔美〕乔尔·范伯格：《刑法的道德界限（第四卷）》，方泉译，第299—310页。
[59] 同上书，第331页。
[60] See H. L. A. Hart, *Social Solidarity and the Enforcement of Morality*.

力的公共道德,但要么这种主张没有实证层面的证据,要么就会滑入"海地困境"中,因为在"海地困境"中,一种对被公共所共享的道德的刑法规制完全是可以通过损害原则与冒犯原则来论证的。另外,其主张在法律道德主义内部就被其他理论家攻击,因为它不要求社会捍卫真正的善,换言之如果立法者判断的作为社会凝聚力的公共道德本身是邪恶的,但德富林依然会坚持它,设想一下这种情形,希特勒通过刑法在全国推行"屠杀犹太人是正确的道德主张",在这种道德支配下的德国无疑是无比的稳定。但这种主张根本就是无比荒唐的。

法律道德主义共性的错误在于:

1. 法律道德主义主张具有不融贯性。无论是德富林还是斯蒂芬,他们都对自己的法律道德主义提出了一些"调和性原则",例如"立法不能多管闲事""要有清晰的证据""要考量司法资源",像背信弃义这种不道德行为因为难以调查与举证,所以刑法不应该干预。这些"调和性原则",在笔者看来,就已经瓦解了法律道德主义自身,如果要用这些"调和性原则"来区分需要被刑法规制的不道德行为和不需要被刑法所规制的不道德行为,那么公众就会提出一个问题:为什么"私下的聚众性行为"(或者说任何偏离大多数公众认可的性行为方式)就不可以适用"调和性原则"进而免除刑法的干预?这种行为同样面临着需要消耗大量的司法资源且检方难以进行调查与举证,并且这种干预隐私的行为会消耗大量的社会资源,培养一种恶劣的"举报""告密""偷窥"的社会风气。难道"背信弃义"的不道德性大于"私下换偶行为"的不道德性?这些问题并非不可以回答,但一个令人信服的答案基本是不可被找到的。因此这类道德主义的主张本身就是不融贯的。

2. 背离刑法的谦抑性。诸如像亚里士多德这类的论者会指出,刑罚可以起到一种教化的作用,刑罚可以培养公民的美德。例如"刑罚不仅告诉受罚者,其实施的行为是为法律所禁止的,还传递出'一个教化信息',即他的行为是不道德的,正因如此而被禁止。如果他听进去了,学了这个教训,他的品性就会得到提升,这本身就对他有益,而无关他的利益状态"[51]。但这种主张依旧是失败的,因为刑罚的施加与刑罚后的教育作用不是必然都存在的,笔者认为在主体 X 因道德犯罪而进入监狱后,他可以因为接受到改造性教育而忏悔进而成为一个有德之人,但问题在于刑罚本身(限制个体的自由、削弱个体的名誉)本身就是一种恶,况且对于顽固不化的人,有"刑罚的施加"未必就有"刑罚的教育"。在边沁看来,"一切法律所具有或通常应具有的一般目的,是增长社会幸福的总和,因而首先要尽可能排除每一种趋于减损这幸福的东西,亦即排除损害"[52]。因此,边沁就对惩罚进行了严格的限制,例如当惩罚的代价太高、教育的作用明显大于惩罚时,损害不需惩罚便可加以防止或自己停止等,惩罚就不必施加。[53]

3. 道德的不可强制性。无论是罗伯特·乔治、哈特还是霍布豪斯,他们都认为道德是不可以被强制的,如果道德法借用刑罚来培养人的道德,即便人的外表行为符合法律的规定,他也不一定能被称之为有道德之人。具体而言,"对道德的接受只能是自愿的自我约束,而非对强制的屈服,这种屈服看来相当缺乏道德价值"[54]。所以说,正如罗伯特·乔治所说,道德是一种"反思性的善",人们只有在内心真正地接受了某种道德规范的主张,才有可能成为有道德之人。一种较为实证的考量是,"在某个社会里所盛行的道德标准是随着时间而不断变化的,至少是某些要点发生了变化……这种变化可能不是那么得体:某个人私下里完全赞同某条规范,并且在内心里彻彻底底地将这条规范看作是'道德的',但是只是因为其所在的社会里的大多数人不认为或尚未认为这条规范是道德规范,这个人就不将它当作是道德规范。我们不应该从一开始就将每个人都有他个人的道德标准这种可能性排除在外"[55]。因此,内心对道德规范的认同才是真正的

---

[51] 〔美〕乔尔·范伯格:《刑法的道德界限(第四卷)》,方泉译,第 328 页。
[52] 〔英〕边沁:《道德与立法原理导论》,时殷弘译,商务印书馆 2000 年版,第 217 页。
[53] 参见同上书,第 217—233 页。
[54] 〔英〕哈特:《法律、自由与道德》,支振锋译,法律出版社 2006 年版,第 58 页。
[55] 〔德〕诺博托·霍尔斯特:《何为道德——一本哲学导论》,董璐译,北京大学出版社 2014 年版,第 7 页。

认同,即便存在着社会压力使得个体在表面上接受、实践着一项道德规范,这样的个体也未必是道德的主体,更不用说用刑法来强制使人具备道德。因此,正如霍布豪斯所说的,正确的做法应该是,国家需要创造一些道德能在其下发展的条件,在这些条件中,一个并非最不重要的条件是不受他人强迫。⑥⑥

4. 法律道德主义挫伤法治。富勒、罗尔斯对形式法治的要求提出了一些主张。他们都认为"法律不能要求公民做他们做不到的事"。⑥⑦ 法律道德主义无法回应这一点要求,无论是推行本质上为真的道德的法律道德主义(斯蒂芬、亚里士多德、乔治),还是推行维护社会共享道德以防止社会解体的道德主义(德富林),他们都对部分公民提出了不合理的要求。在笔者看来,公民存在着"做错事的权利",法律不能单单给予公民规定,更要给予公民理由,一种不合理的主张会引起公民的反感,他们不会觉得自己是自由、自治的主体。约翰·伽德纳指出,法治也对刑法提出了一定的界限,法治所要求的"法律的确定性"(legal certainty)要求政府容忍一些不当的行为,因为法律应当成为公民行动的指引,⑥⑧在文义上呈现出严重不确定性的法律显然无法成为公民行动的指引。在刑法教义学层面,犯罪的成立一般对行为人的主观认识有所要求,例如认识到自己的行为是触犯刑法的,但法律道德主义式的立法可能带来的问题是,某种行为如果被立法者判定为是不道德的,主观认识的重要性会被稀释,法官很有可能忽略对主观要件的推理,强制推定行为人认识到自己的行为违反了刑法,继而给行为人定罪,这就破坏了法治的价值。例如,对于"聚众淫乱罪"中的"聚众淫乱"行为,人们对这种行为可能并没有一种直观的认识,有人可能觉得两对夫妻,经过对方同意的"换偶"性交行为并不算"淫乱",而那种聚集多人的"性派对",肆意与他人滥交的行为才算得上"淫乱"。由于该条对"淫乱"的具体

---

⑥⑥ 〔英〕霍布豪斯:《自由主义》,朱曾汶译,商务印书馆1996年版,第74页。
⑥⑦ 参见〔美〕罗尔斯:《正义论》,何怀宏、何包钢、廖申白译,中国社会科学出版社1988年版,第235—237页;〔美〕富勒:《法律的道德性》,郑戈译,商务印书馆2005年版,第47页。
⑥⑧ See *The International Encyclopedia of Ethics*, edited by Hugh LaFollette, Wiley-Blackwell, pp. 1186 - 1194.

行为类型没有作明确的说明,所以人们对自身行为是否违法就缺乏明确的参考。

5. 不利于保护少数人的权利。如德富林这类的道德主义者会提出一种论证思路:因为某个道德是社会中大多数人所坚持的,那么大多数人在这种道德环境中就存有利益,少数人偏离这种共享道德的行为就应该被禁止,刑法的规制就是必要的。这种诉诸民主价值的观点看似十分有力,但同样是失败的,因为这类论者没有仔细考量民主的意义与局限。密尔就对民主充满着怀疑:"它是唯一公正但同时也有可能是最具有压制性的政府形式",[69]德沃金也认为:"尽管大多数人认为同性恋是让人嫌恶的罪恶并且不能容忍它的存在,但仍有可能的是,这个大多数观点是一个混杂了歧视(prejudice)、合理化(rationalization)与个人厌恶(personal aversion)的产物。普通人无法为他自己的观点提供理由,他们只会简单地仿效他的邻人,相应地邻人也会仿效他们。或者说,普通人提出的一个支持某种大众道德(general moral)的理由,他自己无法真诚地或者持续地持有这种理由。如果是这样的话,我们坚守的民主原则并不支持强制执行这种意义上的共识,因为一个混杂着歧视、合理化与个人厌恶的观点不能正当化对他人自由的限制。社会中的大多数也没有权利去强制推行这种共识,因为社会并没有特权赋予基于偏见、合理性与个人厌恶而行动的个体。"[70]民主只是决策法律内容的一种程序,它并没有对法律的内容作出"必定为好"的保证,并且民主的显明含义:众人同意,最好是全部人都同意某项主张,在实践中是不太可能的,所以哈贝马斯等理论家就认为,应该把法律制度尽力制定出所有受其影响的人们一致同意的法律设定为目标,但并不是实际地期待

---

[69] 〔英〕柏林:《自由论》,胡传胜译,译林出版社 2011 年版,第 246 页。
[70] Ronald. Dworkin, Lord Devlin and the Enforcement of Morals, *Yale Law Journal*, Vol. 75, No. 6, (1966) pp. 986–1006. 德沃金区分出了一种被他称为"伙伴概念"的民主(partnership conception),这种民主不同于"大多数民主"与"数据民主"(majoritarian or statistical conception)。See Ronald Dworkin, *Justice for Hedgehogs*, p. 5.

这一目标在实践中得到实现。⑦ 这种主张在笔者看来,就已经暗含着对少数人权利的保护的思想,进而言之,个体的某些事务是无法通过民主的形式来决定的,这种凡是什么事情都要民主来决定的思想,会诱发道德民粹主义的困境,这种理论认为"多数者有着道德上的权利决定所有人如何生活,这是一种对民主的误解并且依然在危及着个人自由……"⑫所以说,在笔者看来,在现代民主国家,民主是使权力行使具备合理性、合法性的一个充分条件,但同样矛盾的是,民主本身存在着如密尔和托克维尔所说的局限,这使得即使具备民主支撑的权力行使也会不合理地侵犯个体的自主与自由。为了缓解"权威"与"自主"两种价值之间的张力,一方面要更加强调民主对权力行使的制约作用;另一方面,也需要合理界定国家权力干预个体事务的范围,使得个体的自主价值得到充分与合理的保护。在具体的制度层面,良好的宪制秩序可以起到保护少数人权利的作用。⑬ 法律道德主义诉诸民主来支撑论证的进路是失败的。

6. 法律道德主义忽视了现代社会的结构性特征。前文提到了马克斯·韦伯对于科学理性发展与"诸神之争"的局面,这个局面就使得现代社会具有着显著区别于传统社会的结构性特征。第一个特征是,价值的去知识化,价值从客观世界脱离出来,成为人们自我阐述的产物,这就使得在社会议题的讨论中,人的地位被不断拔高。第二是价值的多元主义,这就意味着一元论的价值观是错误的,各种各样的不同价值不可以被还原到一个"元价值"上,也就意味着不存在唯一的、统一的关于美好生活的理解,现代社会呈现出多元化的价值局面,当然这种"多元化"并不是要突破柏林所说的人们的共同道德感。第三是内嵌的合理分歧,人们对于自己所持有的各种不同的价值判断都具有理性的论证,而不像传统社会中通过理性的讨论,就可以将部分不合理的价值剔除,这就导致了人们之间的合理争论无

---

⑦ 参见〔美〕布雷恩·Z. 塔玛纳哈:《论法治:历史、政治和理论》,李桂林译,武汉大学出版社2010年版,第128—129页。
⑫ 〔英〕哈特:《法律、自由与道德》,支振锋译,第76页。
⑬ 参见张千帆:《宪法学导论——原理与应用》,法律出版社2014年版,第54—55页。

法得到消弭。⑭这种结构性特征就决定了法律道德主义是无法成功为刑事立法提供正当性依据的。因为道德主义提供了一元的美好生活标准,并且还试图用刑法的方式排除其他的可能性,这种阻力与野蛮是无法被现代社会所承受的,即便是提供了多元美好生活标准的法律道德主义同样也承受不了相应的论证负担。现代性社会要求政府平等地关怀和尊重他的公民,"面对有着不同的整全观念和价值诉求的社会主体,不仅权力运行的正当性而且权力运行的实践效果也都要求和取决于居中的政府不援引、不评价、不背书任何一方的价值观"。⑮同样需要强调的是,这种包容与居中并不是要求政府无视随意的杀人、抢劫等行为,相反,政府对这些行为的干预恰恰是保障最低限度的自然法,从而为人们对多元化的生活理想构建最基本的前提。如果上述的分析思路是合理的,这也就暗合了自由主义的规制原则为什么是成功的。

综上所述,内部理论不具有融贯性的法律道德主义根本无法保护个体的自由,根据道德主义对某些行为的犯罪化显然不能都经得起调和性原则的检验。刑罚本身作为一种恶,如果随意地施加于公民,会对公民的自由造成极大的危害。道德本身属于个体的一种"反思性的善",国家不可以动用刑法来强制执行与推广,否则就是在破坏自由与法治的价值。法治本身所要求的"确定性"与"可行性"也否定了道德主义原则指引下的刑事立法,同时"民主"本身所具有的危机必得让刑法审慎而克制。所以说,法律道德主义会损害自由与法治的价值。

四、错误的纠正:反思相关"聚众淫乱罪"判决之合理性

上文归纳与比对了自由主义规制原则与法律道德主义规制原则,通过分析可以发现,在法律道德主义规制原则的指引下,刑事立法会走入只承

---

⑭ 参见杨建:《法治社会的内在逻辑》,载《东南大学学报(哲学社会科学版)》2020年第1期。
⑮ 同上。

认某种"单一式道德标准"的歧途。作为自由主义阵营的损害原则与冒犯原则完全可以合理地指导刑事立法,从而保护法治、自由等为人们所珍视的理想,遏制社会治理中的泛刑罚化趋势。原则的证立不仅是理论研究本身的旨趣,它更要对相应的立法、司法实践起到了一种指引与反思的作用。回顾我国具体的司法实践可以发现,近些年来,我国各地法院以"聚众淫乱罪"规制了人们的某种私下聚众性行为,这类案件中较为著名的,也是引起了巨大争议的是"南京换偶案"。利用自由主义的规制原则分析、论证可知:"聚众淫乱罪"立法本身存在道德意义上(合理性层面)的疏漏,这导致了法官在相关案件中的判决极易走向失败。因而,用"聚众淫乱罪"来规制此类"私下的聚众性行为"是不合理的。

(一)立法疏漏与判决错误:道德主义立法对司法的误导

在热点案件"南京换偶案"中,南京秦淮区法院认为马尧海等 22 名被告触犯了《中华人民共和国刑法》第 301 条,以聚众淫乱罪追究其刑事责任。在法官对事实的理解中,22 名被告的"私下换偶行为"是一种淫乱行为,这种行为破坏了社会的道德秩序,侵犯了相应的法益。因为"南京换偶案"的裁判文书没有公开,笔者通过另一种方式来建构本文欲要具体分析的案件。

笔者以"聚众淫乱罪"为关键词,在裁判文书网检索、筛选到了 75 篇判决文书,这些案件与"南京换偶案"的事实类型与裁判结果基本一致,为了保证事实认定的客观性、案例分析的准确性,笔者选择通过构建"理性类型"的方式来重现案件事实与裁判思路。根据孙海波的判定标准[76],笔者提取了上述所有案件中可以作为某一种"同案"(P)的关键性事实,及其共同的判决结果(R,也即聚众淫乱罪),作为本文的分析对象。此"同案"并不是一种具体的、个例的客观存在,而是用来检验立法正当性理论的共性化的"理想类型"。这样处理的理由在于:1. 清晰化地展现笔者欲要分析的

---

[76] 参见孙海波:《重新发现"同案":构建案件相似性的判断标准》,载《中国法学》2020 年第 6 期。

特定事实,沿着法官的裁判思路,将该特定事实放在"聚众淫乱罪"之下,通过反思该特定事实构成是否真的需要通过刑法进行规制,进而考虑聚众淫乱罪的立法合理性。2. 排除"理想类型"(P)之外的无关事实的影响,这些无关事实在笔者看来,会影响到论证的集中性与针对性。笔者建构的"理想类型"(P)是用来反思是否需要用刑法来规制此类行为,因此诸如行动主体是哪个地方的人,具备何种学历等与达成目的无关的事实不在笔者选取的范围之内。3. 通过提取共性的特征,建构理想化的案件模型,能够对现实中反复、多次出现的同类事实进行集中性的分析,从而让理论对现实有着更广泛、更全面的审视。

提取案件事实的过程简化如下:

根据"他们三人在长春市孙某某家中以同样方式同时发生性关系[(2016)吉0722刑初193号]""四人在齐齐哈尔市建华区万达公寓B座湖韵服务式公寓酒店1718室内发生聚众淫乱行为[(2018)黑0203刑初229号]""经审理查明:2018年10月3日晚19时许,被告人李长海组织张某彤、张某在寿光市××街道××公寓××房××内,与其妻子仉某丽轮流发生性关系[(2019)鲁0783刑初387号]"等事实,提取出关键性事实(1):私下的封闭环境。

根据"邀约被告人李晓芳参与聚众淫乱,并表示张祖凯也参加,李晓芳征求被告人陈志云的意见,陈志云表示同意[(2020)皖0123刑初206号]""方某与王某约好后,三人先后来到位于阜阳市颍泉区的利源温泉大酒店(原黄龙温泉大酒店)9012房间,进行淫乱活动[(2018)皖1204刑初115号]"等事实,提取出关键性事实(2):行动主体为二人以上,且这些主体之间对选择任意的对象进行性行为一事表示同意。

根据所有裁判文书中被告人基本信息(年龄与精神状况),提取出关键性事实(3):行动主体具备完整的理性能力。

案例P的事实构成总结为:

(1)私下的封闭环境;

(2)行动主体为二人以上,且这些主体之间对选择任意的对象进行性

行为一事表示同意;

(3)行动主体具备完整的理性能力。

裁判结果为 R:多次参与者与主犯构成聚众淫乱罪。

回顾上文归纳的自由主义两大规制原则,笔者认为案例 P 的事实并不应该被刑法所调整,理由在于:首先这种私下封闭环境中,具备完整理性能力的行动主体相互同意的聚众性行为并不能对任何人的福利性利益造成损害,简而言之,不会有哪个主体的福利性利益(例如身体健康、精力充沛、情绪稳定)会因为此种聚众性行为在世界的某个地方悄然存在而受到伤害。即便有个体主张自己的情绪稳定会因为自己得知该事实存在而受到影响,这种影响在通常情形下也不会对该主体造成一种符合"伤害转化为损害"标准的严重损害。更为重要的是,"损害原则"的各种调和性原则指示我们,该种聚众性行为因为处于封闭的私下空间,并不会超过最低限度从而成为一种对他人的损害,并且上文提到只有对该种行为存在道德上极度敏感的人才有可能达到精神受严重损害的程度,所以 P 中事实的损害可能性也不大,此外结合考量"损害的相对重要性"与"个体的自由"两个指标,笔者认为事实 P 中的主体在该行动中存在着更值得保护的自由,(但是否也存在着更为重要的利益则无从可知)并且也正如之前的分析所言,这种自由也不会损害绝大多数主体的福利性利益。综上所述,P 中的事实构成无法通过损害原则的检验。审视冒犯原则的要求,笔者认为即便某些主体会因为知晓存在此种聚众性行为存在而感到不快,并对这种状态感到怨愤,冒犯原则的调和性原则也会将 P 中的事实排除出刑法规制的领域。具体而言,冒犯的严重性不够,因为 P 中的事实所造成的冒犯并不能对一般人造成持久且强度很高的冒犯,观察中国社会当前对"性自由"的接受程度,我们应该不难理解这一点。另外,所有的案外主体毫无疑问可以避开这个"(1)私下的封闭环境",因此冒犯的严重性程度应当是很低的。继续考量冒犯行为的合理性,笔者认为 P 中的所有主体并不存在对他人(无论是案外人还是案内人)的恶意,也就不存在所谓"卑劣的动机",同时,行为的地点(私下环境)也决定了冒犯性程度相对而言是很低的,因此笔者有理由认为该行为也无法通过"冒犯原则"的检验。需要补充强调的是,案例 P 中的事实(2)与(3)虽不能作为排除行为"损害性"与"冒犯性"的排他性理由,但它们已经足够削减 P 中事实对案中的行动主体的损害性与冒犯性,这一点可以比照刑法教义学上的"被害人同意理论"得出。事实上,笔者认为我们也没有充足的理由把没有违背相互自由意志的多人性行为认定为刑法意义上的危害行为。综上所述,P 案件不应当被刑法所规制。

卡尔·拉伦茨提醒我们,"只须以单纯涵摄的方法,将已经确定的案件事实,归属到先经必要解释的法律规范之构成要件之下,即可解决确定的案件事实,事实上,当我们将该当案件事实理解为法律构成要件所指涉的事实时,已经带有价值判断的性质"。⑰ 这就意味着,将"案件事实"论证为"法律构成要件下的事实"需要进行充分的说理,从而证成我们的价值判断,而不能随意地说,一种"案件事实"就是"法律构成要件下的事实"。在笔者看来,我国刑法规定的聚众淫乱罪并没有区分"聚众淫乱行为"是私下的还是公开的,这就导致了这一罪名设置的不清晰性,⑱也就进一步导致了司法审判中的失败判决。法官需要认识到"案件事实"与"满足构成要件的事实"之间存在着一定的距离。在对理想类型 P 的分析中,我们可以得出结论"私下的聚众性行为"不能成为刑法规制的行为,进而法院以"聚众淫乱罪"规制此类行为是不正当的。不过在法律道德主义看来,无论是推行真正意义上的道德,提高个人的品德,捍卫个人真正的自由,还是为了防止社会的解体,从而推行一种独断的道德规范,法官都可以忽视"私下"与"公开"的区分,从而做出 P 中的判断 R。但笔者上文的分析已经指出,法律道德主义作为对个体不道德行为规制的原则是失败的,可以讲"聚众淫乱罪"的设置本身很大程度上是道德主义立法的产物,进而在此立法影响下的法官的种种判决也是极易不合理的。上述对自由

---

⑰ 〔德〕卡尔·拉伦茨:《法学方法论》,陈爱娥译,商务印书馆 2003 年版,第 2 页。
⑱ 参见郑玉双:《不道德行为的惩罚及其限度——对南京换偶案的法哲学分析》。

主义原则的捍卫可以说是对"私下聚众性行为"属于伦理自决事务的"补强"论证,因为这种行为确实没有损害或冒犯他人(按照严格的调和原则得出的结论),案件中个体的自由价值与伦理选择是值得被捍卫的。如果法官接受自由主义原则,很容易就可以发现此种立法的不合理性,从而去论证本案的事实不属于构成要件之下的事实,并用法律推理的方式为这种价值判断提供依据。

(二)纠正的方法:后果主义式的法律推理

麦考密尔认为:"司法文书中的推理,实际上是用来为所发布的法庭指令提供理由的——是否如所主张的那样予以赔偿,全部还是部分赔偿,以及是否豁免被告——这类指令只有在确认事实和相关法律规制以及参酌其他考量因素之后才能成立。"[29]在本案中,如果法官正确地接受自由主义的原则,那他就会发现立法上的谬误,从而对聚众淫乱罪的法律规则进行解释,将"私下聚众性行为"与"公开聚众性行为"进行事实上的区分,在规范与事实的回顾中,寻找合适的判决。上述对规则与事实的诠释就是麦考密克认为推理应该具有的含义。可见制定法只有在法院解释之后才成为真正的法律。制定法只是"表面的法律",而真正的法律,除了在一个法院的判决中,不可能在任何其他地方发现。[30]

具体而言,本案涉及"二次证明"的问题——法官在碰到疑难案件时,需要确定对规则 P 作 X 解释还是作 Y 解释,还会碰到将事实 F1、F2、F3 中的哪一项解读为经过解释后规则中的事实。所以二次证明必然意味着对做选择所依据的理由进行论证,即论证如何在相互对立的裁判可能之间做出选择。[31] 这种对规则的解释与对事实的解读是后果主义式的,也就是说判决要符合正义、社会利益等评价标准的要求,但这绝不意味着法官可以突破法律的限制而自由地选择。所以,法官对规则的解读需要符合"一致

---

[29] 〔英〕尼尔·麦考密克:《法律推理与法律理论》,姜峰译,第 13 页。
[30] 参见〔美〕本杰明·卡多佐:《司法过程的性质》,苏力译,商务印书馆 1998 年版,第 126 页。
[31] 参见〔英〕尼尔·麦考密克:《法律推理与法律理论》,姜峰译,第 96 页。

性"和"协调性"的要求,"一致性"要求对某一规则的解读不能与现行具有拘束力的制度规则相抵触,"协调性"要求在一系列任意的规制之间不能存在冲突。简而言之,法官的判决需要符合后果主义的考量,也需要在实证法上找到充足且不抵触的规则依据。

在此意义上,如果一个法官接受了自由主义的原则,那么他就要在我国刑法的条文中寻找教义学上的依据,并且对它们做出融贯性的解读,从而捍卫个体的自由。笔者认为以下规则值得考虑与解读。

R1:第2条 中华人民共和国刑法的任务,是用刑罚同一切犯罪行为作斗争,以保卫国家安全,保卫人民民主专政的政权和社会主义制度,保护国有财产和劳动群众集体所有的财产,保护公民私人所有的财产,保护公民的人身权利、民主权利和其他权利,维护社会秩序、经济秩序,保障社会主义建设事业的顺利进行。

R2:第301条 聚众进行淫乱活动的,对首要分子或者多次参加的,处五年以下有期徒刑、拘役或者管制。

一种后果主义的论证便是,首先法官对R2进行解释与区分,从而将"私下的聚众性行为"与"公开的聚众性行为"区分开来,然后从R1的角度来分析刑法的目的在于保护公民的"人身权利、民主权利和其他权利",这之中通过自由主义冒犯原则的论证思路,来确定R2想要规制的是"公开的聚众性行为",从而保障对R2解读符合R1的要求(保护权利),并且由于R1与R2同时处于一整个规范体系中,且R2是更为基本的法律原则,所以R1与经过解释的R2不存在绝对的冲突。这种推理就符合了"一致性"与"协调性"的要求。

值得指出的是,"通过法律原则的不断重述并赋予它们不间断的、新的内容来使它们与道德习俗保持同步,这就是司法性的立法,并且,是由法官自己承担风险的立法。尽管如此,却正是这种立法的必要性和义务才赋予了司法职务以最高的荣誉;并且,也没有哪个勇敢且诚实的法官会推卸这一义务或畏惧这一风险"。[20] 对法律原则的考量与适用,对法律推理的方法选择离不开对政治哲学与道德哲学理论的领悟与分析,这也就不经意地为我们显示了"理论"到底是如何影响"实践"的,一种脱离了深层次理论考量的司法裁判也许在没有过多争议的案件中没有暴露自身的问题,但只要我们碰到疑难杂案,深层次的理论考量就是极为重要的。

五、结语

立法者可以从道德层面对呈现出"道德难题"局面的行为给予初步的评价,从而决定是否应当将该种行为犯罪化。但此种初步的道德评价是主观性极强的,只凭借初步的道德评价就得出犯罪化的结论往往会引起巨大的争议。这同时也表现出立法者用刑法来规制"道德难题"所遭遇的困境。为了解决这种困境,立法者可以思考相关的、更为精确的规制原则,通过考量合适的规制原则,进而通过原则来作出是否将"道德难题"犯罪化的决定。在司法层面上,即便立法者没有适用合理的规制原则,法官也应当肩负"在个案中实现公平正义"的法治使命,通过适用相关的法律方法解决立法上的疏漏,得出正确、合理的判决。同时值得进一步思考的是,社会治理中存在的泛刑罚化趋势值得我们重视,作为泛刑罚化治理理论基础的法律道德主义式的规制原则是失败的。但这种原则也让自由主义者看到了在特定的共同体中愿望的道德的重要性。提升个体愿望的道德虽然不是刑法的任务,但为了个体共同生存的社区的善,自由主义者也认为个体需要去主张、介绍、分享一种对于"善"的认识。我们可以通过民主讨论、积极政策的支持、对他人的批评从而形成一定的道德压力,让共同体中不完美的个体慢慢地去养成道德,成为真正意义上的有道德的人,掌握真正合适伦理观的人。在这个过程中,无论最后是否会形成一种多元化的还是单一的道德社会,这样的社会是包容且自由的。这个良性的社会以最低限度的自

---

[20] 〔美〕本杰明·卡多佐:《司法过程的性质》,苏力译,第135页。

然法为核心,以不同的愿望的道德为目标,它能真正意义上培养个体文明的气质、现代化的理性、对待不同意见的宽容、对自己的责任、对自由的追求、对美好生活的深思等。正如戈尔丁教授所言:"一个多元化社会的生存力并不以在不同道德中的某种共同意见和共同核心为前提。相反,它表明了一个多元化社会的核心特征,是对程序和制度而不是对道德舆论和价值的共同意见。"[⑧]在这种路径之下,我们才能找到应对"道德难题"的现代性方案。

[⑧] 〔美〕马丁·P. 戈尔丁:《法律哲学》,齐海滨译,生活·读书·新知三联书店1987年版,第128页。

部门法的本土与国际视野

我国国际私法中法律规避制度废存问题再思考——法律规避制度能否被"直接适用的法"所取代?

王怡然[*]

内容摘要: 作为一项国际私法的传统制度,法律规避近年来在国内外学界多次被质疑其存在之必要。持法律规避废除论者认为,法律规避的功能可以被"直接适用的法"和公共秩序保留所取代。以法律规避与"直接适用的法"的关系为视角,从制度起源、构成要件和立法及司法实践等角度出发,可以发现在我国"直接适用的法"与法律规避之间应是相互配适而非相互涵盖的关系。此外,尽管法律规避制度在部分国际实践中以公共秩序保留的特殊形态存在,但公共秩序保留的消极防御性质仍为法律规避制度的独立存续提供了极大空间。法律规避在当今中国,尤其是在强调加快涉外法治工作战略布局的时代背景下,有其存在的必要性及合理性。

关键词: 法律规避 "直接适用的法" 国际私法

法律规避(evasion of law)是国际私法中的一项传统制度,与国际私法中另外两项重要制度——"直接适用的法"及公共秩序保留具有类似功能,均可达到排除经冲突规范所指引的准据法之适用的效果。但是,法律规避制度近年来却岌岌可危,部分外国学者认为,法律规避在国际私法中所实

---

[*] 王怡然,复旦大学法学院博士研究生。

现的功能完全可以被"直接适用的法"所代替;[1]部分国内学者也有类似主张,特别是当"直接适用的法"理论逐渐在我国确立并完善之后,部分学者认为借助先进的"直接适用的法"为"进攻长矛"再辅以公共秩序保留作为保底的"防御盾牌",法律规避在我国国际私法中已无独立存在之必要。[2]笔者认为,尽管法律规避与"直接适用的法"均以保障有关规定的强制性适用为目标,但从其制度起源及所保护的法益可知,法律规避制度与"直接适用的法"存在本质区别,通过扩张适用"直接适用的法"的方式取代法律规避制度的主张存在理论及实践的双重障碍。此外,尽管法律规避制度在部分国际实践中以公共秩序保留的特殊形态存在并予以适用,[3]但公共秩序保留的消极防御性质及各国对公共政策保留谨慎而严格的适用现状仍为法律规避制度的独立存续提供了极大空间。本文将从法律规避与"直接适用的法"的制度起源、构成要件、在我国的立法与司法实践等角度出发,就法律规避制度能否被"直接适用的法"取代问题进行探讨,并就法律规避制度在我国的完善路径提供建议。

一、法律规避与"直接适用的法"的起源及概念辨析

(一)法律规避的起源与概念

通常认为,法律规避始于1878年法国最高院的鲍富莱蒙案(*Bauffremont* Case)。该案原告为法国王子鲍富莱蒙,其原为比利时人、后因与鲍富莱蒙结婚取得法国国籍的妃子同罗马尼亚比贝斯科王子相恋,要与鲍富莱蒙离婚。但当时的法国法律不允许离婚,为了达到离婚的目的,鲍富

---

[1] 参见 J. J. Fawcett, Evasion of Law and Mandatory Rules in Private International Law, 49 *Cambridge L. J.* 44 (1990); B. Verschraegen, *International Encyclopaedia of Laws*: *Private International Law Russia* (O. Vorobieva), Kluwer Law International, 2003。

[2] 参见许庆坤:《国际私法中的法律规避制度:再生还是消亡》,载《法学研究》2013年第5期;杨华:《法律规避与直接适用法的关系——兼论我国国际私法上法律规避制度之废存》,载《云南大学学报法学版》2016年第2期。

[3] 参见〔法〕巴蒂福尔、拉加德:《国际私法总论》,陈洪武等译,中国对外翻译出版公司1989年版,第510—516页。

莱蒙的妃子移居德国并归化为德国公民。随后鲍富莱蒙王妃在德国法院获得了与鲍富莱蒙王子的离婚判决并与比贝斯科王子结了婚。鲍富莱蒙向法国法院起诉要求宣告王妃加入德国籍、离婚及再婚无效。根据当时的法国冲突法,婚姻能力适用当事人国籍法,而按王妃国籍所在地的德国法其离婚有效。但法国最高法院认为鲍富莱蒙王妃加入德国国籍的目的显然在于规避法国禁止离婚的法律,因此法国法院判决其离婚和再婚的行为在法国无效。④

起源于法国司法实践的法律规避制度在大陆法系国家备受重视。部分国家在早期便将其作为一项独立的国际私法制度规定于成文法中,但起初法律规避仅适用于对涉外婚姻关系的规制,如1891年《瑞士关于民事关系的法律》就规定:"禁止通过在国外缔结婚姻来规避瑞士婚姻法。"⑤随着国际民商事往来加剧,法律规避规则扩大适用于各民商事关系层面。如葡萄牙、西班牙以及前社会主义国家南斯拉夫、匈牙利、罗马尼亚、乌兹别克斯坦、吉尔吉斯斯坦、白俄罗斯、阿塞拜疆、乌克兰等八国均在其国际私法中采用禁止法律规避的立法。⑥法国支系国家间缔结的《美洲国家间关于国际私法一般规则的公约》中亦作出类似规定。⑦

法律规避的概念在我国国际私法学界较为统一。以韩德培先生主编《国际私法》中对于法律规避的定义为例,该著作将法律规避界定为:"涉外民事法律关系中的当事人为利用某一冲突规范,故意制造某种连结点,以避开本应使用的法律,从而使对自己有利的法律得以适用的一种逃法或脱法行为。"⑧尽管学界对于法律规避的概念已达成基本一致,但对于法律规

---

④ 参见杜涛:《国际私法原理》,复旦大学出版社2014年版,第102页。
⑤ 肖永平、邓朝晖:《国际私法中法律规避问题比较研究》,载《法商研究》1998年第3期。
⑥ 许庆坤:《国际私法中的法律规避制度:再生还是消亡》,载《法学研究》2013年第5期。
⑦ 《美洲国家间关于国际私法一般规则的公约》第六条规定:"其他成员国的法律的基本原则被欺诈规避时,成员国的法律不应作为外国法而适用。"
⑧ 韩德培主编:《国际私法》,武汉大学出版社1989年版,第79页。

避的构成要件则观点不一,存在三要件、四要件等不同的学说。[9] 但不论是三要件还是四要件,各理论均认可涉及法律规避行为的当事人必须有规避对自己不利法律的主观意图,该主观要件又被称为"法律规避的特有因素";相反,对于当事人规避的法律是否必须为一国的强制性或禁止性法律则未达成统一观点。[10]

从法律规避的起源及部分学者对于法律规避制度的构成要件论证可知,法律规避制度的根本目的并非是要纠正通过改变或制造连结点所对应的事实从而可以规避强制性规定的行为,而是要惩戒并纠正以主观恶意通过改变或制造连结点使自己获利且通常会伴随着使他人遭受损失的行为。因此,根据该构成要件,法律规避与"直接适用的法"存在本质区别,即法律规避未必会触发某强制性规定的适用。但由于将该制度应用于立法层面时,各国均将当事人所规避的法律应为强制性法律作为构成要件之一,从而加剧了法律规避与同样强调强制性法律适用的"直接适用的法"的混淆可能。

(二)"直接适用的法"的起源与概念

与法律规避制度起源于司法实践不同,"直接适用的法"(lois d'application immediate),又被称为优先适用的强制性条款(overriding mandatory

---

[9] 参见韩德培主编:《国际私法》,第85—87页;李双元等:《中国国际私法通论》,法律出版社1996年版,第163—166页;黄进:《国际私法上的法律规避》,载《百科知识》1995年第10期;余先予主编:《国(区)际民商事法律适用法》,人民日报出版社1995年版,第95—96页。

[10] 例如,李双元教授在其《国际私法(冲突篇)》中介绍的三要件说:(1)主观要求,当事人在主观上具有逃避某种法律的目的;(2)客观行为要求,具体行为是改变构成冲突规范连结点的法律事实,且此种行为已达既遂;(3)对象要求,被规避的法律应当是强行法或者禁止性规范。黄进教授在其《国际私法上的法律规避》一文中的四要件说:(1)主观上,当事人必须有规避法律之故意;(2)规避对象上,当事人规避的法律是本应适用的强行性或禁止性的规定;(3)行为方式上,当事人是通过改变或制造某种连结点来达到规避法律之目的的;(4)客观结果上,当事人规避法律的目的已经达到。杜涛教授在其《国际私法原理》一书中介绍的法律规避四要件说:(1)主观上的意图;(2)规避法律的行为,改变或制造连结点所对应的事实;(3)被规避的法律是本来应当得到适用的有关国家的法律(不一定是强制性或禁止性法律);(4)想要适用另一国的法律,即当事人规避一国法律的目的是要适用对他有利的另一国的法律。

rules)、公共秩序法(public order legislation)或警察法(lois de police)等,[11]则起源于学术理论。早在1894年,被誉为"现代国际私法之父"的萨维尼就认为"具有强烈地主动、强制适用性质的法律"应当享有与其他法律不同的待遇。这些法律主要是指具有政治或经济特征的、为保护公共道德或公共利益而制定的法律,当涉及对具有这种性质的国内法适用时,外国法的适用将被排除在外。[12]但是萨维尼的理论只是泛泛提出了应存在部分排除外国法适用的内国法律,并未将"直接适用的法"与公共秩序保留制度相区分。直到20世纪30至40年代,由美国债券持有人针对德国债务人的诉讼引发的德国外汇管制法适用争议问题以及随着福利国家的兴起引发的与含有消费者与劳动者保护相关的社会公共利益法律的适用争议问题接踵而至,国际私法学界需对该类规范在冲突法中的地位与作用予以界定。[13]在这一时代背景下,法国学者福勋·弗朗西斯卡基斯于1958年发表了《反致理论与国际私法中的体系冲突》一文,正式提出了"直接适用的法"概念。他在该文中表示,"直接适用的法"是那些为"维护国家的政治、经济和社会利益"而必须予以实施的法律。这些具有强制力的法律规范在调整涉外民事关系时,可以撇开传统冲突规范的援引,直接适用于涉外民事关系。[14]

"直接适用的法"理论很快在其发源地——欧洲落地。1980年欧洲《关于合同债权法律适用的公约》(以下简称《罗马公约》)第7条宽泛地规定了各国强制性规则应予以适用,但并未明确该类强制性规则的范围。由于强制性规则这一术语还可以分为不得由当事人减损的合同法强制性规范以及不得由冲突规范指引或当事人合意选择排除的冲突法强制性规范,因此

---

[11] 有学者统计,与"直接适用的法"相关的概念名称多达15种。参见吴光平:《重新检视即刻适用法——源起、发展,以及从实体法到方法的转变历程》,载《玄奘法律学报》2004年第2期。

[12] Michael Hellner, Third Country Overriding Mandatory Rules in the Rome I Regulation: Old Wine in New Bottles?, *Journal of Private International Law*, (2009)5:3, p. 447。

[13] 卜璐:《国际私法中强制性规范的界定——兼评〈关于适用涉外民事关系法律适用法若干问题的解释(一)〉第10条》,载《现代法学》2013年第3期。

[14] 徐冬根:《论"直接适用的法"与冲突规范的关系》,载《中国法学》1990年第3期。

学界普遍认为《罗马公约》对该理论的立法实践存在瑕疵。[15] 该问题直至1999年才得以解决。欧洲法院在1999年阿布拉德(Arblade)案判决中首次将"公共秩序法"界定为"对保护有关成员国的政治、社会或经济秩序至关重要的国家规定"。[16]基于此,2008年《关于合同之债法律适用的第593/2008号(欧共体)条例》(以下简称《罗马条例Ⅰ》)正式将含有公共利益要求的"直接适用的法"落实于成文立法中。[17]

"直接适用的法"理论由国际法学家李浩培先生于20世纪80年代引入中国。1984年出版的《中国大百科全书·法学》在"警察法"词条中将该制度定义为:"为了保障一国的政治、经济或社会组织,一切公民必须遵守的法律,它起源于现代国家的活动侵入了传统上属于民法范围的事项,其特征在于它必须由国家机关或公共服务机关实施。"[18]该理论自引入中国后,理论界及实务界对其内涵及性质进行过热烈的讨论与研究,并曾一度难以达成一致意见。例如,部分专家学者对其进行定义时只关注其具有排除冲突规范指引而强制适用的客观标准,赋予"直接适用的法"极为宽泛的界定范围并将对于该范围的界定留待法院在个案中解决;[19]而另一部分学者,如李浩培教授的定义方式则兼采该类规则应强制适用的客观标准及该类规则应对于一国公共利益维护至关重要的主观标准,为具有"优先且强制适

---

[15] Basedow, Jürgen, et al. eds., *Encyclopedia of Private International Law*, Vol. 1, Edward Elgar Publishing, 2017, Chapter O. 3: Overriding mandatory provisions.

[16] 参见 Joined cases C-369/96 and C-376/96 Criminal proceedings against Jean-Claude Arblade and Arblade & Fils SARL and Bernard Leloup, Serge Leloup and Sofrage SARL [1999] ECR I-8453。

[17] 《罗马条例Ⅰ》第9(1)条规定:"优先适用的强制性条款是指,被一国认为对维护该国的公共利益,尤其是为维护其政治、社会和经济秩序的利益至关重要而必须遵守的强制性条款,不论根据本条例适用于合同的是何种法律,它们都必须予以适用。"

[18] 《中国大百科全书·法学》,中国大百科全书出版社1984年版,第332页。

[19] 例如韩德培教授认为:"有些法律规则适用于具有国际性的案件(即指具有涉外因素的案件)对制定该法律规则的国家来说,有着很重要的意义,以致该国需要适用这种规则,不管根据一般冲突规范该国的法律能否适用于这种案件。"再例如最高院民事审判第四庭编著的《〈中华人民共和国涉外民事关系法律适用法〉条文理解与适用》将"直接适用的法"定义为本国法律中明确规定某类法律关系应直接适用某法律规定,不允许当事人选择,当事人不能通过约定排除适用,法院在审理案件过程中也不必通过本国冲突规则的指引而予以直接适用的法律。

用性质"的法律条款划定了一个较小的范围。

不论理论界与实务界以客观标准还是兼采主客观标准的方式对"直接适用的法"作出概念界定,都无法否认一个事实,即"直接适用的法"制度起源于对福利国家将其所制定的保护至关重要公共利益的法律规范强制适用于涉外民事法律关系之诉求的回应。由于该类规范具有排除冲突规范指引或当事人选择而强制适用的"威力",与现代国际私法所强调的司法礼让原则及意思自治原则相悖,因此各国在实践中对于"直接适用的法"的认定较为谨慎。我国自2011年以客观标准对"直接适用的法"进行抽象立法后,又在2013年以司法解释的方式加入了"直接适用的法"须涉及中华人民共和国社会公共利益主观标准,与国际立法潮流相符。

二、法律规避与"直接适用的法"在我国的立法与司法实践

(一)法律规避与"直接适用的法"在我国的立法沿革

在我国立法实践中,法律规避制度是早于"直接适用的法"出现的。但法律规避制度从未直接规定于我国的法律中,而均是以司法解释的形式运用于实践。早在1988年,我国便在司法解释中规定了法律规避制度。1988年《最高人民法院关于贯彻执行〈中华人民共和国民法通则〉若干问题的意见(试行)》(以下简称《民通意见(试行)》)第194条规定:"当事人规避我国强制或者禁止性法律规范的行为,不发生适用外国法律的效力。"该条款成为了司法实践中处理法律规避的主要依据。1990年《民通意见(试行)》的修改稿中继续保留了该条款。2007年《最高人民法院关于审理涉外民事或商事合同纠纷案件法律适用若干问题的规定》第6条也同样规定了法律规避制度。然而,在2011年《中华人民共和国涉外民事关系法律适用法》(以下简称《法律适用法》)中,法律规避制度却被立法搁置。不过仅在一年以后,最高人民法院就在2012年10月出台的《最高人民法院关于适用〈中华人民共和国涉外民事关系法律适用法〉若干问题的解释(一)》(以下简称《若干问题的解释(一)》)再次确立了法律规避制度。《若干问题的解

释(一)》第 11 条规定:"一方当事人故意制造涉外民事关系的连结点,规避中华人民共和国法律、行政法规的强制性规定的,人民法院应认定为不发生适用外国法律的效力。"该条款为法律规避制度在我国现行有效的唯一规定。除了前述已生效规则之外,2000 年中国私法学会编纂的《国际私法示范法》第 13 条及第 131 条均规定了法律规避规则;2002 年《中华人民共和国民法(草案)》第九编第 61 条第一次对涉及缔结婚姻领域的法律规避作出规定,但该条款最终并未产生法律效力。法律规避在我国立法中的曲折经历亦体现了该制度存续之必要性在理论界与学术界长期具有争议。

"直接适用的法"在我国立法中出现较晚,2011 年的《法律适用法》第 4 条是我国首次立法确立了国际私法中的"直接适用的法"制度。[20] 随后最高院出台的《若干问题的解释(一)》第 10 条又对"直接适用的法"所适用的情形做出不完全列举式规定。[21] 如前文所述,我国 2011 年的立法规定采取宽泛的客观标准,仅规定涉外民事关系的强制性规定可直接适用于涉外民事关系中。一年后最高院出台的司法解释则兼采客观标准及主观标准,为该类强制性规定加上了"涉及社会公共利益"的限定,以限缩司法实践中对"直接适用的法"的过度适用。自此,"直接适用的法"在我国的立法实践层面已得到很大突破和完善。

(二)法律规避与"直接适用的法"在我国的司法实践

2010 年《法律适用法》刚出台之时,我国法院对于《法律适用法》第 4 条"直接适用的法"的适用存在一些问题,尤其表现于法院误将冲突规范作为

---

[20] 2011 年《中华人民共和国涉外民事关系法律适用法》第 4 条:"中华人民共和国法律对涉外民事关系有强制性规定的,直接适用该强制性规定。"

[21] 2013 年《最高人民法院关于适用〈中华人民共和国涉外民事关系法律适用法〉若干问题的解释(一)》第 10 条:"有下列情形之一,涉及中华人民共和国社会公共利益、当事人不能通过约定排除适用、无需通过冲突规范指引而直接适用于涉外民事关系的法律、行政法规的规定,人民法院应当认定为涉外民事关系法律适用法第四条规定的强制性规定:(一)涉及劳动者权益保护的;(二)涉及食品或公共卫生安全的;(三)涉及环境安全的;(四)涉及外汇管制等金融安全的;(五)涉及反垄断、反倾销的;(六)应当认定为强制性规定的其他情形。"

"直接适用的法"来适用的判决。[22] 但随着《若干问题的解释（一）》第 10 条的颁布以及最高院民四庭的多次答疑，我国司法实践中对于《法律适用法》第 4 条的适用日趋严谨和谨慎。根据笔者在裁判文书网对截至 2021 年 12 月 1 日我国依照《法律适用法》第 4 条作出判决的 124 个案例的检索与梳理发现，在不考虑将单边冲突规范作为"直接适用的法"适用等明显的错误情形，我国法院目前适用《法律适用法》第 4 条的案件均集中于外汇管制、对外担保以及劳动者权益保护等《若干问题的解释（一）》第 10 条明确列举的情形，尚未发现有超出《若干问题的解释（一）》第 10 条所列举的五种强制性规定之外的案例。

就法律规避在我国的司法实践情况而言，在《法律适用法》出台以前，由于我国尚未确立"直接适用的法"制度，我国司法实践中不乏法律规避制度的身影，且内容几乎均为内地当事人向位于香港的金融机构提供外汇担保或向其外汇借款，当事人约定适用香港法，触犯了内地对于外汇担保或借款须经国家批准和登记的强制性规定。[23] 这类案件的确是典型的应适用"直接适用的法"的案件，尤其在 2013 年《若干问题的解释（一）》生效后及最高人民法院民事审判第四庭庭长刘贵祥在《关于涉外商事审判机制与法律适用的几个问题》作出了有关答复后，已就常见的涉及外汇、对外担保、证券等问题适用《涉外民事法律适用法》第 4 条"直接适用的法制度"统一了口径，法律规避规则在该类案件中已无适用必要。[24] 因而，部分学者由此得出了法律规避制度在当代国际私法上的价值有限这一结论。但经笔者

---

[22] 例如，(2011)广海法初字第 373 号杨某与钟某、王某、古某人身损害责任纠纷案、(2012)豫法民三终字第 00126 号董桂琴与励明股权转让纠纷案件等。
[23] 参见许庆坤：《我国法律规避制度：流变、适用及趋向》，载《华东政法大学学报》2014 年第 4 期。
[24] 刘贵祥在《关于涉外商事审判机制与法律适用的几个问题》中明确指出："对外担保须经外汇管理部门审批的管理制度没有发生变化，故对外担保未经审批应认定无效的司法态度亦没有改变。应当注意的是，在当事人约定对外担保适用外国法或我国其他法域的法律时，过去我们在裁判中往往以当事人的约定违反我国公共政策或系法律规避为由而适用中国法律，并认定担保无效，对此裁判理由受到许多学者的批评。在涉外民事关系法律适用法实施后，给我们处理类似情况提供了直接的法律依据，即该法第 4 条规定：'中华人民共和国法律对涉外民事关系有强制规定的，直接适用该强制性规定。'依据该规定，可以排除当事人关于准据法的约定的适用，而直接适用我国的外汇管理条例的规定，认定担保无效。"

在裁判文书网的检索发现,在2013年《若干问题的解释(一)》生效后,已出现在外汇担保等问题之外法官适用《若干问题的解释(一)》第11条的法律规避制度作为判案依据的案例,这些案件所涉及的法律关系不属于《若干问题的解释(一)》列举的情形,亦未达到涉及社会公共利益的高度,从而显现出法律规避规则在我国司法实践中的适用价值。

案例一:故意制造婚姻关系连结点所对应的事实规避我国夫妻关系存续期间债务承担规定

2014年,新疆维吾尔自治区高级人民法院生产建设兵团分院在新疆芳婷针纺织有限责任公司与上海大龙制衣有限公司借款合同纠纷案(以下简称"芳婷针纺织案")的执行复议裁定书中适用了法律规避制度。㉕由于执行裁决书中对案情信息的描述极为有限,笔者大致梳理案情如下:在该案中,申请复议人陆晓波(美籍华人)就(2014)兵十二执异字第4号执行裁定书提出执行复议申请,对法院裁定就其丈夫洪小龙(美籍华人)的个人债务执行夫妻共同财产提出异议。其认为,法院查封的属于陆晓波名下的三套房屋中,其中两套是陆晓波的婚前财产,已于1997年在美国内达华州与洪小龙结婚时确定于二人所签的婚前协议中;第三套尽管是夫妻关系存续期间所得,但由于二人于2009年在美国纽约离婚时约定该房屋属陆晓波所有,且明确约定洪小龙的债务由其个人承担,与陆晓波无关。该婚前协议及离婚协议均于2011年经中国驻纽约领事馆进行公证认证。法院认为:"《中华人民共和国涉外法律关系适用法》第三十六条规定:不动产物权适用不动产所在地法律。《最高人民法院关于适用〈中华人民共和国涉外法律关系适用法〉若干问题的解释(一)第11条规定:一方当事人故意制造涉外民事关系的连结点,规避中华人民共和国法律、行政法规的强制性规定的,人民法院应认定为不发生适用外国法律的效力。该案被执行人洪小龙、陆晓波对在国内开办公司的债务未清理的情

㉕ 新疆维吾尔自治区高级人民法院生产建设兵团分院在新疆芳婷针纺织有限责任公司与上海大龙制衣有限公司借款合同纠纷案的执行复议裁定书(2014)新兵执复字第00006号。

况下,以在国外公证的形式,对国内的不动产进行处置,属规避执行的行为,执行法院适用中华人民共和国有关夫妻关系存续期间债务承担的法律规定于法有据。"

需要注意的是,该裁定本身可能存在争议。例如,夫妻协议离婚后,夫妻存续期间不动产的归属应适用《法律适用法》第 24 条"夫妻财产关系,当事人可以协议选择适用一方当事人经常居所地法律、国籍国法律或者主要财产所在地法律。当事人没有选择的,适用共同经常居所地法律;没有共同经常居所地的,适用共同国籍国法律",还是适用第 36 条的不动产所在地法律在我国司法实践中仍尚无定论,但如确定适用第 36 条"不动产物权适用不动产所在地法律",则无需判断当事人是否具有法律规避行为直接适用中国法律即可;再例如,由于案件信息有限,笔者无法得知当事人的美籍华人身份是在债务发生之前取得还是债务发生之后取得,如在债务发生之前即取得,则可能难以证明当事人"故意改变或制造连结点"所对应的事实的行为。但假设,该案件中夫妻双方本为中国国籍,因债务发生后立即改变国籍,并在国外完成了协议离婚及财产分割,企图根据《法律适用法》第 24 条选择适用国籍国法律为理由规避我国《婚姻法》第 24 条"离婚时,原为夫妻共同生活所负的债务,应当共同偿还。共同财产不足清偿的,或财产归各自所有的,由双方协议清偿;协议不成时,由人民法院判决"的有关规定,以便转移财产、逃避债务、使第三人遭受严重损失,这种情况下,法院以法律规避为由裁决仍应根据中国法由夫妻双方共同偿还债务是必要且合理的。

案例二:故意制造股东权利连结点所对应的事实规避我国公司人格混同及股东责任承担的规定

2018 年东科翔电子科技有限公司与河源市琦泓通信技术有限公司、河源市盈丰电子科技有限公司承揽合同纠纷(以下简称"东科翔电子案")中法院同样适用了法律规避原则。该案中原告东科翔电子请求法院依据我国《最高人民法院关于适用〈中华人民共和国公司法〉若干问题的规定

(三)》第13条㉕有关未全面履行出资义务的股东责任以及《公司法》第63条有关在财产混同的情况下否认公司人格的规定,要求债务人河源市琦泓通信技术有限公司的股东泓豐公司及原股东好创力科技有限公司(以下简称"好创力")在1653.24万元范围内对债务承担补充赔偿责任,并基于财产混同要求泓豐公司唯一股东柏某及好创力的唯一股东王某承担连带责任。柏某及王某以泓豐公司及好创力为注册地位于香港的公司,对于该等公司是否存在财产混同或者人格否认应当适用香港法律法规来认定为由作出抗辩,但惠州市大亚湾经济技术开发区人民法院认为,从好创力及泓豐公司设立的时间及注册资本来看,被告王某及柏某设立好创力公司的目的即为通过创造涉外连结点所对应的事实(即,将公司注册地设置在境外)规避其在财产混同情况下的股东连带责任,为好创力及泓豐公司的国内债权人主张权利设置涉外因素及法律适用的障碍,属于法律规避行为。因此,法院根据《若干问题的解释(一)》第11条的规定认为,对好创力公司及泓豐公司股东权利义务的法律适用应当认定为不发生适用香港法律的效力,应根据《中华人民共和国公司法》第63条的规定,在王某、柏某未能证明其财产与好创力及泓豐公司的财产相互独立情况下对公司债务承担连带责任。

由于香港地区法律体系为普通法法系,对于股东在何种情形下应对公司承担连带责任的法律规定应参考判例法规则。我国法院在查明香港法下对规制该问题法律规则的司法实践亦产生不同的结论。例如2017年,马格内梯克控制系统(上海)有限公司、懋拓自动化控制系统(上海)有限公司等与施慧玲侵害商业秘密纠纷二审判决书中,上海知识产权法院通过委托华东政法大学外国法查明中心总结出香港法下适用"揭开公司面纱"原

㉕ 《中华人民共和国公司法》第63条规定:"一人有限责任公司的股东不能证明公司财产独立于股东自己的财产的,应当对公司债务承担连带责任。"《最高人民法院关于适用〈中华人民共和国公司法〉若干问题的规定(三)》第13条规定:"公司债权人请求未履行或者未全面履行出资义务的股东在未出资本息范围内对公司债务不能清偿的部分承担补充赔偿责任的,人民法院应予支持。"

则的三个条件;㉗而 2019 年在七盛科技香港有限公司、深圳市力士康电子科技有限公司买卖合同纠纷一审判决书中,深圳前海合作区人民法院认为香港判例法只在两种情形下股东应对公司债务承担连带责任。㉘由此可见,对于东科翔电子案的审理法院而言,仅查明香港法对于股东责任的规定便困难重重。更为重要的是,与我国内地公司法更强调安全价值有所不同,香港公司法以自由价值为首要目标,兼顾效益、公平和安全,因此香港法下否认公司法人人格的情形极为有限。㉙在这种情况下,极有可能出现难以认定东科翔电子案中的王某、柏某依据香港法应承担连带责任的情形,从而使得原告无法获得应有赔偿。同样,由于案件信息有限,笔者无法得知好创力及泓豐公司设立的具体时间、从事业务等其他相关信息,但如能证明两名被告在香港注册公司的行为与逃避债务的目的具有关联,那么法院以法律规避为由认为仍应根据中国法判定由两名股东承担连带责任亦具有必要性及合理性。

㉗ 即(1)股东对公司拥有完全控制权;(2)股东具有利用该公司的独立法律人格将该公司作为工具或外壳进行欺诈、规避法律等违法行为的恶意,该主观恶意需通过香港公司是否从事过除本案之外的其他正常的经营活动及诉讼程序开始后公司股东是否有转移公司财产的行为来核查;及(3)如公司本身的财产已经足以赔偿损失,或通过其他救济方式可以弥补损失,则仍应坚持公司法律人格独立。根据香港法,对于该主观恶意的审查标准包括:香港公司自成立至今,是否从事过除本案之外的其他正常的经营活动;2. 诉讼程序开始后,公司股东是否有转移公司财产的行为。参见马格内梯克控制系统(上海)有限公司、懋拓自动化控制系统(上海)有限公司等与施慧玲侵害商业秘密纠纷二审(2017)沪 73 民终 248 号判决书。

㉘ 这两种情形为:(1)股东明确表示自愿代为偿还公司的债务;(2)股东滥用公司身份或利用公司名义进行欺诈等非法行为,法院可"揭开公司面纱",直接追究股东的责任。参见七盛科技香港有限公司、深圳市力士康电子科技有限公司买卖合同纠纷一审(2019)粤 0391 民初 4084 号判决书。

㉙ 我国内地法律实践中判断股东是否存在滥用行为的重点逐渐走向检视是否构成"人格混同""过度支配与控制"和"资本显著不足",而香港没有关于否定一人有限责任公司人格的特殊规定,而是更重视分析行为人的意图,重点审视案涉股东是否为逃避债务、突破限制等做出欺诈、隐瞒行为。由此可见,香港对于"揭开公司面纱"的审查标准远高于我国内地相关规定。参见郑华:《香港法下的公司人格否认制度——以内地法院查明为视角》,北京观韬中茂律师事务所,2021 年 12 月 15 日。

三、我国国际私法中法律规避与"直接适用的法"的关系:"相配适"而非"被取代"

根据支持法律规避废除的部分学者观点,如法律规避的作用可以通过扩张适用"直接适用的法"来替代实现,从我国的实践角度来看势必会通过对"强制性规定"进行扩大解释的方法,将诸如前述案件中与婚姻家庭、股东责任有关的纯私法领域的强制性规定均归属于《若干问题的解释(一)》第 10 条第(六)项"应当认定为强制性规定的其他情形"加以适用。笔者认为这种方法实为不妥。尽管我国立法中在描述"直接适用的法"与法律规避制度时都使用了"强制性规定"这一措辞,但笔者认为这二者之间并不是涵盖与被涵盖、取代与被取代的关系,而应是一种相配适的关系。

首先,"直接适用的法"与法律规避的制度设计起源不同,二者旨在保护不同法益。如前文所述,"直接适用的法"最初是由法国学者弗朗西斯卡基斯提出。该学者在提出这一概念后在实际研究中更倾向于使用"警察法"来代替"直接适用的法"的称谓。而根据法国《民法典》产生之初的有关术语界定,"警察法"是指行政法、"治安法"是指刑法,由此可以推断,弗朗西斯卡基斯最初所设想的"直接适用的法"应是以刑法、行政法等公法为主,后随着国家干预涉外民商事事项的增多将其延伸至如经济法、劳动法、环境法等"介于公法和私法之间"的混合法律规范。[30] 韩德培教授亦有类似观点,他认为:"直接适用的外国法,大部分多少具有公法的性质。"[31] 此外,从前文所述"直接适用的法"理论诞生之背景亦可看出,其设计之初旨在保护法院地国视为至关重要的社会公共利益。恰因该等公共利益至关重要,法院地国甚至为此提出了在涉外民事关系中也必须强制适用其所制定的保护这类公共利益的本国法律规范之诉求。相对应的,法律规避制度的设

---

[30] 参见杨华:《直接适用的法的理论与实践》,湖南师范大学 2016 年博士学位论文,第 40 页。
[31] 韩德培:《国际私法的晚近发展趋势》,载《韩德培文集(上)》,武汉大学出版社 2007 年版,第 58 页。

立源于一个离婚案件,其诞生之初便是以防范法院地国有关婚姻家庭等私法领域的法律被规避现象为目标,旨在保护涉外民商事关系的当事人利用国际私法中的冲突规范故意制造连结点所对应的事实规避相关法律从而使自己获利、他人受损的情形。基于此,有别于"直接适用的法",法律规避中当事人企图排除适用的强制性规定应主要涉及婚姻、家庭、身份等纯粹的私法领域。

其次,由于"直接适用的法"与法律规避旨在保护不同法益,二者具有不同的构成要件。如前文所述,"直接适用的法"是可以调整涉外关系的涉及一国的政治、经济、社会等重大利益方面的具有强制性效力的内国法,以涉及公共利益为前提。而法律规避制度中当事人所规避的强制性规定未必涉及对公共利益的保护,对每一个涉外案件都强制适用该类规则显然有悖国际私法精神,因此,法律规避额外增加了主观故意的构成要件。尽管主观故意在实践中较难证明,但因为法律规避所适用的案件并非涉及社会公共利益,排除外国法适用的紧迫性不强,即使在主观故意难以证明的案件中法官决定适用外国法也并不会造成重大影响。反之,如任意将"直接适用的法"的适用范围扩大至婚姻家庭等私法领域,且没有任何主观故意要件的限制,可能会发生法官任意在涉外民事关系中直接适用我国婚姻家庭法中强制性规定的后果;如法官根据不同案件的实际情况,在 A 案件中强制适用了我国婚姻家庭领域的某项强制性规定,又在 B 案件中没有适用该强制性规定,又存在与"直接适用的法"的原则与精神不符之嫌。

第三,法律规避制度在当今中国已有其司法实践上的迫切需求。尽管根据《若干问题的解释(一)》以及最高院对几个问题的统一口径,司法实践中原适用法律规避的涉及外汇、对外担保等问题的案件现适用《涉外民事法律适用法》第 4 条"直接适用的法"已无争议,但如前文所列举的,司法实践中已出现就夫妻财产关系、股东责任认定问题适用法律规避制度的相关涉外案例,法律规避制度在我国已具有重要的实践价值。近年来,我国大力倡导"一带一路"建设、积极推动自贸区政策落地,对与相关国家进行贸易与投资往来给予极大支持,为相关人员的流动及资金的进出境提供了宽松的政策环境。可以预料,在人民的财富积累日益增多以及人员、资金、资源的境内外流动愈加便利的今天,类似"芳婷针纺织案""东科翔电子案"中当事人通过改变国籍、公司注册地或其他连结点所对应的事实转移境内财产、逃避境内债务的案件会越来越多。尤其值得注意的是,通过我国司法实践中多次查明香港法下股东连带责任之现状可以推断,诸如"东科翔电子案"中我国当事人通过在香港设立公司间接持有内地公司股权、随后就债务承担产生纠纷的案件不在少数,而我国《公司法》第 63 条规定的财产混同情况下股东连带责任的规定旨在保护公司债权人利益,并未达到保护社会公共利益的高度,将其认定为"直接适用的法"属实不妥。但如发生当事人恰为逃避债务而通过在香港设立一人有限公司间接持有境内公司股权,而当事人的行为又未满足"揭开公司面纱"的香港法要件,境内公司债权人的权益就此受损。在这种情况下,法律规避制度毋庸置疑应为我国当前国际私法中解决该类问题的一枚利器。

第四,继续保留法律规避制度不违背我国《法律适用法》的立法精神,相反是在为其服务。对法律规避持批判态度的学者提出,法律规避制度与我国当前《法律适用法》中遍布的当事人意思自治原则相互掣肘,与立法者"当事人的事尽量交给当事人办"的精神相违背。② 笔者认为,法律规避行为不仅限于已形成的涉外民事关系中的当事人改变或制造连结点所对应的事实使本应适用中国法改为适用外国法律的情形,还包括本为纯粹的国内民事关系而当事人通过制造某连结点所对应的事实使其变为涉外民事关系的情形。在第二种情形下,赋予当事人自由选择适用法律的权利更为当事人通过制造涉外连结点所对应的事实以及自由合意选择的法律而规避我国强制性规定提供了便利。此外,尽管"当事人的事尽量交给当事人办"是当下《法律适用法》的立法精神,但对第三人利益加以保护也同样应属于立法中需考虑的重要问题。因此,正因为《法律适用法》中存在于大量允许当事人意思自治的规定,法律规避制度更应当被保留作为避免当事人

---

② 许庆坤:《国际私法中的法律规避制度:再生还是消亡》,载《法学研究》2013 年第 5 期。

因故意制造涉外连结点之事实从而拥有得以选择适用外国法律之权利,但规避了我国相关强制性法律使第三方受损的"安全阀"。

第五,法律规避制度并未被外国立法所摒弃。部分学者反对保留法律规避制度的另一个理由是,法律规避制度已逐渐淡出各国国际私法的立法及司法实践中,目前仍保留法律规避制度的只有包括比利时、葡萄牙、突尼斯在内的大陆法系之法国支系国家以及包括罗马尼亚、白俄罗斯在内的原社会主义国家。西方发达国家,特别是法律规避诞生地法国都已废除了这一制度。[33] 笔者认为,该表述是不准确的。除前述大陆法系之法国支系国家以及原社会主义国家之外,部分英美法系国家,如加拿大,在判例中明确认可了法律规避制度在该国的适用。加拿大冲突法学者泰特利(W. Tetley)在其文章中介绍了加拿大的法律规避制度,该制度的具体阐述为:"如果当事人的意图适用其选择的法律只是为了规避与交易有实质且真实联系的法律体系中的强制性规定,法院不得使该选择法律生效。必须确立该法律的选择是出于合适目的。"[34]需要注意的是,我国的法律规定中只是规定了当事人通过制造或改变连结点所对应的事实规避我国强制性法律的情形,而加拿大的法律规避制度则更进一步,是对当事人在合同中选择法律时故意排除具有实质联系国的强制性法律的情形排除适用其所选择法律,这是法律规避制度更宽泛的、深层次的应用。此外,尽管部分欧盟国家未将法律规避制度制定于成文法中,但在司法实践中仍然将其作为一项机制适用。欧盟 2012 年颁布的《欧洲议会和欧盟理事会关于继承问题的管辖权、法律适用、判决的承认与执行和公文书的接受与执行以及创建欧洲继承证书的欧盟第 650/2012 号条例》(下文简称《欧盟涉外继承条例》)序言(26)就明确表示:"本条例并不阻止法院适用其有关防范逃避法

---

[33] 许庆坤:《国际私法中的法律规避制度:再生还是消亡》。
[34] William. Tetley, Évasion/Fraude à la loi and Avoidance of the Law, *McGill LJ* 39 (1993): p. 316.

律的机制,例如国际私法上的法律规避制度。"[35]值得一提的是,加拿大学者泰特利在其文章中明确表达了支持保留法律规避制度的观点,即在很多国家,法律规避事实上在通过公共秩序保留、"直接适用的法"、政府利益分析等方法间接实践着,应当改变这些变相禁止的方式为公开、直接地承认法律规避制度。[36]

综上,笔者认为,尽管"直接适用的法"与法律规避都会导致适用我国强制性规定的结果,但二者之间不是取代与被取代的关系,而应是相配适的关系。徐崇利教授称二者间具有确保"国内意义上的强制性规则"与"国际意义上的强制性规则"适用的区别。[37] 笔者理解,徐崇利教授的界定旨在区分不得由当事人减损的合同法强制性规范以及不得由冲突规范指引或当事人合意选择排除的冲突法强制性规范,[38]但该种区分方式仍仅强调了其在客观标准中的不同,并未明确两种强制性规则在实体内容中的区别。因此,笔者认为将二者间的区别界定为确保"半公法性质的强制性规则"与"纯粹私法性质的强制性规则"的适用似乎更便于理解。由于纯粹私法性质的强制性规则并不涉及社会公共利益的保护,其在排除外国法的适用时须尤其严格,当事人的主观故意要件及本人获利、他人受损的客观要件应为必须,这也是法律规避制度得以保留存续的意义所在。

---

[35] Regulation (Eu) No 650/2012 of the European Parliament And Of The Council of 4 July 2012 on jurisdiction, applicable law, recognition and enforcement of decisions and acceptance and enforcement of authentic instruments in matters of succession and on the creation of a European Certificate of Succession, Recital 26.

[36] William Tetley, Évasion/Fraude à la loi and Avoidance of the Law, *McGill LJ* 39 (1993): p. 316.

[37] 徐崇利:《法律规避制度可否缺位于中国冲突法?——从与强制性规则适用制度之关系的角度分析》,载《清华法学》2011年第6期。

[38] 为避免混淆,《罗马条例Ⅰ》中将二者重新命名为"不得通过协议减损的条款"(provisions that cannot be derogated from by agreement)以及"优先适用的强制性条款"(overriding mandatory provisions)。

四、我国法律规避制度存在的问题及完善路径

(一)我国法律规避制度应独立存续并规定于法律之中

法律规避制度未在我国《法律适用法》中规定,却在一年后被规定于《法律适用法》的司法解释中,该现象亦引发了理论界与实务界的争议。部分学者认为,这一未经立法便出现于司法解释的现象具有司法解释超越法律规定范围的僭越之嫌,在法理上应被认定为无效。[39] 但从另一角度,法律规避亦可理解为对《法律适用法》第 5 条公共秩序保留条款的进一步解释。例如,徐崇利教授便指出,鉴于法律规避制度应被我国全面承认,而该制度在我国冲突法立法中已缺漏的情况下,可通过对《法律适用法》中公共秩序保留条款的解释将法律规避情形纳入该条款的适用范围。[40] 在国际上,也不乏将法律规避机制作为公共秩序保留之一种情形的司法实践。[41] 但笔者认为,这只是法律规避尚未在我国法律中规定之情况下的权宜之计,法律规避制度亦不应被公共秩序保留所彻底取代。

首先,从制度所保护的法益来看,公共秩序保留与"直接适用的法"类似,均旨在保护我国的社会公共利益,但法律规避除了具有维护公共秩序的功能之外还兼具保护第三人利益的功能,而后者实为法律规避应独立于公共秩序保留、"直接适用的法"制度的主要原因之一。更为重要的是,从实践角度看,公共秩序保留承担着国家法律最后保障的任务,各国对该制度的适用都极为谨慎。必须承认的是,公共秩序保留具有比"直接适用的法"更为强大的"威力":由于公共秩序并不局限于一国成文法,其内涵与外延无明确规定,法院地国实际上可以"公共秩序保留"为由,依其自由裁量权拒绝任何一国的任何一项规则的适用。为避免该制度被滥用,部分国家

---

[39] 马海明:《中国禁止法律规避制度的困境与重构》,载《法学杂志》2017 年第 4 期。
[40] 徐崇利:《法律规避制度可否缺位于中国冲突法?——从与强制性规则适用制度之关系的角度分析》。
[41] 例如,英国法院通常以公共政策保留为由阻止当事人对英国强制性规则规避的行为。A. J. E. Jaffey, *Introduction to the Conflict of Laws*, London: Butterworths, 1988, p. 157.

甚至设立了"报复"制度。[42] 基于此,公共秩序保留在我国也一直处于消极防御的维度。[43] 此外,公共秩序保留制度并不是只在冲突法领域存在,在涉及国际/区际司法协助、承认与执行外国判决及仲裁裁决的规定中,都设有公共秩序(或称公共政策)保留这一保护我国核心利益及法律价值的"兜底规则"。最高院在针对涉外仲裁裁决执行问题的回复中曾多次表达其对公共秩序保留使用的谨慎态度与立场:"公共政策担负着维护国家根本法律秩序的功能",[44]仅在"侵犯了中国的司法主权和中国法院的司法管辖权"的情况下可以援引公共政策,[45]"违反中国法律的强制性规定不能完全等同于违反中国的公共政策"。[46] 鉴于公共秩序保留是一项不轻易使用的"兜底规则",笔者认为,保留法律规避以承担公共秩序保留的部分功能不失为现阶段一种明智的选择。相反,法律规避的废除势必会带来冲突法领域公共秩序保留的频繁使用,从而同时降低我国在国际/区际司法协助、承认与执行外国判决及仲裁裁决方面对于公共政策的使用标准,对我国国际私法的发展产生不利影响。

目前,我国法院在适用法律规避制度时均避开《法律适用法》第 5 条公共秩序保留规则而直接援引《若干问题的解释(一)》第 11 条,确有司法解释超越法律规定范围的僭越之嫌。因此,将法律规避制度规定于法律之中应为该制度在我国落地的理想路径。

(二)我国法律规避制度立法表述有待修正

法律规避制度在我国还存在不严谨的立法表述问题,亦备受诟病。首先,《若干问题的解释(一)》第 11 条将法律规避的主体限定为"一方当事

---

[42] 邹国勇:《外国国际私法立法精选》,中国政法大学出版社 2011 年版,第 29、39、59 页。
[43] 参见肖永平、龙威狄:《论中国国际私法中的强制性规范》,载《中国社会科学》2012 年第 10 期。
[44] 参见《最高人民法院民事审判第四庭关于能否裁定不予执行(2003)贸仲裁字第 0138 号仲裁裁决的请示的答复》([2005]民四他字第 45 号)。
[45] 参见《最高人民法院关于不予承认和执行国际商会仲裁院仲裁裁决的请示的复函》([2008]民四他字第 11 号)。
[46] 参见《最高人民法院关于 ED&F 曼氏(香港)有限公司申请承认和执行伦敦糖业协会仲裁裁决案的复函》([2003]民四他字第 3 号)。

人",但在实践中,法律规避所涉及的案件多为双方或多方当事人合意串通、损害第三人利益的情形。例如前文所描述的"芳婷针纺织案"就是夫妻双方共同选择夫妻财产关系受美国法规制,从而实现对我国夫妻存续期间债务承担规定的规避。第二,条文中"制造连结点"的表述亦令人产生怀疑,[47]因为在国际私法理论中,"连结点"通常特指诸如侵权行为地、法院地、国籍、住所等将某一生活关系(连接对象)与某一国家的法律(准据法)连接起来的客观因素。当事人对于冲突规范连结点本身是无法制造或改变的,其能制造的仅为冲突规范连结点所指引的具体事实。因此,将《若干问题的解释(一)》第11条修改为"制造连结点所对应的具体事实"更为合适、严谨。

五、结语

诚然,我国的法律规避制度目前还存在很多问题。但是,瑕不掩瑜,亟待被修改不等同于应当被废除。法律规避作为自诞生起已存在近200年的重要制度,从创立至存续均有其重要意义。一方面,我国社会主义法律体系仍处于完善进程中;另一方面,随着我国对外开放的不断深入,我国国民与资金的境内外流动加剧,跨境政策、设施、贸易、资金的流通与畅通亦为企图从各国、各地区间法律规定差异的漏洞中牟利的一部分群体提供了可乘之机。相信通过对这一制度更为严谨合理的修改,法律规避制度可以更有效地阻挡企图利用我国冲突法之"漏洞"获利的恶意行为,为我国继续推进高水平对外开放提供重要的涉外法治保障。

---

[47] 参见孟宪伟:《法律规避的两个问题》,载《法学杂志》1999年第5期;周江:《国际私法中法律规避问题的再思考》,载《法律科学(西北政法学院学报)》2007年第4期。

论我国民商事群体性纠纷示范诉讼程序再造
——基于842份示范诉讼裁判文书的实证分析

李丹丹　王晗莉*

内容摘要: 示范诉讼具备公正高效化解民商事群体性纠纷的功能,已在不少法院铺开适用,但运行中仍存在顶层规则阙如、程序运行失范、效果不尽如人意等问题,有必要对示范诉讼进行程序再造。示范诉讼程序设计要坚持形式正义、程序正义与实体正义并重,当事人程序处分权与法院诉讼指挥权之间平衡,司法公正与诉讼经济有机结合的价值取向,充分发挥公平秤、平衡器、减压阀、过滤网四个维度功能。

关键词: 示范诉讼　群体性纠纷　示范判决

示范诉讼,是指对同类型的批量群体性纠纷案件,法院依职权或当事人申请,先行选取一个或数个具有示范意义的案件审理,作出示范判决、示范调解方案后,对等候处理的其他案件(平行案件)或后续同类纠纷参照示范判决或调解进行统一处理的制度,具备实现诉讼经济、统一裁判尺度、践行程序自治的独特价值优势。最高人民法院自2016年始陆续出台了《关于进一步推进案件繁简分流 优化司法资源配置的若干意见》等多个审判业务文件,规定实行示范诉讼,各地法院随之铺开适用。然而,立法层面具体

---

* 李丹丹、王晗莉,绍兴市中级人民法院法官。

程序设计的阙如导致示范诉讼实务操作的无序失范。如何确定民商事群体性纠纷示范诉讼的适用范围、如何启动示范诉讼、如何保障示范诉讼公正高效审理,均成为亟待关注和回应的现实问题。本文通过对裁判样本实证分析,聚焦示范诉讼现状,探究实践困境原因,重塑程序价值定位,以期对示范诉讼程序的规范化再造有所裨益。

一、现状管窥:示范诉讼司法实践的运行困境

不少法院出台了示范诉讼审判业务文件。本文综合考量各法院案件体量、当地经济社会发展水平、示范诉讼实施时间等因素,选取《青海省基层人民法院一审民事行政案件示范诉讼试点办法》①、《上海金融法院关于证券纠纷示范判决机制的规定》②、《杭州市中级人民法院关于证券期货纠纷示范判决机制的指导意见》③、《深圳市中级人民法院关于依法化解群体性证券侵权民事纠纷的程序指引》④四份审判业务文件为研究对象。同时,2021 年 6 月 1 日通过点击法信平台"类案检索"板块,全文内容中关键词设定为"示范判决""示范诉讼",在搜索到的裁判文书中选取有代表意义的五批系列案 842 份示范诉讼裁判文书⑤为样本进行研究。通过对上述样本进行梳理检视,发现示范诉讼在司法实践中呈现出以下特点:

第一,适用范围小。2016 年 9 月最高法院规定示范诉讼以来,一些法

---

① 2018 年 1 月出台的《青海省基层人民法院一审民事行政案件示范诉讼试点办法》,载 https://www.163.com/dy/article/E9JSIDUI0514IHVL.html,2021 年 6 月 5 日访问。
② 2019 年 1 月出台的《上海金融法院关于证券纠纷示范判决机制的规定》,载 https://www.sohu.com/a/311531431_99911653,2021 年 6 月 5 日访问。
③ 2019 年 10 月出台的《杭州市中级人民法院关于证券期货纠纷示范判决机制的指导意见》,载 https://www.sohu.com/a/349554648_696963,2021 年 6 月 5 日访问。
④ 2020 年 4 月出台的《深圳市中级人民法院关于依法化解群体性证券侵权民事纠纷的程序指引》,载 https://www.thepaper.cn/newsDetail_forward_7115593,2021 年 6 月 5 日访问。
⑤ 包括上海普天公司证券虚假陈述责任纠纷系列案裁判文书 83 份、青海和记公司委托合同纠纷系列案裁判文书 207 份、浙江祥源公司证券虚假陈述责任纠纷系列案裁判文书 421 份、河北恒润公司房屋拆迁安置补偿合同纠纷系列案裁判文书 96 份、南京同曦公司房屋租赁合同纠纷系列案裁判文书 35 份。

院付诸实践,然而法信网上检索到的民商事示范诉讼案件数量不足万件,即便加上调撤案件数量,总量与近几年民商事案件收案量几千万件相比,可谓九牛一毛,且多集中于上海、广东、浙江、江苏等地区,地域开展不均衡。已出台的示范诉讼业务文件适用范围多局限于收案量不多的证券期货纠纷,导致收案比重更大的劳动争议、商品房预售合同纠纷等群体性纠纷适用示范诉讼的空间有限。

第二,程序运行良莠不齐。出台了示范诉讼文件的法院程序运行较为规范,四份样本中,除了青海省示范诉讼试点办法程序设计较为粗糙,其他三份涉证券纠纷示范诉讼文件程序设计臻于完善,对适用范围、示范案件启动和选定、审理程序、当事人告知义务等诉讼全流程均进行了详细规定,保证实务操作规范。未出台示范诉讼文件的法院程序运行则较为随意无序,例如,随意选择示范案件,未向当事人说明选择示范案件的理由,未告知平行案件当事人可旁听示范案件、提出异议的权利,一审法院确定的示范案件上诉后、二审法院未采用示范诉讼而是作为普通案件审理,等等。

第三,审理周期相去悬殊。样本中的示范案件均历经一审、二审,除了同曦公司示范案件审理周期为 8 个月,其余示范案件审理周期均超过 12 个月,普天公司示范案件中因需对投资者投资差额损失进行司法鉴定,历时近 20 个月,导致整批系列案审判质效低下,也易引发当事人对公正的质疑。受示范判决指引,平行案件处理时间较短,只有 20% 左右平行案件当事人提起上诉,除涉及鉴定和二审以外,一般平行案件不到 3 个月审结,部分不开庭书面审理的平行案件不到一个月就审结,审理周期明显缩短,审判效率大大提升。

第四,文书制作繁简不一。有的示范判决通篇未表明系示范案件,且说理不透彻,不利于发挥示范效应。部分平行案件判决书内容繁琐,和记公司平行案件判决书中与示范案件不同的事实和理由部分只有 1000 多字,却把示范案件一、二审和再审所查明事实、裁判理由和结果原封不动引入,每份判决书高达 1 万字左右;⑥还有的平行案件判决书将示范判决作为附件附录其后,同样繁冗。反之,普天公司系列案示范判决有 2 万多字,平行案件判决书对示范判决所认定的共通事实和法律适用标准不再赘述,判决书仅 1000 多字,裁判文书十分精简。

二、问题反思:示范诉讼实践困境的成因探析

上述示范诉讼司法实践中问题的产生,杂糅着主观原因和客观原因,下文从不同角度深入剖析。

(一)参差不齐:顶层规则阙如不能满足司法实践需求

示范诉讼制度在我国民事诉讼法中尚属空白,最高人民法院发布的相关示范诉讼审判业务文件仅原则性规定实行示范诉讼制度,普遍停留在倡导探索层面,对于具体程序缺乏制度设计。顶层规则阙如导致各地法院在制度探索中缺乏明确规则指引,各行其是,程序设计迥异,效果参差不齐,造成司法样态混乱,既消减法的规范作用,又不利于司法程序与裁判结果的统一。

(二)众口难调:示范诉讼契约难达成

出于民事争议解决双方纠纷的特征,加大当事人合意行为对民事纠纷解决程序和方式的影响,突出民事法律主体的自治性和主体性,民事诉讼契约化是民事诉讼发展的必然趋势。⑦ 诉讼契约是指以产生诉讼法上的效果为直接目的的当事人之间的合意。⑧ 为充分保障当事人程序选择和处分权,两大法系都规定了契约型示范诉讼,当事人可以自主达成选定示范案

---

⑥ 参见青海省西宁市城北区人民法院(2020)青 0105 民初 5668 号民事判决书。
⑦ 张卫平:《论民事诉讼的契约化—完善我国民事诉讼法的基本作业》,载《中国法学》2004 年第 3 期。
⑧ 参见〔日〕三月章:《民事诉讼法》,成文堂 1985 年版,第 331 页。

件协议、平行案件暂不起诉协议、接受示范判决约束协议等示范性契约。我国不少法院也规定可由当事人协议选择启动示范诉讼和选择示范案件,然而,由于当事人法律水平不同、纠纷成因复杂、利益诉求多元,会出现当事人为尽早实现权利救济,争做示范案件当事人,或者担心示范案件要付出更多诉讼成本、承受可能败诉的风险,更愿意暂不起诉、"搭便车",导致诉讼迟滞,背离了诉讼经济的设计初衷。

(三)事与愿违:迟来的正义影响司法公信力

波斯纳曾指出:"正义的第二种涵义——也许是最普通的涵义——是效率,我所界定的效率就是一个足够正义的概念。"[9]示范诉讼制度设计初衷就是打破群体性纠纷"拆分立案、个案审理"模式导致的类案反复审理、审判效率低下的困境,实现诉讼经济。然而,有的示范案件出现当事人诉求反复变化、案情疑难复杂、启动司法鉴定、递交专业法官会议或者审委会讨论等情形,示范案件多则一年以上没有及时审结,导致其他暂未起诉或者中止审理的平行案件悬而未决、久拖不决,反而让原本通过让渡部分程序权利以换取高效解纷的当事人增加了诉讼成本,自然会对程序正义产生质疑,进而引发对最终裁判结果公正性的质疑,损害了司法公信力,甚至会增加群体性涉诉信访风险。

(四)内部排斥:法官业绩考评体系降低了适用示范诉讼的积极性

上级法院一般都会设置质效指标对下级法院审判执行工作考核。例如,某省法院设置了"八升五降"13个质效指标体系,包括需要提升的结案率、正常审限内结案率等八个指标,需要降低的月均存案工作量、12个月以上未结案占比等五个指标。各法院内部又根据上述指标对法官进行业绩考评,考评结果与法官奖惩去留、选任晋升息息相关。"示范案件先行、平

---

[9] 〔美〕波斯纳:《正义司法的经济学》,苏力译,中国政法大学出版社2002年版,第56页。

行案件在后"的处理模式,势必会造成大量平行案件中止审理等待示范案件结果,一旦示范案件审理周期延长,平行案件审理周期随之同步延长,造成结案率、正常审限内结案率、月均存案工作量等将近一半的关键考核指标较差,影响了法官业绩考评,运用示范诉讼的积极性不免降低。

三、应循之道:示范诉讼制度价值取向之四维定位

示范诉讼程序设计要获得充分正当性,就应厘清其价值定位,并使其价值取向与民事诉讼程序价值取向契合,本文从四个维度进行了论证。

(一)第一维度:公平秤功能——坚持形式正义、程序正义与实体正义并重,实现类案同判

现代国家普遍奉行"正义不仅要实现,而且要以看得见的方式实现"原则,"看得见的正义"包括程序正义和形式正义。形式正义是指实体法确立的规则得到公平适用,对相同情况予以相同处理;程序正义是指在法律的具体运作过程中,充分保障每个人的权益。[10] 纠纷自身固有的客观差异必然会导致裁判结果的多样化,但并不应据此否定"无限接近均衡正义"的适法统一尝试。[11] 同案同判原则最主要的社会效果在于"形式正义的可视化"和"可预期性的显现化"。[12] 示范诉讼制度设计要注重发挥公平秤功能,致力于将同类若干纠纷在单个或少数诉讼程序中解决,通过示范判决增强法院对共通事实或法律适用标准的统一性,避免共通事实在不同案件中被给予重复评价,限制法官自由裁量空间,降低同案异判概率,确保类案同判,实现形式正义、程序正义与实体正义的有机统一。

---

[10] 参见谭秋桂:《2020 年司法改革十大关键词之二:统一法律适用》,载 https://www.thepaper.cn/newsDetail_forward_11783731,2021 年 6 月 1 日访问。
[11] 于是:《"示范诉讼"张力困局辨析及程序性破解》,载《上海政法学院学报》第 28 卷第 4 期。
[12] 雷磊:《同案同判:司法裁判中的衍生性义务与表征性价值》,载《法律科学》2021 年第 7 期。

（二）第二维度：平衡器功能——在尊重当事人程序参与权与能动行使法院诉讼指挥权、诉讼公正与效率之间寻求平衡

示范诉讼的最大突破在于，示范判决约束未参与示范案件程序的平行案件当事人。我国台湾地区有学者认为，在强烈需求经由判决效力之扩张以统一解决多数主体间纷争之事件类型，应致力于一方面充足效力扩张之前提要件，一方面对于受效力扩张者（第三人）赋予应有之程序保障，以资予以平衡兼顾。[13]"程序参与机会之赋予"是程序保障的最低门槛。"与程序结果有利害关系或者可能因该结果而蒙受不利影响的当事人，都有权参加该程序，并享有提出于己有利的主张和证据以及反驳对方主张和证据的机会。这就是满足程序正义的最重要条件，也是正当程序原则最基本的内容。"[14]要依法保障当事人尤其是平行案件当事人知情权、异议权在内的程序参与权，有权知晓示范诉讼启动、示范案件选定和裁判结果，旁听示范案件，并提出异议。此外，根据示范诉讼契约理论，尊重纠纷主体程序自主性和主导性，赋予当事人合意选择启动示范诉讼、选定示范案件、书面审理平行案件的权利，实现诉讼活动正面效果的最大化。同时，为了防止程序低效率以及结果不适当，举凡法治国家，均赋予法院诉讼指挥权。法院对诉讼进行指挥，既是权力，亦为责任和义务。[15]法院应妥善行使诉讼指挥权，在当事人未达成示范诉讼契约时依职权选定示范案件为主，适度行使释明权，引导示范案件当事人充分发表辩论意见，旨在尊重当事人程序处分权与能动行使诉讼指挥权、诉讼公正与效率之间寻求平衡，提升司法效能。

---

[13] 齐树洁、徐雁：《群体诉讼的困境与出路：示范诉讼制度的建构》，载《中州学刊》2009年1期。

[14] 〔日〕谷口安平：《程序的正义与诉讼》（增补本），王亚新、刘荣军译，中国政法大学出版社2002年版，第11页。

[15] 骆永家：《法院的诉讼指挥权和当事人的声明权、异议权》，载《台湾法学丛刊》1997年第168期。

（三）第三维度：减压阀功能——坚持成本相当性原则实现诉讼经济

成本相当性原则是指"当事人利用诉讼程序或由法官运作审判制度过程中，不应使法院（国家）或当事人（人民个人）遭受期待不可能之浪费或利益牺牲"。[16]"以最低的司法成本获取最大的司法效益"并"追求纠纷的司法最终解决"之"诉讼效益原则"[17]是当前民事诉讼的重要价值取向。示范诉讼制度设计要注重减轻当事人诉讼负担和法院审判压力，节省费用、时间、精力和资源成本，实现诉讼经济。当事人一旦认为诉讼成本大于预期诉讼利益，其诉讼维权意愿往往也随之降低。[18]要在尊重当事人程序参与权基础上，建立优先审理机制，简化审理程序，减轻诉讼费负担，通过节约经济及时间成本推进程序扩容，提升诉讼效益。对于法院来说，要优化程序设计，简化庭审程序，减少内部审批程序，简化裁判文书，加快诉讼进程，确保案件重要性与司法投入、诉讼耗费基本相当，用较少司法投入实现更大范围内利益的保护。

（四）第四维度：过滤网功能——健全"示范判决＋诉调衔接"机制，引导当事人通过非诉方式解纷

诉源治理就是要健全"非诉解纷挺前、社会调解优先、法院诉讼断后"的分层过滤漏斗式解纷体系，将大部分矛盾纠纷预防和化解在诉前，促进纠纷源头化解、高效化解。要强化示范判决与多元调解机制衔接，发挥示范判决"成例引导"作用，引导当事人树立合理诉讼预期，以判促调，同时发挥诉讼费用减免机制的经济杠杆作用，促成当事人达成诉前和解或者诉中调解，实现从"诉后判""批量判"向"诉前调""批量调"转变，真正实现纠纷

---

[16] 邱联恭：《司法之现代化与程序法》，三民书局1992年版，第272页。
[17] 徐吉平、黄鹏：《诉讼效益实现新论——对现代型民事诉讼的法经济学观察》，载《内蒙古社会科学》2014年第6期。
[18] 蒋亚玲：《论公益诉讼制度——基于法经济学的视角》，载《哈尔滨师范大学社会科学学报》2017年第5期。

的一次性彻底解决。

四、刃迎缕解:民商事群体性纠纷示范诉讼的应然程序构造

最高法院仅原则性规定了示范诉讼,要真正实现制度有效运作,必须要解决实践中的程序问题。本文在前述示范诉讼四维价值定位指引下,结合审判实践,对示范诉讼全流程进行了具体程序构造(详见图1)。

(一)准入门槛设定:示范诉讼适用范围的具体限定

是否适用示范诉讼的判断标准可细化为案由、案件性质、案件数量、诉讼程序等四项指标。不宜将示范诉讼适用案由局限于证券纠纷等特定类型,劳动争议、商品房预售合同纠纷等案件处理更为简单,调撤率高,更适宜适用示范诉讼。示范诉讼适用范围原则上可界定在同一方当事人在十人以上、同一种类诉讼标的的一、二审民商事纠纷。

(二)二元启动模式:构建"以法院职权主义为主、当事人申请为辅"的示范诉讼启动和示范案件选定模式

1. 启动示范诉讼。示范诉讼启动模式上两大法系立法例不同,英国规定由法院依职权启动;美国规定由当事人缔结契约后提请启动示范诉讼,但需经过法院许可方可启动程序;德国规定根据当事人申请及法院指定予以启动。[19] 我国示范诉讼仍在起步摸索阶段,公众对示范诉讼认知不足,需要法院在程序上引导,原则上应采用"法院依职权启动示范诉讼"模式。立案时建立预估机制,准确摸排"潜在"群体性纠纷,初步评估是否适合示范诉讼,由立案庭征求后续承办业务庭意见后,对是否适用示范诉讼报请院长决定。同时,也要尊重当事人程序选择权,允许当事人申请启动示范诉讼,对于符合前述适用范围且不存在故意拖延诉讼等情形的当事人申请,

---

[19] 郑妮:《示范诉讼制度研究》,西南政法大学2013年博士学位论文,第126页。

图 1　示范诉讼基本流程图

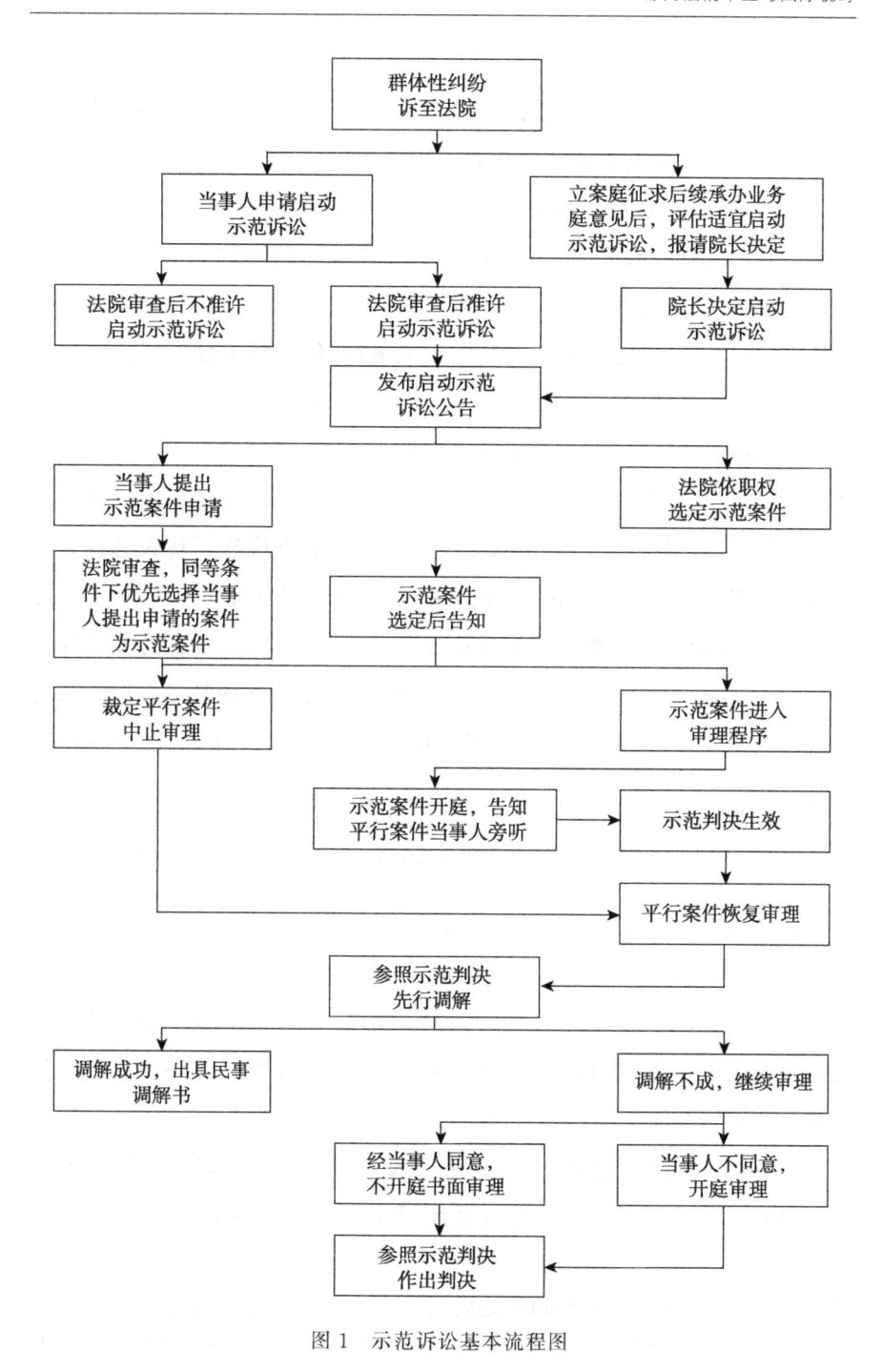

法院审查后原则上应准许启动示范诉讼。

2. 选定示范案件。为充分保障当事人程序参与权,可以采取依当事人申请和法院依职权确定的二元模式。当事人申请示范案件应提交书面申请,阐明其诉讼请求、提交证据内容、案件可能涉及的共通事实和法律争点以及所具有的典型示范意义。同时,鉴于多数人达成选定示范案件合意并不容易,与其把时间和精力消耗在当事人内部无休止的谈判、妥协和达成共识上,不如直接由法院依职权选定示范案件,但同等条件下应优先选择当事人申请的案件作为示范案件。选择标准可参考以下因素:(1)诉讼请求具备的典型示范意义;(2)诉讼请求依据的事实、证据和理由是否包括群体性纠纷共通事实和法律争点;(3)当事人是否已提出示范案件申请;(4)当事人及其诉讼代理人的诉讼能力、专业经验、敬业精神;[20]优先选择有专业诉讼代理人的案件;(5)立案时间先后、立案标的金额;(6)其他情形。此外,对于依法设立的公益性组织机构或国家机关支持诉讼的,同等条件下可优先选定为示范案件。至于示范案件数量,可根据纠纷性质、总量、共通事实和法律争点的范围、当事人诉讼能力、社会影响等因素选择一件或数件。

(三)示范案件审理先行:公正高效打造参照性强的示范判决

1. 确立优先审理机制。开通示范诉讼"绿色通道",优先立案、排期、送达、调解、庭审、上会(专业法官会议或者审判委员会)、移送上诉。同时,为提高审判质效,原则上采用人工分案,指定审判经验丰富、业务能力精湛的法官精细化审理,二审法院原则上也应将一审示范案件的上诉案件确定为示范案件优先审理。

2. 简化内部审批程序。不少法院规定示范案件选定和裁判结果确定要经过法官专业会议、审委会会议讨论。对简案规定上述内部审批

---

[20] 参考2020年4月出台的《深圳市中级人民法院关于依法化解群体性证券侵权民事纠纷的程序指引》第16条,载 https://www.thepaper.cn/newsDetail_forward_7115593,2021年6月5日访问。

程序意义不大,且影响审判效率。建议按照《最高人民法院关于落实司法责任制完善审判监督管理机制的意见》执行,应由专业法官会议和审判委员会会议讨论、列入"四类案件"监管的示范案件才需提交会议讨论,报请院庭长监管;其余范围之外的示范案件无需履行上述内部审批手续。

3. 庭审强化职权主义。职权主义指法官在庭审中起主导作用,但这不意味着排斥当事人诉讼主体地位。法院诉讼指挥权之行使目的,在于促使程序高效运行,最大限度实现公正和效率之司法目标。[21] 适度强化法官诉讼指挥权,遵循充分审理原则,引导当事人围绕共通事实和法律争点进行有效举证、质证和辩论;未能充分辩论的,法官应根据中立适度原则依法行使释明权,必要情况下可以主动加强对当事人询问。

4. 加强判决释法说理。示范判决承载着"宣示法律规则、统一法律适用"功能,要加强释法说理,着重认定共通的证据和事实,阐明裁判结论的形成过程和适用法律的正当理由,提高裁判可接受性,为后续平行案件处理提供指引、奠定调解基础。同时,示范判决首部审理经过中应载明:"本案系本院依照×规定,在××系列案件中依职权/依×申请选定的示范案件。"

5. 推进流程公开透明。除依法不得公开的以外,示范案件原则上应通过互联网直播,同时通知平行案件当事人旁听庭审。示范判决原则上应在中国裁判文书网上公开,并送达给平行案件当事人,充分保障其程序参与权。

(四)平行案件审理在后:以保障当事人程序参与权和处分权为核心的平行案件处理机制

1. 确定示范判决效力扩张至平行案件的范围。既判力相对性是指判决的既判力一般仅发生在当事人之间,[22] 示范判决结果适用于平行案件当

---

[21] 许可:《论当事人主义诉讼模式在我国的新发展》,载《当代法学》2016年第3期。
[22] 张卫平:《既判力相对性原则:根据、例外与制度化》,载《法学研究》2015年第1期。

事人属于既判力效力扩张。平行案件处理中首要解决的问题是确定示范判决效力扩张至平行案件的范围。就共通事实而言,生效示范判决作为法定具有较强证明力的证据,对平行案件当事人均具有免予举证的预决效力,无需另行举证。就共通法律适用标准而言,应区别对待:(1)如果当事人达成了示范案件选定、受示范判决拘束的协议,则已为生效判决所认定的法律适用标准对平行案件具有既判力,情形相同的平行案件应当适用;(2)如果示范案件由法院依职权选定,可采用既判力单向扩张模式。法院可向当事人行使释明权,征询当事人是否自愿接受示范判决约束,如果当事人同意接受,则应向法院出具书面声明,平行案件原告主张直接适用的,依法予以支持;对于原告有异议,而平行案件被告主张直接适用的,应当依法审理。主要缘由在于,平行案件被告与示范案件相同,就共通法律争点已经在示范案件审理过程中充分发表辩论意见,平行案件原告适用示范判决的有利认定并不会损害被告权益,此时既判力的扩张具有正当性基础。[23]

2. 构建平行案件当事人诉讼权利保障体系。示范判决效力将扩张至平行案件当事人,应充分保障其程序参与权,构建包括合意选择权、知情权、异议权、简化程序权在内的诉讼权利保障体系(见图2),增强其对示范案件程序和结果的参与度,提高其对示范判决的信赖度和可接受度。

3. 简化案件审理模式。要尊重当事人程序选择权和处分权,只要示范性诉讼契约的达成没有显失公平或违反诚信原则,那么在当事人间就具有约束力,基于对当事人合意的尊重,法院也应承认示范性诉讼契约的效力。[24] 如果平行案件当事人达成不开庭书面审理径行裁判的诉讼契约,法院应尊重当事人选择,书面审理后径行判决。对于需要开庭的案件,可以

---

[23] 林晓镍、单素华、黄佩蕾:《上海金融法院证券纠纷示范判决机制的构建》,载《人民司法》2019年第22期。

[24] 肖建国、谢俊:《示范性诉讼及其类型化研究——以美国、英国、德国为对象的比较法考察》,载《法学杂志》2008年第1期。

部门法的本土与国际视野

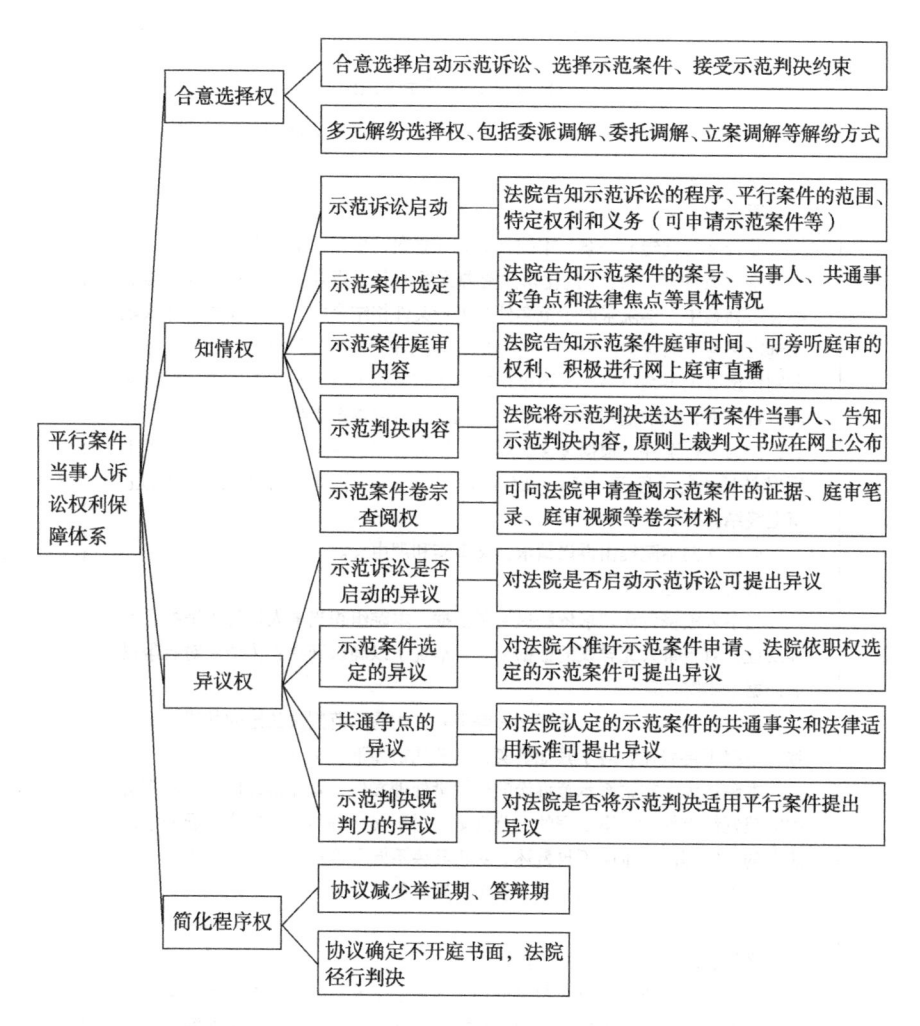

图 2　平行案件当事人诉讼权利保障体系

平行案件当事人诉讼权利保障体系	合意选择权	合意选择启动示范诉讼、选择示范案件、接受示范判决约束
		多元解纷选择权、包括委派调解、委托调解、立案调解等解纷方式
	知情权	示范诉讼启动：法院告知示范诉讼的程序、平行案件的范围、特定权利和义务（可申请示范案件等）
		示范案件选定：法院告知示范案件的案号、当事人、共通事实争点和法律焦点等具体情况
		示范案件庭审内容：法院告知示范案件庭审时间、可旁听庭审的权利、积极进行网上庭审直播
		示范判决内容：法院将示范判决送达平行案件当事人、告知示范判决内容，原则上裁判文书应在网上公布
		示范案件卷宗查阅权：可向法院申请查阅示范案件的证据、庭审笔录、庭审视频等卷宗材料
	异议权	示范诉讼是否启动的异议：对法院是否启动示范诉讼可提出异议
		示范案件选定的异议：对法院不准许示范案件申请、法院依职权选定的示范案件可提出异议
		共通争点的异议：对法院认定的示范案件的共通事实和法律适用标准可提出异议
		示范判决既判力的异议：对法院是否将示范判决适用平行案件提出异议
	简化程序权	协议减少举证期、答辩期
		协议确定不开庭书面，法院径行判决

合并审理，庭前由当事人对无争议事实和证据确认并签名，并明确涉案事实、法律争点与共通事实、法律争点不一致之处以及对示范判决不认可部分，庭审中仅围绕争议部分审理，提升庭审效率。

4. 简化裁判文书制作。平行案件可积极使用表格式、要素式等简式裁判文书，无需再对示范判决认定的共通事实和法律适用标准赘述，参考以下模板（详见图 3），以减少裁判文书制作、校对、签发等环节时间，加快诉讼进程。

```
┌─────────────────────────────────────────────────┐
│                ××××民事判决书                    │
│                                                 │
│                     (20××)××民初×号             │
│                                                 │
│   原告：×××                                     │
│   原告：×××                                     │
│      原告×与被告×一案，本院下×××立案，根据《最高人民法院关于进 │
│   一步推进案件繁简分流 优化司法资源配置的若干指导意见》第七条规定， │
│   在×系列案中，本院采取示范案件与平行案件相结合的审理的模式，并依职 │
│   权选定×与×纠纷案件/×等一案/多案作为示范案件先行进行示范诉讼，于× │
│   分别作出×民事判决书。×不服，向×法院提起上诉，×法院已于×作出× │
│   民事判决书，该示范判决已生效，本院已送达给本案当事人。本院受理本案 │
│   后，作为平行案件。根据《×》规定，依法适用简易程序，不开庭进行了审 │
│   理/依法适用普通程序，于×开庭进行了审理。×到庭参加了诉讼，本案既已 │
│   审退终结。                                     │
│      原告×向本院提出诉讼请求，×事实和理由×。      │
│      被告×辩称，×。                             │
│      当事人围绕诉讼请求依法提交了证据。本院组织当事人进行了证据交换 │
│   和质证，对当事人无异议的证据××，本院予以确认开在卷佐证，对有争议 │
│   的证据，本院认定如下：                          │
│      本院查明：本案中，关于××等事实，均与示范判决认定的共通事实一 │
│   致，本院不再表述。对于其他事实，本院认定如下：××。          │
│      本院认为：本案系示范诉讼的待批量处理案件，就非常好依示范判决 │
│   中的裁判结果作为本案处理的示范规则。对于××等与示范判决共通的争议 │
│   焦点的认定理由。本院不再赘述。对于其余不同争议焦点，本院评判如下： │
│      综上所述：×，依据×××规定，判决如下：        │
│      ××××。                                   │
│      案件受理费×××。由×负担。                   │
│      如不服本判决，可以在判决书送达之日起十五日内，向本院递交上诉状。 │
│   可按照对方当事人或者代表人的人数提出副本。上诉于××人民法院。     │
│                              审判长      ×××   │
│                              审判员      ×××   │
│                              审判员      ×××   │
│                                   ×年×月×日    │
│                           书  记  员      ×××  │
└─────────────────────────────────────────────────┘
```

图3 平行件民事判决书模板

5. 健全诉调衔接机制。示范判决机制是"一种囊括了诉讼制度与调解制度的混合物"，这一机制最终追求的目标是引导平行案件当事人选择诉讼以外的纠纷解决之路径,即"将纠纷尽可能化解在司法审判的大门之外"。㉕示范案件审理过程中,对未立案的后续纠纷积极引导当事人暂缓起诉或到当地社会矛盾纠纷调处化解中心先行调解;示范判决生效后,平行案件、后续纠纷原则上先行通过诉前或诉中调解进行化解,以判促调,提高矛盾纠纷化解率。

结语

针对示范诉讼实践运行中无序失范的现实难题,本文立足审判实践,在坚持程序正义与实体正义并重、保障当事人诉讼权利与全面提升司法效能相结合的价值取向指引下,从适用范围、启动模式、审理程序、文书制作、诉权保障等方面构建示范诉讼程序,以期充分发挥示范诉讼统一裁判尺度、公正高效解纷、践行程序自治、实现诉讼经济的制度优势,健全民商事群体性纠纷多元解纷机制。当然,规范示范诉讼程序的最根本出路在于通过试点积累经验而后逐步上升到立法,在《民事诉讼法》中明确规定示范诉讼程序细则,为示范诉讼适用提供明确的法律指引。

㉕ 倪培根:《论我国证券期货纠纷示范判决机制的制度化展开》,载《河北法学》2019年第4期。

《民法典》流押规范之释评

李定邦[*]

内容摘要：现今学界仍围绕着《民法典》流押规范展开效力性质的争议，已不符合务实的立法和司法的态度，转向履行不能的讨论方是正途。在流押规范的适用场景中应当着重考虑履行期限的设置目的，尤其要明白履行期限与当事人达成流押约定的公平性并非呈现充分必要关系。在流押规范的适用效果中应当重新考察无效法律行为转换、清算法理以及讨论动产和不动产一体化适用的诸多问题。基于对条文的剖析而继续对其进行法律漏洞填补时，注意在司法程序中建构整体缔约观这一新型工具，进而综合全面地去考察诸如主体、书面形式、距离债务履行期限届满时间等相关因素，可成为未来司法适用和立法修订的重要利器，法律的生命力也在此得以彰显。

关键词：流押规范　流担保　整体缔约观　公平

无论在理论界还是实务界，有关《民法典》流押规范即第 401 条的法律适用问题仍有诸多地方需要澄清，对其进行法教义学式的整合分析对今后的司法、立法以及学术研究颇具意义。本文秉持着法教义学的分析进路，分别从流押规范的效力性质、流押规范的内容剖析、流押规范的法律漏洞填补这三大典型领域出发，层层递进式地展现出流押规范复杂丰富的问题点和未来改进方向，进而帮助营造法典体系化的适用环境，更好地实现理

---

[*] 李定邦，中国政法大学硕士研究生。

论与实践进行良性法律对话的目标。

一、流押约款的效力争议

关于《民法典》第401条以及第428条的效力问题,在当今学界和实务界仍然存在着重大分歧。不论是立法权威释义,还是司法实施中的理解与运用皆可见此种区分。[①] 有学者在持冷静态度的同时依旧认为现有法律规范禁止流担保,与以往条款并无不同;[②] 但亦有不同声音的存在。[③]《民法典》实施后的裁判观点,亦由此呈现出不同主张,但关于流担保合意的效力问题在实务界似乎早已认定流担保合意仍旧无效。反观我国台湾地区,虽然在其学说上已经大致形成了主流观点即认为立法已经对流担保规范进行了解禁,[④] 但在实务判例中仍然存在有关法院主张流担保约款为无效的判例。[⑤] 可见,有关流担保合意效力之争中立法、司法、学说的互动、协作问题非大陆法律所独有。

对于《民法典》第401条、第428条是否为强制性的效力性规定,很大程度上取决于对该条文中"只得就担保财产优先受偿"的解释,尤其是对"只得"一词的解释。而原《担保法》司法解释、《物权法》的相关条文中,则明确使用"不得"这一禁止性语词。那么二者之间是否仅是语义逻辑上的"双方

---

① 参见黄薇主编:《中华人民共和国民法典释义》(上),法律出版社2020年版,第778页;最高人民法院民法典实施工作领导小组主编:《中华人民共和国民法典理解与适用》,人民法院出版社2020年版,第1070页。
② 参见黄家镇:《论〈民法典〉流押规定的解释适用》,载《甘肃政法学院学报》2021年第2期;汤文平:《法学实证主义:〈民法典〉物权论丛议》,载《清华法学》2020年第3期;刘保玉:《民法典担保物权制度新规释评》,载《法商研究》2020年第5期。
③ 参见谢鸿飞:《〈民法典〉担保制度内在体系的变迁》,载《东南学术》2021年第5期;许一君:《论履行期届满前达成的以物抵债协议——兼评〈九民纪要〉第45条》,载《私法》2020年第2期;刘国栋:《〈民法典〉视域下股权让与担保的解释论路径》,载《北方法学》2021年第5期;杨善长:《流押条款法律效力辨——兼及法律父爱主义立法思想之取舍》,载《河北法学》2017年第3期。
④ 参见谢哲胜:《流押契约》,载《月旦法学教室》2010年第12期。
⑤ 参见台湾新北地方法院2012年诉字第1127号民事判决书。

不得约定流质流押条款"到"只得就担保财产优先受偿"的区别呢？笔者对此持否定意见,理由在于：第一,二者言说的指向对象不同。如果从"物债二分"的法律体系出发,可知前一句中的重点在于"约定条款",此乃负担行为的角度；后一句中的重点在于"只得优先受偿",此乃物权优先效力领域的角度。第二,二者所规制的主体不同。前一句在于"双方",它表明该条法律规范拘束交易双方；后一句明显旨在拘束一方即债权人,规定其只能行使优先受偿权,也就是对债权人权利的限制。

除了否定继受关系,还要回到《民法典》自身的体系和价值判断中来论述此问题。"法典仅存的功能就是体系化",⑥当《民法典》物权编仅对流担保规范赋予优先受偿的效力并且尚未言及其他时,有关流担保规范的效力还需在《民法典》的体系中找寻其他理据。此外,民事法律行为之无效的宣告有其独特的法律秩序意蕴,一方面,经双方合意达成的流担保约款毕竟体现了意思自治；另一方面,它也只是体现在具体交易中的特定个体身上,与公共利益无直接关联。当流担保约款经过总则编、合同编的检视之后,并未出现效力瑕疵,似乎可说流担保约款为有效。但物权编仅将其效果限制在优先受偿的效力之中,当事人根据在债务履行期届满前达成的移转担保财产所有权之约定,进而去法院主张履行此约定时,严格按照法律条文也并不会得到法院实际判决的支持。⑦应注意,未得到法秩序承认与法秩序对此进行否定是属于完全不同的评价体系和概念范畴,我国现今法律规范使得在当事人之间产生了类似于"自然之债"的法律关系,也就是意思自治暂时并未得到法秩序整体地回应和支撑,有学者反而认为此是《民法典》立法者搁置争议、面向未来的明智之举,⑧笔者对此表示赞同。在现有实务案例中,法院大多认为流担保约款属无效而不予支持,此举在裁判结果上

---

⑥ 苏永钦：《只恐双溪舴艋舟,载不动许多愁——从法典学的角度评价和展望中国大陆的民法典》,载《厦门大学法律评论》第 32 辑,厦门大学出版社 2021 年版,第 15 页。

⑦ 虽未明确否定流担保约款的效力,但也驳回了当事人主张按照流担保约款去履行债务的典型判决参见上海市浦东新区人民法院民事判决书（2021）沪 0115 民初 2422 号；北京市丰台区人民法院民事判决书（2021）京 0106 民初 11779 号。

⑧ 参见陈永强：《〈民法典〉禁止流质之规定的新发展及其解释》,载《财经法学》2020 年第 5 期。

与法秩序暂不承认流担保合意的裁判结果相一致,即结果大致相同,只是论证思路和裁判逻辑有待转变。这种情况其实与立法语言存在一定模糊性、司法长期以来的裁判惯性有极大关系;其次,为了权衡意思自治与司法管制的关系,进而尽可能清晰、完整地传递规范信号,尊重个人自决,特别是为了减少今后因时而变进行制度转轨的社会成本,司法裁判也不宜直白地宣告流担保约款无效。总而言之,在《民法典》时期司法裁判不应涉及对流担保约款进行效力评价,静观其变才是可取的态度。现今更为务实的道路便是将视角从流担保合意是否具备法律效力瑕疵而转向《民法典》第401条、第428条是否构成对当事人诉求而言的法律不能之客观履行障碍,不对流担保约款本身的效力进行任何评价。

二、流押规范的内容解析

以第401条流押规范为中心,对其作以"假定、处理、制裁"[9]的语义分析可知:"在债务履行期限届满前"表明"假定"中的"时间要素"或"场景要素";"约定不履行到期债务时抵押财产归债权人所有"即指该规范适用的"行为要素"或"内容要素";"只能依法就抵押财产优先受偿"即在表明处理该条规范的法律效果是"仅就特定标的物优先受偿"。

(一)适用场景:债务履行期届满前约定流押

将《民法典》中的流担保规范同第410条、第436条规定作对比时,即债务履行期届满或约定实现担保物权事由出现时当事人可以就担保财产折价以实现债权,相关问题的争论依旧不少。在原《物权法》时期,许多法院的裁判观点近乎将"债务履行期届满与否"作为判断流押、流质约款与否的唯一标准,甚至连最高院的裁判观点也如此。[10]而在《民法典》实施将近一

---

[9] 参见王利明:《法学方法论》,中国人民大学出版社2011年版,第110页。
[10] 参见最高人民法院民事裁定书(2017)最高法民申284号;福建省高级人民法院民事裁定书(2018)闽民申511号。

年后,亦有法院在未全面考虑其他因素后直接将债务履行期届满前达成的以物抵债合意作为流担保合意予以认定,并宣告其无效。[11]

在担保法领域,董学立教授主张流质流押为广义的以物抵债,即"以物抵债包括狭义的以物抵债和广义的以物抵债,狭义的以物抵债一般指代物清偿,广义的以物抵债还包括让与担保、流抵契约等"[12],这就将流担保从原有担保功能视角扩展到了债务清偿的视角,学界中亦不乏支持者[13];甚至有研究债法的学者,鉴于流质流押的特殊性,便直接将以物抵债区分为债务履行期届满之前的以物抵债和债务履行期届满之后的以物抵债[14]。由此可见,债务履行期的问题并非仅是流担保所应关注的重点,在这里还大量存在着与其他法律制度交叉的问题,殊值重视。

应予追问的是,在我国法律上为何差异对待事先约定将担保物进行折价清偿的流担保与事后约定对担保物进行折价清偿呢?有观点认为,"流担保契约虽与我国《物权法》中折价协议在担保物所有权直接归属上有着相似之处,但是两者是性质不同的法律制度。前者是一种当事人之间约定的担保物权实现方式,而后者是一种法定的担保物权实现中的清算程序",即该观点认为流担保与事后折价协议的最大不同便是意定与法定的不同。接着还主张,流担保与事后折价协议存在着三点具体的不同,即契约的订立时间、直接法律效果、后续法律效果;[15]程啸教授认为,折价协议与流担保的区别就在于约定时间、估价清算与否;[16]谢在全教授也对此表示认同,其认为二者存在着变价成熟条件之区分值得重视;[17]也有民事诉讼法学者对

---

[11] 参见贵州省黔西南布依族苗族自治州中级人民法院民事判决书(2021)黔23民终814号。
[12] 董学立:《担保法理论与实践》,中国法制出版社2015年版,第263页。
[13] 陈永强:《民法学说与比较民法》,法律出版社2017年版,第139页。
[14] 参见蔡耀燊:《论以物抵债的概念——以法院个案判决为出发点》,载《太原学院学报(社会科学版)》2020年第3期。
[15] 具体内容参见李浩然:《论流担保契约的理论与发展——以我国台湾地区2010年物权编修正为基点》,载《青海社会科学》2013年第5期。
[16] 参见程啸:《担保物权研究》,中国人民大学出版社2017年版,第113—115页。
[17] 参见谢在全:《民法物权论》(中册),中国政法大学出版社2011年版,第781页以下。

此持赞同意见;[18]更有学者主张,事后折价协议与流担保的差异在于后者违背担保权为交换价值权的性质,而事后折价协议则否[19]。由此,学界对二者持不同观点的出发点主要在于时间、法律效果、清算与否以及担保权的性质。

具体而言,即使在对担保物进行事后折价时,依然要遵循《民法典》物权编有关物权变动的基本规则即动产原则上要交付占有,不动产要予以过户登记。而在流担保的情形下,当事人之间如果要发生物权变动其依旧要遵守此种规则,如果是借助信息网络、自动化等科技进而能够自动变更本登记时也需遵循此种规则,只不过在转换登记时实现了方便与快捷。即使是采纳我国台湾地区赋予流担保约款以登记能力时,它最终的物权变动还是遵循着基本规则,相关法律效果并未有所不同。拉伦茨主张,"由一般的语言用法获得的字义,其构成解释的出发点,同时为解释的界限",[20]而"折价"一词,它大致含有"把实物折合钱钞或按照比价折算"这两种意思[21]。并且回归《民法典》第 410 条、第 436 条的原文也可发现,对于事后折价的要求仅是"应参照市场价格",并无强制估价、清算之说。换言之,此属于当事人意思自治的范畴,将担保物折价之后双方既可以继续清算债务也可能出现债务清偿完毕的情形,此种状况与广义上的流担保意义一致,因为流担保本身既能以特定标的物为限额,也能主张继续清算债务,这同样属于意思自治的范畴,详见下文对流担保的类型区分。至于担保权的性质是否与流担保存有抵牾,笔者认为:于体系建构而言,在担保法领域,由于其核心关注点是交易价值,那么权利的属性就不再是所谓的"金科玉律",[22]民法体系基于现实商业经济生活可以逐步柔化。许多民事权利本身就是可以用来

---

[18] 参见丁亮华:《论抵押权之非诉执行实现——〈物权法〉第 195 条第 2 款的解释论展开》,载《法学家》2013 年第 4 期。

[19] 参见李媚:《流质契约解禁之反思——以罗马法为视角》,载《比较法研究》2013 年第 5 期。

[20] 〔德〕卡尔·拉伦茨:《法学方法论》,陈爱娥译,商务印书馆 2003 年版,第 219 页。

[21] 参见中国社会科学院语言研究所词典编辑室:《现代汉语词典》,商务印书馆 2016 年版,第 1127 页。

[22] See Thomas W. Merrill and Henry E. Smith, The Property/Contract Interface, in 101(4) *Columbia Law Review*, 2001, pp. 789 - 809.

作担保标的的，例如建设用地使用权这一用益物权，那么举轻以明重，比用益物权更具强大、广泛权能的所有权其本身就更能作为担保标的出现[23]；其次，于现实价值而言，担保人虽然使用超过传统担保权的手段去作担保，也应注意其可能获得了比设立传统担保权更多的经济收益和经营自由，公平与否是需要个案考究的，非能一概而论；最后，对于担保权的性质本身就一直处在争议之中，诸如大陆法系也出现了诸如吉诺萨尔（Ginossar）所有权理论[24]，苏永钦教授也主张担保权只不过是物化的债权关系[25]。由此可见，对于尤其注重经济实效的担保法而言，如何定性担保权还是应秉持着实用主义的态度，不应先入为主地断定担保权的性质为何。

笔者认为事后折价协议与流担保之间的唯一区别仅在于双方达成合意的时间不同，前者是在债务履行期届满之后达成而后者是在债务履行期届满之前达成，由此许多共通的规则可以一并适用[26]。有学者主张，流担保合意比事后折价协议更能凸显高效率、低成本，[27]但为何对流担保的合意《民法典》仍有如此"戒备"？较为典型的观点便是——鉴于社会经验，债务履行期届满前抵押权人与抵押人之间的经济地位不平等所以容易导致担保协议的不公平，[28]这种看法已然成了学界通说。[29] 笔者认为，第一，以上观点在一定程度上均属于基于社会实证经验而得到的价值判断，但是社会实证调查的结果到底如何？这并非法学界所能单独回答的，法学家对此应当

---

[23] 参见谢在全：《担保物权制度的成长与蜕变》，载《法学家》2019年第1期。
[24] 参见张静：《所有权概念有体性之超越及其体系效应——以析评Ginossar所有权理论为视角》，载《南京大学法律理论》2021年第5期。
[25] 参见苏永钦：《可登记财产利益的交易自由——从两岸民事法制的观点看物权法定原则松绑的界线》，载《南京大学法律评论》第34期，法律出版社2010年版，第16—44页。
[26] 相同观点参见李谦：《流担保契约：反思、回归与重构》，载《西部法学评论》2020年第4期。
[27] 参见高圣平：《论流质契约的相对禁止》，载《政法论丛》2018年第1期；李谦：《流担保契约：反思、回归与重构》。
[28] 参见孙宪忠、朱广新主编：《民法典评注：物权编（4）》，中国法制出版社2020年版，第126页。
[29] 参见胡康生主编：《中华人民共和国物权法释义》，法律出版社2007年版，第408—410页；〔德〕鲍尔/施蒂尔纳：《德国物权法》（下册），申卫星、王洪亮译，法律出版社2004年版，第314页；王泽鉴：《民法物权》，三民书局2018年版，第209页；史尚宽：《民法物权论》，中国政法大学出版社2011年版，第678、993页；崔建远：《物权法》，中国人民大学出版社2017年版，第451—452页。

保持一定的理性态度,毕竟"没有调查就没有发言权"。第二,将主债务履行期届满作为区别对待流担保与事后折价的标准,其实质上是在将主债务履行期届满这一时间点作为衡量、决定用担保物抵债是否公平的唯一因素,这种做法看似对双方利益均有一定的照顾,即在债务履行期届满之前注重保护债务人的利益,而在履行期届满之后注重债权人的利益,但在思维逻辑上其实就是认为:"债务履行期届满之前的合意"为"非公平交易"的充分条件,"债务履行期届满之后的合意"则为"公平交易"的充分条件。但本文认为,履行期与公平交易之间的逻辑关系是既非充分也非必要,因为从工具理性而言,仅用履行期去模拟当事人之间的交易是否公平这本身就是一个不精准又不灵敏的衡量标尺,具体原因和分析详见下文对该条文进行漏洞填补的内容。

(二)法律效果:就担保财产优先受偿

立法者对流担保的态度很大程度上体现在现行法对于流担保的规制手段上,也就是立法者对流担保合意所赋予的法律效果,这也直接关系到流担保如何与其他制度相互连接的问题。而关于流担保规范之法律效果的争论,当今学界主要在探讨以下两个问题:第一,流担保条款中是否存在法律行为的转换;第二,就担保财产优先受偿之中所蕴含的清算法理。本文对此进行逐一剖析。

关于在流担保条款中是否存在法律行为的转换,韩国学者李英俊主张在让与担保中由于存在着无效行为转换的法理,法秩序内只允许清算型让与担保的存在。[30] 这一学说认为赋予流担保以优先受偿效力,乃是当事人的合意在法律父爱主义的关怀下被转换为立法者所臆想的、最为接近现实交易场景中当事人的拟制意思,此举也较为符合交易均衡的基本准则。但

---

[30] 〔韩〕李英俊:《中国的让与担保——韩国法视角》,金路伦校,载《山东大学法律评论》(日韩法专辑)山东大学出版社 2019 年版,第 164 页。对此,国内学者陈永强、龙俊及王洪亮从不同角度予以赞同。参见陈永强:《以买卖合同担保借贷的解释路径与法效果》,载《中国法学》2018 年第 2 期;龙俊:《民法典物权编中让与担保制度的进路》,载《法学》2019 年第 1 期;王洪亮:《让与担保效力论——以〈民法典担保解释〉第 68 条为中心》,载《政法论坛》2021 年第 5 期。

是,学界亦有反对声音。黄家镇反驳称:第一,从条文规定的表述看,立法者放弃对流押约定作绝对否定性的判断的立场很明显,放弃"不得"这样禁止性的行文表述即为明证,从现行法规定无法得出流押约定为无效法律行为的结论;第二,转换纯属思维逻辑上的多余,欠缺转换必要性并且将当事人的意思效果转换为优先受偿明显是与当事人内心真实意思相反的强行转化,不符合当事人的真实意思。[31]谢鸿飞在支持不应适用无效法律行为转换的基础上,提出可以将流担保约定转换为以资抵债的约定和当事人实现担保物权方式的约定这两种更符合实际的约定。[32]孙维飞则认为,《民法典》第401条的结果不应是"移转房屋所有权义务"无效,而仅是在其法律效果上给债权人强加了清算义务。[33]

　　本文认为,此一争议要先从无效法律行为转换其本身的含义论述。弗卢梅认为,转换意味着原本应生效的无效法律行为作为另一个法律行为而生效,按照《德国民法典》第140条的规定,即如果人们可以认为当事人在知道无效的情况下会希望另一个法律行为生效,则可以进行转换。[34]但值得注意的是,德国民法学界通说认为转换之规定适用于所有无效的理由,但不适用于可撤销的或效力待定的法律行为,[35]我国学界基本也对此持赞同意见[36]。如果遵循此种观点,即在对无效之法律行为进行转换之前必须确定被转换之法律行为为无效法律行为,但在流担保条款中,在现行《民法典》的条文中我们应搁置流担保合意本身为无效还是有效的问题,可以说只是现有法律秩序并未作出最终决定而已,黄家镇教授对此的观点值得赞同。但学者如果认为流担保合意本身就已无效,该前提自然也能成立。其

---

[31] 参见黄家镇:《论〈民法典〉流押规定的解释适用》,载《甘肃政法学院学报》2021年第2期。

[32] 谢鸿飞:《〈民法典〉担保制度内在体系的变迁》,载《东南学术》2021年第5期。

[33] 参见孙维飞:《定义、定性与法律适用——买卖型担保案型的法律适用问题研究》,载《华东政法大学学报》2021年第6期。

[34] 参见〔德〕维尔纳·弗卢梅:《法律行为论》,迟颖译,法律出版社2013年版,第703页。

[35] 参见〔德〕本德·吕特斯、阿斯特丽德·施塔姆勒:《德国民法总论》,于馨淼、张姝译,法律出版社2017年版,第477页。

[36] 参见王泽鉴:《民法总则》,三民书局2020年增订新版,第584页;杨代雄:《抵押合同作为负担行为的双重效果》,载《中外法学》2019年第3期。

次,转换由确定(Feststellung)和价值权衡(Wertung)两部分构成。[37] 于前者而言,流担保是直接用担保财产的所有权去清偿债务,而传统观点又认为所有权包含使用价值如用益物权和交换价值如担保物权[38],而担保物权在传统上又被认为是一项优先受偿权,那么自然可以认为流担保在客观层面能够具有优先受偿这一权能(暂不具体细分动产与不动产),转换的客观要件其实也能具备,支持转换的观点也有一定的法理基础。但在"价值权衡"时,对于如何厘定当事人之间假定的意思表示,尤其是如何获取当事人在缔结合同时的交易目的[39],这也许是个案衡量的范畴。换个角度看,将担保财产的所有权看成一束权利束时[40],处于内部的各个权利(right)可以在理论上构成无数个其他新型权利,不止能组合成担保权。由此,问题便是:如果当事人订立流担保协议时债权人唯独就是为了取得担保财产进行使用时,在转换时为何又不能将流担保转换成用益物权呢? 其实,即使在法理上能够转换,将流担保转换成具有优先受偿效力的担保权也只是这众多转换可能性中的一种,并非唯一。

其次,关于优先受偿中所蕴含的清算法理,也即债权人就特定担保财产实现债权时,债权人清算债务、返还超额利益的情形,笔者想要探讨的问题有四:第一,此处的清算义务从何而来? 从法理和政策角度有诸多观点:有学者认为担保交易中清算义务来源于担保合同,[41]有学者和裁判者认为清算义务归根于担保物权其本身的涵义即一种价值权[42],也有许多学者主

---

[37] 参见〔德〕维尔纳·弗卢梅:《法律行为论》,迟颖译,第 707 页。
[38] 参见史尚宽:《民法物权论》,中国政法大学出版社 2011 年版,第 47 页。
[39] 参见〔德〕本德·吕特斯、阿斯特丽德·施塔姆勒:《德国民法总论》,于馨淼、张姝译,第 478 页。
[40] 参见王涌:《寻找法律概念的"最小公分母"——霍菲尔德法律概念分析思想研究》,载《比较法研究》1998 年第 2 期。
[41] 参见杨代雄:《抵押合同作为负担行为的双重效果》。
[42] 参见高圣平:《动产让与担保的立法论》,载《中外法学》2017 年第 5 期;程啸:《担保物权研究》,中国人民大学出版社 2017 年版,第 546 页。

张清算是实现国家管制、平衡债权人与担保人之间利益的必须手段[43]。第二，清算义务是强制性规定还是任意性规定？此问题牵涉到流担保条款的本质特征和适用范围，素来争议不断。[44] 笔者认为，在流担保交易模式中，清算与否原则上由当事人之间的约定来判断，此自然属于私法自治的范畴。但基于国家管制的介入力度，其完全有可能依介入力度产生任意性的清算义务与强制性的清算义务，需要综合相关规定得出具体判断其属于何种类型，不过这三者发生的概率应当依次减少，最大程度地尊重当事人的合意。第三，清算义务的主体是谁？笔者认为，清算债务是一个相互协作的过程，随着交易的复杂性提升此点更加明显，清算义务是债权债务关系发展过程中所必不可少的一个阶段，从应内含于借贷、担保交易制度之中，为了及时清结交易关系、维护当事人之间的合法权益，如果一旦确定存在清算义务，那么由债权人、债务人、担保人均承担此清算义务似更妥当。第四，请求清算之请求权是否有时间限制？笔者认为应当考虑具体的担保结构，分析担保设定人所享有的是物权性质的权利还是债权性质的权利。如果是保留了物权性质的权利，基于清算之后可能产生返还担保财产的问题，此时清算请求权便可类推适用返还原物请求权的诉讼时效规定如《民法典》第196条，而如果是债权性质的权利便直接适用普通诉讼时效的规定。至于权利的其他限制，例如违反诚实信用原则等，均可适用。

（三）法律效果的指向：动产与不动产

关于流押条款中优先受偿效力的指向，即流押条款能否同时适用于不

---

[43] 参见李浩然：《论流担保契约的理论与发展——以我国台湾地区2010年物权编修正为基点》，载《青海社会科学》2013年第5期；肖俊：《以物抵债裁判规则的发展趋势与建构方向——2011—2019年最高人民法院审判经验的考察与分析》，载《南大法学》2020年第1期；王子亚：《〈民法典〉视角下流质条款的检视与完善》，安徽财经大学2021年硕士学位论文，第5页以下。

[44] 参见孙维飞：《定义、定性与法律适用——买卖型担保案型的法律适用问题研究》，载《华东政法大学学报》2021年第6期。台湾地区部分学者基于其"民法"第873条之一第二项的规定，主张清算规定应解释为任意性规定进而完全可以约定排除，参见谢哲胜：《流质（押）契约自由与限制》，载《台湾本土法学杂志》2005年第4期；认为清算义务为强制性义务的观点亦有大量支持者，参见谢在全：《民法物权论》（下册），中国政法大学出版社2011年版，第1121页；王闯：《关于让与担保的司法态度及实务问题之解决》，载《人民司法》2014年第16期。

动产与动产的问题,因为有部分学者主张我国物权变动模式现如今已经是"二元公示效力体例"[45],特别是因为物权编中担保制度部分大力吸收英美功能主义担保思想的背景下,分开讨论不动产与动产对规制流担保的体系化功用甚大。

于不动产而言,第 401 条的主要作用是指示法院对负担行为的规制。在当今法律没有明确允许流担保和未赋予流担保约款以登记资格时,第 401 条明确指出债权人只能就特定担保财产行使优先受偿权,在不动产抵押权已经登记时,对相应不动产享有优先受偿权自是当然之理,但当担保人不履行流担保约定而债权人通过诉讼或仲裁的方式主张要求过户登记相应不动产时,此诉求因第 401 条的规定可能不会被支持。同样,在债权人提起案外人异议之诉时,因第 401 条的存在债权人的权利可能也仅是作为优先权而运行,其单独不足以成为能够排除强制执行的民事权益。当双方直接办理过户登记时,此乃让与担保的问题,在此不述。

于动产而言,对于第 428 条流质规范而言,因动产质权的设立本身就需要占有标的物,权利质权的设立也需要交付权利凭证或登记,非同于仅以抵押合同就能设立动产抵押权,前两者的公示要件较为完备,优先受偿权乃于权利设定之时就已存在,流担保规范对其主要也是起着规制相关负担行为的作用,此与不动产中约定流担保一致。但在动产抵押中,其权利顺位的规定主要存在于第 403 条、第 414 条中。黄家镇教授对此主张,第 401 条适用范围的限缩实质上将产生第 403 条之规定被架空的规范效果,故在第 401 条适用于动产抵押权场合,应对其适用范围进行限缩解释,将其限制在已登记之动产抵押权,而未登记之动产抵押只能适用第 403 条,[46] 其意在压缩流担保规范的适用范围。但笔者对此持反对意见:一方面,根据对第 401 条进行语义解释来看,立法者统一规制不动产抵押与动产抵押的用意十分明显,对既有条文进行目的性限缩之前应穷尽法律解释方法,

---

[45] 参见董学立:《论未登记不动产抵押权的效力——以有关案例评析为素材》,载《盛京法律评论》,知识产权出版社 2020 年第 1 辑,第 21 页。

[46] 参见黄家镇:《论〈民法典〉流押规定的解释适用》,载《甘肃政法学院学报》2021 年第 2 期。

尽力澄清其中误会是研究者的首要任务。根据第403条的文义,未经登记的动产抵押权依旧能够较部分普通债权优先受偿,所以相关法律规范所内含的原意在实质上不存在偏差;但另一方面,《民法典》中的流担保条文在其立法表达方面确实也存有缺陷,该些条文的含义可能旨在模糊流担保的效力问题、引导当事人去遵循清算型担保的路径,它们均在宣示现有法律秩序仅承认流担保具有优先受偿这一法律效果,即只承认其可能构成一种担保物权而并无其他,这种宣示最好是以引用性条款出现,将优先受偿这一法律效果转引自动产抵押的顺位规定中。不过,该句中"依法"一词似乎也能发挥出此种转介效果,但"依法"的指向不甚明确、较为模糊。

三、流押规范的漏洞填补

拉伦茨曾主张,只有当现行法律秩序在特定领域中追求某种多少圆满的规整时,我们似乎才有提及"漏洞"的可能。法律漏洞是一种违反计划的不圆满性。其判断标准,也即根据立法者的整体立法规划和规整所欲达到的目的来确定是否存在法律漏洞。[47]《民法典》中的流押规范存有某些违反规范目的的情形,由此需要大量采用目的性限缩的方法对其进行漏洞填补。

(一)漏洞填补之一:民商区分

在商事交易中促进交易效率就是商人的主要目的,此不同于民法中以实现公平为主要追求目标。而在双方达成流担保合意时,当担保人在债务人不履行债务时直接将担保物之所有权移转给债权人,从损害赔偿原则上遵循填平原则的角度看,此时的确可能存有债权人获得超额担保利益的情形,使得担保人和债务人在此次交易中"血本无归",此于民法维护公平的根本理念似有不符。但是商事交易的发生往往是基于营利性的目的,商事

---

[47] 参见〔德〕卡尔·拉伦茨:《法学方法论》,陈爱娥译,第250—254、267页。

交易作为商事主体的职业也具有连续性,他们也往往具有专业知识和风险识别防控的能力,而交易中的高收益也往往同高风险挂钩,这也是资本市场的一大规律,法律秩序自然应当遵循商事交易的内在规律,将其与单纯的民事交易区分。并且在此基础上充分尊重商事主体之间对彼此利益的约定,避免用法律判断取代商业判断,让商事交易自发形成的旨在规范交易秩序、交易安全的"惩罚性"特征在一定程度上得以发挥,这也是对交易双方利用非诉讼途径解决商事争端的间接肯认,也符合当下的法律政策。基于上述考量,现今学界有部分学者就认为,交易双方达成的流担保合意实则是一种特殊的违约责任,[48]也有学者主张其实流担保合意比照违约金的设置可称为"违约物",[49]这两种典型观点实则是在柔化流担保约款的不公平性特征,将研究的视角从效力争议转移到如何在具体个案中予以司法调控,这在规制流担保交易的发展过程中更显务实的态度。

传统观点认为禁止流押流质的根本原因在于此种约款存在着盘剥债务人、交易不公平的情形,并且尤其也是为了保护债务人之其他债权人的合法利益。[50] 但是,放开对流押流质的效力约束而在实际履行结果方面对其进行调控,那么在单次交易中流担保所产生的不公平效果可以在司法调控中得以压缩,这种通过事后的审查去酌情调整债权人所获得的超额担保利益较单纯利用民事法律行为效力的办法去控制流质流押的僵化做法,更显灵活性,也更能接近具体交易中具体交易者的真实意思和利益安排,进而提高交易效率、增强交易预期。但仍有两个方面的问题值得阐明:第一,就个案的程序而言,在审判程序或仲裁程序中,较为普遍的情形是债务人同债权人进行"两方对垒",虽然法院或仲裁机构可对债权人获得的超额担保利益进行酌减,但债务人之其他债权人如何加入这一程序并提出相应的异议?能否作为第三人而加入酌减程序?拙见以为,其他债权人的加入有

---

[48] 参见李俪:《股权让与担保法律构造、裁判分歧与立法进路》,载《宁夏大学学报(人文社会科学版)》2021年第5期。

[49] 参见李运达:《"买卖型担保"法律性质的反思与证成》,载《西部法学评论》2021年第2期。

[50] 参见王利明:《物权法研究》(下卷),中国人民大学出版社2007版,第441、440页。

利于法官或仲裁员更为全面、客观地把握债务人的责任财产状况,更为精准地对担保权人的超额担保利益进行酌减,也能进一步关照其他债权人的利益。如果在酌减程序中未有其他债权人的加入,程序的公正性和信息的全面性均会下降,这也就是说一旦确定利用个案程序去具体考察流担保交易双方的利益状况,那么也应尽可能多地将相应利害关系人纳入,提高最终由当事人参与具体程序所产生之酌减结果的说服力。第二,就酌减的实体规则而言,最为主要的是如何确定超额利益超过的法定比例。在建构《民法典》担保制度和出台相应司法解释时,无论是立法者还是司法者均立足于控制金融风险、维护担保人和债务人的政策目标,[51]那么对担保交易中的超额担保利益的酌减幅度相比于普通民商事合同中的违约金酌减幅度要更大一些。

还需要探讨另一关键问题即在流担保交易中如何区分民事交易与商事交易。在我国至今并未有《商事通则》对商行为进行明确定义,商事主体资格的登记还尚待完善的《民法典》时代,对于如何在流担保合意中确定商事交易还是民事交易,笔者认为可以不借鉴现行商法学界关于商事交易的定义,现阶段在流担保交易中可以利用破产资格来区分民事交易和商事交易。现行法中并无自然人破产制度,但根据现行《破产法》和《民法典》的相关规定,所有营利法人和部分非营利法人,甚至合伙企业、个人独资企业等也能参照破产程序进行清算,它们都可一定程度上适用破产程序,实际上具有一定的破产资格。而在破产程序中既要强制地通知所有债权人,进行统一的集体清偿,更可以行使破产撤销权等权利维护债权人的合法权益,这符合利用个案程序去规制过高担保差额利益的思考路径,其实这也在实质上对参照违约金酌减的思路进行了深度拓展。比起"虚无缥缈"的商行为定义,将流担保交易"挂靠"到实实在在的程序当中似乎是可行的。

由此,在现行流担保条款中并无照顾到商事交易的独特意蕴,人为破

---

[51] 刘贵祥:《担保制度一般规则的新发展及其适用——以民法典担保制度解释为中心》,载《比较法研究》2021年第5期;高圣平:《民法典担保从属性规则的适用及其限度》,载《法学》2020年第7期。

坏了商事交易的自治性秩序,这已经超越了立法者在订立此条文时所假想的情形,商事交易中的流担保约款并不具有摧毁当事人之间利益平衡的副作用,如果机械适用该条规范只会导致更加不利的局面,于经济效率和交易安全无益。就此,对《民法典》中的流担保条款进行目的性限缩,将商事交易剔除出该条规范的适用范围,并且在该条的立法背景和现实情况下,特别将双方均具有破产资格的交易者之间达成的流担保合意排除适用,直接尊重当事人之间的合意,允许其进行实际履行。由此,可将现有条文中隐藏的法律漏洞作如下填补:"抵押权人在债务履行期限届满前,与抵押人约定债务人不履行到期债务时抵押财产归债权人所有的,只能依法就抵押财产优先受偿。但双方当事人均能适用破产清算程序的除外。"

(二)漏洞填补之二:履行期之外的其他因素

在既有的《民法典》相关条文中,严格按照立法语义的表述可以看出,立法者并不禁止当事人于债务履行期届满之后双方再达成流担保合意即折价合意,至于为何对债务履行期限届满之前的约定有此谨慎态度,较为典型的观点便是认为,鉴于社会经验,债务履行期届满前抵押权人与抵押人之间的经济地位不平等所以容易导致担保协议的不公。[32] 进言之,立法者认为在主债务未得到明确受偿与否的情形下,当事人之间达成的流担保合意往往是不公平协议,特别在成立担保关系时,流担保合意往往能够决定借贷交易是否能够发生。所以在主债务是否能够得以清偿的状况不明时,断然达成此种流担保约款,债务人、担保人很有可能就成为债权人盘剥的工具,此与民法当中的公平原则相抵触,因而要予以禁止。此可见债务履行期限届满与否对当事人合意达成之法律效果有着极大的影响,甚至可以说此时立法者在假定一定的经济状况,即在债务履行期限届满之前,双方达成的流担保合意是出于不公平的压榨,而在债务履行期限届满之后达成的流担保合意是公平的,所以予以区别对待。这种假定实则将债务履行

---

[32] 参见孙宪忠、朱广新主编:《民法典评注:物权编(4)》,中国法制出版社 2020 年版,第 126 页。

期当作了衡量当事人利益平衡与否的唯一指标,只在乎履行期限对双方利益的描摹而忽视了其他因素的参与力度,下文以几则案例为说明要点:

案例一:缺乏考虑期限届满后的实际履行情况㊝

2019年1月24日,双方协议约定:毛某2、李某于2019年9月30日前给付毛某1案件款8万元及逾期利息;毛某2以登记在其名下的位于××县的昕源合作社的养牛场地作抵押,如不能按期给付,毛某2以此养牛场地作价20万元抵顶给毛某1。在履行期届满后债务未得到清偿,毛某1便从2019年10月27日起实际加入该合作社并以养牛场地的所有人对外开展经营。

2020年10月一审法院认为,根据《中华人民共和国物权法》第一百八十六条"抵押权人在债务履行期届满前,不得与抵押人约定债务人不履行到期债务时抵押财产归债权人所有"的规定,毛某1与毛某2、李某在和解协议中约定以昕源合作社的养牛场地作价20万元抵顶债务的内容违反了法律的强制性规定,应属无效,所得财产应予返还。

该案中,双方的确是在主债务履行期届满之前达成的流担保合意,但在履行期届满后双方实际上却按照流担保合意实际履行了一段时间,只是后来担保人对此反悔进而去法院起诉。由此问题在于:当事人已经根据流担保合意实际履行了将近1年的时间,这是否还是不公平条款?债务人是否已经违背了诚实信用原则?债务人是否应予赔偿债权人的信赖利益?这都值得考究。

案例二:缺乏考虑期限将至时双方的约定㊞

双方间就系争房地确有买卖之真意,原告前向诉外人即被告母亲黄静梅借款300万元,除签立保证书外,并将系争房地设定抵押权予黄静梅,作为担保。嗣于2013年7月20日借款期限将至之际,原告仍无力清偿借款,

---

㊝ 参见甘肃省金昌市中级人民法院民事判决书(2021)甘03民终196号。注意:该案二审仅以尊重当事人意思自治,完全驳回了该案一审判决。类似案例另参见威海辰东建筑装饰工程有限公司、威海市汇文房地产开发有限公司建设工程施工合同纠纷二审民事判决书(2020)鲁10民终774号。

㊞ 参见台湾台中地方法院2017年诉字第3693号民事判决。

遂再次签立保证书(借款契约)，重签本票、借据并同意加设流押条款。直至 2015 年 1 月 26 日原告还是无力清偿其积欠黄静梅之债务，故同意以系争房屋抵充债务，将系争房屋所有权依黄静梅指示移转登记予被告，并以房屋价金抵充前开抵押权担保债务，是双方关于系争房屋之所有权移转并无通谋虚伪意思表示。

该案中，双方是在借款期限快要到来时"补签"了流押条款，如果硬性要求双方当事人是在借款期限之后才能达成此种条款，那么可能就会使双方都失去此次交易机会。由此问题在于：距离主债务履行期限届满之前一天或前一星期或前一个月双方达成流担保协议，此时担保人就一定是孤立无援、易受盘剥吗？此可以看出如果严格坚持期限届至时间点会严格限制当事人之间的约定自由度，导致法秩序无端地给当事人增加了交易成本，当事人意思自治的落空显而易见。

案例三(假设)：缺乏考虑履行权利的享有方

A 与 B 签订借贷合同，约定由 B 提供其所拥有的机器设备作为抵押，并明确当 B 到期不履行债务时，仅 B 有权主张就该机器设备抵偿给 A 进行债务清偿，而 A 并无此权利。后双方实际履行了借贷、担保合同。

该案中，仅就债务人 B 获得了进行流担保交易的选择权，理性的经济人 B 可以全面衡量其经济状况而主张实际履行流担保交易，这种选择权的设置十分有利于债务人 B，债务人 B 完全可以利用此权利而获得更优的清偿结果，反而是债权人似乎处于不利的地位。如果立法者和司法者简单根据立法条文，以达成流担保合意的时间作为区分的标准，那么宣称保护债务人的规定很可能就演变成了实际上不利于其利益的条文，此与立法意旨不符，此也可见用履行期去衡量当事人利益是否平衡做法有失妥当。

案例四(假设)：利用脱法行为规避履行期届满的要求

C 与 D 签订借贷合同，约定由 D 提供其所拥有的一批饮料作为抵押，但考虑到法律规定的限制，双方此时仅明确当 D 到期不履行债务时，C 与 D 再行签订有关利用该批饮料抵偿债务的契约，后双方实际履行了借贷、担保合同。

该案中，双方实际上在订立担保合同时约定了于债务履行期限届满后所要达成抵偿合意的预约，那么如何认定该预约的效力？同流担保约款的效力争议一样，此处也许存在着巨大争议，因为这种交易模式似乎已经将流担保的禁令予以了规避，此在法理上被称为脱法行为。那么何为脱法行为？即利用其他法律行为对法律原本禁止之法律效果进行规避。[55] 我国传统观点大多认为，对于法律规避的行为需要仔细通过个案来判定其违法还是合法，无法一概而论。[56] 所以，当考虑规避流担保禁令时，还是离不开对流担保禁令其本身的禁止目的和范围进行考察，如果是流担保禁止与否本身就是政策考量的后果，那么规避流担保所产生的法律效果自然也应是政策考量的结果。例如，杨代雄教授认为，变相违反流质规范禁止之规定就毫无疑问构成脱法行为，基于流质规定为强行性规范所以对其进行规避的行为同样应无效。[57] 不过，也有学者认为流质流押的禁令只适用于质押、抵押中，如果当事人对此进行了规避，那么可以认为当事人的真实意思表示就在于达成流担保合意，基于契约的严肃性要求，不应禁止此种规避行为。[58] 因而，在是否禁止当事人规避流担保法律规范的问题上，再结合之前对流担保法律规范的效力性质争议，此时可能出现三种观点：禁止流担保本身但允许规避、流担保及其规避一并禁止、流担保及其规避一并允许。由此可见，一旦将履行期限作为决定当事人之间达成流担保合意是否为法律秩序所承认之唯一标准时，规避此履行期限的行为之效力争议只会更加复杂。当事人进行法律规避的主要原因在于提高运用法律制度、法律规范

---

[55] 参见〔日〕近江幸治：《民法讲义Ⅰ：民法总则》，渠涛等译，渠涛等校，北京大学出版社 2015 年版，第 160 页。

[56] 参见〔德〕迪特尔·梅迪库斯：《德国民法总论》，邵建东译，法律出版社 2001 年版，第 494 页；王利明：《合同法研究》，中国人民大学出版社 2011 年版，第 659 页；韩世远：《合同法总论》，法律出版社 2011 年版，第 173 页。

[57] 参见杨代雄：《法律行为论》，北京大学出版社 2021 年版，第 341 页。

[58] 参见韩俊英：《以房抵债的理论争点与效力探讨》，载《安徽大学学报（哲学社会科学版）》2018 年第 4 期；徐晓惠：《后〈民法典〉时代物权担保的独立性诉求——以让与担保的型转为视域》，载《海南大学学报（人文社会科学版）》2020 年第 5 期；裴亚洲、单星辰：《论以房抵债协议买卖条款之法律效力——以民间借贷司法解释第 24 条为中心》，载《东北大学学报（社会科学版）》2017 年第 4 期。

的整体效益,减少受约成本,[59]而规避流担保禁令的行为产生了让立法者和司法者感到苦恼的其他问题,这在一定程度上来源于仅单独设置履行期限来模拟当事人之间利益状况的缺陷,试想如果设置了更多的考虑因素,那么对履行期限的规避行为也就没那么难解了。

可知,如果仅仅用履行期限届满与否去区别对待担保交易当事人之间关于移转担保财产所有权去清偿债务的合意,其会出现诸多与制定流担保条款所欲达到目的相冲突的情况,甚至会出现违背民法基本原则如诚实信用原则的情形,这当然与法律秩序的内在精神相抵触,所以必须得进一步将相关法律条文中的语词明晰化。不过,通过对上述典型案例的梳理,我们可以将现行《民法典》流担保条款中隐藏的法律漏洞予以下处理:

就案例一而言,双方虽然是在债务履行期限届满之前达成的流担保合意,但双方实际上的确已经按照此合意进行了履行,并且时间长达3年多,双方在实际上已经用事后行为认可了相应的履行后果,而且债权人对此已经形成了合理信赖。如果担保人在相对较长的一段时期内未借助公权力去推翻此种履行后果,如果仅因后续担保人自身对此履行后果的不满而主张《民法典》第410条或第428条,此与诚实信用原则不符,也与鼓励交易的法律政策不符,更与"法律不保护在权利上睡觉的人"这一法谚相违背。由此可见,基于不同事物不同对待的原理,有必要在条文中加入"如果当事人在债务履行期届满之后仍然按照流担保合意实际履行了一定时间"这一除外情形,所以整体上就可以将法律条文改造成(以第401条为例):"抵押权人在债务履行期限届满前,与抵押人约定债务人不履行到期债务时抵押财产归债权人所有的,只能依法就抵押财产优先受偿。但当事人在债务履行期届满之后仍然按照之前达成的流押合意实际履行了一定时间的除外。"

就案例二而言,双方虽然也是在债务履行期限届满之前达成的流担保合意,但如果坚持认为履行期限是一个固定时间点,而不考虑当事人实际

---

[59] 参见董淳锷:《规制"规避":中国民商法的技术选择、制度演进与改进策略》,载《北方法学》2020年第3期。

达成流担保合意距离债务期限届满的时间差距和其他附随情况,这种僵化的思维模式会在某些情形不利于债务人、担保人自身。因为及时结清债务对于债权人、债务人、担保人这几方而言有时存在着巨大的经济利益,而且债务履行期限前本身就是一段时间,当事人的利益状况很可能在债务履行期限届满前就已经明晰,债务清偿的数额和后续安排当事人也可能早有预期。理性的经济人基于其对未来合理的预期而达成的交易,当不涉及公共利益时法律并无否认之权限,正如谢哲胜教授所言,"比起当事人自己的合意,立法者是在自作聪明,但通常都不会比当事人聪明,其结果徒然只是影响契约的效率而已"[50]。也就是说,如果僵化地适用相关法律条文会抵触私法自治这一民商法的基本理念,也与保护弱势债务人的规范意旨相矛盾。但还要予以说明的是,除了宽松对待履行期的时间限制,还要注意当事人之间在履行期限届满前又签订书面流担保协议的情形。因为书面协议这一根据当事人意思达成的要式法律行为,包含证明、警示、说明的传统功效[51],它往往可以表明当事人之间对相关约款的严肃性,基于契约严守的私法理念也应着重关注。由此,可将现有条文中隐藏的法律漏洞作如下填补:"抵押权人在债务履行期限届满前,与抵押人约定债务人不履行到期债务时抵押财产归债权人所有的,只能依法就抵押财产优先受偿。但双方当事人在履行期限届满之前的剩余合理期间内达成流押合意或者双方当事人就流押合意重新订立了书面协议的除外。"

就案例三而言,双方确实是在债务履行期届满前就担保财产的移转达成了一致,但实际上拥有这一移转请求权的主体仅为债务人自己,债务人完全可以根据其自身的经济状况灵活自如地选择是否直接移转担保财产的所有权去抵偿债务,债权人却并无直接请求的权利。这种履行选择权的设置,在缔约程序合法的前提下实质上十分有利于债务人去清偿债务。因为担保标的物的价值如果是在一段时期内涨幅预期不明,这种选择权的设

---

[50] 参见谢哲胜:《流质(押)契约自由与限制》,载《台湾本土法学杂志》2005年第4期。
[51] 参见杨代雄:《法律行为论》,北京大学出版社2021年版,第360页。

置使得此种涨幅不明的交易风险完全转移给了债权人,债务人在担保财产价值下降时完全可以不去清偿数额更高的主债务数额,而直接用担保物抵债。此种做法既符合私法自治的原理,也符合保护债务人合法利益的规范意旨和法律政策,于整体经济而言亦有效率和安全之功效,符合"帕累托最优"的经济学原理。还应注意的是,债务人如果主动提出交易双方可达成流担保约款时,此时同双方约定债务人享有选择权的情形极为类似,因为这二者都体现出债务人就流担保合意达成的主动性、积极性,通过此主动积极的促进行为,我们可以断定债务人对其担保债务清偿有着独特的考虑,这独特的目标的追求法律秩序应当予以尊重。由此,可将现有条文中隐藏的法律漏洞作如下填补:"抵押权人在债务履行期限届满前,与抵押人约定债务人不履行到期债务时抵押财产归债权人所有的,只能依法就抵押财产优先受偿。当双方约定仅债务人享有履行流押条款的选择权或当债务人主动提出签订流押条款的除外。"

(三)漏洞填补之三:对担保物估价的流担保交易

除了上述两大类型的法律漏洞之外,笔者认为还存在着第三种类型的法律漏洞,即立法者本应考虑如果交易当事人在流押流质中约定对担保物的价值进行估价的交易模式,但并未对此进行明确区分。

立法者应从法制史的角度重新深入考察自罗马法以来禁止流押流质契约的目的,从而充分注意到禁止流担保的背后原因。公元 320 年君士坦丁大帝(Constantine the Great)鉴于当时蔓延的信用危机,果断地将当时流行的由债务人将担保物抵偿给债权人之流质契约宣告无效,[62]这是传统观点对当时罗马帝国利用民事法律行为的无效去约束流担保约款的历史阐述,但此种观点似浮于表面,未揭露问题的实质。近来专门研究罗马法的欧洲学者苏奇(Magdolna Szucs)教授便认为,纵观罗马法禁止流担保约款

---

[62] 参见〔德〕马克斯·卡泽尔、〔德〕罗尔夫·克努特尔:《罗马私法》,田士永译,法律出版社 2018 年版,第 325 页;周枏:《罗马法原论》(上册),商务印书馆 1994 年版,第 423 页。

的历史,债务人对担保物估价不清或双方对担保物的价值持概括性的态度,以致双方对担保物的价值均没有得出公正预估(just estimation),这是债权人获得超额担保利益的根源。[63] 为何罗马法没有对担保物进行估价这一行为"情有独钟",原因在于:古罗马帝国所处的社会历史环境缺乏更多的对担保交易中担保物估价的手段,估价的程序也没有如现代社会这样详细。其次,鉴于当时的信用危机,果断切断盘剥交易、稳定社会局面是统治者的首要目的,带有估价约款的流质流押亦可被政策性地归于禁止的范畴,这可能也是当时的统治者有意为之。我国《民法典》的立法者往往只注意到了罗马法最终对流押流质采取效力规制的方法,但对流担保交易中促使立法者对其采取禁止态度的核心仍不十分明确,存在着僵化借鉴的问题。

立法者应从当今比较法发展的趋势中,吸收某些典型立法例的经验,尤其是要发掘最新的对流担保交易进行缓和处理的立法动向,进一步改造既有条文,进而与国际交易接轨。在面对僵化处理流担保约款的同时,在欧洲商事交易中逐步出现了一种旨在实现意思自治和利益平衡相协调的做法,特别是为了契合商事交易的需求,即"马西亚诺协议"(Pacto Marciano)。其与以往流押流质条款的最大区别就在于,后者是根据债务数额的多寡与担保物建立占有关系,而前者是根据第三方评估机构对担保物的估价来对担保物的价值进行确定,进而能够消除债务人和其他普通债权人的损失风险。[64] 在《欧洲示范民法典草案》(简称"DCFR")第Ⅸ-7:105条中,虽然依旧明文规定对流担保条款作无效处理,但在第二项中存有例外,即如果担保财产既是在公开的市场上以公平的价格进行交易,并且也是可替代物时,此时便不对其流押流质约款作无效处理;甚至在此基础上,增加了一个"兜底条款",即只要当事人双方确认存在便于确定合理的市场价格

---

[63] See Szucs, Magdolna, Creditor rem Sibi Oppignoratam a Debitore Emere Non Potest, *Journal on European History of Law*, vol. 2, no. 2, 2011, pp. 65–72.

[64] See Szucs, Magdolna, Creditor rem Sibi Oppignoratam a Debitore Emere Non Potest.

的其他方法依然会摆脱流担保合意无效结局。㉟ 其制定者便认为,担保物的价值如果是可估价的种类物,那么确定其价值的估价方式也是可预期的,其至当交易者约定了可确定担保物价值的方法时,担保物被低估或被抛弃的概率就会大大降低。㊱ 在引人注目的法国担保法改革中,《法国民法典》在第 2459 条承认了流担保约款的法律效力,此举符合法国国内对其进行改革的呼声,进一步便利化了担保物权实现的程序;随后在第 2460 条列明了例外的实现条件,即明确在不动产上设立流押时应当由双方选定的或者法院指定的专家进行评估。㊲ 在比较法的最新发展趋势上,我国《民法典》相关条文中"只得就担保财产优先受偿"这一法律效果的赋予也有着僵化和落后于世界趋势的问题。

此外,立法者也有简单处理流担保交易的倾向,并未从实践交易的具体操作和司法审判的经验中找到正确的规制方向。首先,在实践交易中,中国证券监督委员会在 2015 年颁布了《公司融资融券业务管理办法》,在第四章"债权担保"下,其第 26 条就规定:当证券客户未按要求补足担保物或余款时,证券公司可以自行处理该担保物。由于证券公司实际掌握着担保物或其担保账户的密码,实践中经常会出现客户不能清偿债务差额时由证券公司直接取得担保物或当客户的证券自身作为担保物时直接取得相应证券,这毫无疑问属于流押流质契约,但在证券交易中经常发生,其至已经由交易习惯形成了具体的规章条文,这对商事主体而言具有相当程度的法之确信,而且实践中几方交易者均将此称之为"强制平仓"。典型观点认为我国应当正视此种交易,进而就此进一步地缓和流担保约款的行使效果,使法律更加贴近社会现实生活。㊳ 从既有的民法与商法演进历史来看,

---

㉟ 参见欧洲民法典研究组、欧洲现行私法研究组编著,克里斯蒂安·冯·巴尔、埃里克·克莱夫主编:《欧洲私法的原则、定义与示范规则:欧洲示范民法典草案》(DCFR)(全译本)(第九卷动产担保物权、第十卷信托),梁慧星翻译顾问,徐强胜等翻译,法律出版社 2014 年版,第 173—174 页。

㊱ 参见同上书,第 204 页。

㊲ 参见李世刚:《法国担保法改革》,法律出版社 2011 年版,第 278 页。

㊳ 参见龙俊:《民法典物权编中让与担保制度的进路》,载《法学》2019 年第 1 期。

富有生命力的商法规则不断加深和演变,这往往能够成为注重体系的民法规则发生变化的"前奏"。[69]所以在现行法律条文中悄然生长着例外的规则,此虽立法者所忽视或未发现,司法者应对此保持一定谨慎。其次,在《民法典》施行前我国实践案例中亦涌现了某些值得反思的典型观点,这其实为立法者提供了绝佳的观察契机,但结果却事与愿违。例如,重庆第五中级人民法院在审理"重庆国润汽车销售服务有限责任公司与大华银行(中国)有限公司重庆分行金融借款合同纠纷"一案中,就银行直接划转质押账户中的相关资金去清偿债务是否构成流质的争论中认为,"账户质押构成金钱质押。金钱作为一般等价物,其价值是确定的,不需要经过拍卖变卖程序确定价值,因此金钱质押构成特殊动产质押,在债务人不履行债务时,债权人可以以该金钱优先受偿。银行据此扣划债务人质押账户中资金用于抵扣到期债务的行为并不构成流质"。[70]该案中,金钱由于有货币作为估价工具,也有国家信用作背书,所以在担保中对它的估价始终是较为确定的,此也自然而然地免除了当事人之间约定估价的负担。那么,根据法院的裁判精神进行进一步的推导:金钱一定是价值确定的吗?类似于金钱的等价物如何?不记名的有价证券又如何?有着较为稳定的交易市场和估价机制的担保物又如何?这一系列的问题都在启示我们,从较为公开的交易市场和较为稳固的交易习惯衍生出的担保物本身的性质和具体的交易场景,均可以构成禁止流担保或限制流担保的例外。总之,在现实生活中,无论是从事证券交易的普通消费者,还是与银行进行金融借贷的企业,在一定程度上肯定流担保的存在这是不争的事实,但《民法典》中的相关法律条文似乎对此"置若罔闻"了。

  通过上述分析,立法者在流质流押禁止的立法史、流担保的比较法最新趋势以及我国现实生活交易缺乏仔细考虑时,在现行法律条文的法律适用效果中仅赋予债权人就担保财产优先受偿的权利,这在适用效果太过僵

---

[69] 参见崔建远:《民事合同与商事合同之辨》,载《政法论坛》2022年第1期。
[70] 参见重庆市第五中级人民法院民事判决书(2017)渝05民终3593号。

化,不符合国内外的实际,基于国际交往的扩大和平等互惠的涉外审判原则。不过,借鉴法国担保法的改革成果以及我国的现实情况,笔者认为对于保障债务人基本生存利益的唯一一套住房应完全禁止其参与流担保交易,这是出于社会保障的考虑。由此可以对该法律漏洞作如下填补:"抵押权人在债务履行期限届满前,与抵押人约定债务人不履行到期债务时抵押财产归债权人所有的,只能依法就抵押财产优先受偿。当双方事先预定了担保财产的价值或可得确定其价值方法除外,但债务人名下的唯一一套用于居住的房屋不得作此约定。"

(四)总结:整体缔约观下的漏洞填补

现行流担保法律规范中存有不少的法律漏洞,例如民事规则与商事规则的区分问题,将民事交易与商事交易一体化把控,忽视二者各自存在的特性;又如利用履行期去衡量担保交易当事人之间的利益是否平衡是不精确的,更是容易被规避的,甚至有时会带来僵化的适用结果,更会违背规范意旨;更如未区分附有对担保财产进行估价的担保交易,导致其"管辖"范围过宽,忽视国际趋势和现实国情的问题。而且通过分析,我们发现其实如果真如立法者所言明的那样,即规制流担保的用意就在于保护弱势的债务人,使其免受不公平交易的盘剥,那么在立法条文的具体指向上其实就应该设置较为丰富的条件和选项,积极地引导当事人从事公平的流担保交易。并且更为理想的是,立法者应该给司法者一定的裁判指引,给予司法者衡量具体交易是否公平的一些微观指标,当然,司法者也有这样一种义务。因为公平一词,在民法哲学上应始终意指个案,它本身的内在含义就应立基于个案,抽象的、普遍的公平实际上是十分令人质疑的,也就是说公平应该是天然具有个殊性的。坚持这样一种理念,笔者认为现行流担保法律条文的规定过于简单,容易出现诸多法律漏洞,所以必须综合考虑当事人的缔约过程,将诸多影响当事人正当决断的因素纳入考察范围,从整体上考察交易是否公平,从而决定是否适用现行《民法典》的有关法律规范,这就是笔者所称之整体缔约观的法律含义。令人惊喜的是,在我国司法实

践中早就已经存在有意识地使用整体缔约观这一方法去审视相关当事人之间的流担保交易是否公平的案例:

案例五:有关流担保交易的整体缔约考察[71]

本案中,五家公司于 2015 年 10 月 21 日达成《协议书》,其约定:如在 2016 年 9 月 30 日前乙(泰丰公司)、丙方(金泰公司、杰宇公司)清偿了本协议约定的债务的,则在债务清偿之日,甲方(鑫鼎公司)将持有的丙方的全部股权转让给乙方和丁方(新泰丰公司),但不再收取股权转让价款。如乙、丙方未在 2016 年 9 月 30 日前清偿本协议约定的债务的,甲方有权不将持有的丙方的股权转让给乙方和丁方,以未清偿的债务抵偿股权转让价款,乙方和丁方对此无异议并同意甲方无需因此对乙方和丁方作出补偿或赔偿。

法院认为,本案需根据《协议书》的约定内容,并结合实际履行情况,确定案涉《协议书》中各方当事人的权利义务关系及合同目的。在《协议书》签订后,案涉股权已经登记在华贸公司名下(该公司与甲方属于委托借名登记关系),而甲方已经实际取得金泰公司经营管理权,且对金泰公司的工程项目进行投资开发,这与股权让与担保中股权系"形式转让"且该转让以担保债权实现为目的有所不同;遂在认定双方为股权转让的前提下,将案涉《协议书》的约定理解为股权抵债权中对股权价值的进一步明确,而非股权质押担保中的流质条款,理据充分,符合本案实际情况,处理意见亦较为公允。

笔者认为,在该案中相关约定的条款为明显的流担保条款,其在债务履行期限届满之前约定当债务人不履行债务时,担保财产的所有权就要移转给债权人用以清偿债务,而且明确后续清算义务已经排除,完全符合传统观点对流质的定义,属于流质应无异议。但根据裁判书的主文内容,法院对该案的综合考量实际上包括了以下因素:双方均为公司即交易主体、双方的担保物为股权即担保财产的性质、双方履行的情况即考察双方达成

---

[71] 参见中华人民共和国最高人民法院民事裁定书(2021)最高法民申 3592 号。

流质条款后的实际情况、担保合同订立的目的即当事人双方的真实意思表示、股权价值是否能够确定即对担保物估价的方法及结果、事实上投资开发等其他附随情况。这种运用整体缔约观的办法得出公平在具体交易中的真实含义,为变相地突破既有法律规范的限制奠定了较为坚实的说理依据。有异议者会质疑股权因为存在人合性特质,从而具备一定的特殊性,该案可能涉及商事交易安全的问题。笔者认为,现行流担保法律规范从其文义以及立法者的用意看,均是统一适用于所有担保财产,其并未明确排除不适用于股权交易之情形。其次,正是股权这种特殊性才能较为充分地反映出现行法律规范的漏洞所在,为法律适用增添新的思考空间,更为灵活运用、改进相关制度带来新的突破,而且在有关不动产流担保中亦早有案例变相突破了法律规则[72],隐性地突破流押流质条款在实务界早已不是新鲜事。在该案例中,法官实际上已经在对现行《民法典》的相关法律条文进行了漏洞填补的工作,但基于诸多主观、客观原因并未直接言明,此点于司法裁判的科学化和裁判尺度的统一不利,对此应保持一定的警惕。但是,这也启示着研究者,可以尝试将司法裁判中的具体考虑因素予以体系化整理或逻辑化排序,为学术研究提供更多视角,也为后续司法、立法提供更多研究资料。以下笔者就将诸多影响流担保交易公平性判断的因素予以总结并逐个进行分析。不过,应注意的是,双方之间达成的合意越公平,基于私法自治的原理,那么就意味着法律秩序对其限制应越少,越应当尊重当事人之间的约定,而不是介入国家管制。我国现行《民法典》中的流担保法律规范通过"只得就担保财产优先受偿"这一法律效果就可知属于管制性立法,因为它限制了当事人之间的自由选择。综合以上内容,基于禁止流押流质条款的规范意旨,我们可得出这样的一个公式:如果双方达成的流担保合意越公平,就应越尊重当事人的选择,所以现行法律条文的适用就越没必要,法律漏洞就越明显,那么就越有必要对其进行目的性限缩。还应注意的是,笔者以下因素的发挥,很大程度上是一种经验性的概率估

---

[72] 参见上海市闸北区人民法院民事判决书(2012)闸民三(民)初字第1578号。

计,不排除有小概率事件的发生。具体如下:

第一,从缔约主体来看,结合上述分析可知,越是商事主体之间达成的流担保合意,越体现出私法自治的精神,在假定双方均是理性的经济人时自治往往是最有效率的,进而也是最公平的。所以,从民事主体到商事主体这一范围内,随着商事色彩逐渐浓厚,流担保交易的公平性越发要得到肯定,现行法律的漏洞越明显,就越有必要进行填补。

第二,从双方达成流担保合意的时间与债务履行期距离远近来看,结合上述分析可知,双方距离债务履行期届满的时间点越近,那么达成流担保协议的公平性就越明显,直至债务履行期届满双方达成的折价协议更是直接被现行《民法典》所承认。

第三,从双方达成流担保约款中是否附有对担保财产的价值进行预估的内容来看,当事人之间对担保物的估值越精确或者约定的估值方式越客观,那么交易的公平性也会逐步上升。

第四,从双方从事流担保交易的担保财产之性质来看,担保财产与基本生活保障越紧密,那么流担保交易的公平性就越低,因为利用与基本生活保障紧密的财产去担保债务,这往往能够说明债务人已经走投无路,无其他融资手段,所以很难证明这种担保交易的发生是自愿的。

第五,从双方在债务履行期限届满后是否实际履行及实际履行持续时间长短来看,担保交易方如果实际履行并且持续时间越长,那么说明此交易是符合交易双方的实际期待的,双方通过合意已经形成了内在自生的交易秩序,这也是符合建立法律秩序所要求的稳定性,也符合交易方的合理信赖利益。

第六,从具体交易中哪一方享有履行流押约定的请求权来看,如果此权利单纯归于债权人,那么债权人可能更加在乎其自身的经济状况和优势地位,易去盘剥债务人。如果双方均有此履行请求权,债务人的地位较之前有所改善,双方处在较为均势的地位,可以进行更多磋商。而仅当债务人享有履行流押约定的请求权时,可以期待债务人能根据自身情况作出理性判断,债务人并无受到压榨的可能。

总而言之,除了上述六大因素之外,司法适用者一定还要注意其他附随情况,尽可能综合所有相关因素得出全面判断,该案件是否属于合格的例外情形,进而认定现有法律规范存在法律漏洞,利用目的性限缩的方式进行个案衡量式的漏洞填补,最终获得公正的裁判结果。由此,结合本部分对法律漏洞进行填补的内容分析,笔者建议在今后制定司法解释或对现行法律条文进行修改时,可采用以下条文内容(以流押规范为例):

第×××条　流押规范

抵押权人在债务履行期限届满前,与抵押人约定债务人不履行到期债务时抵押财产归债权人所有的,只能依法就抵押财产优先受偿。但有以下情形之一的,并且主张按照当事人约定履行的一方应当对担保财产与基本生活保障无关负有说明义务,原则上可依照当事人之间的约定履行,除非当事人能证明担保财产与基本生活保障有密切关联或者存在不公平交易的情形:

交易方均具有破产资格或均能适用破产程序;

交易方在距离债务履行期限届满之前的剩余合理期限内达成约定;

交易方或已约定对担保财产进行估价,或已约定具体价格,或约定可对其进行估价的确定方法;

交易方在债务履行期限届满后按照既有约定已经实际履行并且持续合理期间;

交易方一致约定仅是债务人或担保人享有履行流押约定的自主选择权。

《刑法》第 64 条"供犯罪所用的本人财物"的教义分析——基于刑罚性后果说的限制解释

徐彬喆[*]

内容摘要:关于《刑法》第 64 条"供犯罪所用的本人财物"的性质,存在刑罚说、保安处分说、独立法律效果说之争。保安处分说与独立法律效果说均有不合理之处,刑罚说也有牵强附会之嫌。没收"供犯罪所用的本人财物"以预防"与法秩序不具有相容性"的物为主要目的,报应事实上为附随目的,但又具有"否定评价的施加必须附随于成立犯罪的行为"这一刑罚属性,应当将其性质认定为具有刑罚特征的"刑罚性后果",即在对"刑罚"做侧重特性而非名目的理解基础上,采刑罚性后果说。基于此说,可将"供犯罪所用的本人财物"限制解释为"专供犯罪所用的本人财物",并通过犯罪关联程度与罪刑均衡的阶层判断指标对其范围进行限制性认定,同时还应当对"本人"的含义作出限缩解释。

关键词:供犯罪所用的本人财物　没收　刑罚性后果　犯罪关联程度　罪刑均衡

引言

《中华人民共和国刑法》(以下简称《刑法》)在第 59 条"没收财产"之

---

[*] 徐彬喆,北京大学法学院刑法学专业 2021 级硕士研究生。

外,于第64条另行规定了对犯罪物品的没收,表述为"犯罪分子违法所得的一切财物,应当予以追缴或者责令退赔;对被害人的合法财产,应当及时返还;违禁品和供犯罪所用的本人财物,应当予以没收"。学界将前者称为一般没收,将后者称为特别没收。[1] 特别没收的对象有三,分别为犯罪分子违法所得的一切财物、违禁品以及供犯罪所用的本人财物。其中"供犯罪所用的本人财物"近年来在司法实践中存在着较多具体适用上的问题,例如以车辆作为交通工具进而实施犯罪行为的,是否应当没收该车辆?偶尔用于犯罪的车辆与长期用于犯罪的车辆在处理上是否应当存在区别?[2] 类似问题在实务中产生了一些争议,在学界也引起了一些讨论。

"供犯罪所用的本人财物"的本质含义与范围界定,与其性质定位具有直接的关联,若要提出有益的判断方案,必须先对此项特别没收的性质进行辨析。因此,本文拟先考察"供犯罪所用的本人财物"之特别没收性质定位的相关学说,而后结合以我国刑法条文具体规定为对象的教义分析进行定性,最后基于本文主张的刑罚性后果说,通过对条文的限制解释,提出是否属于"供犯罪所用的本人财物"的判断标准,并结合指导案例的裁判理由进行相应的剖析。

一、没收"供犯罪所用的本人财物"的性质争议

(一)学说梳理

关于"供犯罪所用的本人财物"之特别没收的性质为何,刑法学界主要存在刑罚说、保安处分说、独立法律效果说三种学说。

刑罚说将没收"供犯罪所用的本人财物"理解为刑罚的一种。该观点认为,没收犯罪物品的特别没收与没收财产的一般没收相比,其实质都是犯罪人被国家强制执行导致的财物减少,均为犯罪的刑事法律后果,均由

---

[1] 参见张明楷:《论刑法中的没收》,载《法学家》2012年第3期。
[2] 相关案例参见刘鹏玮:《"特别没收"的司法失衡与规范重塑——以"供犯罪所用的本人财物"之没收为视角》,载《苏州大学学报(法学版)》2017年第3期。

法院宣告并强制执行,本质上均属财产没收的范畴;两者的目的均为实现对犯罪行为的否定评价与惩罚,剥夺与犯罪有直接关联的财物只是达到上述否定评价与惩罚目的的特殊手段,不能仅因没收的具体内容不同,就否定"供犯罪所用的本人财物"之特别没收的刑罚属性。③ 持刑罚说者主张刑罚本身即有特殊预防的功能,没有必要为了强调没收对行为人再犯可能性之特殊预防的机能,而将其另行定位为不受责任主义、罪刑均衡原则制约的保安处分。④ 只有将"供犯罪所用的本人财物"之特别没收定位为刑罚,也即在阶层犯罪论体系的话语下,要求所涉行为不法且有责而被认定为犯罪,才能够以罪刑均衡原则对特别没收的边界程度加以规范。⑤

与之相对,保安处分说认为没收"供犯罪所用的本人财物"只是单纯出于防止犯罪人利用其财物再次实施犯罪之特殊预防的需要,《刑法》并未将其明确规定为一种刑罚,其不以行为成立同时具有不法与责任的犯罪为其前提条件,而是只需行为至少成立不法即可。实施该项特别没收也不需要考虑罪刑均衡的裁量问题,但仍需考虑与特殊预防均衡的比例问题。⑥ 尽管没收"供犯罪所用的本人财物"的目的在于对行为人的特殊预防,但同时在客观上也会产生一般预防的效果。⑦ 认为没收具有保安功能的学者主张特别没收属于"对物的强制措施",认为为了应对日益复杂多变的犯罪形势以满足保卫社会、打击犯罪的需要,不采刑罚说可以赋予没收足够的灵活性,从而最大限度地发挥其功能。⑧ 有的学者还在这一立场的贯彻下,进一步认为只要犯罪人以其财物(无论价值多少)实施犯罪,其拥有该财物的合

---

③ 刘德法:《论刑法中的没收犯罪物品》,载《郑州大学学报》2009年第2期;〔日〕金光旭:《日本刑法中的不法收益之剥夺——以没收、追缴制度为中心》,钱叶六译,载《中外法学》2009年第5期。
④ 同上。
⑤ 参见胡成胜:《我国刑法第64条"没收"规定的理解与适用》,载《河北法学》2012年第3期。
⑥ 参见冯文杰:《比例原则视野下犯罪工具没收的实质解释》,载《法学家》2022年第2期。
⑦ 参见张明楷:《论刑法中的没收》,载《法学家》2012年第3期;时延安:《隐形双轨制:刑法中保安处分的教义学阐释》,载《法学研究》2013年第3期。
⑧ 何帆:《刑事没收研究——国际法与比较法的视角》,法律出版社2007年版,第107页。

法性和正当性便已不复存在,因而剥夺其财物所有权并不违反比例原则。⑨持保安处分说者批评刑罚说因为强调罪刑相适应的原则,从而存在违反《刑法》第 64 条"应当予以没收"之"应当"的可能。⑩

第三种学说为独立法律效果说。该学说认为"供犯罪所用的本人财物"之特别没收既不属于刑罚,也不属于保安处分,或者既有部分刑罚的属性,也有部分保安处分的属性,因而属于一种独立的法律效果。持独立法律效果说者认为没收"供犯罪所用的本人财物"实质上是国家出于维护公共利益与禁止财产权滥用的刑事政策而实施的干预性处分措施,其理论根据在于超过宪法保障的限度滥用财产权会使得相关财产失去要保护性。⑪持该说者认为,要求行为不法且有责的刑罚说不当缩小了没收的适用范围,忽略了特别没收没有被刑法明确规定为刑罚的一种。不仅如此,刑罚说还忽视了刑法明确规定为刑罚的没收财产之一般没收既在目的、对象上与特别没收不同,又在裁判文书中与特别没收相并列。此外,一般没收本身的正当性即受质疑,已"自身难保"而无暇顾及对特别没收的包纳。⑫ 对于保安处分说,支持独立法律效果说者认为,保安处分在我国存在法定化不足、程序化不足等缺陷,贸然将特别没收定位为保安处分难以统一其在实践中的处理方式,可能导致预防效果阙如、偏离人身危险性之核心、没收范围过大等问题。⑬

(二)学说评析

本文认为,保安处分说与独立法律效果说均有不合理之处,可是比较

---

⑨ 参见时延安:《隐形双轨制:刑法中保安处分的教义学阐释》。
⑩ 参见张明楷:《论刑法中的没收》。
⑪ 参见金燚:《"特殊没收"的理论反思与司法适用——以"供犯罪所用的本人财物"之没收为视角》,载《东北大学学报》2019 年第 1 期。
⑫ 参见金燚:《"特殊没收"的理论反思与司法适用——以"供犯罪所用的本人财物"之没收为视角》;万志鹏、刘涛:《供犯罪所用本人财物没收研究——以〈刑法〉第 64 条为切入点》,载《湖南警察学院学报》2021 年第 3 期;王鹏飞:《供犯罪所用的本人财物没收的限制性适用——规范目的基础上的实质考察》,载《首都师范大学学报》2021 年第 4 期。
⑬ 参见金燚:《"特殊没收"的理论反思与司法适用——以"供犯罪所用的本人财物"之没收为视角》;万志鹏、刘涛:《供犯罪所用本人财物没收研究——以〈刑法〉第 64 条为切入点》。

而言最为合适的刑罚说也有牵强附会之嫌。

1. 对保安处分说的批判

保安处分说的首要理由是预防的需要,但如果在现代二元综合刑论的语境下进行考察的话,刑罚在报应功能的基础上当然地具有特殊预防与一般预防的功能,[14]将供犯罪所用的本人财物之特别没收在刑罚之外另行定位为保安处分,无非是想在报应的边界之外进一步发挥其预防功能,更多的是目的论证而非法理论证。问题在于,这种试图摆脱报应均衡限度的目的是否具有合理性?持保安处分说者主要将这种扩张的预防体现在两个方面:一是在行为人角度,认为对不满足刑事责任年龄的人或精神病人应该没收其供犯罪所用的本人财物以预防其再犯危险;[15]二是在物的性质角度,主张无论财物的价值多少,只要用来实施犯罪就丧失了其合法性和正当性,应当予以没收。[16]

就前者而言,在体系逻辑一致性上,当刑法根本不将无刑事责任能力人的行为认定为犯罪时,其行为所使用的一般性的财物当然也应当是刑法与社会整体秩序所允许或容忍的。在手段合目的性与比例性上,对不成立犯罪之行为人主观层面的预防,应当通过批评教育、强制医疗等以行为人为中心的制度进行反应,事实上刑法也已经规定了相应的制度,在这种行为并不有责、仅仅考虑人的危险而非行为否定的情况下,将对其的预防诉诸物的效果,无疑是缘木求鱼。

就后者而言,这一主张恰恰展现了保安处分说认定标准的恣意性。有学者出于限制对行为人不利益之范围的考量,认为就算是将"供犯罪所用的本人财物"之特别没收定性为保安处分,也仍然需要在实施该项没收的过程中考量比例原则,并在适当性、必要性、均衡性三项子原则的指导下提出了一系列自己的类型化标准。[17]但由于这种"比例"并不是根据罪责程度

---

[14] 参见梁根林:《刑事制裁:方式与选择》,法律出版社 2006 年版,第 22—30 页。
[15] 保安处分说下逻辑一致的推导结论,参见张明楷:《论刑法中的没收》。
[16] 参见时延安:《隐形双轨制:刑法中保安处分的教义学阐释》。
[17] 参见张明楷:《论刑法中的没收》;另见冯文杰:《比例原则视野下犯罪工具没收的实质解释》,载《法学家》2022 年第 2 期。

来确定,而仅仅只是与"要符合比例"这样一种原则性观念相联系而已,因此如何限制、何为"符合比例"就没有较为明确的参考,最终往往只能诉诸利益权衡。[18] 而如果发展到极端,也即按照"无论财物价值多少只要用来实施犯罪就应没收"的"比例"主张去权衡,那么实际上就已经架空了比例原则。例如当行为人偶尔一次用名贵汽车毁坏农田财物并恰好达到入罪数额标准的场合,将名贵汽车没收显然与一般人法感情不符,难以为社会所接受,也对行为人产生了不应有的严苛效果。事实上,只有在特别持久地威胁一般公众的例外情况下,保安处分才有适用的空间,[19] 而诸如上例情形则显然不属于此种情况。

2. 对"独立法律效果说"的批判

本文认为,独立法律效果说只是在刑罚说与保安处分说纠结中的一种形式上的简单综合。刑事政策、报应与预防都是刑罚考量的重要因素,保安处分说也根据刑事政策强调预防需要,因而独立法律效果说的立论根据根本无法支撑其作为一种独立的学说存在。在德国有学者认为没收兼有刑罚、预防等要素,因此它既不属于刑罚,也不属于矫正及保安处分,而是指一种独立的制裁。[20] 但这是从外部就没收之整体而言的,并不意味着在每一项具体的没收上其性质都是如此。事实上,耶塞克教授与魏根特教授在这个定性的基础上,根据《德国刑法典》将没收的类型细分为刑法上的没收与安全上的没收,前者指的是没收犯罪工具或犯罪行为的产品的特别没收,后者指的是没收违禁品的保安性没收。就刑法上的没收而言,尽管两位教授认为其理由很难从刑罚目的上找到,但仍然主张其实施需要按照量刑的基本原则,根据行为人的责任考察罪刑均衡来进行,而且如果决定没

---

[18] 参见〔德〕克劳斯·罗克辛:《德国刑法学总论》(第1卷),王世洲译,法律出版社2005年版,第51—52页。

[19] 参见同上书,第53页。

[20] 〔德〕汉斯·海因里希·耶塞克、〔德〕托马斯·魏根特:《德国刑法总论教科书》,徐久生译,中国法制出版社2017年版,第1068页。

收,则在施加其他制裁时需要做有利于行为人的考量。[21] 因而至少在"供犯罪所用的本人财物"之特别没收性质的问题上,独立法律效果说是难以成立的。

本文认为,刑罚说因后文所述的刑罚本身的双重功能而在法理上可以成立,且将没收"供犯罪所用的本人财物"与犯罪成立相勾连,并以罪刑均衡进行限制,能够较好地确定"供犯罪所用的本人财物"的范围,在功能上也是较为可采的。但问题是,正如保安处分说与独立法律效果说所指摘的那样,把"供犯罪所用的本人财物"之特别没收定位为一种刑罚是否与我国《刑法》的规定相符合?

3. 对刑罚说的教义检验

我国《刑法》于第三章"刑罚"的第一节"刑罚的种类"中规定了五种主刑与三种附加刑,前者包括管制、拘役、有期徒刑、无期徒刑、死刑,后者包括罚金、剥夺政治权利、没收财产;在第三章第八节中"没收财产"部分的第59条规定了没收财产的含义,即"没收犯罪分子个人所有财产的一部或者全部";在第四章"刑罚的具体运用"的第一节"量刑"部分的第64条对没收"供犯罪所用的本人财物"进行了规定,即"供犯罪所用的本人财物,应当予以没收"。

对没收"供犯罪所用的本人财物"性质的教义学解释,需要在上述刑法表述与体系结构的基础上进行,此外还需遵循一定的教义学解释方法与顺序。[22] 首先,根据文义解释,将"供犯罪所用的本人财物"中的"犯罪"解释为不法且有责的犯罪,从而将此项特别没收定位为犯罪成立之后对犯罪人所施加的刑罚,在文义上不存在障碍。其次,根据体系解释,没收"供犯罪所用的本人财物"被规定在"量刑"一章,在司法逻辑上位于"定罪"之后,且根据章标题其内涵至少为某种具有刑罚属性的措施,在这一点上也是能够支持刑罚说的。

---

[21] 参见〔德〕汉斯·海因里希·耶塞克、〔德〕托马斯·魏根特:《德国刑法总论教科书》,徐久生译,第1077—1078页。

[22] 参见梁根林:《罪刑法定视域中的刑法适用解释》,载《中国法学》2004年第3期。

这里需要分析的是,刑法理论公认属于保安处分的没收"违禁品",与没收"供犯罪所用的本人财物"被并列规定在同一条文中,这是否就意味着上述解释不足以支撑"供犯罪所用的本人财物"之特别没收具有刑罚特征?本文认为并非如此。从实质上说,保安处分与刑罚的根据都在于"与法秩序的不相容性",就保安处分而言,对人的保安处分在于人身对法秩序的危险性,对物的保安处分在于物的本质与法秩序的不相容性,例如毒品本身就是与法秩序不相容的。这种"与法秩序的不相容性"才是二者被并列规定的依据所在。㉓供犯罪所用的物本身原是无碍法秩序的,其与法秩序的不相容性只能诉诸犯罪行为。㉔一个行为被认定为犯罪必须同时具备不法与有责,仅有不法但没有责任的行为在实质上是被法秩序所接纳的,因而没收"供犯罪所用的本人财物"的正当性只能附属在成立犯罪的行为上才可能得到确证,而这恰恰就是刑罚最本质的特征之一。关于刑罚的特征,哈特在《惩罚与责任》中就已经明确指出,构成"刑罚"的标准或主要情形的因素有5项:(1)刑罚必须包含痛苦或通常被认为不快的其他后果;(2)刑罚必须是因为违犯法律规则的某种违法行为而施加;(3)刑罚必须是因违法者的违法行为而以某一实际的或假定的罪犯为对象;(4)刑罚必须是由违法者以外的其他人有意地实施;(5)刑罚必须是由被违法行为所违反的那一法律制度所确定的某一权威来施加与执行。㉕在本文所涉问题上,第(1)(3)(4)(5)项无需特别讨论,又根据上文所述,没收"供犯罪所用的本人财物"必须针对不法且有责的犯罪行为而实施才具有正当性,因而其刑罚属性是非常明确的。此处需要注意的是,刑罚的限定标准本来就是叠加

㉓ 至于二者被并列规定在如上文所述如此表述的章节标题下,至多只能成为质疑没收违禁品被如此规定的理由,并不能成为质疑没收"供犯罪所用的本人财物"性质的理由。

㉔ 从行为人处没收犯罪工具或其行为的产品的理由可能存在于历史的回忆之中,因为相关之物用于被牵涉进犯罪行为,因而是"不纯的"或者是"有瑕疵的"(参见〔德〕汉斯·海因里希·耶塞克、〔德〕托马斯·魏根特:《德国刑法总论教科书》,徐久生译,第1077—1078页)。但根据后文论述,该物还需要与犯罪在规范距离与时间频率上均具有紧密关联程度才能被视为是"不纯"的。

㉕ 〔英〕H. L. A. 哈特:《惩罚与责任》,王勇等译,华夏出版社1989年版,第4—5页。在刑法的语境下,应将此处的"违法行为"理解为"犯罪行为"。

的,因此"有'剥夺性痛苦'的措施并不当然属于刑罚"并非可成立的反对理由。㉖

但是,如果把"刑罚"仅仅理解为被正式规定的刑罚名目,在这一形式的进而是狭义的基础上理解的刑罚说,在体系解释中最大的问题在于,其无法解释"供犯罪所用的本人财物"之特别没收在我国《刑法》中并未被明文规定为刑罚的一种这一事实。持刑罚说者当然可以主张没收"供犯罪所用的本人财物"属于"没收犯罪分子个人所有财产的一部或者全部",因而属于"没收财产"这一刑罚的题中应有之义。但作为"在位而不越位"的解释者,在不是显然荒谬的情形下,只能将刑法的体系安排视为是立法者的有意为之。因此,当《刑法》第 64 条对"供犯罪所用的本人财物"之特别没收作了特别规定的情况下,将其再解释进"没收财产"中,确有牵强附会之嫌。

4. 总结

根据上文评析,现有学说均存在或多或少的不合理之处,因而需要在解释上寻找新的进路。事实上,刑罚说仅仅由于其定义所限,因而才未能妥善地完成逻辑跨越,而如果将"刑罚"作一种属性或特征上的实质理解,则可能成为妥善安放"供犯罪所用的本人财物"之特别没收位置的理论出口。

(三)刑罚性后果说之提倡

有学者在分析"供犯罪所用的本人财物"之特别没收的性质时指出,立法者明确强调其"不是一种刑罚",进而否定其刑罚属性。㉗ 但在 2021 年《刑法修正案(十一)》出台后的《中华人民共和国刑法释义》中,相应表述已经删去,㉘似可将其解读为立法者已经意识到了"供犯罪所用的本人财物"之特别没收虽然没有被规定为一种刑罚,但是不影响其本身具有显著的刑罚特征。本文认为,"供犯罪所用的本人财物"之特别没收在性质上属于一

㉖ 相关理由参见张明楷:《论刑法中的没收》;冯文杰:《比例原则视野下犯罪工具没收的实质解释》。
㉗ 何帆:《刑事没收研究——国际法与比较法的视角》,法律出版社 2007 年版,第 97 页。
㉘ 参见王爱立主编:《中华人民共和国刑法释义》,法律出版社 2021 年版,第 101 页。

种"广义的刑罚",主张刑罚性后果说。

首先需要分析的是,对刑罚的目的与功能究竟应该进行怎样的界定。这一问题并非本文容量所能详细展开,但确有对其进行简述的必要。德国学者罗克辛在分析刑罚目的时对报应理论与单独的特殊预防理论、单独的一般预防理论都做出了批评,并在此基础上主张将特殊预防与一般预防有机结合的"预防性的综合理论"。[29] 但也正如我国学者梁根林教授早已指出的那样,刑罚的报应与预防并非绝对不可调和的对立概念,作为预防工具的刑罚,只要基于罪责而适用,就可以在正义报应与预防犯罪之间求得衡平,而公正报应能够产生赎罪效应与规范强化的效果,前者是特殊预防的前提,后者则是一般预防的基础。[30] 在这样的理论基础上,考虑到我国惩治犯罪的现实需要与一般民众的朴素情感,本文认为应当对我国刑罚采取整合报应与预防的综合刑论。

如果采取这样一种二元综合刑论的立场,那么刑罚功能虽然强调报应与预防的二元统一,但仍然是应当以作为刑罚本质的报应为基础的。[31] 根据上文分析,没收"供犯罪所用的本人财物"是对物的性质的否定,通过作用于物而非人以实现预防,因而其对行为的报应属性则因物的中介而更为减弱,大体上是以预防"与法秩序不具有相容性"的物为主要目的,报应事实上为附随目的,所以其在综合刑论下仍然可能不被认为属于狭义上的刑罚。但是,因为其具有"否定评价的施加必须附随于成立犯罪的行为"这一刑罚特征或属性,同时也满足其他"刑罚"的标准情形所需要具备的其他要求,所以将其认定为具有刑罚特征的刑罚性后果在法理上并不存在障碍,也与刑罚的功能在整体上相匹配(尽管可能更偏重预防)。在这一定性下,"供犯罪所用的本人财物"之特别没收化解了未被规定为名目上的"刑罚"的指摘,又可以因其刑罚性实质而接受犯罪成立与罪刑均衡的制约,在逻辑与实效上都较为合理。

---

[29] 参见〔德〕克劳斯·罗克辛:《德国刑法学总论》(第1卷),王世洲译,第36—47页。
[30] 参见梁根林:《刑事制裁:方式与选择》,第22—30页。
[31] 同上。

需要特别指出,将"供犯罪所用的本人财物"之特别没收视为刑罚性后果并不违反罪刑法定,也与独立法律效果说并非同流。就前者而言,某种措施未在实然上被刑法明文规定为刑罚,并不影响其在应然上的刑罚特性以及在实施上可以以及应当接受的责任主义原则制约;就后者而言,刑罚性后果说并非刑罚说与保安处分说的简单综合,而是将"供犯罪所用的本人财物"之特别没收的本质定位在刑罚一侧,因而与独立法律效果说有明显区别。

二、基于刑罚性后果说的限制解释

基于刑罚性后果说,没收"供犯罪所用的本人财物"的刑罚特征决定了其实施需要考虑罪刑均衡原则。但作为一种刑罚性的后果,其相对于狭义的或真正的刑罚而言仍然是一种扩张惩罚事由或"附加的制裁",㉜因而在范围上需要受到特别的限制。这种限制解释是通过条文解读与实质考量综合得出的。上文已经分析,由于没收违禁品的保安性没收与没收"供犯罪所用的本人财物"被并列规定,因此二者在解释上必须具有相当性。换言之,违禁品作为物之本身即具有"与法秩序的不相容性",被没收的"供犯罪所用的本人财物"也必须在性质上具有这种"与法秩序的不相容性"。在实质上,这种只能诉诸犯罪行为的"与法秩序的不相容性"并不会因为其一次或偶尔关涉犯罪行为就被证成。例如一把被用于切菜好几年的菜刀因为一次激情杀人而被用作犯罪工具,或一辆一直用于正常运营的车因为顺路而一两次被用于窃取财物,这样的菜刀、车辆在社会一般人看来均不会被视为是违反法秩序的,其自带的可能被用于犯罪的一般风险恰恰是社会为了运转需要所容许的。基于上述理由,本文主张将"供犯罪所用的本人财物"解释为"专供犯罪所用的本人财物",在这种解释下,财物通过其专

㉜ 〔德〕汉斯·海因里希·耶塞克、〔德〕托马斯·魏根特:《德国刑法总论教科书》,徐久生译,第1077页。

门、直接"服务"的兼具不法与有责的多次犯罪行为,具有了"与法秩序的不相容性",一般应当予以没收。[33]

在"专供犯罪所用的本人财物"的具体判断上,存在促进论、手段论、直接论、关联论等诸多标准。[34] 促进论与手段论可能导致处罚范围过于宽泛,直接论与关联论均存在判断标准不够精细的问题。本文主张以"犯罪关联程度+罪刑均衡"的阶层过滤确定其范围,并对"本人财物"中的"本人"做限制性的解释。

在犯罪关联程度上,存在规范距离与时间频率两个需要综合认定的标准。就前者而言,对准备使用但尚未使用的财物,其在规范上距离犯罪行为较远,如果最终没有被用于犯罪,则其仍然是与法秩序相容的,在刑法未将相关预备行为正犯化为分则犯罪的前提下,不应当对其进行没收。就后者而言,只有长期、多次、主要、直接被用于犯罪的财物才可以没收,偶尔或过失用于犯罪的财物不属于"专供",不可没收。[35] 至于没有明显生活用途的财物如关公刀、红缨枪等,如果没有开刃且不满足相应管制标准,则当其偶尔被用于犯罪,就可能可以被视为是处于"专供"的最大文义边界上;而如果开刃,则可能属于管制器具从而被归入违禁品范畴。[36]

在罪刑均衡方面,尽管"供犯罪所用的本人财物"之特别没收在功能上侧重预防因而可能并非狭义的刑罚,但由于其依附于犯罪行为,是对犯罪行为具有刑罚属性的反应后果,因而仍然需要遵守刑罚报应机能所强调的罪刑均衡原则。具体而言,如果立法者对某犯罪的罚金刑规定了一定的数额,那么就要避免没收价值远超这一数额上限的"供犯罪所用的财物"。因

---

[33] 根据后文分析,还需要满足罪刑均衡的要求。
[34] 参见张明楷:《论刑法中的没收》。
[35] 有学者在采"专门性"限制解释的立场上主张供罪财物的没收范围可以包括过失犯罪,参见冯文杰:《比例原则视野下犯罪工具没收的实质解释》。本文认为这与"专供"的语义内涵是显然矛盾的。
[36] 上注所引学者在"专门性"的判断上还设置了社会角色、数量、主观目的等其他要素,参见冯文杰:《比例原则视野下犯罪工具没收的实质解释》。本文认为"专门性"是对财物与犯罪之间的关联程度的判断,社会角色、数量、主观目的等均属前置或外围因素,在择一考量的判断逻辑下会使得"与法秩序的不相容性"的认定过于宽泛。

为被没收的财物实际上也是财产类后果,不然就如同在串联中加入一个过大的电阻会产生接近断路的效果一样,实际上违背了立法者原初设定的罪刑阶梯,导致处罚畸重。如果某犯罪没有被规定罚金刑,则意味着立法者不偏向于对此类犯罪施加财产类后果,因而更应当对没收"供犯罪所用的本人财物"做出数额上的严格限制。据此,"供犯罪所用的本人财物"虽然根据上文被初步限缩为"专供犯罪所用的本人财物",但还应当对其进行进一步限制解释。刑法解释需要将总则的原则性规定与分则的具体规定结合起来考察,因而可以认为,如果分则对个罪的刑罚没有规定罚金刑或没收财产刑,或者对罚金刑规定了相应的数额,[37]则应当视为立法者在分则中通过对"财产性后果程度"的表态,已经对总则"应当予以没收"之"专供犯罪所用的财物"的范围进行了进一步隐含的限制性说明。[38]

至于"本人财物"的含义,应当将其限制解释为如果没收不损害第三人(如配偶、抵押权人等)合法权利的本人财物,否则让他人为行为人的犯罪买单,难免有株连之嫌。

事实上,尽管尚未完成解释的规范化与理论化,在司法实务中已有指导案例遵循本文的逻辑,对"供犯罪所用的本人财物"进行了限缩性的认定。在郜菲菲、李超、蒋超超、林恺盗窃案中,被告人驾驶轿车前往犯罪现场实施盗窃行为并驾车逃离,在司法认定过程中出现了该轿车是否属于"供犯罪所用的本人财物"这一认定问题。法院在阐述裁判理由时认为,《刑法》之所以规定没收"供犯罪所用的财物",主要目的是特殊预防,当然实际上也会产生一定的惩罚后果,因此在认定时需要考量财物对于犯罪的作用大小、联系紧密程度等因素。具体而言,对于专门用于犯罪的财物应认定为"供犯罪所用";对于非专门用于犯罪的财物,若其与犯罪存在直接或者密切联系,同时被告人有将财物用于犯罪的主观认识,则属于应当没收的情形。此外,由于不能否定此项没收所具有的惩罚性效果,因而尽管

---

[37] 理论上应当包括司法解释的规定。
[38] 持其他学说者提出的违反"应当予以没收"之"应当"的批评也因此可被化解。

其不属于我国《刑法》所规定的刑罚种类,仍应当坚持相当性原则对应否没收进行衡量;对"本人财物"的认定也应当注意予以没收是否会损害第三人的合法权利。具体到本案,法院认为涉案轿车的主要用途为家庭生活和工作,仅为交通工具,其上涉及夫妻财产共有关系与银行抵押权,且价值数倍于犯罪数额与罚金标准,因而决定对该轿车不予没收。㊴

本文认为,指导案例的分析思路在方向上是颇值赞同的,但在具体说理上仍有可提升之处。第一,没有点明预防功能本就是现代刑罚功能的题中之义,也没有区分对物的预防与对人的预防;第二,要求非专门用于犯罪的财物"经常用于犯罪、反复使用",实际已和"专供犯罪所用"的限制解释并无多少实质差别,不如径直点明;第三,没有在考察犯罪关联程度与罪刑均衡的基础上,对"供犯罪所用的本人财物"之特别没收的性质给出理论上的明确结论。如果能够针对上述几点进行论证上的强化,可能会更加旗帜鲜明、顺理成章。当然,以基层法官和民众为对象的审判理由无需也难以进行过于理论化的抽象与提炼,这一任务应当由刑法研究者在修正的基础上完成,本文即可被视为类似的努力。

三、结语

将"供犯罪所用的本人财物"之特别没收定性为保安处分与独立法律效果均有不合理之处,采取狭义的刑罚说也有牵强附会之嫌。应当将其定位为一种具有刑罚本质属性的"刑罚性后果",并在此基础上对其内涵进行教义学上的限制解释。当然,"教义学穷尽的地方就是立法论的起点",直接修改总则中的相关规定,将"供犯罪所用的本人财物"之特别没收设计为正式刑罚的一种(尽管仍然可能是非传统的),并将"专供"等限制体现在条文表述中,使其更名正言顺地接受犯罪成立、犯罪关联程度以及罪刑均衡的制约,或许也是可以考虑的。不过,那已不是本文所讨论的主题。

㊴ 参见《刑事审判参考》(总第120集),法律出版社2020年版,第37—39页。

浅析扩大解释与类推解释的界限
——以近年来部分司法解释为讨论范本

曹 莉[*]

内容摘要： 扩大解释与类推解释之间确实存在模糊地带，但不能因此否定两者之间存在本质区别。区分扩大解释与类推解释，是罪刑法定原则的必然要求。作为区分标准，单一区分标准显得力不从心，而多重标准内部又杂乱无章。在坚持综合考量标准的基础上，应建立"双层化"体系判断路径，第一层以词义可能性为中心作为基础判断，第二层以处罚目的的必要性（保护法益）作为实质把握，并以不能超过一般人预测可能性作为反向检验。通过审视现有司法解释，有些司法解释确实有以扩大解释之名行类推解释之嫌，需要及时修改。

关键词： 扩大解释　类推解释　司法解释

一、问题意识

2017年，最高人民法院相关人员撰写的《〈关于审理组织、强迫、引诱、容留、介绍卖淫刑事案件适用法律若干问题的解释〉的理解与适用》（以下简称《理解与适用》）中，对刑法意义上"卖淫"概念予以明确："肛交、口交应当列入卖淫的方式。这既是对传统卖淫概念的突破，也能被大众所认同，

---

[*] 曹莉，南方财经法律研究院高级研究员。

在男男可以卖淫、女女可以卖淫的现实情况及法律规定下,肛交、口交显然是同性卖淫的主要方式,且异性卖淫也可采取肛交、口交的方式。三者的共性都是一方生殖器进入另一方的体内,均属于进入式性活动。并且,从传播性病的角度看,此三种方式,均可引起性病的传播。"[1]

其实司法实务部门对于"卖淫"的认定早已存在不同观点。如2001年公安部《关于对同性之间以钱财为媒介的性行为定性处理问题的批复》中规定:"不特定的异性之间或者同性之间以金钱、财物为媒介发生不正当性关系的行为,包括口淫、手淫、鸡奸等行为,都属于卖淫嫖娼行为,应当依法处理。"[2] 而2000年浙江省高级人民法院刑一庭、刑二庭《关于执行刑法若干问题的审判指导意见(三)》中规定:"刑法分则第8章第8节组织、强迫、引诱、容留、介绍卖淫罪规定的'卖淫',不包括性交以外的手淫、口淫等其他行为。"2007年广东省高级人民法院《关于介绍、容留妇女卖淫案件适用法律问题的座谈纪要》中规定:"妇女为他人进行口交、手淫等服务的行为不属于刑法中的卖淫行为,不宜以犯罪论处。"[3] 2000年上海检察机关《关于本市办理部分刑事案件标准的意见(试行)》明确"性交、口交、肛交"等行为

---

[1] 周峰、党建军、陆建红、杨华:《〈关于审理组织、强迫、引诱、容留、介绍卖淫刑事案件适用法律若干问题的解释〉的理解与适用》,载《人民司法(应用)》2017年第25期。对于该问题,我国台湾地区虽然未规定卖淫犯罪,但其通过立法对妨害风化罪章中"奸淫"的修改,有一定的借鉴意义。1999年台湾地区修改刑事法律规定时将所涉及的"奸淫"全部改为"性交",并明确包括"以性器或者性器以外的其他身体部位或器物进入他人的性器、肛门或者口腔,或使之接合的行为"。(参见林山田:《刑法各论》(上册),北京大学出版社2012年版,第146页及以下)对于这种通过立法直接对"性交"加以定义的情形,基于性交概念的扩大在学界也产生较大的争议,有人认为这是具有立法技术的必要性的,这样的规定能进一步从男性可以成为被侵害对象(参见黄荣坚:《基础刑法学》(上),中国人民大学出版社2009年版,第95页)。而有人认为性交本来只是性器官的接触,但将精神医学上的"性倒错行为"的概念,把肛交、口交,甚至以性器以外的身体部位或器物进入他人性器或肛门的行为,全当成性交,容易使人陷入错误的判断。(参见林东茂:《刑法综览》(修订五版),中国人民大学出版社2009年版,第255页。文中还举例:"某黑道大哥为了教训手下,以脚踏车打气筒的条管塞入肛门,打气之后,肠子爆裂,法院以强制性交罪判刑。合理的判断是,成立重伤罪或伤害至重伤罪。")

[2] 2001年1月28日,公安部对广西壮族自治区公安厅《关于钱财为媒介的性行为如何定性的请示》所作的书面答复《关于对同性之间以钱财为媒介的性行为定性处理问题的批复》(公复字[2001]4号)。

[3] 转引自徐松林:《我国刑法应取消组织卖淫罪》,载《政法论坛》2014年第6期。上述两个文件系内部文件,仅供本地区法院审判时参考。

属于卖淫行为的具体方式。④

最高法的《理解与适用》之所以引起争议,关键在于其改变了"卖淫"的含义,而这种理解似乎超出了一般人的理解范畴。如果按照传统观点,卖淫是"指接受或者约定接受报酬为目的,与不特定的人进行性交的行为",⑤也就是说卖淫仅限于性交的方式,不包括口交、肛交等行为,该解释就超出词义可能范围,属于类推解释。如果认为卖淫的本质在于性交易,卖淫方式的多样化是对现实语境下卖淫一词的充实,尽管方式较传统模式有所变化,但法律并没有将卖淫方式仅限为传统观点认为的狭义性交,口交、肛交等与性接触的行为和性交行为都具备金钱和肉体交易的特征,该解释就属于扩大解释。

《理解与适用》中关于"卖淫"的认定究竟是扩大解释还是类推解释,⑥直接涉及罪刑法定的禁止类推原则,⑦而学界普遍认为允许扩大解释。如何确定扩大解释与类推解释的界限,就见仁见智。有不少学者质疑两者界限难以确定,⑧但多数人还是试图区分两者,本文同意后者见解。以下笔者试图剖析学界现有的区分学说,并提出恰当的区分标准,再以近年来部分司法解释作为讨论范本,审视其属扩大解释还属类推解释。

二、有关扩大解释与类推解释界限的区分标准述评

有关扩大解释与类推解释区分的学说包括单一标准说和综合考量

---

④ 此为上海内部文件,仅供上海检察机关办理案件时参考。
⑤ 王作富:《刑法分则实务研究》(下),中国方正出版社 2010 年版,第 1617 页。
⑥ 对于类推解释这一概念,学界也有较大争议,有学者认为"类推"和"解释"这两个概念属于对立关系,不存在类推解释,如林山田在其《刑法通论》(上册)就持该观点:"超越法条的本意,使其适用于其他未规定的类似案件,以填补法律漏洞,则属违背类推禁止原则而适用法条的现象,宜称为类推适用,而不可以称为'类推解释'。"鉴于我国学者普遍称之为"类推解释",为避免概念之间的混淆,本文仍称"类推解释",并不再对该称的合理性展开论述。
⑦ 张明楷教授在《刑法学(上)》(第五版)一书中强调罪刑法定原则的其中一个形式侧面就是禁止类推解释。参见张明楷:《刑法学(上)》(第五版),法律出版社 2016 年版,第 51 页。
⑧ 如黎宏:《"禁止类推解释"之质疑》,载《法学评论》2008 年第 5 期;吴丙新:《扩张解释与类推解释之界分——近代法治的一个美丽谎言》,载《当代法学》2008 年第 6 期。

说,[9]以下笔者将简要介绍各学说并进行评析。

(一)单一标准说

单一标准说主要有"词义可能含义说""一般人预测可能性说""推论方式不同说""明显突兀感说""犯罪定型说"等,以下分别说明各学说内容和存在问题。

1. "词义可能含义说"

此学说是德国通说,[10]在日本也有不少学者支持,比如山口厚[11]等。扩大解释是将刑法条文用语核心意义扩大到允许的最外延边界,而类推解释是在边界之外进行解释,其本质是在制定新的法律。[12]扩大解释和类推解释的区别在于是否逾越了词义最远射程的界限,不是量的区分,而是质的差别。类推解释本质是允许超越"可能的含义"进行处罚,"无疑是对罪刑法定原则自有保障机能的放弃"。[13]而词义可能含义,持该学说的学者之间也存在不同的看法,有以词语本身所具有的意思为标准,也有以一般国民对法律条文理解的可能含义为标准。

存在以下问题:该标准似乎没有想象中明确,最大的不足在于如何确定含义最外延的界限。如果通过日常用语来确定,而词语本身就可能具有多重含义,呈开放状态,又如何寻找词义的最外延边界。法律概念的意义常受规范目的的支配,即使法律条文与其他科学、日常用语使用相同的文字,其内容常常并不同一。[14]故不能通过翻字典去确认含义范围,因为字典里给出的仅是日常生活中的含义而已。如果通过个人标准来判断,那么一

---

[9] 笔者将学界中存在的双重标准说和多重标准说统称为"综合考量说"。
[10] 〔德〕克劳斯·罗克辛:《德国刑法学总论》(第1卷),王世洲译,第84页;乌尔斯·金德霍伊泽尔:《刑法总论教科书》(第六卷),蔡桂生译,北京大学出版社2017年版,第31页;〔德〕汉斯·海因里希·耶塞克、托马斯·魏根特:《德国刑法教科书》,徐久生译,第195页及以下。
[11] 参见〔日〕山口厚:《刑法总论》(第2版),付立庆译,中国人民大学出版社2011年版,第13页及以下。
[12] 参见〔德〕汉斯·海因里希·耶塞克、托马斯·魏根特:《德国刑法教科书》,徐久生译,第196页。
[13] 〔日〕松原芳博:《刑法总论重要问题》,王昭武译,中国政法大学出版社2014年版,第24页。
[14] 参见黄茂荣:《法学方法与现代民法》(第五版),法律出版社2007年版,第113页。

千个人眼里有一千个哈姆雷特,根本不可能形成所有人普遍认同的含义。因为个人的价值观、理解力、生活经历等不同,自然对"词义可能的含义"会有不同的解读,但是哪一种解读才是更合理的,这似乎陷入一个无解的境地。

2."一般人预测可能性说"

此学说在日本有不少学者支持,如大谷实、西田典之⑮等。扩大解释是指即使解释的语义与日常用语有所区别,但一般人仍能预测行为的妥当与否;而类推解释则超过了一般人预测可能性。在判断是否属于一般人预测可能性时,通常根据一般人的主观判断,但为了避免这种主观的不确定性,也有学者认为以能够客观地预测到的范围之内的解释为标准。⑯

存在以下问题:"一般人"的标准是什么,究竟谁是一般人会有三种不同认识。如果指的是国民,那么国民的理解很可能基于日常词语的含义,那么就具有"词义可能性说"的局限。如果一般人考虑的是行为人因素,那么人的天性趋利避害,行为人只要强调无法预测就可以出罪,便有放纵犯罪的巨大风险。如果是司法工作人员在具体案件进行判断,那么就意味着在法律适用过程中司法者成了一般人的代表,且不论这种代表是否合理,更大的问题在于容易导致"罪刑擅断"。而"预测可能性"本身也是一个模糊的概念,采取此学说的学者间就应该如何来考察预测可能性也存在分歧。⑰

3."推论方式不同说"

此学说被日本学者庄子邦雄⑱、我国学者陈兴良⑲等所倡导。扩大解释与类推解释的推论过程有着本质的不同,扩大解释是从法条允许的最大范

---

⑮ 参见〔日〕大谷实:《刑法总论》(新版第 2 版),黎宏译,中国人民大学出版社 2009 年版,第 58 页;〔日〕西田典之:《日本刑法总论》,刘明祥、王昭武译,中国人民大学出版社 2009 年版,第 40 页。

⑯ 〔日〕西田典之:《日本刑法总论》,刘明祥、王昭武译,第 40 页。

⑰ 参见付立庆:《刑罚积极主义立场下的刑法适用解释》,载《中国法学》2013 年第 4 期。

⑱ 〔日〕庄子邦雄:《刑法总论》(新版),青林书院新社 1981 年版,第 19 页。转引自郑泽善:《刑法总论争议问题比较研究 I》,人民出版社 2008 年版,第 28 页。

⑲ 陈兴良:《罪刑法定的当代命运》,载《法学研究》1996 年第 2 期。

围内去考虑行为是否符合规定,而类推解释则是预先判断一个行为需要处罚,再寻找类似的法条予以适用。[20] 具体而言,扩大解释是一个演绎过程,从上位概念演绎推论出下位概念,采取从一般到特殊的推论形式;类推解释是一个归纳过程,根据案件事实和法条规定的事实之间的类似性进行比较再作推论,采取从特殊到特殊的推论形式。[21]

存在以下问题:正如考夫曼认为类推解释与以目的论的解释之间"仅能透过伸张的程度区分,但不是透过程序的逻辑架构"一样,[22]扩大解释与类推解释也可以说是扩大程度的大小问题,而在逻辑上并无本质区别。甚至可以说,扩大解释和类推解释的推论进程是一致的,都是行为人的行为,是否构成犯罪,就需要去分析相关的条文,去分析是否符合条文的含义——其本质就是寻找事实和法律规范所规定的行为类型之间的相似性的类比或者类推过程。[23] 如果按照推论形式认定,那么通过解释把法律条文的含义扩大解释并适用于一事实,该解释均可认为是某种程度上的类推解释,扩大解释也就没有存在空间。

4. "明显突兀感说"

此学说是付立庆教授针对"词义可能含义说""一般人预测可能性说"的缺陷而提出的新标准。解释结论是否会让一般人产生明显突兀感作为区分标准,即"明显使社会一般人感觉突兀的结论,属于国家对于国民的'突然袭击',也可谓与某种词语的通常理解'相去甚远',其超出了一般人的预测可能性,也超出了刑法用语的'可能含义',这样的结论就是类推适用,而不会给社会一般人明显突兀感的结论,就是扩大解释"。[24]

存在以下问题:尽管"明显突兀感说"创设的初衷是为了克服"词义可能含义说"和"一般人预测可能性说"所固有的缺陷——标准不明确的问题,但其自身标准并不如想象中的那么明确,如何判断"明显"就是一个不

---

[20] 陈兴良:《罪刑法定的当代命运》。
[21] 刘明祥:《论刑法学中的类推解释》,载《法学家》2008年第2期。
[22] 〔德〕考夫曼:《法律哲学》,刘幸义等译,法律出版社2004年版,第188页。
[23] 参见薛瑞麟:《论刑法中的类推解释》,载《中国法学》1995年第3期。
[24] 付立庆:《刑罚积极主义立场下的刑法适用解释》。

确定的因素，不同人会在不同情形感到明显突兀感。因此该学说最致命的缺陷就是，试图用一个自以为清晰而实则模糊的标准去区分界限，那么就注定了其也无法逃出界限模糊的宿命。

5."犯罪定型说"

此学说被日本学者团藤重光[25]等所倡导。犯罪定型作为一种连接着规范正义与实质正义的规范性类型，解释区分的标准在于有无超过各法律条文规定的犯罪定型的范围。[26]扩大解释是发现具体条文所能预想到的法律意义上的定型，包括对其文理进行扩大的情形；类推解释是指超出具体条文所能预想到的法律意义上的犯罪定型范围之外的解释。[27]

存在以下问题："构成要件定型性的'型'概念，指的是单纯的平均型，本质上绝不具有封锁性、限定性、制约性的内容"，[28]那么如何界定"具体条文所能预想到的犯罪定型范围"？进一步说，由于定性范围是开放的界限，解释是否在界限之外就变得难以判断了，用有弹性的标准区分扩大解释和类推解释必然会出现模棱两可的情况。

（二）综合考量说

上述单一标准学说试图通过唯一标准来明确扩大解释与类推解释的界限，虽煞费苦心，但确立的标准却各有各的问题。基于单一标准区分仍有困难，学界有不少学者开始提倡综合判断，以下简要概括说明其中部分双重标准说和多重标准说的观点。

1.双重标准说

"实质＋形式"标准说认为仅通过形式标准或者实质标准都难以区分

---

[25] 参见〔日〕团藤重光：《刑法纲要总论》（第3版），创文社1990年版，第58页。转引自郑泽善：《刑法总论争议问题比较研究 I》，人民出版社2008年版，第28页。

[26] 参见龚振军：《刑法解释限度新论——以日本刑法学说为主要切入点》，载《当代法学》2010年第2期。

[27] 参见〔日〕团藤重光：《刑法纲要总论》（第3版），创文社1990年版，第58页。转引自郑泽善：《刑法总论争议问题比较研究 I》，人民出版社2008年版，第28页。

[28] 〔日〕木村龟二：《刑法总论》（增补版），有斐阁1978年版，第23页。转引自郑泽善：《刑法总论争议问题比较研究 I》，第28页。

扩大解释与类推解释,而应实质与形式标准综合判断就可有效区分。如日本学者前田雅英提出:"在解释容许范围的判断中有必要衡量与语言本来的含义(核心部分)的距离以及处罚的必要性。于是,为了使实质正当性能够客观化就需要检讨以下内容:第一,犯罪论的体系化;第二,保护法益的分析;第三,社会的必要性等。"[29]

"合法＋合理"标准说是以不违反立法基本精神(合法标准)和字义可能最大限度(合理标准)作为区分界限,扩大解释是指既不违反刑法基本精神又不超出字义可能含义的解释,不符合任一标准就属类推解释。[30]

2. 多重标准说

张明楷教授提出,区分扩大解释与类推解释的界限应从五个方面把握:一是用语含义的射程。扩大解释没有超出刑法用语可能具有的含义,是在刑法文义的"射程"之内进行解释;类推解释超出了用语可能具有的含义,是在刑法文义的"射程"之外进行解释。二是概念的相互关系。扩大解释没有提升概念的阶位;类推解释则是将其提升为更上位的概念而作出的解释。三是着重点不同。扩大解释着眼于刑法规范本身,是对规范的逻辑解释;类推解释着眼于刑法规范之外的事实,是对事实的比较。四是论理方法不同。扩大解释是扩张性地划定刑法的某个概念,使应受处罚的行为包含在该概念中;类推解释则是认识到某行为不是刑法处罚的对象,而以该行为与刑法规定的相似行为具有同等的恶害性为由,将其作为处罚对象。五是有无超出预测可能性。扩大解释的结论在公民预测可能性之内;类推解释则超出了公民预测可能性的范围。[31]仍存在难以区分的情况,就需进一步考虑以下因素:(1)处罚的必要性;(2)结合本国或本地区刑法及其用语判断;(3)用语的发展趋势;(4)相关法条的保护法益;(5)用语在刑法中应有的含义;(6)解释结论与刑法相关条文即整体精神的协调;(7)解

---

[29] 〔日〕前田雅英:《刑法讲义总论》(第四版),东京大学出版会2006年版,第79页。转引自王充:《明确性与妥当性之间——论刑法解释界限的设定标准》,载《社会科学研究》2012年第1期。

[30] 卢勤忠:《刑事法律解释的若干问题思考》,载赵秉志、张军主编:《刑法解释问题研究》,中国人民公安大学出版社2003年版,第117页及以下。

[31] 参见张明楷:《刑法学(上)》(第五版),法律出版社2016年版,第57页。

释结论的合理性;(8)一般人的接受程度。[32]

周光权教授主张要"综合刑法条文的规范目的,某一犯罪与其他犯罪之间构成要件的比较,确保刑法解释协调,要处理好理论和实务、形式与实质、历史与现实的关系"。[33]

冯军教授认为应从四个步骤进行判断,即"首先应当判断需要解决的事项是否属于扩张解释的对象;其次,需要根据一般公民的预测可能性,对刑法条文用语的通常含义进行正向扩展,然后根据处罚的必要性进行反向限缩,以获取扩张解释的结论;再次,需要通过法律商谈来检验解释结论的性质;最后,需要通过一种程序性方式,来终局性地解消对实体性问题的分歧"。[34]

总体上笔者倾向综合考量说,但上述学说存在以下几个问题:

第一,虽试图通过多重标准来明确界限,但大多采取的是单一标准说中的几个标准简单叠加,那么无法克服单一标准中存在的问题,简单相加的综合判断并不能实现"1+1>2"的效果。

第二,提出的部分标准也并不清晰,如"合法+合理"标准说中是否违反立法精神的合法标准,很难判断把握何为立法精神。

第三,各考量的因素内在逻辑关系并不明确,未形成一个完整的结构体系。虽然各自标准解决不同的情况,但都各自为政,并未形成系统性判断标准。

三、扩大解释与类推解释的界限之己见及其展开

扩大解释与类推解释在目的论方法上有其共同性,界限呈流动状态,[35]因此界限并不清晰。"即使有一万个理由表明刑法规范应该具有明确性,

---

[32] 参见张明楷:《罪刑法定与刑法解释》,北京大学出版社2009年版,第120页及以下。
[33] 周光权:《刑法总论》(第三版),中国人民大学出版社2016年版,第45页。
[34] 参见冯军:《论刑法解释的边界和路径——以扩张解释与类推适用的区分为中心》,载《法学家》2012年第1期。
[35] 参见郑泽善:《刑法总论争议问题比较研究Ⅰ》,第23页。

然而这种'明确性'毕竟是相对的、有限的;相反,刑法规范的'模糊性''不明确性'却是绝对的、无限的",[36]正如博登海默说:"数个世纪的经验告诉我们,任何法律制度都不能也不可能得到如此之明确无误的程度。"[37]

如果将扩大解释比作白色,类推解释比作黑色,那么两者之间还存在一个灰色的模糊地带,而对模糊地带如何区分才是真正的困局。尽管扩大解释与类推解释之间存在模糊地带,但不能因此否认两者有本质区别,故仍有必要对两者区分。[38]

(一)扩大解释与类推解释界限区分的必要性

1. 允许扩大解释,是相对罪刑法定主义的必然追求

贝卡利亚曾说:"'法律的精神需要探询',再没有比这更危险的公理了。采纳这一公理,等于放弃了堤坝,让位给汹涌的歧见。"[39]他主张应以一种尽可能明确、简单、易理解而无需解释的方式表述法律。[40] 这一理想状态是绝对罪刑法定主义的体现。但是现实世界中法律条文规定绝不可能囊括世间万象。

当纸面上的法律面对纷繁复杂的真实生活而变得无所适从时,正是"解释"赋予法律以活力,这预示着罪刑法定主义逐渐从绝对向相对转变。成文的法律不可能朝令夕改,但适用法律总会面临如何应对不断涌现的新情况。如果只是机械、僵化地遵循法律条文字面含义,很可能不利于打击犯罪,保护法益。当大量概括性条款和模糊性语义的出现,"刑法文本的明确性正面临日趋严峻的挑战,弹性化和开放性的文本观念将更加深入人

---

[36] 杨书文:《刑法规范的模糊性与明确性及其整合机制》,载《中国法学》2001年第3期。
[37] [美]博登海默:《法理学、法律哲学与法律方法》,邓正来译,中国政法大学出版社1999年版,第128页。
[38] 本文探讨的类推解释也包括学界中争论的不合理的扩大解释,笔者认为解释既然不合理,其本质就不属于扩大解释,应为类推解释。
[39] [意]切萨雷·贝卡利亚:《论犯罪与刑罚》,黄风译,北京大学出版社2016年版,第12页。
[40] 参见[德]埃里克·希尔根多夫:《德国刑法学——从传统到现代》,江溯、黄笑岩等译,北京大学出版社2015年版,第209页。

心"㊶时,那么扩大解释的作用,就是"将刑法规范实际蕴含而被某些词语'掩盖'的含义揭示出来,因此它并不违反罪刑法定原则的要求,恰恰相反,而是罪刑法定原则的必然要求"。㊷ 扩大解释其实是将法律所蕴含的意义进行解释,使之从隐到显而已,其俨然成为解决固化的法律与多变的现实冲突的一剂良方。

2.禁止类推解释,是罪刑法定原则的内在要求

虽然扩大解释与类推解释存在难以区分的模糊地带,但我们在坚持罪刑法定原则之下,仍需旗帜鲜明地禁止类推解释。

这是克服刑法解释恣意性的必然选择。虽然类推解释可以解决法律没有规定的情形,通过类似的条款将其解释为犯罪,但因其"没有明确的法律标准,很容易成为司法擅断的最佳'工具'",㊸所以"类推解释虽有解释之名,实则法的续造",㊹它被禁止的最根本原因在于超越了法律解释的边界,这也是为什么在采取类推解释时,会有脱离法条概念而以处罚必要性为优先之感。㊺任何形式的类推解释,都会破坏法律的确定性和司法的统一性。一旦放任类推解释的存在,就会带来不当扩张刑罚的风险,甚至让"法不可知则威不可测"的专制刑法"复辟"。

这是保障人权、保护国民行为自由的必然要求。表面上看类推解释可以弥补法律漏洞,处罚法律没有明确规定的行为,从而保护社会利益,但实际上却是对个人自由的重大威胁。"它极有可能随时突破制定法的文字边界,从而使刑法的客观性、明确性及可预测性等诸多重要价值被彻底虚置;更为重要的是因为,类推从始至终都是罪刑法定原则的'死敌',隐含着败坏、瓦解罪刑法定的巨大现实能量,由此对个人自由形成莫大的威胁。"㊻

㊶ 杜宇:《刑法上之"类推禁止"如何可能》,载《中外法学》2006年第4期。
㊷ 刘志远:《刑法解释的限度——合理的扩大解释与类推解释的区分》,载《国家检察官学院学报》第10卷第5期。
㊸ 黄何:《不利于被告人的扩大解释之正当性质疑》,载《湖北社会科学》2017年第6期。
㊹ 周少华:《"类推"与刑法之"禁止类推"原则——一个方法论上的阐释》,载《法学研究》2004年第5期。
㊺ 〔日〕大谷实:《刑法总论》,黎宏译,中国人民大学出版社2009年版,第58页。
㊻ 杜宇:《刑法上之"类推禁止"如何可能》。

综上所述，我们仍有必要对扩大解释与类推解释进行区分。因为类推解释的结论超出法条词义所涵盖的范围之内，违反了罪刑法定原则；而扩大解释的结论仍在法条词义可能包含的范围之内，没有违反罪刑法定原则。

四、近年来部分司法解释规定内容再审视

根据我国《立法法》规定，[47]最高人民法院、最高人民检察院（以下简称"两高"）可以对相关法律行使司法解释权。两高司法解释作为我国独具特色的法律解释，在司法实务中发挥着举足轻重的作用。学界认为刑法需要司法解释的主要理由有："第一，刑法典的抽象性和概括性导致了抽象的法律条文和具体的法律适用之间的矛盾；第二，刑法规定对象的不周延性导致了相对有限的法律规范与相对无限的调整对象之间的矛盾；第三，刑法典的相对稳定性导致了相对静止的法律规范与变化发展的社会关系之间的矛盾。"[48]当然司法解释应在刑法规定的范围内进行解释，如果进行文本边界的突破，则变成了"法的创制"。[49]

笔者对近年来的司法解释[50]进行梳理，针对部分存在扩大解释还是类推解释的模糊解释展开讨论。究竟是真正的扩大解释，还是披着扩大解释这一"免死外衣"的类推解释，值得进一步反思、研究。

（一）实为扩大解释的司法解释

1. 2002 年两高《关于办理非法生产、销售、使用禁止在饲料和动物饮用水中使用的药品等刑事案件具体运用法律若干问题的解释》

该解释第 3 条、第 4 条规定："使用盐酸克伦特罗等禁止在饲料和动物

---

[47] 《中华人民共和国立法法》第 104 条规定："最高人民法院、最高人民检察院作出的属于审判、检察工作中具体应用法律的解释，应当主要针对具体的法律条文，并符合立法的目的、原则和原意。"
[48] 赵秉志总主编：《刑法解释专题整理》，中国人民公安大学出版社 2011 年版，第 74 页。
[49] 陈兴良、周光权：《刑事司法解释的限度——兼论司法法之存在及其合理性》，载《法学》1997 年第 3 期。
[50] 此处讨论的司法解释包括两高的司法解释及具有司法解释性质的规范性文件。

饮用水中使用的药品或者含有该类药品的饲料养殖供人食用的动物,或者销售明知是使用该类药品或者含有该类药品的饲料养殖的供人食用的动物的,依照刑法第一百四十四条的规定,以生产、销售有毒、有害食品罪追究刑事责任。""明知是使用盐酸克伦特罗等禁止在饲料和动物饮用水中使用的药品或者含有该类药品的饲料养殖供人食用的动物,而提供屠宰等加工服务,或者销售其制品的,依照刑法第一百四十四条的规定,以生产、销售有毒、有害食品罪追究刑事责任。"[51]

将"在饲料和饮用水中使用盐酸克伦特罗等禁用药品"的行为认定为生产、销售有毒、有害食品罪的解释是扩大解释还是类推解释,应判断该行为是否在刑法第144条规定"在生产、销售的食品中掺入有毒、有害的非食品原料"构成要件可能含义之中,还需判断这样的解释是否超出一般人的预测可能性。

第一,"正在养殖过程中供人食用的动物"能否认定为本罪的"食品"。我国《食品卫生法》规定的食品包括"各种供人食用或者饮用的成品和原料以及按照传统既是食品又是药品的物品,但是不包括以治疗为目的的物品",[52]并未将养殖产品包含其中。对此存在两种分歧意见。一种观点认为应从行政法规和刑法的同一用语的同一性出发,刑法中的"食品"概念应与《食品卫生法》的定义一致,[53]如果按照此种观点,则认为"正在养殖过程中的动物"就不属于食品,该司法解释就属于类推解释。而另一种观点则认为刑法中的"食品"概念应比《食品卫生法》界定的范围更广,因为《食品卫生法》定义的是应然的食品,而生产销售有毒、有害食品罪中的"食品"则是广义的界定,应是实然的食品。[54] 笔者同意这种观点,首先从"食品"词义的

---

[51] 2013《关于办理危害食品安全适用法律若干问题的解释》中对于"在食用农产品种植、养殖、销售、运输、贮存等过程中,使用禁用农药、兽药等禁用物质或者其他有毒、有害物质的"也依照生产、销售有毒、有害食品罪定罪处罚,该司法解释与正文中所列的情形属于同一罪名下的同种问题,不再重复讨论。
[52] 《中华人民共和国食品卫生法》第54条。
[53] 参见赵秉志、张伟珂:《食品安全犯罪司法认定问题研究——以法释[2013]12号司法解释为视角》,载《中南民族大学学报(人文社会科学版)》第37卷第2期。
[54] 参见孙建保:《生产、销售有毒、有害食品罪司法认定解析》,载《政治与法律》2012年第2期。

可能含义考量,可以包括从初级生产(种植、养殖)到最终消费的整个食品链全过程的产品。㊟ 实际上,《食品卫生法》规定的食品未包括养殖业产品、种植业产品,其立法本意在于表明养殖业和种植业是属于农业行政部门管理而不属于卫生行政部门管理的行业,而不是直接否定养殖业、种植业客观上不生产食品。㊟ 其次,从整个食品链去把握,将种植产品、养殖产品扩大解释到"食品"中,有利于贯彻本罪设置的立法目的,保障国民"舌尖上的安全",相反如果机械地限缩理解刑法中的"食品",反而会人为地制造法律漏洞,放纵犯罪。与此同时,将"正在养殖的供人食用的动物"理解为"生产过程中的食品",也并不会超出一般人的预测可能性,一般人都会将鱼、虾、水果等当作食品,那么对于供人食用的肉猪等动物认定为食品也是能够接受,不会感到吃惊的解释。故本罪中的食品概念应作实质把握,"正在养殖过程中供人食用的动物"认定为"食品"属于扩大解释。

第二,"在饲料和饮用水中使用盐酸克伦特罗等禁止药品的行为"能否认定为本罪中"掺入有毒、有害的非食品原料的行为"。"掺入"行为应作为生产行为的一部分,而在饲料和饮用水中使用禁用药物能否认定为生产行为就会产生争议。当然有人会认为,对于养殖过程中的动物,食用禁用物质后会正常排泄,那么禁用物质有多少残留就需要具体情况具体分析,这种使用禁用药品的行为与直接掺入食物还是有本质区别的;退一步说,如果使用禁用物质被完全排泄出去的话,就根本不可能属于在食物中"掺入"有毒有害物质,就会得出该解释就属于类推解释的结论。但笔者认为,在饲料、饮用水中加入盐酸克伦特罗等国家禁用物质,其实就是让动物服用有害物质,而这些动物本身就是供人食用的,其与在食品中直接的掺入行为并无本质差别,也具有同等严重危害性。以盐酸克伦特罗(俗称"瘦肉精")为例,作为饲料添加剂时的使用剂量是人用药剂量的10倍以上,才能

㊟ 参见王玉珏:《〈刑法〉第144条中"有毒有害非食品原料"的合理定位——以近晚食品安全事件为例》,载《法学》2008年第11期。

㊟ 《俞亚春生产、销售有毒、有害食品案——销售以"瘦肉精"饲养的肉猪致多人中毒的行为如何定罪处罚》,《刑事审判参考》第166号案例。

达到提高瘦肉率的效果。盐酸克伦特罗易在动物体内残留蓄积,且代谢较慢。所以在屠宰前到上市,在猪体内的残留量都很大,对食用者会产生各种毒副作用。[57] 同时这样解释也未明显超过国民的预期,因此使用禁用物质的行为理解为本罪的"掺入"行为属于扩大解释。

2. 2013 年两高《关于办理利用信息网络实施诽谤等刑事案件适用法律若干问题的解释》

该解释第 5 条第 1 款规定:"利用信息网络辱骂、恐吓他人,情节恶劣,破坏社会秩序的,依照刑法第二百九十三条第一款(第二项)的规定,以寻衅滋事罪定罪处罚。"[58]

将"利用信息网络辱骂、恐吓他人"的行为认定为寻衅滋事罪的解释是扩大解释还是类推解释,应判断该行为是否在刑法第 293 条第 1 款第 2 项规定"追逐、拦截、辱骂、恐吓他人,情节恶劣的"构成要件可能含义之中,还需判断这样的解释是否超出一般人的预测可能性。

有观点就认为从罪状表述可以看出,辱骂、恐吓是与追逐、拦截行为并列规定的,而追逐、拦截行为具有当场性,一经实施便会直接影响特定人的人身安全,扰乱公共秩序。只有当场辱骂、恐吓他人的行为才会使他人的人身安全直接面临威胁,而利用信息网络辱骂、恐吓行为不具有当场性,不会给他人的人身安全造成直接威胁,也不具有使暴力直接升级的危险,该规定将利用网络辱骂、恐吓行为也认定为寻衅滋事罪的行为,属于类推解释。[59]

但在笔者看来,这种观点人为地对法条进行了限缩解释,刑法有关寻

---

[57] 参见姚小兵、金福源、陶艳华:《盐酸克伦特罗的危害及其检测技术》,载《中国畜禽种业》2010 年第 12 期。

[58] 该解释第五条第二款规定"编造虚假信息,或者明知是编造的虚假信息,在信息网络上散布,或者组织、指使人员在信息网络上散布,起哄闹事,造成公共秩序严重混乱的,依照刑法第二百九十三条第一款(四)项的规定,以寻衅滋事罪定罪处罚。"同样存在是扩大解释还是类推解释的问题,鉴于张明楷教授就该问题已充分阐述,本文不作赘述。参见张明楷:《简评近年来的刑事司法解释》,载《清华法学》2014 年第 1 期。

[59] 参见李会彬:《网络言论的刑法规制范围——兼评两高〈刑事案件适用法律若干问题的解释〉》,载《法治研究》2014 年第 3 期。

寻衅滋事罪的构成要件并未要求辱骂、恐吓也要与追逐、拦截行为一样具有当场性。因为寻衅滋事罪是扰乱公共秩序的犯罪，只要辱骂、恐吓行为也严重扰乱公共秩序即可。两高《关于办理寻衅滋事刑事案件适用法律若干问题的解释》关于"追逐、拦截、辱骂、恐吓他人，情节恶劣"的规定中包括引起他人精神失常、自杀等严重后果，严重影响他人的工作、生活、生产、经营等情形。在传统社会中，当然只能当场实施辱骂、恐吓行为，但在互联网时代，辱骂、恐吓行为也同样可以利用网络进行，当然司法解释规定的严重后果也并不局限于只有当场辱骂、恐吓才能造成。

网络空间与现实社会相比最大的特点就在于虚拟性，但是，网络不是纯粹的虚拟空间，不能无法无天，自由也应有所限度，[50]因为网络空间与现实世界有着千丝万缕的连接，不断地侵蚀网络行为的虚拟性，网络行为也具有越来越多的现实影响。互联网时代，人们的生活越来越离不开网络，如果网络言论仅存在于虚拟社会，未对实体社会产生任何影响，也没有实际侵害实体社会中个人权益或者公共利益，当然不需要刑法调整。但是网络中的言论并不是总能止于网络，当言论触及实体社会，就有可能损害个人利益，扰乱公共秩序。那么利用网络辱骂、恐吓他人的行为，引起他人精神失常、自杀等严重后果时，它就已经突破了虚拟世界，其与现实生活中的辱骂、恐吓行为并无本质的区别，同样具有扰乱公共秩序的危害。而这种解释也不会超出身处互联网时代的国民预期范围，故将利用信息网络辱骂、恐吓他人的行为认定为寻衅滋事行为的解释属于扩大解释。

3. 2014年两高、公安部《关于办理非法集资刑事案件适用法律若干问题的意见》

该意见规定："'向社会公开宣传'，包括以各种途径向社会公众传播吸收资金的信息，以及明知吸收资金的信息向社会公众扩散而予以放任等情形。"

将"明知吸收资金的信息向社会公众扩散而予以放任"的行为认定为

---

[50] 参见朱娟：《光与影的交错——法社会学视野下的"人肉搜索"》，载《法治研究》2009年第2期。

非法吸收公众存款罪的解释是扩大解释还是类推解释，应判断该行为是否在刑法第 176 条第 1 款规定"非法吸收公众存款或者变相吸收公众存款，扰乱金融秩序的"构成要件的可能含义之中，还需判断这样的解释是否超出一般人的预测可能性。

首先需说明的是，刑法规定的非法吸收公众存款罪没有以"公开宣传"作为构成要件，2010 年最高法《关于审理非法集资刑事案件具体应用法律若干问题的解释》规定非法吸收公众存款罪需要具备四个条件，[61]其中之一就是"公开宣传性"，2014 年司法解释是对此规定的再解释。判断 2014 年司法解释是否符合刑法规定的非法吸收公众存款罪的构成要件，具体是对该行为能否符合"公开宣传性"的构成要件。

相关人员指出："如果行为人明知吸收资金的信息向社会公众扩散，未设法加以阻止，而是放任甚至积极推动信息传播，这在实际效果上与主动向社会公众传播吸收资金的信息没有差异，将其认定为'向社会公开宣传'符合刑法主客观相一致的原则。"[62]

2014 年解释规定的"明知吸收资金的信息向社会公众扩散而予以放任"其实是"口口相传"的一种方式。"宣传"一词的日常语义应是宣扬、传播，似乎只能是行为人主动作为，按照这种理解，2014 年解释的规定就属于类推解释。但笔者认为，这需要结合"向公众宣传"的本质予以判断。

之所以司法解释认为非法吸收公众存款罪需要具备"公开宣传性"，是因为采用了公开宣传的方式，就满足了集资的公开性要求。[63] 2010 年司法

---

[61] 2010 年最高法《关于审理非法集资刑事案件具体应用法律若干问题的解释》第一条规定："违反国家金融管理法律规定，向社会公众(包括单位和个人)吸收资金的行为，同时具备下列四个条件的，除刑法另有规定的以外，应当认定为刑法第一百七十六条规定的'非法吸收公众存款或者变相吸收公众存款'：(一)未经有关部门依法批准或者借用合法经营的形式吸收资金；(二)通过媒体、推介会、传单、手机短信等途径向社会公开宣传；(三)承诺在一定期限内以货币、实物、股权等方式还本付息或者给付回报；(四)向社会公众即社会不特定对象吸收资金。"

[62] 韩耀元、吴峤滨：《〈关于办理非法集资刑事案件适用法律若干问题的意见〉解读》，载《人民检察》2014 年第 9 期。

[63] 参见彭冰：《非法集资行为的界定——评最高人民法院关于非法集资的司法解释》，载《法学家》2011 年第 6 期。

解释规定的具体宣传途径采取了列举式,未列明"口口相传"的方式,究其原因,如相关人员所说:"能否将口口相传的效果归责于集资人,需要根据主客观相一致的原则进行具体分析,区别对待,故《解释》未对此专门作出规定。"[64]而 2014 年规定这种方式可以认定为"公开宣传",因为"公开宣传的本质是公开性,而具体宣传途经可以多种多样"。[65] 行为人主观上对于吸存信息向社会公众传播知情并采取放任的态度,这种"口口相传"的方式同样起到了公开宣传的作用,与行为人亲自主动宣传并没有本质的区别,同样具有处罚的必要性,与此同时,"口口相传"认定为宣传的一种方式也不会超出一般人的预测可能性,故该解释属于扩大解释。

(二)有类推解释之嫌的司法解释

1. 2011 年两高、公安部《关于办理侵犯知识产权刑事案件适用法律若干问题的意见》

该意见规定:"关于刑法第二百一十七条规定的'发行',包括总发行、批发、零售、通过信息网络传播以及出租、展销等活动。"

将"总发行、批发、零售、通过信息网络传播以及出租、展销等"行为认定为侵犯著作权罪行为的解释是扩大解释还是类推解释,应判断该行为是否在刑法第 217 条第 1 项规定的"未经著作权人许可,复制发行其文字作品、音乐、电影、电视、录音作品、计算机软件及其他作品的"构成要件的可能含义之中,还需判断这样的解释是否超出一般人预测可能性。

需要说明的是,该司法解释主要是针对侵犯著作权罪构成要件中的"发行"行为可能含义的把握。相关人员指出:"根据司法解释和《出版物市场管理规定》,列举了发行行为的 6 种表现形式。"[66]诚然,刑法作为最后一道屏障,应当保障法益不受侵犯。在刑法关于侵犯著作权罪的规定滞后于

---

[64] 刘为波:《〈关于审理非法集资刑事案件具体应用法律若干问题的解释〉的理解与适用》,载《人民司法(应用)》2011 年第 5 期。
[65] 同上。
[66] 逄锦温、刘福谦、王志广、丛媛:《〈关于办理侵犯知识产权刑事案件适用法律若干问题的意见〉的理解与适用》,载《人民司法(应用)》2011 年第 5 期。

知识产权法相关规定的情况下,为了严密法网、避免法律漏洞,使侵犯著作权的行为能够被刑法所规制,有必要对该罪规定做扩张性的解释,但问题是此种解释是否在构成要件的可能含义之内。

关于"发行"词义的可能含义理解上,学界有不同的观点,有主张按照日常用语理解,即为第一次印制和批量销售作品;(67)也有人主张应与《著作权法》保持一致,指"通过转移作品有形载体所有权的方式向公众提供作品的行为"。(68) 但前述观点都未将发行包括通过信息网络传播、出租、展销等。虽然《出版物市场管理规定》中的发行包括"出租、展览",(69)但其与《著作权法》相比,效力位阶更低。前述学界观点与《著作权法》第 10 条规定一致,著作权人的权利包括复制、发行、出租、展览、表演、放映、广播、信息网络传播权等,复制、发行显然与出租、展览、信息网络传播等是作为并列的权利对待的,也就是说,发行并非是一个上位概念,无法将出租、展览、信息网络传播等囊括其中。

《著作权法》第 10 条规定了发行权的具体含义,可以推导出发行权中的发行是指"以出售或者赠与方式向公众提供作品的原件或者复印件的行为",司法解释将发行包括"批发、零售",似乎是对"出售"可能含义的解释。这种解释表面上看确实有利于保护著作权,本罪的立法目的就是为打击侵犯著作权人权利的犯罪行为,该罪设立的宗旨在于保护著作权人的各项合法权利免受不法侵害。但是回归刑法条文本身进行体系化思考,刑法第 218 条规定的销售侵权复制品罪,就是对于销售行为进行处罚。按照该解释,将批发、零售都包括进"发行"行为中,那么就会导致刑法第 218 条没有适用空间,成为废条。(70) 也就是说,侵犯著作权罪"发行"的可能含义绝无可能包含销售行为。

另外,一般人对于该解释也会感到困惑,一方面《著作权法》并列的几

---

(67) 参见张明楷:《刑法学(下)》(第五版),第 824 页。

(68) 王迁:《论著作权意义上的"发行"——兼评两高对〈刑法〉"复制发行"的两次司法解释》,载《知识产权》第 18 卷第 1 期,第 68 页。

(69) 《出版物市场管理规定》第 2 条规定:"本规定所称发行,包括批发、零售以及出租、展销等活动。"

(70) 张明楷:《刑法学(下)》(第五版),第 824 页。

项权利如何在刑法领域就变成了包含关系,另一方面既然刑法明确规定了销售行为构罪的情形,为何还要将发行行为涵盖批发、零售行为。故该司法解释属类推解释。

2. 2012年最高检、公安部《关于公安机关管辖的刑事案件立案追诉标准的规定(三)》

该规定的第1条为:"'贩卖'是指明知是毒品而非法销售或者以贩卖为目的而非法收买的行为。"将"以贩卖为目的而非法收买"的行为认定为贩卖毒品罪的解释是扩大解释还是类推解释,应判断该行为是否在刑法第347条第1款规定的"贩卖毒品罪"构成要件的可能含义之中,还需判断这样的解释是否超出一般人预测可能性。

判断"以贩卖为目的而非法收买的行为"是否属于贩卖毒品罪中的"贩卖"行为,首先应从词义的可能含义出发。日常用语中的"贩卖",是指买进货物再卖出以获利的行为。[71] 有人主张从词义学角度分析,"贩卖虽然强调卖,但是贩的意思本来就是含有买。贩卖在这里既是偏正结构,也是并列结构,语言感觉上并不排除我们做买的解释"。[72] 回归到贩卖毒品罪的立法目的,国家通过禁止毒品的流通,来防止毒品对国民健康的危害。刑法中的"贩卖"应结合我国的立法状况和禁毒政策进行界定。[73] 当然,刑法未将购买毒品自吸行为规定为购买毒品罪(但仍有可能构成非法持有毒品罪),这属于被害人自我答责的范畴。但为了卖而买的购买毒品行为则与之不同,其预示着购买者将要卖出此毒品,这是出售行为的起点,包含着使毒品流通于社会的风险,即购买者控制了禁止流通的毒品,使之最终流向市场,可见为了卖而购入毒品的行为与出售毒品的行为都具有让毒品流通于社会的危害性。

虽然从打击犯罪、保护法益的必要性去分析贩卖毒品罪构成要件的可

---

[71] 参见中国社会科学院语言研究所编辑室编:《现代汉语词典》第5版,商务印书馆2005年版,第382页。
[72] 伍玉联:《贩卖毒品罪"贩卖"二字的真实含义》,载《湖南公安高等专科学校学报》第21卷第5期。
[73] 参见高艳东:《贩卖毒品罪基本理论问题探析》,载《云南警官学院学报》2004年第1期。

能含义似乎可以包含"为卖而买"的行为,但是这种解释超出国民预测可能性。如学界对"贩卖"的界定就理解不同,其中有观点认为,"贩卖"是指有偿转让,也就是销售毒品,包括批发和零售。[74] 按照此种理解,买和卖是对立的关系,收买行为当然不属于贩卖行为。而这种理解似乎也代表了普通一般人的理解,对于将以贩卖为目的而非法收买的行为认定为贩卖毒品罪中的"贩卖"行为,确实超出国民的预测可能范围,故该解释属于类推解释。

(三)同时存在扩大解释与类推解释情形的司法解释

2014年两高《关于办理危害药品安全刑事案件适用法律若干问题的意见》第6条规定:"以生产、销售假药、劣药为目的,实施下列行为之一的,应当认定为刑法第一百四十一条、第一百四十二条规定的'生产':(三)印制包装材料、标签、说明书的行为。""医疗机构、医疗机构工作人员明知是假药、劣药而有偿提供给他人使用,或者为出售而购买、储存的行为,应当认定为刑法第一百四十一条、第一百四十二条规定的'销售'。"[75]

将"印制包装材料、标签、说明书"的行为认定为生产假药、劣药罪、"为出售而购买、储存"的行为认定为销售假药、劣药罪的解释是扩大解释还是类推解释,应分别判断行为是否在刑法第141条第1款、142条第1款规定的"生产、销售假药罪""生产、销售劣药罪"构成要件的可能含义之中,还需判断这样的解释是否超出一般人预测可能性。

第一,司法解释之所以将"印制包装材料、标签、说明书"的行为也认定为生产行为,相关人员指出是基于目前生产假药、劣药已形成分工合作、专

---

[74] 参见黎宏:《刑法学各论》(第二版),法律出版社2016年版,第458页。

[75] 2001年两高《关于办理生产、销售伪劣商品刑事案件具体应用法律若干问题的意见》第6条规定:"医疗机构或者个人,知道或者应当知道是不符合保障人体健康的国家标准、行业标准的医疗器械、医疗卫生材料而购买、使用,对人体健康造成严重危害的,以销售不符合标准的医用器材罪定罪处罚。"该司法解释将"购买、使用"认定为"销售"引起学界激烈的讨论。其中,张明楷教授认为购买、使用行为不能认定为销售行为,该解释属于类推解释,并在《罪刑法定与刑法解释》一书中详细论述了具体理由;而曲新久教授则认为此种购买、使用行为实质上是一种特殊的非典型的"销售"行为,所以该解释属于扩大解释,并在《区分扩大解释与类推适用的路径新探》一文中详细论述了具体理由。

业化、职业化特点的需要,对在假药、劣药生产的中间环节即被发现而又抓不到上下家的行为人,也应依法追究刑事责任。⁷⁶ 首先,回归到构成要件所要求的"生产"的可能含义上来,所谓生产行为,是指制造、加工、配置、采集、收集的行为。⁷⁷ 那么生产假药、劣药罪中生产的对象应是假药、劣药。其次,从保护的法益来看,处罚生产假药、劣药罪是因为假药、劣药可能危害到国民的身体健康,而印制外包装本身并不可能有这样的危害结果,只有当外包装包装了假药、劣药后才具有社会危害。即使不将提供外包装的行为直接认定为生产假药、劣药行为,其实通过共犯原理依然可以定罪处罚,不会放纵犯罪。再次,回归刑法的相似条文中,刑法分别规定了假冒注册商标罪和非法制造假冒注册商标标识罪,如果按照上述司法解释原理,印制标识的行为就应属于假冒注册商标的行为,刑法完全没必要单独规定非法制造假冒注册商标标识罪。与此同时,将印制包装材料的行为等同于生产假药、劣药行为似乎超出了一般人的预测范围。综上所述,该解释有以解释之名,行立法之实。

第二,司法解释之所以将"为出售而购买、储存"的行为也认定为销售行为,相关人员指出"销售"除了具有一般意义上的出售含义外,还应涵盖为出售而购买、储存的中间环节行为,有利于加强对医疗机构、医疗机构工作人员销售假药、劣药行为的刑事打击。⁷⁸ 从一般日常语义理解下,销售和购买是对向关系,既然刑法只规定处罚销售行为,未规定处罚购买行为,就不能通过将两者等同,让购买行为也入罪,这种将购买当作销售的解释就有类推之嫌。但是对于该解释中的"购买、储存"需要结合解释的具体语境要求,第一要求主体是医疗机构、医疗机构工作人员,第二要求目的是为了出售。那么将司法解释规定的购买、储存情形认为是销售的一个中间环节,是不会让人觉得出乎意料的。同时,之所以对单纯的购买行为不处罚,

---

⑦⑥ 参见韩耀元、卢宇蓉、杨建军:《〈关于办理危害药品安全刑事案件适用法律若干问题的意见〉理解与适用》,载《人民检察》2015年第1期。
⑦⑦ 参见张明楷:《刑法学(下)》(第五版),第729页。
⑦⑧ 参见韩耀元、卢宇蓉、杨建军:《〈关于办理危害药品安全刑事案件适用法律若干问题的意见〉理解与适用》。

是因为不会对他人的生命、健康造成损害,但司法解释规定的情形是医疗机构或医疗机构工作人员为了出售目的而购买、储存的行为,可能会对不特定患者的生命、健康带来危险,其具有生产、销售假药罪的社会危害,应受处罚,至于具体的犯罪形态,则需结合具体案情作出判断。综上,该解释是对"销售"作了扩大解释,"为出售而购买、储存"的行为本质上是一种特殊的"销售"行为。